Wirtschafts- und Steuerrecht

Band 23

Felix Mocker

Der Staat als Umsatzsteuergläubiger im Insolvenzverfahren

Zum Zeitpunkt der Begründetheit bei Umsatzsteuertatbeständen

Nomos

HLB

Onlineversion
Nomos eLibrary

Die Deutsche Nationalbibliothek verzeichnet diese Publikation in der Deutschen Nationalbibliografie; detaillierte bibliografische Daten sind im Internet über http://dnb.d-nb.de abrufbar.

Zugl.: Leipzig, Univ., Diss., 2021

ISBN 978-3-8487-8229-1 (Print)
ISBN 978-3-7489-2651-1 (ePDF)

1. Auflage 2021

Meiner Familie

Vorwort

Die vorliegende Arbeit wurde im Wintersemester 2020/21 von der Juristischen Fakultät der Universität Leipzig als Dissertation angenommen. Die mündliche Prüfung fand am 23. März 2021 statt.

Rechtsprechung, Literatur sowie Verwaltungsauffassungen habe ich bis zum Zeitpunkt der Fertigstellung des Manuskripts dieser Arbeit im Januar 2021 berücksichtigt.

> Dankbar sein ist leicht. Aber danken ist eine große Kunst und schwer, wie jede Kunst, zu meistern.
>
> *Stefan Zweig*

Mein tiefer Dank gilt zunächst meinem Doktorvater Herrn *Prof. Dr. Marc Desens*, ohne dessen Unterstützung die Umsetzung dieses Projekts nicht möglich gewesen wäre. Neben dem hervorragenden fachlichen Austausch war es eine Mischung aus Zuspruch und Antrieb, die zum Gelingen der Arbeit maßgeblich beigetragen hat.

Herrn *Prof. Dr. Christian Berger* möchte ich nicht nur für die zügige Erstellung des Zweitgutachtens danken, sondern auch für die Inspiration, mich mit dem Insolvenzrecht zu befassen, das ich seit dem Wintersemester 2012/13 zu schätzen gelernt habe.

Ermöglicht hat diese Arbeit jedoch meine Familie. Ohne meine Eltern, meinen Bruder, meine Lebensgefährtin (und baldige Ehefrau) und auch meine Großeltern läge diese Arbeit heute nicht vor. Sie haben mich – jeder auf seine Art und Weise – durch alle Höhen und Tiefen begleitet, die für gewöhnlich mit einer solch besonderen Herausforderung verbunden sind. Dafür bin ich zutiefst dankbar!

Bedanken möchte ich mich schließlich bei all jenen Freunden und Kollegen, die mir im Laufe der Erstellung der Arbeit mit so manchem Tipp und als Diskussionspartner zur Seite gestanden haben.

Inhaltsverzeichnis

Abkürzungsverzeichnis

a.A.	andere Ansicht
a.a.O.	am angegebenen Ort
Abs.	Absatz
a.E.	am Ende
Alt.	Alternative(n)
Anm. d. Verf.	Anmerkung des Verfassers
Art.	Artikel
Bd.	Band/Bände
Begr.	Begründer
BGBl.	Bundesgesetzblatt
BMF	Bundesministerium der Finanzen
BR-Drs.	Bundesratsdrucksache
BStBl.	Bundesteuerblatt
BT-Drs.	Bundestagsdrucksache
BT-PlPr.	Bundestags-Plenarprotokoll
Buchst.	Buchstabe
bzw.	beziehungsweise
d.h.	das heißt
Diss.	Dissertation
f.	folgend
ff.	folgende
Fn.	Fußnote
FS	Festschrift
gem.	gemäß
ggf.	gegebenenfalls
ggü.	gegenüber
gl.A.	gleiche(r) Ansicht
grds.	grundsätzlich(e)/grundsätzlichen
h.M.	herrschende(n) Meinung
Hrsg.	Herausgeber
i.d.F.	in der Fassung

i.E.	im Ergebnis
i.e.S.	im engeren Sinn
insb.	insbesondere
InsO	Insolvenzordnung
i.S.d.	im Sinne des/der
i.S.e.	im Sinne eines/einer
i.S.v.	im Sinne von
i.Ü.	im Übrigen
i.V.m.	in Verbindung mit
Kap.	Kapitel
KO	Konkursordnung
krit.	kritisch
m.a.W.	mit anderen Worten
m.E.	meines Erachtens
MwStSystRL	Mehrwertsteuersystemrichtlinie
m.w.N.	mit weiteren Nachweisen
n.F.	neue Fassung
Nr.	Nummer(n)
rkr.	rechtskräftig
Rn.	Randnummer(n)
sog.	sogenannt(e)
st. Rspr.	stetige Rechtsprechung
Tz.	Textziffer(n)
Unterabs.	Unterabsatz
v.	vom
vgl.	vergleiche
Vorbem.	Vorbemerkung
z.B.	zum Beispiel

Ergänzend wird Bezug genommen auf das Abkürzungsverzeichnis von *Kirchner, Hildebert* (Begr.), Abkürzungsverzeichnis der Rechtssprache, 9. Auflage, Berlin 2018.

Einleitung

§ 1. Problemstellung

Die Schnittstelle von Insolvenzrecht und Umsatzsteuerrecht ist ein neuralgischer Punkt.[1] An ihr entfachen sich eine Vielzahl materiell-rechtlicher und verfahrensrechtlicher Probleme, die nicht nur die Praxis, sondern auch die Rechtswissenschaft bereits seit mehreren Jahrzehnten beschäftigt hält. Die Rechtslage hat sich dabei durch die europarechtliche Harmonisierung des Umsatzsteuerrechts noch verkompliziert. Aus umsatzsteuerrechtlicher Sicht ist die Einordnung der aus dem Umsatzsteuerschuldverhältnis resultierenden Ansprüche des Staats als Steuergläubiger in die insolvenzrechtlichen Kategorien der Masseverbindlichkeiten und Insolvenzforderungen, aber auch das Recht zur Aufrechnung gegen die Ansprüche des der Besteuerung unterliegenden Unternehmers[2] aus dem Umsatzsteuerschuldverhältnis eine zentrale Thematik.

Die besondere Schwierigkeit resultiert daraus, dass die Ansprüche aus dem Umsatzsteuerschuldverhältnis aus einer nach § 16 Abs. 2 UStG zu bildenden Saldoforderung bestehen, welche ihrerseits alle im Besteuerungszeitraum verwirklichten Einzeltatbestände in sich aufnimmt. Diese Einzeltatbestände, z.B. die Verwirklichung einer Umsatzsteuerpflicht wegen einer Lieferung oder Leistung nach § 13 Abs. 1 Nr. 1 Buchst. a) Satz 1 UStG, verwirklichen sich wiederum in aller Regel über einen gestreckten Zeitraum.

---

1 *Kahlert*, DStR 2011,1973 (1981) bezeichnet die Koordinierung von Insolvenz- und Steuerrecht im Allgemeinen als „Großbaustelle"; *Uhlenbruck*, ZInsO 2005, 505 (505) als „Dauerbaustelle"; *Hölzle*, BB 2012, 1571 (1572): „Steuerrecht und Insolvenzrecht passen […] nicht zusammen.". Die Kommission zur Harmonisierung von Insolvenz- und Steuerrecht kommt in ihrem Abschlussbericht speziell zur Umsatzsteuer zu folgendem ernüchterndem Ergebnis: „Eine grundsätzliche Verzahnung von Umsatzsteuer- und Insolvenzrecht erscheint auf der Grundlage des geltenden Rechts – wenn überhaupt – nur unter großen Anstrengungen möglich zu sein.", vgl. *Seer*, DStR 2014 (Beihefter), 117 (126). Zur Beantwortung der großen dogmatischen Fragen kommt noch die Frage der praktischen Umsetzbarkeit hinzu, vgl. dazu z.B. *Nowak*, ZInsO 2015, 1185 (1190 f.).

2 Fortan der „(Umsatz-)Steuerschuldner" bzw. „Insolvenzschuldner" oder, je nach der betrachteten Rolle im Umsatzsteuerdreieck „Leistender" oder „Leistungsempfänger".

Dem ggü. steht aus Sicht des Insolvenzrechts der fixe Zeitpunkt der Insolvenzeröffnung. Ist ein Anspruch ggü. dem Insolvenzschuldner vor der Eröffnung des Insolvenzverfahrens begründet worden, so nimmt der Gläubiger am Insolvenzverfahren als Insolvenzgläubiger teil, der quotal zu befriedigen ist, § 38 InsO. Wurde der Anspruch nach Eröffnung des Insolvenzverfahrens begründet und liegen die weiteren Voraussetzungen vor, besteht eine Masseverbindlichkeit, aus der der Gläubiger noch vor der Verteilung der Insolvenzmasse an die Insolvenzgläubiger Befriedigung erlangen kann.[3]

Vereinzelt wird dagegen die These aufgestellt, eine Einordnung der Ansprüche des Steuergläubigers in die genannten insolvenzrechtlichen Forderungskategorien sei verfehlt. Hierfür wird ein spezifisch umsatzsteuerrechtliches Argument vorgebracht: Wegen der Belastungsneutralität der Umsatzsteuer für den Steuerschuldner und dessen Funktion als bloßer „Steuereinsammler" für den Staat könne eine nur quotale Befriedigung des Steuergläubigers nicht hingenommen werden. Der Steuergläubiger müsse vielmehr hinsichtlich seiner Umsatzsteueransprüche im Insolvenzverfahren aussonderungsberechtigt sein.[4]

Gelangt man hingegen zu der (zutreffenden) Auffassung, dass kein Aussonderungsrecht des Steuergläubigers besteht, kommt man zu der eingangs angedeuteten Frage, wann bestimmte umsatzsteuerrechtliche Einzeltatbestände i.S.d. § 38 InsO[5] hinreichend verwirklicht sind, sodass die aus ihnen sich ergebenden Ansprüche im Zeitpunkt der Eröffnung des Insolvenzverfahrens als begründet anzusehen sind. Diese Frage wurde in Rechtsprechung und Literatur umfassend behandelt, jedoch sehr unterschiedlich beantwortet.

---

3 Für Zwecke der Aufrechenbarkeit der Ansprüche des Steuerschuldners ggü. dem Steuergläubiger aus dem Umsatzsteuerschuldverhältnis finden im Rahmen von § 96 Abs. 1 Nr. 1 InsO dieselben Abgrenzungsmaßstäbe Anwendung, vgl. unten unter § 9 C.

4 So bereits *de lege lata Stadie*, UR 2013, 158 (169 ff.); *Stadie*, in *Rau/Dürrwächter*, UStG, Bd. VI, § 18 Anhang 2, Rn. 81 ff.; dem folgend wohl *Hummel*, MwStR 2016, 724 (724); dagegen lediglich *de lege ferenda* durch Einführung eines darauf bezogenen Aussonderungsrechts in § 47 InsO *Seer*, DStR 2016, 1289 (1297).

5 Bzw. des § 96 Abs. 1 Nr. 1 InsO.

Den bisherigen Höhepunkt[6] der Entwicklung der Rechtsprechungspraxis bildet eine seit 2009 radikal geänderte und mittlerweile gefestigte[7] Rechtsprechung des für Umsatzsteuerfragen zuständigen V. Senats des BFH, welcher sich der XI. Senat des BFH, ebenfalls zuständig für Umsatzsteuer, weitestgehend angeschlossen hat. Der BFH greift die Argumentation auf, dass wegen der Belastungsneutralität der Umsatzsteuer für den Steuerschuldner und dessen Funktion als bloßer „Steuereinsammler" für den Staat eine nur quotale Befriedigung des Steuergläubigers nicht hingenommen werden könne.[8] Diese neuere Rechtsprechung lehnt zwar die Annahme eines Aussonderungsrechts ab, führt aber dazu, dass Umsatzsteueransprüche des Steuergläubigers häufiger als zuvor als vorrangig zu befriedigende Masseverbindlichkeiten einzuordnen sind. Sie wird deshalb neben und im Zusammenspiel mit einer Reihe anderer Entscheidungen als Wiedereinführung neuer Fiskusvorrechte kritisiert, deren in § 61 Abs. 1 Nr. 2 KO geregelten Vorgänger man seit Inkrafttreten der InsO am 1. Januar 1999[9] überwunden glaubte.[10] Ein Widerspruch ergibt sich insb. zur Rechtsprechung des VII. Senats des BFH, der im Rahmen seiner Zuständigkeit für die Überprüfung von Aufrechnungsbescheiden der Finanzbehörden auch über die Aufrechnung mit und gegen Umsatzsteueransprüche zu entscheiden hat. Die Gemengelage wird schließlich dadurch abgerundet, dass auch der für das Insolvenzrecht zuständige IX. Zivilsenat des BGH bisweilen Umsatzsteuersachverhalte zu entscheiden hatte.

§ 2. *Gang der Untersuchung und Eingrenzung des Untersuchungsgegenstands*

Die vorliegende Arbeit setzt sich im ersten Kapitel mit der Einbeziehung des Steuergläubigers in die Gemeinschaft der am Insolvenzverfahren betei-

6 Die Entwicklung der Rechtsprechung auf dem Gebiet der Umsatzsteuer in der Insolvenz reicht weit zurück und wurde bereits im Jahre 1994 von *Onusseit*, KTS 1994, 3 (3) überspitzt wie folgt zusammengefasst: „Alles was nach Konkurseröffnung passiert, geht hinsichtlich der Umsatzsteuer zu Lasten der Masse [...].".

7 Ähnlich *Harder*, ZInsO 2016, 1681 (1685); *Schmittmann*, EWiR 2016, 439 (440) und bereits *ders.*, ZIP 2012, 249 (252).

8 BFH v. 29.1.2009 – V R 64/07, BStBl. II 2009, 682 (684); auf dieser Grundlage zum vorläufigen Insolvenzverfahren BFH v. 1.3.2016 – XI R 9/15, MwStR 2016, 724 (725, Rn. 18); BFH v. 1.3.2016 – XI R 21/14, BStBl. II 2016, 756 (756, Rn. 14 ff.); vgl. auch *Seer*, DStR 2016, 1289 (1297); *Schuster*, DStR 2013, 1509; *Desens*, LIT 2012, 58 (61).

9 BGBl. I 1994, S. 2866 ff.

10 Statt vieler *Kahlert*, ZIP 2010, 1274 ff.

ligten Gläubiger im Allgemeinen auseinander. Es wird festzustellen sein, dass der Steuergläubiger dazu verpflichtet ist, am Insolvenzverfahren teilzunehmen, aber durchaus Spielräume für Vorrechte eröffnet sind. Daran anschließend wird herausgearbeitet, dass sich speziell für die Umsatzsteuer (jedenfalls *de lege lata*) keine abweichende Rechtslage aufgrund des sie beherrschenden Neutralitätsgrundsatzes ergeben kann. Insb. erzwingt die „Steuereinsammler"-Funktion des insolventen Steuerschuldners weder ein Aussonderungsrecht des Steuergläubigers hinsichtlich seiner Ansprüche aus dem Umsatzsteuerschuldverhältnis, noch liefert sie einen Grund dafür, die Ansprüche als Masseverbindlichkeiten einzuordnen.

Unter der Prämisse, dass auch der Steuergläubiger hinsichtlich seiner Ansprüche aus dem Umsatzsteuerschuldverhältnis in aller Regel lediglich als Insolvenzgläubiger oder Massegläubiger am Insolvenzverfahren über das Vermögen des Insolvenzschuldners teilzunehmen hat, wird im zweiten Kapitel der Zeitpunkt definiert werden, in dem ein Anspruch i.S.v. § 38 InsO begründet ist. Hierfür soll eine eigene Definition eingeführt werden. Es wird sich außerdem zeigen, dass der Zeitpunkt, in dem ein Gläubiger gem. § 96 Abs. 1 Nr. 1 InsO etwas zur Insolvenzmasse schuldig geworden ist, nach denselben Maßstäben zu ermitteln ist.

Im vierten Kapitel wird die gefundene Definition unter Einbeziehung der bisherigen Lösungsansätze in Rechtsprechung und Literatur auf die verschiedenen Einzeltatbestände des Umsatzsteuerrechts und ausgewählte Einzelfälle im Rahmen des Regelinsolvenzverfahrens sowie des vorläufigen Insolvenzverfahrens bei der Regelinsolvenz angewendet. Hierbei werden das Vorliegen einer innerstaatlichen umsatzsteuerbaren Lieferung oder sonstigen Leistung gem. § 1 Abs. 1 Nr. 1 Satz 1 i.V.m. § 3 Abs. 1, 9 UStG sowie die Unternehmereigenschaft des Insolvenzschuldners nach § 2 Abs. 1 Satz 1 UStG vorausgesetzt. Es wird sich zeigen, dass für die insolvenzrechtliche Einordnung im Regelfall der Zeitpunkt der Leistungserbringung maßgeblich ist. In einzelnen Konstellationen ergeben sich dagegen Unterschiede zu bisher vertretenen Lösungsansätzen.

Abschließend werden im fünften Kapitel die wichtigsten Ergebnisse der vorliegenden Arbeit zusammenfassend dargestellt.

Erstes Kapitel: Die Teilnahme des Staates am Insolvenzverfahren und Auswirkungen des umsatzsteuerrechtlichen Neutralitätsgrundsatzes

Ist der Schuldner nicht mehr in der Lage, sämtliche seiner Verbindlichkeiten zu erfüllen, entsteht eine Knappheitssituation. Der Gesetzgeber löst diese Knappheitssituation in Abkehr vom einzelzwangsvollstreckungsrechtlichen Prioritätsgrundsatz durch ein Gesamtvollstreckungsverfahren, das Insolvenzverfahren. Dieses in der InsO niedergelegte Verfahren soll im Interesse der Gläubigergesamtheit eine geordnete, friedenswahrende (Ordnungsfunktion des Insolvenzverfahrens) und zugleich effektive Haftungsabwicklung eines insuffizienten Vermögens gewährleisten.[11] Die Knappheitssituation wird – unter angemessener Berücksichtigung der dargestellten Interessen des Insolvenzschuldners – dadurch aufgelöst, dass jeder der Insolvenzgläubiger anteilig befriedigt wird. Die Teilnahme am Insolvenzverfahren ist nicht verpflichtend, der Gläubiger kann weiterhin über das „Ob" der Geltendmachung seines Vermögensanspruchs ggü. dem Insolvenzschuldner entscheiden,[12] während er – entscheidet er sich für die Geltendmachung – hinsichtlich des „Wie" vom Zeitpunkt der Verfahrenseröffnung an gem. § 87 InsO auf die Mittel des Insolvenzverfahrens beschränkt ist, welche die InsO vorsieht.[13]

Meldet ein Unternehmer oder Unternehmensträger Insolvenz an, sind davon eine Reihe verschiedener Gläubigergruppen betroffen. Neben Arbeitnehmern und anderen privaten Gläubigern ist stets auch der Staat als Steuergläubiger beteiligt.[14] Allen gemein ist, dass ihre Vermögensansprü-

---

11 *Krumm*, Steuervollzug und formelle Insolvenz, 27; vgl. auch *Pape*, in *Uhlenbruck/Hirte/Vallender*, InsO, § 1, Rn. 1.

12 Es ist deshalb allgemein anerkannt, dass die Definition des Insolvenzgläubigers in § 38 InsO nicht von der Teilnahme des Gläubigers am Verfahren abhängig ist, statt vieler *Sinz*, in *Uhlenbruck/Hirte/Vallender*, InsO, § 38, Rn. 1. Zur abweichenden Situation des Steuergläubigers, der über das „Ob" der Steuererhebung grundsätzlich nicht disponieren kann, sogleich unter § 3. A. IV.

13 *Knof/Sinz*, in *Uhlenbruck/Hirte/Vallender*, InsO, § 38, Rn. 1.

14 Daneben nimmt der Staat ebenso häufig in seiner Eigenschaft als Sozialversicherungsträger am Insolvenzverfahren teil. Dies ist jedoch – trotz ähnlich gelagerter Fragestellungen – nicht Gegenstand der vorliegenden Arbeit.

che ggü. dem insolventen Unternehmer oder Unternehmensträger nicht mehr in ihrer Gesamtheit vollständig befriedigt werden können. Hieraus resultiert eine Konfliktsituation, deren Lösung unter Einbeziehung der Interessen aller Beteiligten erfolgen muss.

Mit Inkrafttreten der InsO am 1. Januar 1999 und der damit verbundenen Aufhebung der Fiskusvorrechte sollte klargestellt werden, dass auch der Staat in seiner Eigenschaft als Steuergläubiger wie jeder andere Gläubiger am Insolvenzverfahren über das Vermögen des Insolvenzschuldners teilnehmen muss.[15] Dass der Vorrang der Gesamtvollstreckung nach der InsO auch für den Staat als Steuergläubiger gilt, kommt daneben in § 251 Abs. 2 Satz 1 AO zum Ausdruck, wonach die Vorschriften der InsO unberührt bleiben.[16] Die Finanzbehörde kann im eröffneten Insolvenzverfahren ggü. dem Insolvenzschuldner keine Leistungsbescheide mehr erlassen und auf diesem Wege ihre Forderungen durchsetzen.[17] Allenfalls kann sie ihren Anspruch unter den Voraussetzungen des § 251 Abs. 3 InsO durch schriftlichen Verwaltungsakt feststellen.

Diese Gleichstellung des Staates mit den übrigen Gläubigern wurde allerdings bereits kurz nach Inkrafttreten der InsO wieder in Frage gestellt. So empfahl bereits am 3. September 2003 der Bundesrechnungshof in seinem Bericht nach § 99 Satz 1 BHO ganz offen die Wiedereinführung des alten Fiskusvorrechts.[18] Auch der Staat hat – in seiner Funktion als Steuergesetzgeber – mehrfach dazu Anlauf genommen, die uneingeschränkte Gleichstellung des Steuergläubigers mit den übrigen am Insolvenzverfahren beteiligten Gläubigern zu relativieren. Ein Beispiel für einen gelungenen Versuch stellt die Einführung von § 55 Abs. 4 InsO a.F. mit dem Haushaltsbegleitgesetz 2011 vom 9. Dezember 2010 (HBeglG 2011)[19] dar, der bestimmte unter Mitwirkung eines vorläufigen Insolvenzverwalters im Insolvenzeröffnungsverfahren begründete Steuerverbindlichkeiten für das eröffnete Insolvenzverfahren zu Masseverbindlichkeiten erhebt.[20]

---

15 So ausdrücklich auch die Gesetzesbegründung, BT-Drs. 12/2443, 106 f.

16 Aus § 251 Abs. 2 Satz 1 InsO wird allgemein der Vorrang des Insolvenzrechts vor dem Steuerrecht abgeleitet. Zur Aussagekraft dieser Norm unten unter § 3. A. IV.

17 Eingehend *Krumm*, Umsatzsteuer und formelle Insolvenz, 75 ff.

18 Bundesrechnungshof, Steuerausfälle bei der Umsatzsteuer, Abschn. II, Tz. 6.3; vgl. auch *Bauer*, Ungleichbehandlung, 6; *Uhlenbruck*, ZInsO 2005, 505 (508); *Maus*, ZIP 2004, 1580 (1580).

19 BGBl. I 2010, 1885 (1893); zur Gesetzeshistorie und aktuellen Fassung noch unten unter § 6. A.

20 Die Implementierung dieser Norm in das bestehende System stellt sich als äußerst schwierig dar, was sich bereits daran zeigt, dass das BMF innerhalb kurzer

Diese Grundtendenz bietet Anlass genug, die bereits vorliegenden Erkenntnisse zur grds. notwendigen Beteiligung des Staates als Steuergläubiger zusammenfassend darzustellen und zu untersuchen, ob dem Staat als Steuergläubiger im Allgemeinen Vorrechte eingeräumt werden können. Da sich herausstellen wird, dass durchaus gewisse Spielräume hierfür bestehen, wird im Anschluss die These überprüft, dass der Neutralitätsgrundsatz im Falle der Umsatzsteuer zwingend zu einem solchen Vorrecht – in Form eines Aussonderungsrechts oder einer Einordnung des Anspruchs aus dem Umsatzsteuerschuldverhältnis als Masseverbindlichkeit – führen müsse. Hierzu werden zunächst die dogmatischen Grundlagen des umsatzsteuerrechtlichen Neutralitätsgrundsatzes dargelegt. Anschließend wird sein Einfluss auf die Stellung des Steuergläubigers im Insolvenzverfahren über das Vermögen des Umsatzsteuerschuldners untersucht.

§ 3. Beteiligung des Steuergläubigers am Insolvenzverfahren und seine (Sonder-)Position

Es besteht eine doppelte Verpflichtung des Staates, in seiner Eigenschaft als Steuergläubiger am Insolvenzverfahren über das Vermögen des Steuerschuldners teilzunehmen. Sie resultiert zum einen aus den verfassungsrechtlichen Rechten der übrigen Gläubiger und des Steuerschuldners ggü. dem Staat. Danach hat er sich gleich allen anderen Gläubigern behandeln zu lassen, d.h. dass der Staat seine Steuerforderungen nicht am Insolvenzverfahren vorbei verwirklichen darf.

Aufgrund seiner gleichheitsrechtlichen Gebundenheit i.S.d. Gleichmäßigkeit des Belastungserfolgs wird der Staat darüber hinaus seines Wahlrechts über das „Ob" der Teilnahme am Insolvenzverfahren enthoben. Während private Gläubiger sich dafür entscheiden können, ihre Forderung nicht im Insolvenzverfahren geltend zu machen und damit verfallen zu lassen, ist der Staat als Steuergläubiger gezwungen, das Insolvenzverfahren über das Vermögen des Steuerschuldners als bestmögliche verbliebene Verwertungsoption zu nutzen.

Zeit gleich mehrere Anwendungserlasse zu § 55 Abs. 4 InsO veröffentlicht hat, vgl. BMF v. 17.1.2012, BStBl. I 2012, 120; ersetzt durch BMF v. 20.5.2015, BStBl. I 2015, 476; dieses ergänzt durch BMF v. 18.11.2015, BStBl. I 2015, 886; siehe dazu *Wagner*, ZInsO 2016, 83 (83 f.); *Nowak*, ZInsO 2015, 1185 (1185 ff.).

A. Folgen des Gläubigergleichbehandlungsgrundsatzes für den Staat

I. Geschützte Interessen der Gläubiger im Insolvenzverfahren

Das Insolvenzverfahren dient in erster Linie der Interessenwahrung der Gläubiger. Dies geschieht abstrakt bereits dadurch, dass zahlungsunfähige Schuldner vom Markt entfernt und somit potenzielle Gläubiger präventiv geschützt werden.[21]

Die InsO schützt die Gläubiger allerdings vorrangig auf einer konkreten Ebene. Die Gläubiger haben nämlich ein vorrangiges Interesse daran, ihren bereits bestehenden Vermögensanspruch gegen den Schuldner bestmöglich realisieren zu können. Daher stellt § 1 Satz 1 InsO klar, dass das Ziel des Insolvenzverfahrens zunächst ist, die Gläubiger des Insolvenzschuldners gleichmäßig zu befriedigen. Die gleichmäßige Gläubigerbefriedigung in Abkehr vom Prioritätsprinzip der Einzelzwangsvollstreckung wird allgemein im insolvenzrechtlichen Gläubigergleichbehandlungsgrundsatz ausgedrückt. Er gilt auch unter der InsO.[22]

Nach *Häsemeyer* „verbinden sich im Gleichbehandlungsgrundsatz zumindest drei historisch nachweisbare Elemente mit wechselnder Dominanz: Gerechtigkeit (Billigkeit), Ordnungsdenken und pragmatischer Utilitarismus."[23] Sein Aussagegehalt erstreckt sich auf einer ersten Ebene darauf, dass den Gläubigern des Insolvenzschuldners i.S.e. Chancengleichheit die gleichen Möglichkeiten eingeräumt werden müssen, ihre Vermögensansprüche zu verwirklichen.[24] Es handelt sich dabei um einen Ordnungsgrundsatz, der die Universalität des Insolvenzverfahrens zum Ausdruck bringt.[25]

Erst in zweiter Linie geht es bei der Gläubigergleichbehandlung um eine gleichmäßige Befriedigung der Gläubiger, die ohne die Chancengleichheit auf der ersten Ebene wohl nicht ordnungsgemäß durchgeführt

21 Freilich wurde diese Herangehensweise mittlerweile dadurch relativiert, dass man die Sanierung insolvenzbetroffener und insolvenzbedrohter Unternehmen zunehmend gestärkt hat.

22 Das ist dem Grunde nach unstreitig; zur Begründung der Geltung des Gläubigergleichbehandlungsgrundsatzes im deutschen Insolvenzrecht eingehend *Nachtmann*, Fiskusvorrecht, 45 ff. m.w.N.

23 *Häsemeyer*, KTS 1982, 507 (511).

24 Ausführlich *Nachtmann*, Fiskusvorrecht, 41 ff. m.w.N., die von „Schichten" spricht.

25 *Nachtmann*, Fiskusvorrecht, 41; *Weiland*, Par condicio creditorum, 10; *Bauer*, Ungleichbehandlung, 64.

werden könnte.[26] Auch hierbei wird wiederum eine Zweiteilung vorgenommen. Die sog. materielle Gleichbehandlung differenziert die Gläubiger nach der Stärke ihrer Rechte, d.h. es sind sämtliche insolvenzrechtlichen Regelungen davon umfasst, die sich mit der Bereinigung der Insolvenzmasse von Aus- und Absonderungsberechtigten und sonstige Vorrechte befassen.[27] Hierin kommt zugleich die in der InsO verwirklichte Gruppengleichheit zum Ausdruck.[28]

An die verbliebene – bereinigte – Insolvenzmasse knüpft schließlich das zweite Prinzip im Rahmen der gleichmäßigen Befriedigung der Gläubiger an, die sog. formelle Gläubigergleichbehandlung. Diese beinhaltet schlicht die Verteilungsmethode, im Falle der InsO die proportionale Befriedigung der Gläubiger mit gleicher prozentualer Quote nach dem Verhältnis ihrer Forderungsbeträge.[29]

II. Der Staat als Schuldner von Gläubigergleichbehandlung

Was hat nun aber der Staat mit der Position des Gläubigers im Insolvenzverfahren und dessen Gleichbehandlung ggü. weiteren Gläubigern desselben Insolvenzschuldners zu tun? Die Antwort ist in der dogmatischen Herleitung des Gläubigergleichbehandlungsgrundsatzes zu finden.

Das Meinungsspektrum zu dieser bereits umfassend erörterten Frage reicht vom Gleichbehandlungsgrundsatz als eher allgemeines Postulat denn als positiv-rechtlich verfestigten Grundsatz bis hin zum Gleichbehandlungsgrundsatz als materiales Zuweisungsprinzip,[30] das letztlich aus einem Zusammenspiel der verfassungsmäßigen Rechte der Gläubiger (insb. Art. 14 Abs. 1, 19 Abs. 4 und 3 Abs. 1 GG) und des Insolvenzschuldners (Art. 12 Abs. 1, 2 Abs. 1 und 1 Abs. 1 GG) sowie der verfassungsmäßigen Pflichten des Staates (insb. aus Art. 14 Abs. 1, 12 Abs. 1, 2 Abs. 1, 19

---

26 *Nachtmann*, Fiskusvorrecht, 44; *Weiland*, Par condicio creditorum, 15.

27 Daher auch als differenzierende Gleichbehandlung bezeichnet, *Nachtmann*, Fiskusvorrecht, 43 f. m.w.N.

28 Diese wurde auch unter Geltung der InsO bewusst beibehalten, vgl. statt vieler *Pape/Uhlenbruck*, ZIP 2005, 417 (418) m.w.N. Zu den Beispielen jüngerer Begünstigungen des Steuergläubigers unten unter § 4 B. I.

29 *Nachtmann*, Fiskusvorrecht, 44 m.w.N. Die Verteilungsmethode ist in der InsO nicht ausdrücklich geregelt, aber in § 39 Abs. 1 InsO angedeutet und i.Ü. allgemein anerkannt.

30 *Häsemeyer*, KTS 2982, 507 (510).

Abs. 4 und 20 Abs. 3 GG) resultiert.[31] Die verschiedenen Ansichten lassen sich dabei grob in eine (rein) privatrechtliche und eine öffentlich-rechtliche Herangehensweise einteilen.

1. Privat-rechtliche Herleitung des Gläubigergleichbehandlungsgrundsatzes

Bei einer rein privat-rechtlichen Herleitung des Gläubigergleichbehandlungsgrundsatzes kann notwendigerweise lediglich auf die bestehenden privatrechtlichen Beziehungen zwischen den an der Insolvenz Beteiligten zurückgegriffen werden. Das sind augenscheinlich aber nur die Beziehungen sämtlicher Gläubiger zum Insolvenzschuldner.

In aller Regel besteht demgegenüber zwischen den Gläubigern untereinander keinerlei privat-rechtliche Beziehung. Will man den Gläubigergleichbehandlungsgrundsatz nicht als bloße Billigkeitsregel begreifen, bedarf es daher eines rechtlichen Konstrukts, das die Gläubiger zueinander in Beziehung setzt und zu einem gemeinsamen, verhältnismäßigen Zurückstecken bei der Realisierung des eigenen Vermögensanspruchs zwingt. Als Anknüpfungspunkt kommt z.B. das gemeinsame Interesse der Gläubiger an einer Befriedigung ihrer Vermögensansprüche in Betracht.[32]

Der wohl bekannteste Ansatz ist die von *Häsemeyer* entwickelte sog. Ausgleichshaftung.[33] Danach sei die Gleichbehandlung darauf zu stützen, dass alle Gläubiger gleichermaßen auf die Rechts- und Haftungsverhältnisse des Insolvenzschuldners Einfluss genommen und dadurch zum Entstehen der Knappheitssituation beigetragen haben. Der gegenseitige Haftungsgrund leite sich aus dem allseitigen Vorwurf dieser Einflussnahme ab.[34] Der Gleichbehandlungsgrundsatz setze sich auch ggü. Steuerforderungen durch, da der Steuergläubiger wie andere Gläubiger auch wohl berechneten Nutzen aus freier Wirtschaft und Wettbewerb gezogen habe und sich deren Versagen ebenso zurechnen lassen müsse wie die übrigen Gläubiger.[35]

---

31 Grundlegend *Krumm,* Steuervollzug und formelle Insolvenz, 37 ff. sowie *Widmann,* Umsatzsteuerverfahren und Insolvenz, 80 ff.; vgl. auch die Darstellung bei *Nachtmann*, Fiskusvorrecht, 50 ff.

32 Vgl. z.B. *Weidmüller,* Rückschlagsperre, 53.

33 Grundlegend *Häsemeyer,* KTS 1982, 507 ff.

34 *Häsemeyer,* KTS 1982, 507 (517); vgl. auch die zusammenfassende Darstellung bei *Nachtmann,* Fiskusvorrechte, 51 ff.

35 *Häsemeyer,* FS Stürner, 769 (771).

Es handelt sich mithin um eine negative Herleitung, da aus einem (Fehl-)Verhalten auf eine Pflicht geschlossen wird. Die konkrete Ausgestaltung des Verfahrens folge der gegenseitigen Haftungszuweisung und einer etwaigen Enthaftung einzelner Gläubiger. So trete z.B. hinsichtlich der aus- und absonderungsberechtigten Gläubiger eine Enthaftung ihrer Forderungen ggü. den Gläubigern nur insoweit ein, wie der Verwertungserlös aus dem dinglichen Recht die Forderung deckt.[36]

Dies ist besonders kritikwürdig, da nach der Logik *Häsemeyers* gerade diesen Gläubigern ein besonders schwerer Vorwurf zu machen wäre, haben sie doch in ungleich einschneidenderer Weise auf das Vermögen des Insolvenzschuldners Einfluss genommen. *Bauer* hat schließlich die Ausgleichshaftungsannahme *Häsemeyers* um öffentlich-rechtliche Aspekte erweitert.[37]

Es bedarf für die Zwecke der vorliegenden Arbeit keiner weiteren Vertiefung der einzelnen privat-rechtlichen Herleitungsansätze. Folgt man ihren Vertretern, so steht der Staat in keiner weitergehenden Verbindung zum Grundsatz der Gläubigergleichbehandlung, als dass er den Ausfluss dieses Grundsatzes in positives Recht überführt hat. I.Ü. beeinflusste der Staat Inhalt und Auswirkungen des Gläubigergleichbehandlungsgrundsatzes nicht.

2. Öffentlich-rechtliche Herleitung des Gläubigergleichbehandlungsgrundsatzes

Dem ist mit einer öffentlich-rechtlichen (genauer: verfassungsrechtlichen) Herleitung des Gläubigergleichbehandlungsgrundsatzes entgegenzutreten. Die Gemeinschaft der Personen, die letztlich den verfassten Staat bilden, stellt in der Staatsverfassung allgemeine Regeln und Freiräume auf, die das Wirken im Privatrechtsverkehr erst ermöglichen, aber auch begrenzen. Es ist ein Freiheitsrecht des Gläubigers, am Markt tätig zu werden, sich seine Schuldner auszusuchen und ggü. diesen Vermögensansprüche zu begründen, Art. 12 Abs. 1, Art. 2 Abs. 1 GG. Diese werden staatlicherseits besonders geschützt, Art. 14 Abs. 1 GG, was sich auch dadurch ausdrückt, dass sie im Konfliktfall mit dem Schuldner im Rahmen der Einzelzwangsvollstreckung mit staatlicher Gewalt durchgesetzt werden. Der staatliche

36 Vgl. *Häsemeyer*, KTS 1982, 507 (544).

37 Vgl. *Bauer*, Ungleichbehandlung, 66 f.; *ders.*, ZInsO 2008, 119 (123); *ders.* ZInsO 2010, 1432 (1435); dazu sogleich unten.

Schutz besteht auch im Gesamtvollstreckungsverfahren fort. Dementsprechend kann sich auch das Insolvenzrecht als private Haftungsordnung nicht dem Verfassungsrecht entziehen.[38]

Wegen dieses freiheitsrechtlichen Aspekts greift es zu kurz, zur Herleitung der Gläubigergleichbehandlung aus verfassungsrechtlicher Sicht nur auf Art. 3 Abs. 1 GG zu verweisen.[39] *Witfeld* hat überzeugend herausgearbeitet, dass die Doppelbetroffenheit von gleich- und freiheitsverfassungsrechtlichen Wertungen bei der Herleitung des Gläubigergleichbehandlungsgrundsatzes zu berücksichtigen ist. Sie schlägt sich in einer zweistufigen Prüfung von Eingriffen in die Gläubigergleichbehandlung nieder, auf deren erster Stufe die Feststellung einer Ungleichbehandlung wesentlich Gleichen auf der Grundlage der Dogmatik von Art. 3 Abs. 1 GG steht, deren verfassungsrechtliche Rechtfertigung auf der zweiten Stufe unter Einbeziehung der Schutzwirkung der betroffenen Freiheitsrechte, insb. Art. 14 Abs. 1 GG, festzustellen ist.[40] Dem ist zuzustimmen, denn erst die freiheitsverfassungsrechtlichen Wertungen können beantworten, in welchem Maße den verschiedenen Gläubigern eine Gleichbehandlung im Insolvenzverfahren anzugedeihen lassen ist.

Zentraler Punkt einer freiheitsverfassungsrechtlichen Betrachtung ist dabei der Umstand, dass die Vermögensansprüche der Gläubiger ggü. dem Insolvenzschuldner der Eigentumsgarantie des Art. 14 Abs. 1 GG unterfallen.[41] Der Grundrechtsschutz umfasst insb. das Befriedigungsrecht des Forderungsinhabers.[42] Da das Gewaltmonopol beim Staat liegt, ergibt sich i.V.m. Art. 19 Abs. 4 GG ein Anspruch des einzelnen Gläubigers ggü. dem Staat, ein Verfahren bereitzustellen, das sein Eigentumsrecht vor Entwertung schützt und mittels dem er sein durch Art. 14 Abs. 1 Satz 1 GG geschütztes Forderungsrecht bestmöglich durchsetzen kann. Eine Beschränkung der Zwangsvollstreckungsmöglichkeiten stellt mithin

---

38 So auch *Nachtmann*, Fiskusvorrechte, 59.

39 Ebenso *Krumm*, Steuervollzug und formelle Insolvenz, 38; *Witfeld*, Umsatzsteuerverfahren und Insolvenz, 94 ff.; *Bauer*, ZInsO 2010, 1432 (1435); anders aber wohl *Nachtmann*, Fiskusvorrechte, 59 ff., die den Gläubigergleichbehandlungsgrundsatz als besondere Ausprägung von Art. 3 Abs. 1 GG bezeichnet.

40 *Witfeld*, Umsatzsteuerverfahren und Insolvenz, 96 f.

41 Statt vieler BVerfG v. 18.1.2006 – 2 BvR 2194/99, ECLI:DE:BVerfG:2006:rs20060118.2bvr219499 (Rn. 33) m.w.N.; BVerfG v. 7.12.2004 – 1 BvR 1804/03, ECLI:DE:BVerfG:2004:rs20041207.1bvr180403 (Rn. 46) m.w.N.; *Papier/Shirvani*, in *Maunz/Dürig*, GG, Art. 14, Rn. 160.

42 BGH v. 25.3.1999 – IX ZR 223/97, BGHZ 141, 173 (177); *Krumm*, Steuervollzug und formelle Insolvenz, 37 f. m.w.N.

eine Inhalts- und Schrankenbestimmung des Eigentumsrechts i.S.v. Art. 14 Abs. 1 Satz 2 GG und damit einen Eingriff in die Rechtsposition des Gläubigers dar.[43] Auch die Anordnung eines Insolvenzverfahrens kann daher zunächst nichts anderes als einen Eingriff darstellen.[44] Es liegen hierfür jedoch den Vorgaben des Bundesverfassungsgerichts genügende, überwiegende zwingende Gründe vor.[45] Denn in der Knappheitssituation stellt die vollständige Durchsetzung des eigenen Vermögensanspruchs eine Beeinträchtigung der Vermögensansprüche der übrigen Gläubiger dar.[46]

Gleichzeitig kann ein Gläubiger, der andernfalls keine Befriedigung erfahren würde, vom Staat verlangen, dass sein eigener Anspruch vor der Undurchsetzbarkeit geschützt ist. Dies folgt aus dem Untermaßverbot als Untergrenze des Maßstabs der aus Art. 14 Abs. 1 GG folgenden Schutzpflicht sowie aus dem Justizgewähranspruch aus Art. 19 Abs. 4 GG, der ebenfalls zumindest gewisse Mindestanforderungen an die Effektivität bei der Forderungsdurchsetzung etabliert.[47] Der Anspruch auf Maximalbefriedigung schlägt daher in der Knappheitssituation in einen Anspruch auf optimale Befriedigung um. Der Staat sieht sich in seiner Pflicht zur Garantie der Freiheitsrechte der Gläubiger einer Situation ggü., in der er diese Freiheitsrechte optimal schützen kann, indem er sie im Verhältnis zueinander einschränkt und damit zum Ausgleich bringt. Der Abwehr- und Schutzpflichtaspekt des Art. 14 Abs. 1 GG treffen gleichsam zusammen.[48]

Es ist die Wechselbeziehung der zusammentreffenden Grundrechte der Gläubiger, die den Staat zum Handeln zwingen.[49] Zugleich dürfen die Gläubiger nicht dazu gezwungen sein, an einem ineffektiven Verfahren teilzunehmen, das ihre Vermögensansprüche nicht besser schützt, als es das System der Einzelzwangsvollstreckung täte.[50] Auch dieser Schutz vor der Teilnahme an einem ineffektiven Verteilungsverfahren folgt aus Art. 14 Abs. 1, 19 Abs. 4 GG. Indem der Staat aber ein effektives Verfahren

---

43 BVerfG v. 26.4.1995 – 1 BvL 19/94, 1 BvR 1454/94, BVerfGE 92, 262 = ZIP 1995, 923 (924).

44 Ebenso *Krumm*, Steuervollzug und formelle Insolvenz, 38.

45 Vgl. zum Maßstab (eigentumsrechtliche Stufentheorie) z.B. *Papier/Shirvani*, in *Maunz/Dürig*, GG, Art. 14, Rn. 424 ff. m.w.N.

46 Ähnlich *Bauer*, Ungleichbehandlung, 14.

47 *Krumm*, Steuervollzug und formelle Insolvenz, 40 f.

48 Vgl. *Krumm*, Steuervollzug und formelle Insolvenz, 40.

49 Vgl. *Krumm*, Steuervollzug und formelle Insolvenz, 40.

50 Eingehend *Krumm*, Steuervollzug und formelle Insolvenz, 39 unter Heranziehung der Rechtsprechung des BVerfG zum Recht, von einer Zwangsmitgliedschaft in einer öffentlich-rechtlichen Körperschaft fernzubleiben.

etabliert, kommt er zugleich seiner Pflicht aus dem Rechts- und Sozialstaatsprinzip des Art. 20 Abs. 3 GG nach, weil er damit Ordnung in einen Zustand des gesteigerten sozialen Unfriedens – der Knappheitssituation – bringt.[51]

Diese freiheitsverfassungsrechtlichen Gewährleistungen fließen in den allgemeinen Gleichheitssatz nach Art. 3 Abs. 1 GG ein. Hat sich der Staat in Abwägung der Gläubiger- und Schuldnerinteressen[52] für ein Verteilungsprinzip in der Knappheitssituation entschieden, muss er sich grds. daran ggü. allen Beteiligten festhalten lassen.[53] Eine Verschiebung zugunsten einzelner Beteiligter, z.B. durch die Einführung eines neuen Fiskusvorrechts, ist als Ungleichbehandlung nur unter Berücksichtigung der freiheitsverfassungsrechtlichen Gewährleistungen der übrigen Beteiligten zu rechtfertigen.[54]

Folgt man diesem öffentlich-rechtlichen Ansatz, so leitet sich der Gläubigergleichbehandlungsgrundsatz positiv aus den Schutzansprüchen jedes einzelnen Gläubigers ggü. dem Staat und deren Wechselwirkungen im Zusammenspiel mit dem allgemeinen Gleichbehandlungsgrundsatz ab. Es handelt sich um eine positive Herleitung, die keiner gegenseitigen Vorwürfe bedarf. Dass auch nach diesem Modell gesicherte Gläubiger einen besseren Schutz genießen, ist letztlich damit zu erklären, dass sie in verstärkter Weise von der ihnen verbürgten Freiheit im Rechtsverkehr Gebrauch gemacht haben. Es wäre widersinnig, die Ausnutzung der ihnen eröffneten Freiheit im Falle der Insolvenz zu pönalisieren.

III. Schutzpflichten des Staates ggü. dem Insolvenzschuldner

Daneben trägt das Insolvenzrecht auch zur Verwirklichung der Interessen des Insolvenzschuldners bei. So wird dem redlichen Insolvenzschuldner unter bestimmten Voraussetzungen der Weg zu einem wirtschaftlichen

---

51 Ähnlich *Krumm*, Steuervollzug und formelle Insolvenz, 41.

52 Zu diesen sogleich unter § 3. A. III.

53 *Krumm*, Steuervollzug und formelle Insolvenz, 38; zum Grundsatz der Systemgerechtigkeit und Folgerichtigkeit als Maßstab des allgemeinen Gleichheitssatzes auch *Desens*, Halbeinkünfteverfahren, 390 ff. m.w.N.

54 Vgl. *Witfeld*, Umsatzsteuerverfahren und Insolvenz, 96 ff. Nach *Krumm*, Steuervollzug und formelle Insolvenz, 38 stellt der Gleichheitssatz zum einen eine Grenze des gesetzgeberischen Ermessens und zum anderen einen Abwägungspunkt bei der Rechtfertigung der Eingriffe in die Freiheitsrechte der Gläubiger dar.

Neuanfang geebnet.[55] Dies drückt sich zum einen in den in jüngerer Zeit ausgebauten Sanierungsmöglichkeiten aus. Die Sanierung insolventer Unternehmen ist zwar kein vorrangiger, jedenfalls aber ein anerkannter Zweck des Insolvenzverfahrens.[56] Zum anderen finden die Schuldnerinteressen in der Möglichkeit der Restschuldbefreiung für natürliche Personen ihren Niederschlag, vgl. § 1 Satz 2 InsO. Auch wenn bisher noch ungeklärt ist, ob die Möglichkeit der Restschuldbefreiung ein eigenständiges Verfahrensziel neben der Gläubigerbefriedigung ist,[57] kommt hierin doch die wenigstens untergeordnete Beachtlichkeit der Interessen des Insolvenzschuldners zum Ausdruck.

Diese schützenswerten Interessen sind beim unternehmerisch tätigen Insolvenzschuldner von Art. 12 Abs. 1 GG gedeckt. Soweit der Privatbereich betroffen ist, sind sie jedenfalls dessen allgemeiner Handlungsfreiheit aus Art. 2 Abs. 1 GG zuzuordnen; soweit das Restschuldbefreiungsverfahren einer hoffnungslos verschuldeten natürlichen Person einen Ausweg aus dem „modernen Schuldturm" verschaffen und damit letztlich davor bewahren soll, bloßes Objekt der Vermögensinteressen der Gläubiger zu werden,[58] lässt sich der Schutz des Insolvenzschuldners nicht zuletzt auch auf die Menschenwürde zurückführen, Art. 1 Abs. 1 GG.

Der Staat ist somit verpflichtet, dem Insolvenzschuldner gewisse Rechte innerhalb eines Insolvenzverfahrens zu gewähren. Hierin sind zugleich auch Rechtfertigungsgründe für eine (weitere) Einschränkung des gläubigerseits geschützten Eigentums- und Justizgewährungsgrundrechts zu sehen.

IV. Folgen der Dreiecks-Rechtsbeziehungen zwischen Gläubiger, Insolvenzschuldner und Staat

Betrachtet man die Rechte und Pflichten der Beteiligten als Gesamtbild, so wird deutlich, dass ein Dreiecksverhältnis zwischen den Gläubigern, dem Insolvenzschuldner und dem Staat besteht. Darüber hinaus besteht aber auch eine Dreiecksbeziehung zwischen dem Gläubiger, dem Staat

55 Vgl. auch *Krumm*, Steuervollzug und formelle Insolvenz, 36 f.

56 *Pape*, in *Uhlenbruck/Hirte/Vallender*, InsO, § 1, Rn. 1.

57 Dafür z.B. BGH v. 16.3.2000 – IX ZB 2/00, BGHZ 144, 78 (83 f.); *Krumm*, Steuervollzug und formelle Insolvenz, 36; ausführlich zum Streitstand *Ganter/Bruns*, in MüKo InsO, Bd. 1, § 1, Rn. 100 ff. m.w.N.

58 Vgl. *Pape*, in *Uhlenbruck/Hirte/Vallender*, InsO, § 1, Rn. 15 m.w.N.

und jedem weiteren Gläubiger, der gleichlautende geschützte Interessen vorträgt. Soweit der Staat dazu verpflichtet ist, den Insolvenzschuldner zu schützen, stellt sich der umgesetzte Schuldnerschutz zugleich auch als Begrenzung der bereits dargestellten Rechte der Gläubiger dar. Hierbei muss ein Ausgleich zwischen den Rechtspositionen der Gläubiger und des Insolvenzschuldners getroffen werden, der sich in den einzelnen Vorschriften der InsO niederzuschlagen hat. Dabei bestehen i.E. gewisse Umsetzungsspielräume des Gesetzgebers.

Die derzeitige einfachgesetzliche Ausgestaltung dieser Dreiecksverhältnisse im Insolvenzrecht löst die verfassungsrechtliche Gemengelage wechselseitiger grundrechtlicher Beziehungen dadurch auf, dass der Staat am Gesamtvollstreckungsverfahren teilnehmen muss, wenn er seine eigenen Vermögensansprüche in der Knappheitssituation verwirklichen will. Dies kommt zum einen in § 87 InsO und § 251 Abs. 2 Satz 1 InsO zum Ausdruck. § 87 InsO beinhaltet keinerlei Differenzierung zwischen privatrechtlichen und öffentlich-rechtlichen Forderungen. Sie alle können ab der Eröffnung nur noch im Rahmen des Insolvenzverfahrens geltend gemacht werden. Dies wird flankiert von § 251 Abs. 2 Satz 1 AO, der aus steuerverfahrensrechtlicher Sicht darauf hinweist, dass bei der Vollstreckung von Verwaltungsakten die Vorschriften der InsO unberührt bleiben. Hiermit ist nach ganz herrschender Auffassung (lediglich) ausgedrückt, dass Steuerforderungen gegen den Insolvenzschuldner oder die Insolvenzmasse nach Eröffnung des Insolvenzverfahrens nach den Regeln der InsO geltend gemacht werden können, ohne aber eine weitergehende Vorrangregel zugunsten des Insolvenzrechts zu beinhalten.[59]

Zum anderen kennt auch § 38 InsO, der als zentrale Norm für die Eingruppierung eines Gläubigers als Insolvenzgläubiger anzusehen ist, keine Unterscheidung zwischen privat-rechtlichen und öffentlich-rechtlichen Forderungen und eine solche ist auch kein ungeschriebener Differenzierungsgrund.[60] Denn „die ausnahmslose Universalität ist dergestalt als selbstverständlich in einem Gesamtvollstreckungsverfahren vorausgesetzt, dass eine Dispensierung des Steuergläubigers von diesem Verfahren einer expliziten Ausnahmeregelung bedurft hätte."[61]

---

59 Ausschließlich dahingehend darf auch der schlagwortartige Ausspruch „Insolvenzrecht geht vor Steuerrecht" verstanden werden; vgl. BFH v. 29.8.2007 – IX R 4/07, BStBl. II 2010, 145 (147) m.w.N.; eingehend *Krumm*, Steuervollzug und formelle Insolvenz, 63 ff.

60 *Krumm*, Steuervollzug und formelle Insolvenz, 43.

61 *Krumm*, Steuervollzug und formelle Insolvenz, 44.

Für die Teilnahme des Staates am Insolvenzverfahren als Steuergläubiger spricht darüber hinaus, dass er sich als solcher nicht in Gegensatz dazu setzen darf, was er in seiner Rolle als Gesetzgeber zu gewährleisten verpflichtet ist. Wenn der Staat einerseits aufgrund des Gläubigergleichbehandlungsgrundsatzes dazu berechtigt und verpflichtet ist, den Gläubigern ein Gesamtvollstreckungsverfahren aufzuerlegen, muss er sich andererseits auch selbst seinem eigenen Verdikt unterwerfen. Die Schutzwirkung von Art. 3 Abs. 1, 14 Abs. 1, 19 Abs. 4 GG zugunsten der privaten Gläubiger zwingt den Staat als Steuergläubiger dazu, ebenfalls teilzunehmen, wenn er seinen Vermögensanspruch geltend machen will.

Hinzu kommt, dass – gemessen an der wirtschaftlichen Bedeutung der Steuerforderungen ggü. dem Insolvenzschuldner im Verhältnis zu den übrigen Verbindlichkeiten – die privaten Gläubiger sich, wie bereits festgestellt, nicht an einem ineffektiven Verfahren beteiligen müssen, das aber sicher in einer Vielzahl von Fällen entstünde, wenn der Steuergläubiger sich der Teilnahme entzöge. Die Nichtteilnahme des Staates als Steuergläubiger stellte demnach einen nicht zu rechtfertigenden Eingriff in die Systematik des Gesamtvollstreckungsverfahrens dar, die aus dem Zusammenspiel der Grundrechte der Gläubiger erwächst, der im Extremfall sogar die Gläubigergemeinschaft insgesamt aufhebt.[62] Hierin kommt i.Ü. der Aspekt der Chancengleichheit des Gläubigergleichbehandlungsgrundsatzes besonders stark zum Ausdruck.[63]

B. Folgen des Verfassungsauftrags des Staates auf den Staat als Steuergläubiger

Es steht damit fest, dass der Staat als Steuergläubiger am Insolvenzverfahren teilnehmen muss, wenn er seine Steuerforderungen geltend machen will. Im Folgenden soll schließlich dargelegt werden, warum der Staat auf die Geltendmachung grds. auch nicht verzichten kann.

---

62 Tiefergehend *Krumm*, Steuervollzug und formelle Insolvenz, 124.

63 Diesem wird bisweilen zu Unrecht keine allzu große Bedeutung mehr beigemessen; vgl. dazu *Nachtmann*, Fiskusvorrechte, 44; *Bauer*, Ungleichbehandlung, 65.

I. Verfassungsauftrag des Steuergläubigers bei der Steuererhebung außerhalb des Insolvenzverfahrens

In seiner Eigenschaft als Steuergläubiger ist der Staat vom privaten Gläubiger grundlegend verschieden. Denn er schafft mit der Erhebung von Steuern erst die Möglichkeit, die ihm übertragenen öffentlichen Aufgaben zu erfüllen. Er ist bei der Erhebung und Eintreibung von Steuern in seinem Handeln verfassungsrechtlich determiniert und unterliegt einem verfassungsrechtlichen Effektivitätsdruck.[64] Nicht allein die Steuervereinnahmung als solche, sondern ein planbares und kontinuierliches Steueraufkommen ermöglichen dem Staat eine geordnete Haushaltsplanung, wodurch er die ihm obliegenden Aufgaben erst zufriedenstellend lösen kann.[65]

Aus verfassungsrechtlicher Sicht ergibt sich hieraus zwar keine weiter konkretisierbare Pflicht, als dass der Steuergläubiger auf einen möglichst effektiven Steuervollzug hinzuwirken hat. Das in der Notwendigkeit eines stetigen Steueraufkommens zum Ausdruck kommende öffentliche Interesse ist aber gleichwohl als gewichtiger Belang in die Abwägung zur Auflösung von verfassungsrechtlichen Prinzipien einzustellen.[66] Darüber hinaus unterliegt der Staat als Grundrechtgarant bei der Steuervereinnahmung auch der Bindungswirkung der Grundrechte des einzelnen Steuerschuldners, Art. 1 Abs. 3 GG.

Weitaus gewichtiger für den Steuergläubiger in Bezug auf alle Steuerschuldner ist aber der Einfluss des allgemeinen Gleichheitssatzes aus Art. 3 Abs. 1 GG. Dieser verlangt sowohl Rechtsetzungsgleichheit[67] als auch Rechtsanwendungsgleichheit[68]. Der Staat ist zwar bei der Auswahl des Steuergegenstands und der Bestimmung des Steuersatzes weitestgehend frei.[69] Eine einmal getroffene Belastungsentscheidung muss dieser jedoch dem Gebot der Rechtsanwendungsgleichheit in der steuerspezifischen

64 *Krumm*, Steuervollzug und formelle Insolvenz, 16.
65 Ausführlich *Krumm*, Steuervollzug und formelle Insolvenz, 19 ff.; vgl. auch *Birk/Desens/Tappe*, Steuerrecht, 60.
66 Zutreffend *Krumm*, Steuervollzug und formelle Insolvenz, 21.
67 Hierbei wird vornehmlich auf den Steuergesetzgeber geblickt, vgl. *Hey*, in *Tipke/Lang*, Steuerrecht, § 3, Rn. 110 m.w.N.
68 Deren einfachgesetzliche Ausprägung findet sich in § 85 AO wieder, dazu auch *Birk/Desens/Tappe*, Rn. 172.
69 Vgl. nur *Hey* in *Tipke/Lang*, Steuerrecht, § 3, Rn. 60.

Ausprägung der Belastungsgleichheit[70] folgend nicht nur hinsichtlich der normativen Steuerpflicht umsetzen, sondern auch im Rahmen der Durchsetzung der Steuererhebung beachten.[71]

Wird die Gleichheit im Belastungserfolg durch die rechtliche Gestaltung des Erhebungsverfahrens prinzipiell verfehlt, kann bereits dies die Verfassungswidrigkeit der gesetzlichen Besteuerungsgrundlagen nach sich ziehen.[72] Wie *Krumm* zutreffend ausführt, äußert sich „die Gleichmäßigkeit im Belastungserfolg [...] nicht nur auf Vollzugsebene dergestalt, dass ein bestehender und durchsetzbarer Steueranspruch *tatsächlich* verwirklicht werden muss", sondern „erst recht auf der *rechtlichen* Ebene in einem *Bestandsgebot*".[73] Dementsprechend „bedeutet jeder rechtliche Verlust – sei es in Gestalt eines Erlöschens oder auch nur in Gestalt einer fehlenden Erzwingbarkeit – [...] eine Ausnahme von der gemeinschaftlichen Lastentragung und führt zu einer Ungleichmäßigkeit der Besteuerung".[74]

Ausdruck der Umsetzung des gleichheitsrechtlich geforderten Effektivitätsgebots ist der Verwaltungsakt, der Kraft seines hoheitlichen Geltungsanspruchs und mit seiner fehlerunabhängigen Rechtswirksamkeit den Unterschied zur Anspruchsverwirklichung privater Gläubiger markiert.[75] Dies setzt sich auch in der Verwaltungsvollstreckung durch, welche die konsequente Fortsetzung der Selbsttitulierung als Selbstexekution des Verwaltungsakts darstellt.[76]

II. Teilnahmepflicht des Steuergläubigers am Insolvenzverfahren

Aus der Belastungsgleichheit folgt letztlich, dass der Steuergläubiger es sich nicht aussuchen kann, ob er einen Steueranspruch gegen den Steuerschuldner geltend machen will oder nicht. Dies setzt sich selbstver-

---

70 Sog. Gebot der Folgerichtigkeit, vgl. *Birk/Desens/Tappe*, Steuerrecht, Rn. 187; vgl. auch *Tipke*, Steuerrechtsordnung, Bd. I, 354 f.

71 *Witfeld*, Umsatzsteuerverfahren und Insolvenz, 83 f.; *Krumm*, Steuervollzug und formelle Insolvenz, 16.

72 Sog. strukturelles Vollzugsdefizit, vgl. BVerfG v. 27.6.1991 – 2 BvR 1493/89, BStBl. II 1991, 654 (664); *Hey* in *Tipke/Lang*, Steuerrecht, § 3, Rn. 112; *Birk/Desens/Tappe*, Steuerrecht, Rn. 172; *Tipke*, Steuerrechtsordnung, Bd. III, 1461.

73 *Krumm*, Steuervollzug und formelle Insolvenz, 26.

74 *Krumm*, Steuervollzug und formelle Insolvenz, 26; vgl. auch *Witfeld*, Umsatzsteuerverfahren und Insolvenz, 82 ff.

75 *Krumm*, Steuervollzug und formelle Insolvenz, 22.

76 *Krumm*, Steuervollzug und formelle Insolvenz, 23.

ständlich bis in die Insolvenz des Steuerschuldners fort. Der Steuergläubiger ist daher gezwungen, am Insolvenzverfahren teilzunehmen.[77] Die gleichsam entstehende Konfliktlage[78] zwischen dem Gläubigergleichbehandlungsgrundsatz, der insb. die quotale Befriedigung aller Gläubiger beinhaltet, und der Vorgabe der Besteuerungsgleichheit wird dadurch aufgelöst, dass „sich der Maximalanspruch der vollen Anspruchsbefriedigung zu einem Optimalanspruch einer nur noch höchstmöglichen Anspruchsbefriedigung" umwandelt.[79]

§ 4. Möglichkeit, aber kein Zwang zum Fiskusvorrecht im Insolvenzverfahren

Ausgehend von der grds. bestehenden Pflicht des Steuergläubigers zur Teilnahme am Insolvenzverfahren über das Vermögen des Steuerschuldners entfaltet sich eine anhaltende Diskussion darüber, ob der Steuergläubiger in dieser Position bevorrechtigt werden kann, darf und sollte.[80] Ausgehend von der Darstellung der unter Geltung der KO gegebenen Fiskusvorrechte wird nachfolgend aufgezeigt, dass im Grundsatz eine Besserstellung des Steuergläubigers aus verschiedenen Gründen möglich und verfassungsrechtlich zulässig ist.

Neben den Vorrechten, die aus der bestehenden Gruppengleichheit der Insolvenzgläubiger resultieren, sind auch Vorrechte denkbar, die erst durch das Insolvenzrecht für die Insolvenzabwicklung geschaffen werden.[81] Verfassungsrechtlich zulässig ist es jedenfalls, die steuerrechtlichen

---

77 *Krumm*, Steuervollzug und formelle Insolvenz, 89.

78 *Urban*, NZI 2010, 888 (892).

79 *Seer*, DStR 2016, 1289 (1289); ebenso *Krumm*, Steuervollzug und formelle Insolvenz, 91, der zugleich auf die weiteren Auswirkungen des verfassungsrechtlichen Gebots der Besteuerungsgleichheit vertieft eingeht.

80 Es ist dagegen weitgehend anerkannt, dass der Steuergläubiger aufgrund des Grundsatzes der Belastungsgleichheit jedenfalls nicht schlechter als andere Gläubiger gestellt werden darf; vgl. *Krumm*, Steuervollzug und formelle Insolvenz, 60; EuGH v. 7.4.2016 – C-546/14, ECLI:EU:C:2016:206 (Rn. 25); *de Weerth*, ZInsO 2016, 865; gegen ein Fiskusvorrecht z.B. *Bauer*, ZInsO 2010, 1432 (1432 ff.); *ders.*, DZWiR 2007, 188 (192); krit. ggü. dem Fiskusvorrecht der KO bereits *Bredow*, KTS 1959, 21 (23 f.).

81 Vgl. *Bauer*, Ungleichbehandlung, 16, 19; *Witfeld*, Umsatzsteuerverfahren und Insolvenz, 387 ff. schlägt in diesem Sinne speziell für den Fall der Umsatzsteuer die Einrichtung einer Umsatzsteuersondermasse vor.

Vorschriften anzupassen, um das Insolvenzrisiko des Steuergläubigers mittels Zugriff auf dritte Personen oder Vermögensmassen zu verringern.[82]

A. Das ehemalige Konkursvorrecht des Gläubigers

§ 61 KO regelte bis zum Außerkrafttreten der KO die Rangfolge der Konkursforderungen. Diese waren, wie auch heute, nach den Masseverbindlichkeiten (früher Massekosten und Masseschulden, §§ 57-59 KO) aus der Insolvenzmasse zu bedienen. Innerhalb der Konkursforderungen wurden den „übrigen" Konkursforderungen i.S.v. § 61 Abs. 1 Nr. 6 KO eine Reihe von Konkursforderungen im Rang vorangestellt. Der KO waren Fiskusvorrechte nicht fremd. Es handelte sich hierbei um Konkursvorrechte, die erst durch das Konkursrecht selbst für die Konkursabwicklung geschaffen wurden.[83]

Die Forderungen der Reichskasse, der Staatskassen und der Gemeinden sowie der Amts-, Kreis- und Provinzialverbände wegen öffentlicher Abgaben, welche im letzten Jahre vor der Eröffnung des Verfahrens fällig geworden waren oder nach § 65 KO als fällig galten, unterfielen der Rangklasse des § 62 Abs. 1 Nr. 2 KO.[84] Hierzu zählten insb. die Einkommen- und Umsatzsteuerforderungen sowie die Lohnsteuer auf bereits vor Insolvenzeröffnung ausgezahlte Löhne.[85]

Nach der Rechtsprechung des BFH konnte die Lohnsteuer darüber hinaus sogar in die vorrangige Klasse von Konkursforderungen nach § 61 Abs. 1 Nr. 1 KO fallen. Dies nämlich dann, wenn vor Konkurseröffnung weder Lohn noch Lohnsteuer gezahlt worden seien, da die Lohnsteuer als solche in diesem Fall keine selbständige Konkursforderung sei, sondern ihre Grundlage allein in dem Anspruch des Arbeitnehmers auf den Bruttolohn habe. In diesem Fall habe die Lohnsteuer sogar am Rang der Lohnforderung des Arbeitnehmers aus § 61 Abs. 1 Nr. 1 KO teilgenommen.[86]

---

82 *Krumm,* Steuervollzug und formelle Insolvenz, 49 f.; dazu an den Beispielen der §§ 48, 48a bis d EStG sowie §§ 13b Abs. 1 Nr. 4, Abs. 2, 13c UStG a.F. u.a. *Kroth,* NZI 2004, 345 (346 ff.).

83 Vgl. *Bauer,* Ungleichbehandlung, 16, 19.

84 Zum Konkursvorrecht bzgl. Umsatzsteueransprüchen z.B. *Weiß,* Insolvenz und Steuern, 82 ff.; umfassend zur Umsatzsteuer im Konkurs *Welzel,* Umsatzsteuer als Masseverbindlichkeit, 62 ff.; *Onusseit,* Umsatzsteuer im Konkurs, 79 ff.

85 BFH v. 16.5.1975 – VI R 101/71, BStBl. II 1976, 621 (622).

86 BFH v. 16.5.1975 – VI R 101/71, BStBl. II 1976, 621 (622).

Bereits unter Geltung der KO war die Sinnhaftigkeit eines Fiskusvorrechts heftig umstritten.[87] Ebenso wurde und wird die Verfassungsmäßigkeit der Fiskusvorrechte der KO unterschiedlich beurteilt.[88] Mit Inkrafttreten der InsO zum 1. Januar 1999 sind die Fiskusvorrechte der KO schließlich entfallen. Bereits der Erste Bericht der Kommission für Insolvenzrecht hatte konstatiert, dass dem Abbau bevorzugender Rechtsstellungen im Rahmen eines einheitlichen Insolvenzverfahrens eine zentrale Bedeutung zukomme,[89] und so hat auch der Gesetzgeber das Ziel einer stringenteren Gläubigergleichbehandlung hervorgehoben.[90]

B. Die Einführung neuer Fiskusvorrechte unter Geltung der InsO

I. Möglichkeiten der Fiskusbevorrechtigung

Um dem zur Teilnahme verpflichteten Steuergläubiger eine bessere Position im Insolvenzverfahren über das Vermögen des Steuerschuldners zuteilwerden zu lassen, als sie die privaten Insolvenzgläubiger nach § 38 InsO innehaben, gibt es eine Bandbreite von Möglichkeiten. Man kann zunächst unterscheiden zwischen solchen, die auf der Ebene des Insolvenzrechts wirken, und solchen, die auf Ebene des Steuerrechts wirken.

Innerhalb des Insolvenzrechts bestehen drei Arten von Vorrechten. Zum einen handelt es sich dabei um die durch das Insolvenzverfahren selbst verursachten Kosten und Verbindlichkeiten, die der Insolvenzverwalter zur Durchführung des Insolvenzverfahrens begründet.[91] Zum anderen handelt es sich um zivilrechtlich intendierte Sicherungsrechte, die der betreffende Gläubiger bereits vorinsolvenzlich (auch) zu diesem Zweck erworben hat und bei denen das Insolvenzrecht lediglich deren Anerkennung und Wirkung festlegt.[92] Solche Sicherungsrechte führen letztlich zur geltenden „Gruppengleichheit“ unter den Gläubigern im Insolvenzver-

---

87 Zum Streitstand siehe nur *App*, BB 1984, 668 (668) m.w.N.

88 Für die Verfassungsmäßigkeit noch in jüngerer Vergangenheit *Krumm*, Steuervollzug und formelle Insolvenz, 54 m.w.N. auch zur Gegenansicht.

89 Erster Bericht der Kommission für Insolvenzrecht, 1985, 17 f.; vgl. auch *Pape/Uhlenbruck*, ZIP 2005, 417 (418).

90 BT-Drs. 12/2443, 80 f.

91 *Bauer*, ZInsO 2010, 1917 (1919); *ders.*, DZWiR 2007, 188 (190 f.), der diese Gruppe als „echte“ Masseverbindlichkeiten bezeichnet.

92 Vgl. *Bauer*, Ungleichbehandlung, 33; *ders.*, ZInsO 2010, 1917 (1919); *ders.*, DZWiR 2997, 188 (190).

fahren und haben die Gestalt von Aus- und Absonderungsrechten. Zur Klarstellung ist hierbei anzumerken, dass es sich bei dem Aussonderungsrecht, das insb. für den Fall der Umsatzsteuer *de lege lata*[93] wie *de lege ferenda*[94] diskutiert wird, um kein Insolvenzvorrecht im technischen Sinne handelt. Denn durch die Aussonderung wird die Insolvenzmasse von Gegenständen bereinigt, die nicht zum Vermögen des Insolvenzschuldners gehören und damit auch nicht den Insolvenzgläubigern haften. Aussonderungsrechte berühren daher bei näherem Hinsehen die Gläubigergleichbehandlung nicht.[95]

Absonderungsrechte gewähren einem Gläubiger dagegen lediglich bevorzugte Befriedigung aus einem zur Insolvenzmasse gehörenden Gegenstand und sind damit als zivilrechtlich intendierte Insolvenzvorrechte einzuordnen.[96] Ohne eigene vorinsolvenzliche Einzelzwangsvollstreckungsmaßnahmen kommen dem Steuergläubiger jedoch äußerst selten Absonderungsrechte zugute.[97] Zum anderen bestehen Vorrechte, die erst das Insolvenzrecht selbst erzeugt. Hierhin gehören neben den vorab aus der Insolvenzmasse zu befriedigenden Masseverbindlichkeiten nach §§ 53 ff. InsO auch besondere Vorrechte. Zugunsten des Steuergläubigers gehörte das alte Konkursvorrecht dazu. Unter der Geltung der InsO ist insb. § 55 Abs. 4 InsO zu nennen.[98]

Innerhalb der dritten Gruppe von Vorrechten bestimmen zugunsten des Steuergläubigers vor allem besondere steuerrechtliche Normen das Bild, bei denen es häufig um eine Haftungserweiterung oder -(vor)verlagerung geht. Hierzu gehören auf dem Gebiet der Einkommensteuer die Regeln zur Bauabzugssteuer, §§ 48, 48a bis 48c EStG,[99] auf dem Gebiet der Umsatzsteuer die Vorschriften zum Wechsel der Umsatzsteuerschuldnerschaft gem. § 13b Abs. 2 und 5 UStG sowie zur gesamtschuldnerischen Haftung

---

93 Dazu unten unter § 5. B. I. 1.

94 Dazu eingehend unten unter § 5. B. IV. 1.

95 Vgl. *Bauer*, Ungleichbehandlung, 5 m.w.N.

96 Ebenso *Krumm*, Steuervollzug und formelle Insolvenz, 49; *Bauer*, Ungleichbehandlung, 5.

97 Absonderungsrechte des Steuergläubigers allein Kraft gesetzlicher Anordnung resultieren z.B. aus § 12 GrStG hinsichtlich der Grundsteuer sowie an verbrauchsteuer- und zollpflichtigen Waren wegen der darauf liegenden Verbrauchsteuern und Zölle gem. § 76 AO i.V.m. § 51 Nr. 4 InsO, vgl. *Krumm*, Steuervollzug und formelle Insolvenz, 49 mit weiteren Beispielen; siehe auch *Bauer*, Ungleichbehandlung, 35.

98 Hierzu ausführlich unten unter § 6.

99 Hierzu *Bauer*, Ungleichbehandlung, 38 f.

nach § 13c UStG[100] und schließlich das allgemeine Haftungsrecht nach §§ 69 ff. AO.[101]

Der Gesetzgeber kann zugunsten des Steuergläubigers also erhebungstechnisch eingreifen, indem typischerweise unzuverlässige oder insolvenzanfällige Personengruppen aus dem Steuererhebungsverfahren ausgeklammert werden, oder indem mittels erweiterter Haftung weitere Personen für eine Steuerschuld herangezogen werden.[102]

II. Argumente für und gegen die Einführung eines Fiskusvorrechts im Insolvenzverfahren

1. Vorrecht aufgrund Zwangsgläubigerstellung geboten?

Ausgehend von diesem umfangreichen „Werkzeugkasten“ ist zu untersuchen, welche Gründe es geben kann, den Steuergläubiger bevorrechtigt zu behandeln.

Unter Geltung der InsO wird vermehrt die unfreiwillige Teilnahme des Steuergläubigers am Insolvenzverfahren des Steuerschuldners als Umstand herangezogen, der eine vorrangige Befriedigung des Steuergläubigers notwendig machen soll. Dafür spreche zum einen, dass der Steuergläubiger sich den Steuerschuldner anders als dessen privaten Gläubiger nicht aussuchen könne, denn die Steuer entstehe kraft Gesetzes. Aus diesem Grund sei auch keine Vereinbarung von Sicherheiten möglich, was eine zusätzliche strukturelle Schlechterstellung ggü. privaten Gläubigern darstelle. Schließlich lägen Entstehung und Fälligkeit der Steuerforderung oft weit auseinander, weshalb die privaten Gläubiger zeitlich früher Tilgung erhalten können.[103]

Die dahinterstehende Grundüberlegung lässt sich so zusammenfassen: Ein Gläubiger, der nicht privatautonom in die Rechtsbeziehung mit dem Schuldner eintreten kann und dadurch die Möglichkeit verliert, Sicherheiten zu vereinbaren, kann nicht wie ein Insolvenzgläubiger behandelt werden, dem diese Möglichkeit offenstand, der sie aber ungenutzt ließ. Insofern wird ein Fiskusvorrecht zum Teil nicht als echtes Vorrecht ange-

100 Vgl. *Bauer*, Ungleichbehandlung, 39 f.
101 *Krumm*, Steuervollzug und formelle Insolvenz, 49 f.
102 *Krumm*, Steuervollzug und formelle Insolvenz, 50.
103 Zum Vorstehenden *Geist*, Insolvenzen und Steuern, 69 f.

sehen, sondern vielmehr als Neutralisierung, als Herstellung der Gleichbehandlung zwischen dem Steuergläubiger und den anderen Gläubigern.[104]

Dagegen spricht jedoch, dass sich die Behandlung von Gläubigern deliktischer Forderungen ggü. dem Insolvenzschuldner als Insolvenzgläubiger so nicht erklären lässt. Solche Forderungen werden nur bei vorsätzlicher Begehung durch den Insolvenzschuldner nicht von der Restschuldbefreiung natürlicher Personen erfasst, § 302 Nr. 1 InsO. Ein allgemeines Vorrecht, etwa durch Einordnung als Masseverbindlichkeit, sieht das Gesetz hingegen nicht vor.[105]

Darüber hinaus gibt es auch vertragliche Rechtsverhältnisse, die aufgrund eines Kontrahierungszwangs zustande kommen.[106] Zugestanden werden muss jedoch, dass auch bei Kontrahierungszwang regelmäßig keine gesetzlichen Vorgaben bestehen, die die Vereinbarung von Sicherheiten ausschlössen.[107] Dagegen entsteht zwischen Steuergläubiger und Steuerschuldner ein gesetzliches (Steuer-)Schuldverhältnis. Dieses und die Sicherungsunzulänglichkeiten liegen demnach im jeweiligen Steuergesetz selbst begründet.

Gegen ein Vorrecht des Steuergläubigers als Zwangsgläubiger wird weiter angeführt, dass der Steuergläubiger allein dadurch einen strukturellen Vorteil habe, dass er sich nach Entstehung der Steuerschuld des Steuerschuldners als späterem Insolvenzschuldner, notfalls im Wege der Schät-

---

104 So z.B. die amtliche Gesetzesbegründung zum Haushaltsbegleitgesetz 2011, BT-Drs. 17/3030, 43; vgl. auch *Schuster*, DStR 2013, 1509 (1511 f.) im Zusammenhang mit der aktuellen „Doppelberichtigungs"-Rechtsprechung des V. Senats des BFH. Auch *Jungclaus/Keller*, NZI 2010, 808 (809) m.w.N. halten es für dogmatisch fragwürdig, „bestimmte Teilnehmer des Rechtsverkehrs noch während der vorläufigen Verwaltung gegen ihren Willen zu ungesicherten Zwangsgläubigern des Schuldners zu machen und damit zum Vorteil der Altgläubiger zu schädigen."

105 Dies kritisierten u.a. *Jungclaus/Keller*, NZI 2010, 808 (809); *Marotzke*, ZInsO 2010, 2163 (2174); *Heinze*, ZInsO 2011, 603 (603) bei Einführung von § 55 Abs. 4 InsO a.F., der ausschließlich zugunsten des Steuergläubigers eingreift.

106 Vgl. auch *Jungclaus/Keller*, NZI 2010, 808 (809); daneben wird vielfach darauf verwiesen, dass auch im Falle eines Verhandlungsungleichgewichts, also bei einem dem Kontrahierungszwang zumindest ähnlichen Zustand zwischen den Vertragsparteien, Gläubiger häufig ebenfalls nicht über entsprechende Möglichkeiten verfügen, ihre Sicherungsbedürfnisse durchzusetzen, vgl. nur *Onusseit*, LIT 2011, 70 (74).

107 *Onusseit*, ZInsO 2011, 641 (643) verweist demgegenüber darauf hin, dass Gläubiger selbst bei frei zustande gekommenen privatrechtlichen Verträgen aufgrund der Marktsituation oftmals jedenfalls faktisch nicht in der Lage sind, Sicherheiten zu ihren Gunsten durchzusetzen.

zung (§ 162 Abs. 1 Satz 1 AO), selbst seine Vollstreckungstitel in Form des Steuerbescheids schaffen und aus diesem ungeachtet von Rechtsbehelfen des Steuerschuldners (§ 361 Abs. 1 AO) vollstrecken könne. Private Gläubiger müssten hingegen erst einen Vollstreckungstitel erstreiten, um vollstrecken zu können.[108] Zudem könnten sich auch Private Gläubiger v.a. in wirtschaftlich rezessiven Phasen ihre Vertragspartner häufig nicht aussuchen und müssten Aufträge annehmen, auch wenn der Vertragspartner nicht zu einhundert Prozent solvent ist. Sie befänden sich somit in einer vergleichbaren Lage wie der Steuergläubiger.[109] Zusätzlich wird angeführt, dass der Steuergläubiger meist dadurch einen Vollstreckungsvorteil habe, dass ihm die Vermögensverhältnisse des Steuerschuldners besser bekannt seien, weil dieser sie im Besteuerungsverfahren aufgrund seiner umfassenden Mitwirkungspflichten offenlegen muss.[110]

Schließlich steht es dem Gesetzgeber offen, die Durchsetzung gesetzlich geschuldeter Umsatzsteueransprüche im Insolvenzfall auch auf anderer rechtlicher Grundlage als bisher sicherzustellen,[111] d.h. durch gesetzliche Anpassung der Steuerentstehungsvorschriften.[112]

Letztendlich unterscheiden sich die Voraussetzungen der Forderungsentstehung und Durchsetzung des Steuergläubigers von denen der privaten Gläubiger in tatsächlicher wie rechtlicher Hinsicht sowohl in für ihn positiver als auch negativer Weise. Insb. existiert ebenso wenig ein Nachweis dafür, dass der Steuergläubiger durch den Erlass von Verwaltungsakten regelmäßig schneller zur Realisierung seiner Forderungen gelangt, wie für die Behauptung, das Gegenteil sei aufgrund des häufig weiten Auseinanderfallens von Verwirklichung des Besteuerungstatbestands und Entstehen der Steuer der Fall. § 38 InsO differenziert insoweit konsequenterweise ebenfalls nicht danach, unter welchen Umständen das Forderungsrecht des Gläubigers entstanden ist.

Festzuhalten ist jedenfalls, dass die Zwangsgläubigerstellung im Insolvenzverfahren auch die Kehrseite der Zwangsschuldnerstellung des Steuerschuldners im Steuerschuldverhältnis ist, das letztlich eine gegenleistungslose Begünstigung des Steuergläubigers bedingt und deren Vorteile

---

108 *Marotzke*, ZInsO 2010, 2163 (2178); *App*, BB 1984, 668 (669).

109 *App*, BB 1984, 668 (669); ähnlich *Onusseit*, Aktuelle Entwicklungen, 70 (74).

110 Krit. *Urban*, NZI 2010, 888 (890), da dies voraussetze, dass der Steuerschuldner auch in der Krise richtige Steueranmeldungen abgebe.

111 *Wäger*, UR 2013, 673 (682); *Urban*, NZI 2010, 888 (891).

112 Dazu sogleich unter § 4. B. III. Zusätzlich zum verfassungsrechtlichen Rahmen muss der Gesetzgeber im Falle der Umsatzsteuer natürlich auch seinen Spielraum bei der Umsetzung der MwStSystRL einhalten.

der Steuergläubiger im Rahmen seines Verfassungsauftrags ebenfalls genießt.[113] Dieser Verfassungsauftrag – die besondere öffentlich-rechtliche Stellung und die damit verbundene Wahrnehmung öffentlicher – also gemeinwohlbezogener – Aufgaben, hier der Staatsfinanzierung – kann letztlich auch eine Ungleichbehandlung in Form der Bevorzugung des Steuergläubigers bedingen. Die Stellung als Zwangsgläubiger allein reicht dagegen nicht aus, um ein Vorrecht zu begründen.

2. Neu-Erschließung weggefallener Einnahmequellen und weitere Argumente für ein Fiskusvorrecht im Insolvenzverfahren

Die Wiedereinführung eines Fiskusvorrechts wird aber auch aus anderen Gründen gefordert. Zwar gingen der Referentenentwurf zur InsO und die Beschlussempfehlung des Rechtsausschusses des Deutschen Bundestages davon aus, dass die Steuerausfälle aufgrund der Abschaffung der Fiskusvorrechte jedenfalls kompensiert werden würden.[114] Bereits im Jahr 2003, also schon vier Jahre nach Inkrafttreten der InsO, beklagte jedoch der Bundesrechnungshof in seinem Bericht nach § 99 Satz 1 BHO vom 3. September 2003 die entstandenen Steuerausfälle und empfahl ganz offen die Wiedereinführung neuer Fiskusvorrechte.[115]

Die Erschließung neuer Einnahmequellen – insb. für die Länder, denen über die Bund-Länderfinanzierung aufgrund der Insolvenzanfechtung ohne Vorrecht v.a. Einnahmen aus der Umsatz- und Lohnsteuer entgehen[116] – wird auch als das eigentliche Ziel der Wiedereinführung von Fiskusvorrechten benannt.[117] So hat in der Folge auch die Bundesregierung in einer Erklärung zum Thema „Solide Finanzen für Wohlstand und sozia-

113 Überspitzend *Marotzke*, ZInsO 2010, 2163 (2174): „Da der Fiskus selbst keine Leistung in das Vermögen des Schuldners erbringt, sondern lediglich gegenleistungslos abkassieren möchte, [...]“; vgl. auch *Smid*, DZWiR 2011, 133 (134).

114 Vgl. *Urban*, NZI 2010, 888 (888).

115 Bundesrechnungshof, Steuerausfälle bei der Umsatzsteuer, Abschn. II, Tz. 6.3; vgl. auch *Urban*, NZI 2010, 888 (888); *Krumm*, Steuervollzug und formelle Insolvenz, 47; *Bauer*, Ungleichbehandlung, 6; *Uhlenbruck*, ZInsO 2005, 505 (508); *Maus*, ZIP 2004, 1580 (1580). Zum weiteren Verlauf hin zur Schaffung von § 55 Abs. 4 Satz 1 InsO noch unten unter § 6. A.

116 *Urban*, NZI 2010, 888 (888).

117 *Weiland*, DZWiR 2011, 224 (226); *Marotzke*, ZInsO 2010, 2163 (2180).

le Sicherheit“ aus dem Jahr 2010 den Willen geäußert, das Fiskusvorrecht wieder einzuführen.[118]

Demgegenüber habe sich nach *Weiland* in statistischen Untersuchungen jüngerer Zeit gezeigt, dass nennenswerte insolvenzbedingte Verluste bei einer gebotenen Gesamtbetrachtung unter Berücksichtigung etwaiger Steuerrückflüsse infolge erfolgreicher Sanierungen auf Seiten der öffentlich-rechtlichen Gläubiger nicht zu beklagen seien.[119] Jedenfalls seien etwaige Steuereinbußen bereits durch eine Liste jüngerer Gesetzes- und Rechtsprechungsänderungen verringert, die durch Begünstigungen des Steuergläubigers einen Ausgleich schafften.[120] Aufgrund der bisher offenbar nicht geklärten Zahlenlage wird sowohl das Argument von Steuerausfällen als auch von deren Fehlen als spekulativ bezeichnet.[121]

Als wirtschaftspolitischer Grund für ein Fiskusvorrecht könne zudem die Wandlung der Umstände im Zuge der sog. Finanz- und Wirtschaftskrise mit dem Staat als Retter angeschlagener Unternehmen angeführt werden. Der alles kreditierende Steuerzahler könne dann zu Recht eine insolvenzfeste Vorabkompensation erwarten.[122] Insoweit strebte der Gesetzgeber in jüngerer Zeit die Bevorrechtigung der öffentlichen Hand im Insolvenzverfahren auch als Ausgleich für eine günstige Positionierung der Kreditwirtschaft an.[123]

Aus Sicht der Finanzverwaltung wäre ein Fiskusvorrecht auch deswegen zu begrüßen, weil dadurch die Insolvenzanfechtung von Steuern sowie Haftungsfälle zahlen- und betragsmäßig geringer würden. Dies würde zu einer Vereinfachung führen, die zusätzlich Personalkosten sparte.[124]

---

118 Nachweis bei *Weiland,* DZWiR 2011, 224 (226); nach *Smid,* DZWiR 2010, 397 (408) würde die „Wiedereinführung von Konkursvorrechten […] die Insolvenzordnung im Kern beseitigen“.

119 *Weiland,* DZWiR 2011, 224 (226) m.w.N.

120 *Onusseit,* Aktuelle Entwicklungen, 70 (75 f.).

121 So *Urban,* NZI 2010, 888 (889).

122 *Urban,* NZI 2010, 888 (888).

123 Vgl. *Weiland,* DZWiR 2011, 224 (226); ausführlich *Marotzke,* ZInsO 2010, 2163 (2169 f.).

124 *Urban,* NZI 2010, 888 (888).

3. Argumente gegen ein Fiskusvorrecht im Insolvenzverfahren

Gegen die Wiedereinführung des Fiskusvorrechts wird vorgebracht, dass es schlicht ein Rückschritt sei.[125] Ein allgemeines Steuervorrecht und damit auch ein Vorrecht für die Lohnsteuer würde zwangsläufig das Vorrecht der Arbeitslöhne und Sozialabgaben nach sich ziehen, wenn der Gesetzgeber nicht die Lohnsteuer als Teil des Arbeitslohns von diesem abkoppeln und damit eine Systemänderung bei der Lohnsteuer herbeiführen wolle.[126] Hinsichtlich der Sozialversicherungsbeiträge lässt sich dies bereits am in früherer Vergangenheit eingeführten § 28e Abs. 1 Satz 2 SGB IV erkennen, nach dem „die Zahlung des vom Beschäftigten zu tragenden Teils des Gesamtsozialversicherungsbeitrags [...] als aus dem Vermögen des Beschäftigten erbracht“ gilt.[127]

Aus Sicht der Insolvenzverwalter ermöglichte der Vorrechtswegfall mit Einführung der InsO die umfangreiche Insolvenzanfechtung öffentlich-rechtlicher Zahlungen und schafft so eine Grundmasse als Verfügungsreserve des Insolvenzverwalters; sie stellt damit ein sicheres Insolvenzfinanzierungsmittel dar.[128] Ohne dieses käme es wieder vermehrt zu masselosen Insolvenzen.[129] Dieser Umstand wird speziell im Rahmen der Umsatzsteuer allerdings zum Anlass genommen, ein Fiskusvorrecht zu begründen. Denn dort fließe mit den vereinnahmten Umsatzsteuerbeträgen etwas in die Insolvenzmasse, dass von Vornherein zur Weiterleitung an den Steuergläubiger gedacht sei und somit zu einer ungerechtfertigten Anreicherung der Insolvenzmasse führe.[130]

Schließlich wird gegen die Wiedereinführung eines Fiskusvorrechts auch die Erhaltung von Arbeitsplätzen angeführt, die erschwert würde, wenn Unternehmenssanierungen aufgrund zu geringer Insolvenzmasse nicht durchgeführt werden könnten. Dieses Argument ist jedoch nicht verifizierbar. Es wurde auch zutreffend darauf hingewiesen, dass die Er-

125 *Urban*, NZI 2010, 888 (888).

126 *Urban*, NZI 2010, 888 (888).

127 Ausführlich *Weiland*, DZWiR 2011, 224 (226 f.) m.w.N.

128 *Urban*, NZI 2010, 888 (888).

129 So z.B. VID, ZIP 2005, 1384 (1385); *Leithaus*, NZI 2005, 436 (437); zustimmend, sogar mit Blick auf seine eigene Lösung, § 55 Abs. 2, 4 InsO nur auf vertragliche Partner zu beschränken, *Marotzke*, ZIP 2005, 2144 (2146), der die Erweiterung des Vertragsschutzes auf den „schwachen“ vorläufigen Insolvenzverwalter aber für geboten hält.

130 Dazu eingehend unten unter § 5. B. II. 1.

haltung der Gesamtarbeitsplätze volkswirtschaftlich eher konjunktur- als vorrechtsabhängig sein sollte.[131]

III. Verfassungsrechtliche Rechtfertigung und Grenzen neuer Fiskusvorrechte im Insolvenzverfahren

Die aufgelisteten Gründe für eine Besserstellung des Steuergläubigers sind allesamt nicht zwingender Natur. Vielfach wurde angenommen, eine Besserstellung des Steuergläubigers sei gar nicht zu rechtfertigen.[132] Ausgehend davon, dass die Ausformung des Insolvenzrechts Ausfluss der Abwägung verschiedener aufeinandertreffender Verfassungsrechte der Beteiligten darstellt, ist es im Rahmen des gesetzgeberischen Entscheidungsspielraums jedoch möglich, neue Fiskusvorrechte zu etablieren. Notwendig ist dafür ein Rechtfertigungsgrund.

Aus Sicht des Steuergläubigers können zwei Gründe in die Abwägung eingebracht werden, die unter dem Stichwort des „Effektivitätsgebots" zusammengefasst werden können.[133] Gemeint sind die „Erfordernisse verlässlicher Finanz- und Haushaltsplanung",[134] wobei der Validität dieses Grundes durchaus die bereits genannten Bedenken entgegengehalten werden sollten,[135] sowie das gleichheitsrechtliche Gebot der Gleichmäßigkeit der Besteuerung.[136] Diese allgemeinen steuerlichen Gründe können zur Rechtfertigung von Ungleichbehandlungen bei der Ausgestaltung der Gläubigerrechte in der InsO (Art. 3 Abs. 1 GG) und damit verbundener Verkürzungen der Eigentumsfreiheit der privaten Gläubiger aus Art. 14 Abs. 1 GG herangezogen werden.[137] Die verfassungsrechtliche Überprüfung der

131 *Urban*, NZI 2010, 888 (889).

132 Vgl. z.B. *Bauer*, Ungleichbehandlung, 128 ff.

133 *Krumm*, Steuervollzug und formelle Insolvenz, 40, 52 f., 56.

134 Dieses Kriterium wird auch vom Bundesverfassungsgericht in ständiger Rechtsprechung zur Abwägung mit den verfassungsmäßige Rechten des Betroffenen mit herangezogen, vgl. nur BVerfG v. 25.9.1992 – 2 BvL 5/91, 2 BvL 14/91, 2 BvL 8/91, BVerfGE 87, 152 = BStBl. II 1993, 413 (421); BVerfG v. 22.6.1995 – 2 BvL 37/91, BVerfGE 93, 121 = BStBl. II 1995, 656 (665).

135 Siehe bereits oben unter § 4. B. II. 2.

136 Vgl. *Krumm*, Steuervollzug und formelle Insolvenz, 56; *Witfeld*, Umsatzsteuerverfahren und Insolvenz, 86; *Hölzle*, BB 2012, 1571 (1573 f.).

137 Zum Prüfungsmaßstab eingehend *Witfeld*, Umsatzsteuerverfahren und Insolvenz, 100 ff. Möglicherweise ist hinsichtlich der Abgabenlast auch der Vergleich zur Situation einzubeziehen, in der das Insolvenzverfahren mangels Insolvenzverfahren nicht eröffnet wird; beispielhaft *Urban*, NZI 2010, 888 (890).

vom Gesetzgeber bei der Ausgestaltung der betroffenen Gesetze ist hierbei auf eine Vertretbarkeitskontrolle beschränkt, sodass dem Gesetzgeber ein erheblicher Gestaltungsspielraum verbleibt.[138]

Allerdings darf das Fiskusvorrecht nicht zur Ineffektivität des Gesamtvollstreckungsverfahrens an sich führen.[139] Die Grenze des gesetzgeberischen Spielraums ist nämlich insb. dann erreicht, wenn das von ihm geschaffene Gesamtvollstreckungsverfahren dem Privatgläubiger keine optimale Durchsetzung seiner verfassungsrechtlich geschützten Interessen mehr bietet.[140] Darüber hinaus wird die Rechtsposition des Steuerschuldners selbst zu berücksichtigen sein. So wird die Durchsetzbarkeit von Steuerforderungen nach Erteilung der Restschuldbefreiung über das Maß des heute geltenden § 302 Nr. 1 InsO hinaus mit den Schutzrechten des Steuerschuldners in Einklang zu bringen sein. In die Ausgestaltung können schließlich die übrigen wirtschaftlichen, fiskalpolitischen, politischen und rechtlichen Überlegungen einfließen.[141] Ob der Gesetzgeber ein Fiskusvorrecht innerhalb des Steuerrechts oder innerhalb des Insolvenzrechts schafft, ist ihm im Rahmen der genannten Abwägungskriterien freigestellt.

C. Zwischenergebnis: Fiskusvorrecht in Grenzen zulässig

Der Steuergläubiger ist dazu verpflichtet, an einem Insolvenzverfahren über das Vermögen des Steuerschuldners teilzunehmen. Ihm ist zwar nicht bereits aufgrund seiner Zwangsgläubigerstellung ein Vorrecht einzuräumen, der Gesetzgeber hat aber die Möglichkeit, neue Fiskusvorrechte einzuführen,[142] solange diese so ausgestaltet sind, dass sie nicht zur Ineffektivität des gesamten insolvenzrechtlichen Haftungssystems führen.[143]

Darüber hinaus steht es dem Gesetzgeber offen, die Besteuerungstatbestände dergestalt zu modifizieren, dass er seltener an Insolvenzverfahren

---

138 Vgl. *Witfeld,* Umsatzsteuerverfahren und Insolvenz, 89.

139 Insoweit führt *Hölzle,* BB 2012, 1571 (1574) zutreffend aus, dass der Grundsatz der Besteuerungsgleichheit nicht absolute Gleichheit bedeutet, sondern materiale, d.h. eine an sachgerechten Prinzipien orientierte Gleichheit; vgl. auch *Tipke,* Steuerrechtsordnung Bd. I, 284.

140 Eingehend hinsichtlich aller drei Kriterien *Krumm,* Steuervollzug und formelle Insolvenz, 52 ff.

141 Oben unter § 4. B. II. 2.

142 Zu § 55 Abs. 4 Satz 1 InsO und dessen Auswirkungen auf die Umsatzsteuererhebung in der Insolvenz unten unter § 6. B. II. sowie § 15. B.

143 *Krumm,* Steuervollzug und formelle Insolvenz, 57 ff.

teilnehmen muss. Aus alledem folgt hingegen keine abweichende Rechtsposition des Steuergläubigers im Insolvenzverfahren über die normierten Einzelfälle hinaus. Nach derzeitigem Recht muss der Steuergläubiger demnach grds. im Rahmen der allgemeinen Vorschriften am Insolvenzverfahren teilnehmen.

§ 5. Modifikation der insolvenzrechtlichen Gläubigerstellung des Steuergläubigers durch umsatzsteuerrechtliche Besonderheiten

Es wurde dargelegt, dass der Steuergläubiger mit Eröffnung des Insolvenzverfahrens Mitglied der Gläubigergemeinschaft ist, die dem Prinzip der gemeinsamen Verlusttragung unterliegt.[144] Der Gesetzgeber hat allerdings einen Gestaltungsspielraum dahingehend, den Steuergläubiger mit gewissen Vorrechten auszustatten, solange durch sie nicht die Effektivität des insolvenzrechtlichen Haftungssystems insgesamt aufgehoben wird.[145]

Die Umsatzsteuer unterscheidet sich insoweit von den meisten anderen Steuerarten, dass sie indirekt erhoben wird, Steuerträger und Steuerschuldner mithin auseinanderfallen. Für den Steuerschuldner soll die Erhebung der Umsatzsteuer jedoch neutral sein. Der Grundsatz der Neutralität der Umsatzsteuer ist damit auch ein Aspekt der Belastungsverwirklichung der Umsatzsteuer. In dieser Funktion kann er zur Rechtfertigung neuer Vorrechte zugunsten des Steuergläubigers herangezogen werden.[146] Im folgenden Abschnitt wird dagegen der Frage nachgegangen, ob aus dem Grundsatz der Neutralität der Umsatzsteuer bereits nach geltender Rechtslage eine besondere Behandlung des Steuergläubigers hinsichtlich der Umsatzsteuer im Insolvenzverfahren über das Vermögen des Unternehmers erforderlich macht. Es werden dazu im ersten Schritt die Grundlagen des Neutralitätsgrundsatzes erläutert, um sodann dessen Auswirkungen auf das Insolvenzverfahren nach geltender Rechtslage zu untersuchen.

---

144 *Krumm*, Steuervollzug und formelle Insolvenz, 140.
145 *Krumm*, Steuervollzug und formelle Insolvenz, 57 ff.
146 In diesem Sinne *Witfeld*, Umsatzsteuerverfahren und Insolvenz, 86 ff.

A. Der Neutralitätsgrundsatz der Umsatzsteuer

Prinzipien verleihen einer Rechtsordnung aufgrund der durch sie verkörperten rechtlichen Grundwertungen Schlüssigkeit und Struktur.[147] Ein zentrales Prinzip der Umsatzsteuer in Form einer Allphasennettobesteuerung mit Vorsteuerabzug, wie sie die MwStSystRL für die europäischen Mitgliedstaaten verbindlich vorschreibt, ist der Neutralitätsgrundsatz.[148] Der umsatzsteuerrechtliche Neutralitätsgrundsatz wirkt sich sowohl auf der Leistungsbezugsseite[149] des Steuerschuldners als auch auf dessen Leistungserbringungsseite[150] aus. Er erhält hierbei die Ausprägung der Belastungsneutralität und der Wettbewerbsneutralität.

I. Historische Entwicklung und Folgen für die Rechtsauslegung

Die Entwicklung beider Teilaspekte des umsatzsteuerrechtlichen Neutralitätsprinzips begann mit den Anfängen der modernen Umsatzsteuer[151] und geht in Deutschland auf die Einführung sog. Warenumsatzstempel im Jahre 1916 zurück, die zur Bestreitung der Kriegslasten erhoben wurde.[152] Bereits 1918 wurde ein eigenständiges Umsatzsteuergesetz erlassen, das neben Warenumsätzen auch sonstige Leistungen erfasste und einen Ent-

---

147 Dazu *Zirkl,* Neutralität der Umsatzsteuer, 23 f.; *Lubitz*, Steuerbefreiungen, 2 ff.; grundlegend *Canaris*, Systemdenken, 11 ff.; vgl. auch *Tipke*, Steuerrechtsordnung, Bd. I, 61.

148 Zum Leistungsfähigkeitsprinzip als Fundamentalprinzip der Umsatzsteuer siehe z.B. *Englisch* in *Tipke/Lang*, § 17, Rn. 13 m.w.N.; *Zirkl*, Neutralität der Umsatzsteuer, 26 ff. m.w.N.; zum Verhältnis des Leistungsfähigkeitsprinzips zum Neutralitätsgrundsatz unten unter § 5. A. II. 4.

149 Auch Eingangsseite genannt, auf der der Steuerschuldner Eingangsleistungen bezieht.

150 Auch Ausgangsseite genannt, auf der der Steuerschuldner seine Ausgangsleistungen erbringt.

151 Zu älteren Verbrauchsabgaben siehe z.B. *Englisch* in *Tipke/Lang*, § 17, Rn. 1 m.w.N.; *Zirkl*, Neutralität der Umsatzsteuer, 5.

152 Vgl. *Englisch* in *Tipke/Lang*, § 17, Rn. 1 m.w.N.; ausführliche Darstellungen zur historischen Entwicklung der Umsatzsteuer in der Bundesrepublik und in Europa bei *Zirkl*, Neutralität der Umsatzsteuer, 5 ff.; *Menner*, Umsatzsteuer-Harmonisierung, 4 ff.; *Stadie*, in *Rau/Dürrwächter*, UStG, Bd. I, Einführung zum Umsatzsteuergesetz, Rn. 7 ff.

nahmetatbestand einführte.[153] Zugleich wurde der Warenumsatzstempel in eine Veranlagungs- und Deklarationssteuer umgewandelt.[154]

Es handelte sich dabei um ein System der Allphasenbruttobesteuerung, das insb. lange Produktionsketten ungleich stärker mit Umsatzsteuer belastete, wodurch es zu Kumulationseffekten kam. Aufgrund dieser Belastung des Steuerschuldners mit der Umsatzsteuer der Vorstufe war die Umsatzsteuer für ihn nicht wirtschaftlich neutral und konnte zudem zu Wettbewerbsnachteilen ggü. Konkurrenten führen, denen weniger Produktions- und Handelsstufen vorgeschaltet waren.[155]

Die darin liegende Wettbewerbsverzerrung wurde bereits frühzeitig erkannt und zu deren Vermeidung wurden die Produktions- und Handelsketten verkürzt, wo dies möglich war. In der Folgezeit bemühte sich der Gesetzgeber zwar, diese negativen Folgen der Umsatzsteuer einzudämmen, beispielsweise durch die Einführung der umsatzsteuerrechtlichen Organschaft durch das UStG 1934[156], im Allgemeinen blieben die wettbewerbsverzerrenden Wirkungen der Umsatzsteuer ebenso wie die mögliche Belastung des Steuerpflichtigen allerdings bestehen.

Diese systematischen Schwächen des bis dahin geltenden Umsatzsteuerrechts wurden am 1. Januar 1968 durch das Inkrafttreten eines als „Umsatzsteuergesetz (Mehrwertsteuer)“ bezeichneten Gesetzes behoben[157], dem das Mehrwertsteuersystem mit Vorsteuerabzug zugrunde lag. Dies ist maßgeblich auf die Entwicklung innerhalb der damaligen Europäischen Gemeinschaft zurückzuführen.[158] Zielsetzung war es, die wettbewerbsverfälschenden Wirkungen der Umsatzsteuer zu beseitigen und auf Gemein-

---

153 *Menner*, Umsatzsteuer-Harmonisierung, 5; *Stadie*, UStG, Vorbem., Rn. 2 m.w.N.

154 *Menner*, Umsatzsteuer-Harmonisierung, 5.

155 Andererseits weist *Weiß*, Insolvenz und Steuern, 68 darauf hin, dass das Insolvenzausfallrisiko des Steuergläubigers im System der Allphasenbruttobesteuerung dadurch geringer war, dass die Gesamtbelastung mit Umsatzsteuer dadurch auf mehrere Schultern verteilt war und der Steuergläubiger jeweils nur mit der auf Ebene des insolventen Schuldners angefallenen Steuer am Insolvenzverfahren teilnehmen musste.

156 Siehe dazu *Stadie*, UStG, Vorbem., Rn. 4 m.w.N.

157 BGBl. I 1967, 545; vgl. auch *Stadie*, UStG, Vorbem., Rn. 5; dem voraus ging der Gesetzesentwurf vom Oktober 1963, vgl. BT.-Drucks. IV/1590.

158 Ein weiterer Grund war, dass der deutsche Gesetzgeber auch aufgrund des Urteils BVerfG v. 20.12.1966 – 1 BvR 320/57, BStBl. III 1967, 7, welches die durch das alte Umsatzsteuersystem hervorgerufenen Wettbewerbsverzerrungen als nur noch übergangsweise hinzunehmende verfassungswidrige Verletzung des Gleichheitsgrundsatzes ansah, gezwungen war, das Umsatzsteuersystem zu reformieren.

schafts- und nationaler Ebene für eine wettbewerbsneutrale Umsatzsteuer zu sorgen.[159] Dabei ging es vor allem um die Entzerrung des innergemeinschaftlichen Handels,[160] aber auch um die Abschaffung von Kummulationseffekten im Rahmen eines Bruttobesteuerungssystems, wofür die Bundesrepublik als Negativbeispiel galt.

Um einen einheitlichen Binnenmarkt innerhalb Europas zu schaffen, war die europäische Gemeinschaft schon sehr früh mit dem Auftrag ausgestattet, die Umsatzsteuervorschriften der Mitgliedstaaten zu harmonisieren.[161] Diese besondere Rechtssetzungskompetenz der europäischen Gemeinschaft – bis heute besteht keine vergleichbare Kompetenz auf dem Gebiet der Ertragsteuern[162] – bestand bereits in Art. 99 EWGV, später in Art. 93 EGV und befindet sich heute in Art. 113 AEUV. Die erste und zweite Richtlinie vom 11. April 1967[163] schrieben das Mehrwertsteuersystem vor und bestimmten Struktur und Anwendungsmodalitäten. Hierdurch wurde die Nettobesteuerung mit Vorsteuerabzug für die damaligen Mitgliedstaaten verbindlich gemacht.[164]

Mit der Umsetzung der gemeinschaftsrechtlichen Vorgaben war auch in der Bundesrepublik der Wechsel hin zu einem System der Allphasennettobesteuerung vollzogen, welches die auf den Vorstufen angefallene Umsatzsteuer im Wege des Vorsteuerabzugs neutralisiert und zugleich für die Berechnung der Umsatzsteuer auf jeder Stufe auf den Nettowert der Leistung abstellt.

Durch die europarechtliche Überlagerung des deutschen Umsatzsteuerrechts wird dem deutschen Gesetzgeber zugleich eigener Handlungsspielraum genommen, denn das europäische Primär- und Sekundärrecht ist für Deutschland als Mitgliedstaat der heutigen EU unmittelbar bindend.

---

159 *Zirkl*, Neutralität der Umsatzsteuer, 12.

160 *Zirkl*, Neutralität der Umsatzsteuer, 8 ff.

161 Umfassend zur Entwicklungshistorie der Umsatzsteuer auf europäischer Ebene *Menner*, Umsatzsteuer-Harmonisierung, 8 ff.

162 Die EU-Kommission stützte daher z.B. den Erlass einer sog. „Anti-BEPS-Richtlinie“ auf Art. 115 AEUV, siehe dazu *Lüdicke/Oppel*, DB 2016, 549 (550).

163 Erste Richtlinie des Rates vom 11. April 1967 zur Harmonisierung der Rechtsvorschriften der Mitgliedstaaten über die Umsatzsteuer, 67/227/EWG = ABl. EWG Nr. L 71/1967, 1301; Zweite Richtlinie des Rates vom 11. April 1967 zur Harmonisierung der Rechtsvorschriften der Mitgliedstaaten über die Umsatzsteuern - Struktur und Anwendungsmodalitäten des gemeinsamen Mehrwertsteuersystems, 67/228/EWG = ABl. EWG Nr. L 71/1967, 1303.

164 Zur weiteren Entwicklung des Unionsrechts hin zur heute geltenden MwStSystRL vgl. z.B. *Stadie*, UStG, Vorbem., Rn. 59 ff. m.w.N.

Zudem gilt zugunsten des Europarechts der sog. Anwendungsvorrang.[165] Die umfassenden europarechtlichen Vorgaben bedingen, dass deutsche Umsatzsteuervorschriften nur noch dann am nationalen Verfassungsrecht auf ihre Rechtmäßigkeit hin überprüfbar sind, wenn der deutsche Gesetzgeber von einem Umsetzungsspielraum Gebrauch gemacht hat, den das supranationale Umsatzsteuerrecht offen gelassen hat, oder wenn es sich bei der europäischen Rechtsvorgabe – was höchst selten vorkommen sollte – um einen sog. ausbrechenden Rechtsakt handelt oder durch sie die Identität des Grundgesetzes (Art. 79 Abs. 3 GG) beeinträchtigt ist.[166]

Begründet wird das Zurücktreten der nationalen verfassungsrechtlichen Prüfungsmaßstäbe damit, dass das Europarecht derzeit einen im Wesentlichen gleichwertigen Grundrechtsschutz bietet.[167] Daraus folgt auch, dass nationale Umsetzungsgesetze im Rahmen der vorhandenen Auslegungsmethoden richtlinienkonform auszulegen sind, was sich in der Umsetzungsverpflichtung nach Art. 288 Abs. 3 AEUV i.V.m. dem in Art. 4 Abs. 3 EUV niedergelegten Gebot zur Unionstreue widerspiegelt.[168]

II. Wesensmerkmale der heutigen Umsatzsteuer als Ausdruck der Belastungsneutralität

Die heutige, harmonisierte Umsatzsteuer ist in der MwStSystRL geregelt und von der Bundesrepublik im UStG umgesetzt. Sie beruht auf vier Wesensmerkmalen, die auch der EuGH als solche herausstellt.[169] Es handelt

---

165 Zum Ganzen *Geiger*, in *Geiger/Khan/Kotzur*, EUV/AEUV, Art. 4 EUV, Rn. 11 ff. m.w.N.

166 Grundlegend BVerfG v. 22.10.1986 – 2 BvR 197/83, BVerfGE 73, 339 = NJW 1987, 577 (582); BVerfG v. 12.10.1993 – 2 BvR 2134/92, 2 BvR 2159/92, BVerfGE 89, 155 = ZIP 1993, 1636 (1651 f.); BVerfG v. 7.7.2000 – 2 BvL 1/97, ECLI:DE:BVerfG:2000:ls20000607.2bvl000197 (Leitsätze 1 und 2); BVerfG v. 30.6.2009 – 2 BvE 2/08, 2 BvE 5/08, 2 BvR 1010/08, 2 BvR 1022/08, 2 BvR 1259/08, 2 BvR 182/09, ECLI:DE:BVerfG:2009:es20090630.2bve000208 (Leitsatz 4). Eindrucksvolles Beispiel für einen ausbrechenden Rechtsakt ist nach jüngster Rechtsprechung des BVerfG das Staatsanleihekaufprogramm der EZB (Public Sector Purchase Programme – PSPP), vgl. BVerfG v. 5.5.2020 – 2 BvR 859/15, 2 BvR 1651/15, 2 BvR 2006/15, 2 BvR 980/16, ECLI:DE:BVerfG:2020:rs20200505.2bvr085915.

167 BVerfG v. 22.10.1986 – 2 BvR 197/83, BVerfGE 73, 339 = NJW 1987, 577 (582).

168 *Stadie*, UStG, Vorbem., Rn. 62 ff. m.w.N.

169 Vgl. EuGH v. 29.7.2010 – C-188/09, Slg. 2010 I-7643 (I-7661, Rn. 47); EuGH v. 11.10.2007 – C-283/06, Slg. 2007, I-8467 (I-8483, Rn. 37); EuGH v. 3.10.2006

sich erstens um eine allgemeine Steuer, die allgemein für alle sich auf Gegenstände und Dienstleistungen beziehenden Geschäfte erhoben wird.[170] Damit ist gleichsam das Steuerobjekt der Umsatzsteuer beschrieben; sie erfasst Umsätze mit Verbrauchsgütern im Allgemeinen.[171] Daher unterwirft § 1 Abs. 1 Nr. 1 Satz 1 UStG sämtliche Lieferungen und Leistungen der Steuerbarkeit.

Zweitens wird die Umsatzsteuer proportional zum Entgelt erhoben, das für die erbrachten Leistungen vom Leistungsempfänger gezahlt wird.[172] Bemessungsgrundlage für sämtliche Umsätze ist daher das Entgelt, § 10 Abs. 1 Satz 1 UStG. Zugleich zeigt sich hierin das Nettoprinzip der Umsatzsteuer.[173]

Die Steuer wird drittens auf jeder Stufe des Vertriebs und der Erzeugung erhoben, wobei sie viertens auf jeder Stufe unter Abzug der auf den Vorstufen bereits geleisteten Steuer errechnet wird.[174] Hierin kommen zum einen das Allphasenprinzip und zum anderen die Besteuerungstechnik und Belastungskonzeption der Umsatzsteuer zum Ausdruck.[175] Die Umsatzsteuer wird dementsprechend stets beim Unternehmer erhoben. Der Abzug der Steuerbelastung auf den Vorstufen wird durch den Vorsteuerabzug des Unternehmers erreicht, während der Verbraucher kein Recht zum Vorsteuerabzug hat, § 15 Abs. 1 Satz 1 UStG. Dadurch wird (im Regelfall) der Verbraucher zum Träger der Umsatzsteuer.[176] Gleichsam zeigt sich in dieser Besteuerungstechnik, dass es sich um eine indirekte Steuer handelt, deren Merkmal es ist, dass Steuerträger und Steuerschuldner auseinanderfallen.[177]

Während der Aspekt der Wettbewerbsneutralität des Neutralitätsgrundsatzes unbestritten ist, wurde in den letzten Jahrzehnten aus juristisch-öko-

---

– C-475/03, Slg. 2006, I-9440 (I-9455 ff., Rn. 28, 32); EuGH v. 26.6.1997 – C-370/95, C-371/95, C-372/95, Slg. 1997, I-3734 (3742 f., Rn. 14); EuGH v. 31.3.1992 – C-200/90, Slg. 1992, I-2240 (I-2246 f., Rn. 11); eingehend dazu *Zirkl*, Neutralität der Umsatzsteuer, 25 f.

170 *Zirkl*, Neutralität der Umsatzsteuer, 25.

171 *Zirkl*, Neutralität der Umsatzsteuer, 25 m.w.N.

172 Vgl. *Zirkl*, Neutralität der Umsatzsteuer, 25.

173 *Zirkl*, Neutralität der Umsatzsteuer, 25.

174 *Zirkl*, Neutralität der Umsatzsteuer, 25.

175 *Zirkl*, Neutralität der Umsatzsteuer, 25 f.

176 Das Verständnis vom Steuerträger als demjenigen, bei dem unabhängig von der Person des Steuerschuldners die Belastungswirkung der jeweiligen Steuer letztendlich verbleibt, ist allgemeiner Konsens, vgl. *Löhr*, Leistungsfähigkeitsprinzip im Umsatzsteuerrecht, 94 m.w.N.

177 *Zirkl*, Neutralität der Umsatzsteuer, 26.

nomischer Sicht diskutiert, ob die regelmäßig eintretende Endbelastung des Verbrauchers mit der Umsatzsteuer auch vom Gesetzgeber intendiert ist und somit der Umsatzsteuer zugrunde liegt.[178] Im Fokus steht die Frage, ob es sich bei der Umsatzsteuer um eine Verbrauchsteuer oder eine Wertschöpfungssteuer handelt. Negierte man eine Intention des Gesetzgebers, die Umsatzsteuer als Verbrauchsteuer konstruiert zu haben, deren Last letztlich der Verbraucher tragen soll, müsste man konsequenter Weise auch die Ausprägung des Neutralitätsgrundsatzes in Form der Belastungsneutralität für den Unternehmer ablehnen. Denn ein Verständnis des Neutralitätsgrundsatzes, der die Belastungsneutralität des steuerpflichtigen Unternehmers auf der Eingangs- und Ausgangsseite beinhaltet, kann nur damit einhergehen, dass die gesetzlich intendierte Belastungswirkung der Umsatzsteuer eine andere Person als den Unternehmer, nämlich den Verbraucher, trifft.

1. Umsatzsteuer als Verkehrsteuer

Der in der Vergangenheit in aller Breite geführte Streit, ob es sich bei der Umsatzsteuer um eine Verkehr- oder Verbrauchsteuer handelt, hat mit der Belastungswirkung hingegen allenfalls mittelbar zu tun. Kern dieses jahrzehntelang geführten Streits ist nicht die Erkenntnis, ob und dass die Umsatzsteuer darauf angelegt ist, den Endverbraucher als Steuerträger zu belasten, sondern die Frage, welche Klassifizierung als teleologischer Orientierungsmaßstab für die Ermittlung des Gesetzessinns und die Ausgestaltung der Umsatzsteuer von Bedeutung ist.[179]

Als Verkehrsteuer sei die Umsatzsteuer deshalb einzuordnen, weil sie an Verkehrsakte anknüpfe. Entscheidend für die Klassifizierung in diesem Zusammenhang sei der juristisch-technische Aufbau des Umsatzsteuergesetzes.[180] Ein Teil der Vertreter der Verkehrsteuerthese ordnet die Umsatzsteuer vermittelnd als „verkehrsteuerartige Verbrauchsteuer“ ein und

178 Siehe v.a. *Theile*, Wettbewerbsneutralität der Umsatzsteuer, 1; *ders.*, StuW 1996, 154 (163 f.); im Ergebnis ebenso *Schwarz, J.*, Umsatzsteuer in der Insolvenz, 36, 39.

179 Vgl. *Menner*, Umsatzsteuer-Harmonisierung, 49 m.w.N.

180 Umfassend zum Meinungsstand mit zahlreichen Nachweisen *Zirkl*, Neutralität der Umsatzsteuer, 42; *Löhr*, Leistungsfähigkeitsprinzip im Umsatzsteuerrecht, 95 f.

schließt sich in der Beschreibung der Belastungswirkung der Umsatzsteuer den Vertretern der Verbrauchsteuerthese an.[181]

Gegen die allgemeine Einordnung der Umsatzsteuer als Verkehrsteuer spricht jedoch, dass der Umsatzsteuertatbestand nicht ausschließlich an Verkehrsakte anknüpft, sondern insb. auch den Eigenverbrauch der Steuerbarkeit unterwirft, § 3 Abs. 1b Satz 1 Nr. 1 UStG. Letztendlich ist die Einordnung als Verkehrsteuer auch gar nicht geeignet, auszuschließen, die Umsatzsteuer als Verbrauchsteuer zu qualifizieren.[182]

2. Umsatzsteuer als Wertschöpfungssteuer

Angegriffen wird die These, dass die Umsatzsteuer systematisch darauf ausgelegt sei, den Endverbraucher zu belasten, während der Unternehmer i.E. frei von der Umsatzsteuer bleibt, dagegen seit einiger Zeit von *Theile*. Dieser vertritt die Auffassung, die Umsatzsteuer sei eine Wertschöpfungssteuer, die nicht darauf angelegt sei, ausschließlich den Endverbraucher zu belasten.[183] Danach sei der Unternehmer aufgrund der Steuerzahlung auf jeden Fall mit der Umsatzsteuer belastet, während die Belastung des Verbrauchers davon abhänge, ob eine Verschiebung der Steuerlast auf ihn gelinge.[184] Das sei aber ungewiss und wahrscheinlich zu verneinen.[185] Weil die Belastung der Umsatzsteuer zumindest auf Unternehmer und Endverbraucher verteilt sei, könne nicht von einer Verbrauch(er)steuer gesprochen werden, sodass als Steuergut lediglich die Wertschöpfung des Unternehmers auf jeder Stufe verbleibe. *Theile* versteht darunter die „am Markt realisierte unternehmerische Leistung abzüglich bezogener Vorleistungen innerhalb einer Abrechnungsperiode“.[186]

Ähnlich formuliert es *Schwarz*, nach dem „sich die wirtschaftliche Belastung aus dem kalkulierten Unternehmergewinn unter Berücksichtigung der Marktsituation [ergibt]“.[187] Zur Begründung dieser Auffassung wird

---

181 *Zirkl*, Neutralität der Umsatzsteuer, 43; *Löhr*, Leistungsfähigkeitsprinzip im Umsatzsteuerrecht, 96 m.w.N.

182 Im Ergebnis ebenso *Löhr*, Leistungsfähigkeitsprinzip im Umsatzsteuerrecht, 96.

183 Vgl. *Theile*, Wettbewerbsneutralität der Umsatzsteuer, 135; *ders.*, StuW 1996, 154 (163 f.); im Ergebnis ebenso *Schwarz, J.*, Umsatzsteuer in der Insolvenz, 36, 39.

184 Vgl. *Theile*, StuW 1996, 154 (163).

185 Vgl. *Theile*, StuW 1996, 154 (163).

186 *Theile*, StuW 1996, 154 (163).

187 *Schwarz, J.*, Umsatzsteuer in der Insolvenz, 36 f.

die Wirkung der Umsatzsteuer vor allem anhand ökonomischer Argumentation ausgewertet. Die Umsatzsteuer könne fast nie ganz auf den Verbraucher überwälzt werden, weil sie stets Umsatzschmälerungen bei den Unternehmern hervorrufe und dadurch negativ auf die Zielgröße Gewinn einwirke.[188] Der Vorsteuerabzug führe dagegen lediglich dazu, dass eine Entlastung bei den Eingangsumsätzen des Unternehmers erfolge, während die Überwälzbarkeit der Umsatzsteuer auf die unternehmerischen Ausgangsumsätze davon unberührt bliebe.[189]

Aus juristischer Sicht könne daneben anhand des objektivierten gesetzgeberischen Willens nicht ausgemacht werden, dass es sich bei der Umsatzsteuer um eine Verbrauchsteuer handeln soll.[190] Der gesetzgeberische Wille sei ebenso unter Berücksichtigung der tatsächlichen wirtschaftlichen Wirkung der Umsatzsteuer zu ermitteln, welche aufgrund ihrer ungewissen Überwälzbarkeit eine Belastung auch des Unternehmers beinhalte.[191] *Schwarz* gelangt aufgrund dessen sogar zu dem weiterreichenden Ergebnis, dass auch auf den steuerpflichtigen Unternehmer das Prinzip der Besteuerung nach der persönlichen Leistungsfähigkeit zur Anwendung gelangen müsse.[192]

188 *Theile*, StuW 1996, 154 (160 f.).
189 *Schwarz, J.*, Umsatzsteuer in der Insolvenz, 33.
190 *Schwarz, J.*, Umsatzsteuer in der Insolvenz, 27.
191 *Schwarz, J.*, Umsatzsteuer in der Insolvenz, 27 ff.
192 Vgl. *Schwarz, J.*, Umsatzsteuer in der Insolvenz, 35.

3. Umsatzsteuer als Verbrauchsteuer

Sowohl der EuGH[193] als auch die europäische Kommission[194], BVerfG[195], BFH[196] sowie die überwiegende Zahl der (juristischen) Lehre[197] ordnen die Umsatzsteuer nach wie vor nach ihrer Belastungswirkung als Verbrauchsteuer ein. Bereits zur Allphasenbruttoumsatzsteuer hat nicht die wirtschaftliche Kraft des Unternehmers besteuert werden sollen, sondern die wirtschaftliche Kraft des Verbrauchers, der privat für Leistungen etwas aufwendet. Dies schrieb schon *Johannes Popitz:*[198]

> *„Sie [die Umsatzsteuer, Anm. d. Verf.] belastet nicht die Unternehmer nach ihrem wirtschaftlichen Erfolge, nicht die einzelnen Umsätze, ihre Quelle, aus*

---

193 St. Rspr., vgl. EuGH v. 7.11.2013 – C-249/12, C-250/12, ECLI:EU:C:2013:722 (Rn. 34); EuGH v. 11.10.2007 – C-283/06, Slg. 2007, I-8467 (I-8480 f., Rn. 30) m.w.N.; EuGH v. 21.2.2008 – C-271/06, Slg. 2008, I-787 (I-797, Rn. 21); EuGH v. 3.10.2006 – C-475/03, Slg. 2006, I-9440 (I-9455 ff., Rn. 28, 32); EuGH v. 15.10.2002 – C-427/98, Slg. 2002, I-8344 (I-8356 f., Rn. 29); EuGH v. 8.6.1999 – C-338/97, Slg. 1999, I-3348 (I-3359, Rn. 21); EuGH v. 24.10.1996 – C-317/94, Slg. 1996, I-5357 (I-5365, Rn. 19); EuGH v. 14.2.1985 – 268/83, Slg. 1985, 660 (664, Rn. 19).

194 Nachweise bei *Menner,* Umsatzsteuer-Harmonisierung, 50.

195 Die Überwälzung auf den Verbraucher betonend BVerfG v. 29.10.1999 – 2 BvR 1264/90, BStBl. II 2000, 155 (157); dagegen differenzierend zwischen wirtschaftlicher Wirkung und Gesetzestechnik bzgl. der badischen Weinabgabe BVerfG v. 4.2.1958 – 2 BvL 31, 33/56, BVerfGE 7, 244 = NJW 1958, 625 (626).

196 Nunmehr dem EuGH folgend BFH v. 12.1.2006 – V R 3/04, BStBl. II 2006, 479 (480 f.); und die „Steuereinsammler"-Funktion der Unternehmer betonend BFH v. 30.7.2008 – V R 7/03, BStBl. II 2010, 1075 (1078); zur wechselhaften Rechtsprechung des BFH und des RFH unter Betonung auch des Verkehrsteuerelements eingehend *Zirkl,* Neutralität der Umsatzsteuer, 47 m.w.N.

197 *Birk/Desens/Tappe*, Steuerrecht, Rn. 1642; *Kokott,* Steuerrecht der EU, § 8, Rn. 3; *Heuermann,* BB 2017, 2583 (2583); *Englisch,* in *Tipke/Lang,* Steuerrecht, § 17, Rn. 10; *Kraeusel,* in *Reiß/Kraeusel/Langer,* UStG, § 15, Rn. 44; *Hummel,* UR 2015, 213 (216 f.); *Hummel,* AöR 135 (2010), 573 (575); *Kirchhof,* DStR 2008, 1 (2 f.); *Tehler,* Umsatzsteuer, 37; *Tipke,* StuW 1992, 103 (105); *ders.*, DStR 1983, 595 (595); *ders.,* Steuerrechtsordnung, Bd. II, 975 ff.; *Lubitz,* Steuerbefreiungen, 11; *Löhr,* Leistungsfähigkeitsprinzip im Umsatzsteuerrecht, 118; *Häsemeyer,* FS Stürner, 769 (770); *Wäger,* ZInsO 2014, 1121 (1121); *Ehrke-Rabel,* in *Drüen/Hey/Mellinghof,* FS BFH, Bd. II, 1529 (1530 f.); *Steinberg,* Insolvenzforderung, 77; *Adam, B.,* UR 2020, 492 (493); *von Streit/Streit,* UR 2020, 525 (526), jedoch mit kritischen Anmerkungen zu jüngeren EuGH- und BFH-Entscheidungen, die Tendenzen weg von einem Verbrauchsteuer- und hin zu einem Verkehrsteuerkonzept aufzeigten; aus finanzwissenschaftlicher Sicht *Zimmermann,* StuW 1993, 231 (235).

198 Eingehend hierzu *Tipke,* StuW 1992, 103 (105 f.) m.w.N.

der sie schöpft, ist der Verbrauch. Damit ist der Charakter der Umsatzsteuer als der allgemeinen Verbrauchsteuer klargestellt."[199]

Demnach ist das Steuergut (Verbraucheraufwendungen) vom Steuergegenstand zu unterscheiden.[200] Der Steuergegenstand ist zutreffender Weise aber nicht in allen vom Gesetz erfassten Fällen ein Verkehrsakt. Gerade die Besteuerung des Eigenverbrauchs lässt den Verbrauchscharakter der Umsatzsteuer deutlich werden.[201]

Des Weiteren wird der Unternehmer als Steuerschuldner durch das Recht zum Vorsteuerabzug auf der Eingangsseite seiner eigenen Umsätze von der vorausgehenden Umsatzsteuerbelastung vollständig befreit.[202] Auch das Anknüpfen der Umsatzsteuer an das Entgelt als Bemessungsgrundlage der Besteuerung sowie die damit verbundene Überwälzung auf den Verbraucher auf der Ausgangsseite machen den allgemeinen Verbrauchsteuercharakter deutlich.[203] Der Verbraucher hat weder ein Recht zum Vorsteuerabzug noch die Möglichkeit, die Steuer selbst weiter abzuwälzen, und wird dadurch zum Träger der Steuerlast.[204]

An der Einordnung ändert auch nichts, dass die Umsatzsteuer im System der AO mit Ausnahme der Einfuhrumsatzsteuer als Verkehrsteuer eingeordnet wird, was sich aus § 221 Satz 1 AO ergibt. Denn die Einteilung der AO ist ausschließlich für verfahrensrechtliche Zwecke verbindlich.[205] Vielmehr ist dies die Bestätigung für die These, dass die Umsatzsteuer ihrer Belastungswirkung entsprechend eine Verbrauchsteuer ist, die in Teilen an Verkehrsakte anknüpft und daher verfahrensrechtlich entsprechend behandelt wird.[206]

---

199 *Popitz* in *Popitz*, UStG, Einleitung, 10 f. *Popitz* bezeichnet die Umsatzsteuer darin zwar auch als Verkehrsteuer, vgl. *Popitz in Popitz*, UStG, 13 f., 93, wollte dies jedoch nicht als Bewertung der Belastungswirkung verstanden wissen, sondern vielmehr als reine Betrachtung des juristisch-technischen Aufbaus des Steuergesetzes; vgl. *Zirkl*, Neutralität der Umsatzsteuer, 43; *Löhr*, Leistungsfähigkeitsprinzip im Umsatzsteuerrecht, 236.

200 Vgl. *Englisch*, in *Tipke/Lang*, Steuerrecht, § 17, Rn. 11 und 84.

201 *Menner*, Umsatzsteuer-Harmonisierung, 51; *Lubitz*, Steuerbefreiungen, 12.

202 EuGH v. 11.10.2007 – C-283/06, Slg. 2007, I-8467 (I-8480 f., Rn. 30); *Hummel*, UR 2015, 213 (217); *Menner*, Umsatzsteuer-Harmonisierung, 51.

203 *Hummel*, UR 2015, 213 (216) m.w.N.

204 Vgl. *Zirkl*, Neutralität der Umsatzsteuer, 49.

205 *Zirkl*, Neutralität der Umsatzsteuer, 46 m.w.N.

206 So bereits BVerfG v. 4.2.1958 – 2 BvL 31, 33/56, BVerfGE 7, 244 (626, Rn. 34) im Zusammenhang mit der badischen Weinabgabe.

4. Stellungnahme

Es ist unergiebig, eine Abgrenzung der Umsatzsteuer an der Linie zwischen Verkehr- und Verbrauchsteuer vorzunehmen. Unter dem Blickwinkel der Besteuerungs- und Verfahrenstechnik mag sich die Umsatzsteuer immer dann als Verkehrsteuer darstellen, wenn ihr Steuergegenstand tatsächlich an einen Verkehrsakt anknüpft. Hierin kann jedoch noch keine Prädestination für die Belastungswirkung der Umsatzsteuer gesehen werden. Richtigerweise muss der Streit um die Belastungswirkung der Umsatzsteuer entschieden werden zwischen den Vertretern, die der Verbrauchsteuerannahme folgen, und denen, die die Umsatzsteuer für eine sog. Wertschöpfungssteuer halten.

Die Umsatzsteuer ist eine Verbrauchsteuer, die den Unternehmer als bloß technischen Steuerschuldner nicht endgültig belasten will. Das ergibt sich bereits eindeutig[207] aus den maßgeblichen Rechtsgrundlagen und den dazugehörigen Gesetzesmaterialien. Entscheidend abzustellen ist hierbei aufgrund der unionsrechtlichen Überlagerung des deutschen Umsatzsteuerrechts und dem damit verbundenen Anwendungsvorrang mittlerweile auf die MwStSystRL und deren Wertungen.[208] Zur Untermauerung dessen mag auch heute noch auf die Historie der deutschen Umsatzsteuer und die zahllosen Schriften zur Auslegung ihres Steuerguts zurückgegriffen werden.

Zum 1. Januar 2007 wurden die erste und die sechste Richtlinie[209] durch die MwStSystRL ersetzt. Nach dem 3. Erwägungsgrund der MwStSystRL sollten durch die Neufassung lediglich die Struktur und der Wortlaut der Richtlinie neu gefasst werden, um die Klarheit und Wirtschaftlichkeit der unionsrechtlichen Umsatzsteuervorschriften zu gewährleisten.

---

207 Vgl. nur *Heuermann*, BB 2017, 2583 (2583) unter Verweis auf Art. 1 Abs. 2 Unterabs. 1 MwStSystRL; auch *Zirkl*, Neutralität der Umsatzsteuer, 51 betont, das Richtlinienrecht lasse an der Qualifizierung der Umsatzsteuer als Verbrauchsteuer „keine Zweifel".

208 Das Gabler Wirtschaftslexikon bezeichnet die MwStSystRL als „praktisch ein Mehrwertsteuergrundgesetz in der EU", vgl. Gabler Wirtschaftslexikon, Stichwort Mehrwertsteuersystemrichtlinie, abrufbar unter http://wirtschaftslexikon.gabler.de/Archiv/57765/mehrwertsteuersystemrichtlinie-v7.html, zuletzt abgerufen am 26.1.2021; zum Anwendungsvorrang und zum Verhältnis des Europäischen Rechts zum Recht der Mitgliedstaaten bereits oben unter § 5. A. I.

209 Richtlinie 77/388/EWG des Rates vom 17. Mai 1977 zur Harmonisierung der Rechtsvorschriften der Mitgliedstaaten über die Umsatzsteuern - Gemeinsames Mehrwertsteuersystem: einheitliche steuerpflichtige Bemessungsgrundlage, ABl. EWG L 145 vom 13.06.1977, 1.

Eine inhaltliche Änderung sollte hierdurch nicht herbeigeführt werden. Art. 2 der ersten Richtlinie bestimmte, dass

> *„das gemeinsame Mehrwertsteuersystem [...] auf dem Grundsatz [beruht], daß auf Gegenstände und Dienstleistungen [...] eine allgemeine zum Preis der Gegenstände und Dienstleistungen genau proportionale Verbrauchsteuer anzuwenden ist."*

Es ist kein Zufall, dass Art. 1 Abs. 2 MwStSystRL dies nahezu wortgleich übernimmt:

> *„Das gemeinsame Mehrwertsteuersystem beruht auf dem Grundsatz, dass auf Gegenstände und Dienstleistungen [...] eine allgemeine, zum Preis der Gegenstände und Dienstleistungen genau proportionale Verbrauchsteuer anzuwenden ist."*

Der Unionsgesetzgeber wollte demnach von Anfang an eine Verbrauchsteuer normieren.[210] Das ergibt sich im Umkehrschluss auch aus der Richtlinie 92/12/EWG.[211] Nach ihrem Art. 1 Abs. 2 ist diese anwendbar für Verbrauchsteuern und die anderen indirekten Steuern, die unmittelbar oder mittelbar auf den Verbrauch von Waren erhoben werden, *mit Ausnahme der Mehrwertsteuer.*

Auch die von den Verbrauchsteuervertretern auf nationaler Ebene zutreffend hervorgehobenen Strukturmerkmale einer Verbrauchsteuer[212] finden sich auf Ebene der MwStSystRL wieder. Es wurde eine Allphasennettobesteuerung mit Vorsteuerabzug auf einer möglichst umfassenden Besteuerungsbasis geschaffen. Identitätsstiftendes Merkmal aller von der MwStSystRL erfasster Anknüpfungspunkte des Steuergegenstands der Mehrwertsteuer ist der mittelbare Zugriff auf die Leistungsfähigkeit des Endverbrauchers. Der Richtliniengeber und in der Folge der deutsche Gesetzgeber gingen davon aus, dass die Umsatzsteuer allgemein in vollem Umfang überwälzt werden könne.[213] Der EuGH legt die MwStSystRL in ständiger Rechtsprechung nach diesem Verständnis aus.[214] Dies ist auch

---

210 *Kirchhof*, DStR 2008, 1.

211 Richtlinie 92/12/EWG des Rates vom 25. Februar 1992 über das allgemeine System, den Besitz, die Beförderung und die Kontrolle verbrauchsteuerpflichtiger Waren.

212 Dazu oben unter § 5. A. II. 3.

213 *Dziadkowski*, DStZ 1999, 625 (626).

214 EuGH v. 7.11.2013 – C-249/12, C-250/12, ECLI:EU:C:2013:722 (Rn. 34); EuGH v. 11.10.2007 – C-283/06, Slg. 2007, I-8463 (I-8480 f., Rn. 30) m.w.N.; EuGH v. 21.2.2008 – C-271/06, Slg. 2008, I-787 (I-797, Rn. 21); EuGH v. 3.10.2006

bei der Auslegung derjenigen nationalen Vorschriften zu berücksichtigen, die zur Ausfüllung nationaler Spielräume bei der Umsetzung der MwStSystRL erlassen wurden.

Für den rechtlichen Charakter als Verbrauchsteuer genügt es, dass die Steuer von Gesetzes wegen auf Überwälzung angelegt ist; ob diese tatsächlich gelingt, ist für die rechtliche Beurteilung dagegen irrelevant.[215] Das Postulat der allgemeinen Verbrauchsbesteuerung verlangt auch keine lückenlose Besteuerung des Endverbrauchs. Der Gedanke findet seine Grenze an der Leistungsfähigkeit der Endverbraucher sowie an den Gesichtspunkten der Praktikabilität.[216]

Durchbrechungen der auf die Belastung des Endverbrauchers verweisenden Prinzipien können jedenfalls solange nicht zur Annahme einer Belastung (auch) des Steuerschuldners führen, wie diese Prinzipien in ihrem Kern Bestand haben. Nur dann, wenn tatsächliche Gegebenheiten oder gesetzliche Regelungen bei bestimmten Umsatzarten absehbar nicht nur in Einzelfällen jegliche Überwälzung der Umsatzsteuer ausschließen, muss dies auch bei rein rechtlicher Würdigung der Steuererhebung Beachtung finden.[217]

Es ist nicht von der Hand zu weisen, dass das Prinzip der Belastungsneutralität hinsichtlich des Unternehmers an gewichtigen Stellen nicht vollkommen umgesetzt wurde. So widerspricht z.B. die Versagung des Vorsteuerabzugs bei der Erbringung steuerbefreiter Umsätze gem. § 15 Abs. 2 Satz 1 Nr. 1 UStG dem zugrunde gelegten Belastungsprinzip.[218] Daneben findet der Verbrauchsteuergedanke seine Grenzen in praktischen Erwägungen wie dem Schutz des Vorsteuerabzugssystems vor Missbrauch und der Steuerhinterziehung.[219]

– C-475/03, Slg. 2006, I-9440 (I-9455 ff., Rn. 28, 32); EuGH v. 15.10.2002 – C-427/98, Slg. 2002, I-8344 (I-8356 f., Rn. 29); EuGH v. 8.6.1999 – C-338/97, Slg. 1999, I-3348 (I-3359, Rn. 21); EuGH v. 24.10.1996 – C-317/94, Slg. 1996, I-5357 (I-5365, Rn. 19); EuGH v. 14.2.1985 – 268/83, Slg. 1985, 660 (664, Rn. 19).

215 *Zirkl*, Neutralität der Umsatzsteuer, 49 f. m.w.N.

216 *Menner*, Umsatzsteuer-Harmonisierung, 52.

217 *Englisch*, in *Tipke/Lang*, Steuerrecht, § 17, Rn. 14.

218 *Lubitz*, Steuerbefreiungen, 33; *Löhr*, Leistungsfähigkeitsprinzip im Umsatzsteuerrecht, 102; a.A. *Stadie*, UStG, § 15, Rn. 416, der unter einseitiger Heranziehung der Wettbewerbsneutralität eine rechtliche Relevanz bzw. einen Systembruch verneint.

219 „Ein Steuerpflichtiger, der sich vorsätzlich an einer Steuerhinterziehung beteiligt und das Funktionieren des gemeinsamen Mehrwertsteuersystems gefährdet, kann sich […] nicht mit Erfolg auf diese Grundsätze [gemeint sind die Grund-

Von der unvollkommenen Umsetzung des Verbrauchsteuergedankens auf eine Belastungsintention zulasten des Unternehmers und damit auf den Charakter einer Wertschöpfungssteuer zu schließen, erscheint vor diesem Hintergrund allerdings zu weitgehend. Die Kritik *Theiles* bezieht sich insb. auf die Überwälzungsmöglichkeiten auf der Ausgangsseite der unternehmerischen Leistungen. Soweit hierzu angeführt wird, die Umsatzsteuer könne schon deswegen fast nie ganz auf den Verbraucher überwälzt werden, weil sie stets Umsatzschmälerungen bei den Unternehmern hervorrufe und dadurch negativ auf die Zielgröße Gewinn einwirke,[220] ist dem zu entgegnen, dass dies kein Spezifikum der Umsatzsteuer ist. Nahezu jegliche staatliche Regulierung – steuerlicher oder nichtsteuerlicher Art – wirkt sich mittelbar dadurch auf den Gewinn eines Unternehmers aus, dass er weniger Produkte absetzen kann oder er hierfür einen höheren Aufwand betreiben muss. Auch die heraufbeschworene Konkurrenzsituation am Markt, die den Unternehmer dazu zwingen soll, die Umsatzsteuer auf den Ausgangsumsatz zu seinen Lasten in seiner Kalkulation von seiner Gewinnmarge abzuziehen, kann allenfalls in extremen Ausnahmesituationen zu einer zu korrigierenden Belastung des Unternehmers führen.

Zunächst müsste überhaupt feststehen, dass der Unternehmer aufgrund der Konkurrenzsituation gezwungen ist, die Umsatzsteuer zu seinen Lasten einzukalkulieren. Das ist oftmals nicht der Fall. Bietet ein Unternehmer beispielsweise Produkte an, die in der Herstellung den selben Aufwand erfordern, aufgrund äußerer Modalitäten aber verschiedenen Umsatzsteuersätzen unterfallen, kann der Unternehmer ein Interesse daran haben, nach außen hin mit einer einheitlichen Preisstruktur an den Markt zu treten.

Beispiel: Unternehmer U verkauft Fastfood-Produkte zum Verzehr vor Ort, wobei er weitere bewirtende Dienstleistungselemente erbringt, sowie zur Mitnahme. In beiden Fällen ist der Bruttopreis für ein Produkt identisch, obwohl einmal 19 Prozent und einmal 7 Prozent Umsatzsteuer anfallen.

In diesem Fall führen die Mahlzeiten zur Mitnahme als Lieferungen auf 7 Prozent, während es bei den Mahlzeiten zum Verzehr vor Ort bei

---

sätze der Neutralität, des Vertrauensschutzes und der Rechtssicherheit, Anm. d. Verf.] berufen.“, EuGH v. 7.12.2010 – C-285/09, Slg. 2010, I-12633 (I-12652, Rn. 54).

220 *Theile*, StuW 1996, 154 (160 f.).

einem Steuersatz von 19 Prozent verbleibt.[221] Es handelt sich um eine bewusste Entscheidung des Unternehmers, seine Marge so zu bestimmen, dass er das Produkt in beiden Fällen mit demselben Preis anbieten kann. Sollte er derart kalkulieren, dass die Differenz von 12 Prozentpunkten zu seinen Lasten geht, so folgte daraus noch keine gesetzliche Belastungsentscheidung zulasten des Unternehmers.

Auch das Argument, bei Einführung oder Erhöhung eines Umsatzsteuersatzes begrenze die Konkurrenzsituation die Möglichkeit des Unternehmers, die (neue) Umsatzsteuer zur Gänze auf den Verbraucher überzuwälzen, kann nicht als allgemeingültig betrachtet werden. Ausgehend davon, dass eine wettbewerbsneutrale Umsatzsteuer[222] sämtliche Konkurrenten in einem Marktsektor gleichermaßen betrifft, sind es zunächst die kollektiv wirkenden Einzelentscheidungen der Unternehmer, Veränderungen in der Höhe der Steuer aus Gründen des Preiskampfes nicht an den Endverbraucher weiterzugeben. Dies gilt im Positiven wie im Negativen.

Dass Unternehmer sich kollektiv weigern, Umsatzsteuererhöhungen durch einen entsprechenden Preisaufschlag an den Verbraucher weiterzugeben, kann nicht der intendierten Belastungswirkung der Umsatzsteuer angelastet werden. Dass es in manchen Unternehmenszweigen durch eine Erhöhung der Umsatzsteuer zu Gewinnrückgängen der Unternehmer führen kann, ist letztlich Ausdruck der abnehmenden Zahl entsprechend leistungsfähiger Verbraucher mit steigender Höhe des Entgelts. Hier wie da kann auch ein legitimer Lenkungszweck des Gesetzgebers mitspielen, der sich nicht bereits auf die Belastungswirkung der Umsatzsteuer selbst auswirkt.

Schließlich profitieren Unternehmer häufig auch von Umsatzsteuersenkungen, indem sie diese nicht durch eine Verminderung des Entgelts an den Verbraucher weitergeben.[223] Insofern wird vertreten, dass dem Unternehmer entsprechend dem Verbrauchsteuergedanken aus Billigkeitsgründen die geschuldete Umsatzsteuer erlassen werden müsse, sofern dennoch ausnahmsweise eine nicht selbst verursachte Belastung des Unternehmers festzustellen ist.[224] An der Qualifikation der Umsatzsteuer als Verbrauchsteuer kann dies aber nichts ändern.

---

221 Zur Abgrenzung z.B. FG Hamburg v. 7.4.2017 – 6 K 132/15, zitiert nach Juris, Rn. 50 ff., rkr.

222 Dazu unten unter § 5. A. IV. 2. a).

223 Prominentes Beispiel hierfür ist die Senkung des Umsatzsteuersatzes für Hotelübernachtungen von 19 auf 7 Prozent zum 1.1.2010.

224 So bereits *Tipke*, DStR 1983, 595 (597).

III. Primär- und verfassungsrechtliche Verortung des Neutralitätsgrundsatzes

Sowohl hinsichtlich der Komponente der Wettbewerbsneutralität als auch hinsichtlich der Belastungsneutralität ist der umsatzsteuerrechtliche Neutralitätsgrundsatz nach zutreffender Auffassung auf den allgemeinen Gleichbehandlungsgrundsatz nach Art. 6 Abs. 1 EUV i.V.m. Art. 20, 51 Abs. 1 EU-GR-Charta bzw. nach Art. 3 Abs. 1 GG zurückzuführen.[225] Auch der EuGH betont insoweit, dass es sich bei dem Neutralitätsgrundsatz um die bereichsspezifische Ausprägung des unionsrechtlichen Gleichbehandlungsgrundsatzes handelt.[226] Zusätzlich stellt der EuGH bei grenzüberschreitenden Sachverhalten auch auf das Diskriminierungsverbot des Art. 56 Abs. 1 AEUV für den Dienstleistungsverkehr und Art. 110 AEUV für den Warenverkehr ab.[227] Hierbei dürfte es sich aber nur um einen Unterfall des unionsrechtlichen allgemeinen Gleichheitssatzes handeln,[228] der dessen Anwendungsbereich und Wirkformen nicht verändert.

Der unionsrechtliche Gleichbehandlungsgrundsatz konkurriert mit dem grundrechtlichen Gleichbehandlungsgrundsatz. Nach der Rechtsprechung des BVerfG verbleibt aber für Art. 3 Abs. 1 GG nur dort ein eigenständiger Prüfungsspielraum, wo das Unionsrecht den Mitgliedstaaten einen Umsetzungsspielraum belässt. Innerhalb dessen sind die Prüfungskompetenzen des BVerfG nicht zurückgenommen; Prüfungsmaßstab sind das Prinzip der Leistungsfähigkeit und das Prinzip der folgerichtigen Ausgestaltung.[229]

---

225 *Zirkl*, Neutralität der Umsatzsteuer, 196, 223 f.; *Seer*, DStR 2016, 1289 (1295); *Englisch*, in *Tipke/Lang*, Steuerrecht, § 17, Rn. 24; *Zorn*, FS Ruppe, 744 (749); nach *Kokott*, Steuerrecht der EU, § 3, Rn. 21 ff. leitet sich das Prinzip der Neutralität z.T. aus dem Gleichheitssatz ab, geht aber z.T. darüber hinaus.

226 EuGH v. 10.11.2011 – C-259/10, C-260/10, Slg. 2011, I-10951 (I-10976, Rn. 61); EuGH v. 10.6.2010 – C-262/08, Slg. 2010, I-5088 (I-5111, Rn. 64); EuGH v. 29.10.2009 – C-174/08, Slg. 2009, I-10588 (I-10601, Rn. 41); EuGH v. 10.7.2008 – C-484/06, Slg. 2008, I-5112 (I-5126, Rn. 36); EuGH v. 10.4.2008 – C-309/06, Slg. 2008, I-2311 (I-2331, Rn. 49); EuGH v. 7.12.2006 – C-240/05, Slg. 2006, I-11493 (I-11516, Rn. 55); EuGH v. 8.8.2006 – C-106/05, Slg. 2006, I-5139 (I-5155 f., Rn. 48); EuGH v. 27.4.2006 – C-443/04, C-444/04, Slg. 2006, I-3637 (I-3649 f., Rn. 35); EuGH v. 26.5.2005 – C-498/03, Slg. 2005, I-4442 (I-4460, Rn. 54 f.).

227 EuGH v. 15.3.2007 – C-35/05, Slg. 2007, I-2452 (I-2467, Rn. 32); EuGH v. 11.6.1998 – C-361/96, Slg. 1998, I-3510 (I-3523 f., Rn. 37 f.).

228 *Nieuwenhuis*, UR 2013, 663 (665).

229 Hierzu *Heuermann*, BB 2017, 2583 (2583 ff.) am Beispiel der Kleinunternehmerregelung; vgl. auch *Nieuwenhuis*, UR 2013, 663 (664) m.w.N.; BVerfG v. 20.3.2013 – 1 BvR 3063/10, NZG 2013, 914 (914); BVerfG v. 13.3.2007 – 1

Obwohl der EuGH die Vorschriften der MwStSystRL anhand des unionsrechtlichen Primärrechts prüft[230] und ggf. für unwirksam erklärt, hat er andererseits festgestellt, dass nur der Gleichheitssatz Verfassungsrang genieße, während der – aus ihm abgeleitete – Neutralitätsgrundsatz der gesetzgeberischen Ausarbeitung bedürfe und Gegenstand beschränkender Klarstellungen sein könne.[231] Hieran ist zu Recht Kritik geäußert worden.[232] Der Unionsgesetzgeber wird nicht dadurch vom Gebot folgerichtiger Gesetzesausgestaltung entlang der festgelegten Prinzipien entbunden, dass es sich beim Kontrollmaßstab um eine bereichsspezifische Ausformung des allgemeinen Gleichheitssatzes handelt.[233]

Wettbewerbsneutralität kann den am Umsatzsteuersystem beteiligten Unternehmern gewährt werden, ohne dass zu ihren Gunsten Belastungsneutralität herrschen müsste. Es handelt sich um ein schlichtes Gleichbehandlungsgebot, wonach kein Wettbewerber besser oder schlechter gestellt werden darf, ganz gleich, wie die Umsatzsteuerregeln im Detail ausgestaltet sein mögen. Wichtig ist hierbei nur, dass sie für alle gleichmäßig gelten.

Während der Aspekt der Wettbewerbsneutralität daher zwanglos aus dem Gleichheitssatz gefolgert werden kann, liegen die Dinge beim Aspekt der Belastungsneutralität anders. Dieser lässt sich nicht allein aus Gleichbehandlungsgesichtspunkten erklären. Es ist unmittelbar einsichtig, dass Unternehmer untereinander nach derzeitiger Regelung nicht unterschiedlich belastet werden dürfen. Die Entscheidung aber, welche Belastung der Unternehmer konkret zu tragen hat, im Falle der Umsatzsteuer also, dass der Unternehmer keine Belastung tragen soll, ist eine Grundsatzentscheidung des Gesetzgebers bei Schaffung der Umsatzsteuer als Ganzem.

BvF 1/05, ECLI:DE:BVerfG:2007:fs20070313.1bvf000105 (Rn. 69 f.); BVerfG v. 29.10.1999 – 2 BvR 1264/90, BStBl. II 2000, 155 (157).

230 Vgl. jüngst EuGH v. 7.3.2017 – C-390/15, ECLI:EU:C:2017:174 (Rn. 41 ff.); ausführlich besprochen von *Wäger*, DStR 2017, 2017 (2017 ff.).

231 EuGH v. 13.3.2014 – C-204/13, ECLI:EU:C:2014:147 (Rn. 43); EuGH v. 19.7.2012 – C-44/11, ECLI:EU:C:2012:484 (Rn. 45); EuGH v. 29.10.2009 – C-174/08, Slg. 2009, I-10588 (I-10601 f., Rn. 42 ff.); ebenso *Kube*, UR 2020, 590 (592); *Kokott*, Steuerrecht in der EU, § 3, Rn. 22, wonach der Neutralitätsgrundsatz bzgl. des Vorsteuerabzugsanspruchs gerade nicht auf den allgemeinen Gleichheitssatz zurückzuführen, sondern schlicht Folge einer wirtschaftspolitischen Entscheidung sei und daher zur Disposition des Unionsgesetzgebers stehe.

232 *Zirkl*, Neutralität der Umsatzsteuer, 237 ff.; *Seer*, DStR 2016, 1289 (1295); *Englisch*, in *Tipke/Lang*, Steuerrecht, § 17, Rn. 24 m.w.N.

233 Ebenso *Englisch*, in *Tipke/Lang*, Steuerrecht, § 17, Rn. 24.

Alternativ wäre zumindest theoretisch[234] auch eine direkte Steuererhebung möglich, bei der die Unternehmer außen vor blieben, oder eine teilbelastende Wirkung der Umsatzsteuer für den Unternehmer.[235] Dann stellte sich gar nicht die Frage nach deren Belastung oder aber es wäre darauf zu achten, dass alle im Wettbewerb stehenden Unternehmer gleichmäßig – dann unter Beachtung auch des Prinzips der Leistungsfähigkeit – belastet werden. Setzt man sie aber als Steuerschuldner ein, muss feststehen, was das vom Steuertatbestand abweichende schlussendlich zu besteuernde Steuergut sein soll und wie die Besteuerung ausschließlich dieses Gutes mit der Konsequenz der Belastungsneutralität hinsichtlich der Unternehmer als Steuerschuldner sichergestellt wird. Erst diese systemische Entscheidung – die dem weiten Ermessensspielraum des Gesetzgebers bei der Auswahl des Steuerguts, Steuergegenstands und Steuersatzes zuzuordnen ist[236] – findet ihren Schutz im Gleichbehandlungsgrundsatz; und zwar hinsichtlich des einzelnen Unternehmers im Gebot der folgerichtigen Ausgestaltung, hinsichtlich der Unternehmer untereinander im Verbot der Wettbewerbsbeeinträchtigung und des Diskriminierungsverbots.

Dies steht auch im Einklang mit dem Leistungsfähigkeitsprinzip. Aufgrund der intendierten Belastungswirkung ausschließlich des Endverbrauchers ist auf diesen das Leistungsfähigkeitsprinzip anzuwenden.[237] Auch hieraus folgt mittelbar, dass die der Umsatzsteuer als Steuerschuldner unterworfenen Unternehmer gleichbehandelt werden müssen. Denn andernfalls würde eine unterschiedliche Vorbelastung die Belastung nach der Leistungsfähigkeit des Verbrauchers durch einen willkürlichen, wesensfremden Faktor beeinträchtigen.[238]

---

234 Die indirekte Steuererhebung ist für die Umsatzsteuer gerade wegen ihrer Praktikabilität vorteilhaft, vgl. nur *Kirchhof*, DStR 2008, 1 (3) m.w.N.

235 Diejenigen, die die Umsatzsteuer als eine Wertschöpfungssteuer ansehen, sehen dies als den *status quo* an, vgl. *Theile*, StuW 1996, 154 (163).

236 Vgl. BVerfG v. 20.3.2013 – 1 BvR 3063/10, NZG 2013, 914 (914 f.) m.w.N.

237 Zur Ausprägung des Leistungsfähigkeitsprinzips im Rahmen der Umsatzsteuer eingehend *Zirkl*, Neutralität der Umsatzsteuer, 26 ff. m.w.N.

238 *Zirkl*, Neutralität der Umsatzsteuer, 168; *Englisch*, in *Tipke/Lang*, Steuerrecht, § 17, Rn. 25.

IV. Wirkung des Neutralitätsgrundsatzes auf der Eingangs- und Ausgangsseite

Es wurde bereits deutlich, dass der umsatzsteuerrechtliche Neutralitätsgrundsatz auf zweierlei Art wirkt: zum einen in Form der Wettbewerbsneutralität zwischen den Unternehmern und zum anderen – für diese Arbeit von zentraler Bedeutung – in Form der Belastungsneutralität. Bevor die Auswirkungen des Neutralitätsgrundsatzes auf die Verfahrensstellung des Steuergläubigers im Insolvenzverfahren über das Vermögen des Unternehmers als Steuerschuldner betrachtet werden, sollen die Auswirkungen dieses umsatzsteuerrechtlichen Grundsatzes auf die Funktion des Besteuerungsverfahrens der Umsatzsteuer aufgezeigt werden. Neben dem Umstand, dass sich der Neutralitätsgrundsatz in der ertragsteuerlichen Buchhaltung des Unternehmers niederschlägt, wirkt er sich umsatzsteuerrechtlich in unterschiedlicher Form sowohl auf der Eingangs- als auch der Ausgangsseite des steuerpflichtigen Unternehmers aus.

1. Belastungsneutralität bei Eingangsleistungen durch Vorsteuerabzug

Der Grundsatz der Neutralität erfordert, dass ein Steuerpflichtiger, der Gegenstände oder Dienstleistungen für unternehmerische Zwecke[239] bezieht, von Umsatzsteuer vollständig zu entlasten ist.[240] Aufseiten der Eingangsleistungen realisiert sich der Neutralitätsgrundsatz in Form der Belastungsneutralität durch den Vorsteuerabzugsanspruch des Unternehmers ggü. dem Steuergläubiger. § 15 Abs. 1 Satz 1 UStG bestimmt, dass der Unternehmer beim Bezug von Eingangsleistungen den von ihm ggü. dem Leistungserbringer geschuldeten Umsatzsteueranteil der Entgeltsumme „abziehen“ kann. Gemeint ist damit, dass die Vorsteuerabzugsansprüche des Unternehmers in eine Saldierungsrechnung nach § 16 Abs. 2 Satz 1 UStG eingestellt und somit von den bestehenden Umsatzsteueransprüchen des Steuergläubigers in Abzug gebracht werden. Überwiegt der Vorsteueranteil, kann der Unternehmer unmittelbare Auszahlung des überschie-

---

239 Eingehend zum Erfordernis des Zusammenhangs mit steuerpflichtigen Ausgangsumsätzen *Zirkl*, Neutralität der Umsatzsteuer, 72 ff. m.w.N.

240 *Nieuwenhuis*, UR 2013, 663 (664); *Dziadkowski*, DStZ 1999, 625 (626); *Zirkl*, Neutralität der Umsatzsteuer, 63 f. unter Einbeziehung der Problematik des Vorsteuerabzugs bei gemischt genutzten Gegenständen; EuGH v. 15.1.1998 – C-37/95, Slg. 1998, I-17 (I-23, Rn. 15); EuGH v. 21.9.1988 – 50/87, Slg. 1988, 4813 (4817, Rn. 15); EuGH v. 14.2.1985 – 268/83, Slg. 1985, 660 (664, Rn. 19).

ßenden Teils verlangen. Gelänge ein vollständiger Vorsteuerabzug nicht, bestünde die Gefahr der verdeckten Überwälzung der vorbelasteten Umsatzsteuer auf den Endverbraucher, der dann in Abhängigkeit davon und der Anzahl der Vorunternehmer belastet würde (Kummulationseffekt).

Der Vorsteuerabzug kann auch bereits bei der Vorbereitung einer unternehmerischen Tätigkeit[241] und im Rahmen ihrer Abwicklung[242] geltend gemacht werden. Der Vorsteuerabzug verkörpert somit für den Bereich der Eingangsleistungen den Grundsatz der Belastungsneutralität[243]. Gestützt wird er noch vom Grundsatz der steuerlichen Wertneutralität. Es handelt sich dabei um einen Aspekt der Wettbewerbsneutralität, der erfordert, dass eine allgemeine Differenzierung zwischen erlaubten und unerlaubten Geschäften mit Ausnahme der Fälle, in denen aufgrund der besonderen Merkmale bestimmter Waren jeder Wettbewerb zwischen einem legalen und einem illegalen Wirtschaftssektor ausgeschlossen ist, nicht erfolgen darf.[244] Davon ist auch der Vorsteuerabzug erfasst. Insofern überschneiden sich hier Wettbewerbs- und Belastungsneutralität zum Teil, denn dieses ließe sich für den Bereich des Vorsteuerabzugs auch zwanglos aus dem Grundsatz der Belastungsneutralität selbst ableiten.

2. Neutralität bei Ausgangsleistungen

a) Neutralität durch Wettbewerbsneutralität

Aufseiten der Ausgangsleistung kommt vor allem die Wettbewerbsneutralität in ihren verschiedenen Facetten zum Tragen. Um eine wettbewerbsneutrale Umsatzbesteuerung der Ausgangsleistungen der Unternehmer und damit eine wettbewerbsneutrale Belastung der Endverbraucher nach

---

241 EuGH v. v. 14.2.1985 – 268/83, Slg. 1985, 660 (665, Rn. 22); das gilt auch dann, wenn die beabsichtigte Tätigkeit niemals zu steuerbaren Ausgangsumsätzen führt, EuGH v. 29.2.1996 – C-110/94, Slg. 1996, I-870 (I-877, Rn. 20); oder der Unternehmer unverschuldet keine Umsätze erzielen kann, EuGH v. 15.1.1998 – C-37/95, Slg. 1998, I-17 (I-24 f., Rn. 20 f.); ausführlich hierzu m.w.N. *Dziadkowski*, DStZ 1999, 625 (627); *Zirkl*, Neutralität der Umsatzsteuer, 83 f.; *Treiber*, in *Sölch/Ringleb*, UStG, § 2, Rn. 340 ff.

242 EuGH v. 3.3.2005 – C-32/03, Slg. 2005, I-1614 (I-1622 ff., Rn. 23 ff.); EuGH v. 22.2.2001 – C-408/98, Slg. 2001, I-1378 (I-1390 f., Rn. 35 f.); siehe auch *Zirkl*, Neutralität der Umsatzsteuer, 84 f.

243 Ebenso *Zirkl*, Neutralität der Umsatzsteuer, 63; *Löhr*, Leistungsfähigkeitsprinzip im Umsatzsteuerrecht, 106.

244 *Nieuwenhuis*, UR 2013, 663 (664).

dem Leistungsfähigkeitsprinzip zu erreichen, müssen die Leistungen vergleichbarer Leistungserbringer gleichbehandelt werden.[245]

Der Grundsatz der Wettbewerbsneutralität beinhaltet das Gebot des vollständigen Ansatzes der Bemessungsgrundlage (proportional zum Entgelt) bei vergleichbaren Leistungen.[246] Dies beinhaltet auch, Waren und Dienstleistungen, die denselben Zweck erfüllen, austauschbar sind und daher in Wettbewerb stehen, den gleichen Steuerbefreiungen zu unterwerfen.[247] Zugleich wird deutlich, dass sich die Besteuerung ausschließlich nach der am Markt angebotenen Leistung richten darf; Wettbewerbsneutralität bedeutet mithin auch Rechtsformneutralität.[248] Die Besteuerung darf auch nicht an die Organisationsform des Steuerpflichtigen anknüpfen (sog. Strukturneutralität).[249]

Wettbewerbsneutralität heißt schließlich auch Wertneutralität. Es darf keine allgemeine Differenzierung zwischen erlaubten und unerlaubten Geschäften erfolgen.[250] Ausgenommen sind ausschließlich die Fälle, in

245 Vgl. statt vieler EuGH v. 13.3.2014 – C-366/12, ECLI:EU:C:2014:143 (Rn. 28); EuGH v. 10.11.2011 – C-259/10, C-260/10, Slg. 2011, I-10951 (I-10968, Rn. 32) m.w.N.; EuGH v. 6.11.2003 – C-45/01, Slg. 2003, I-12936 (I-12955, Rn. 44); EuGH v. 10.9.2002 – C-141/00, Slg. 2002, I-6866 (I-6880, Rn. 30); *Seer*, DStR 2016, 1289 (1292) m.w.N.; unter Verweis auf Abs. 7 der Erwägungsgründe der ersten Richtlinie 67/227/EWG auch *Koblenzer*, DB 2002, 1406 (1407); *Kokott*, Steuerrecht in der EU, § 3, Rn. 29 ff.; umfassend *Zirkl*, Neutralität der Umsatzsteuer, 96 ff.; *Kube*, UR 2020, 590 (591).

246 *Nieuwenhuis*, UR 2013, 663 (664); *Englisch*, in *Tipke/Lang*, Steuerrecht, § 17, Rn. 23.

247 *Nieuwenhuis*, UR 2013, 663 (663); EuGH v. 11.10.2001 – C-267/99, Slg. 2001, I-7482 (I-7494, Rn. 36); EuGH v. 3.5.2001 – C-481/98, Slg. 2001, I-3383 (I-3393, Rn. 22).

248 Vgl. nur EuGH v. 10.11.2011 – C-259/10, C-260/10, Slg. 2011, I-10951 (I-10972, Rn. 46); EuGH v. 17.2.2005 – C-453/02, C-462/02, Slg. 2005, I-1151 (I-1160, Rn. 24); EuGH v. 6.11.2003 – C-45/01, Slg. 2003, I-112936 (I-12948, Rn. 20); EuGH v. 10.9.2002 – C-141/00, Slg. 2002, I-6866 (I-6879 f., Rn. 27); siehe auch BVerfG v. 20.3.2013 – 1 BvR 3063/10, NZG 2013, 914 (915); zusammenfassend *Zirkl*, Neutralität der Umsatzsteuer, 97 f.

249 *Nieuwenhuis*, UR 2013, 663 (663 f.); EuGH v. 7.9.1999 – C-216/97, Slg. 1999, I-4965 (I-4975, Rn. 20); EuGH v. 6.11.2003 – C-45/01, Slg. 2003, I-112936 (I-12948, Rn. 20); EuGH v. 17.2.2005 – C-453/02, C-462/02, Slg. 2005, I-1151 (I-1160, Rn. 25); EuGH v. 12.1.2006 – C-246/04, Slg. 2006, I-591 (I-603, Rn. 34); EuGH v. 8.8.2006 – C-106/05, Slg. 2006, I-5139 (I-5156, Rn. 50); zusammenfassend *Zirkl*, Neutralität der Umsatzsteuer, 98 ff.

250 Eine Umsatzbesteuerung erfolgt so z.B. auch bei dem Handel mit gefälschten Markenwaren, EuGH v. 28.5.1998 – C-3/97, Slg. 1998, I-3266 (I-3271, Rn. 14); verbotenen Waffenexporten in bestimmte Länder, EuGH v. 2.8.1993

denen aufgrund der besonderen Merkmale bestimmter Waren jeder Wettbewerb zwischen einem legalen und einem illegalen Wirtschaftssektor ausgeschlossen ist.[251]

b) Neutralität durch Belastungsneutralität

Auf der Ausgangsseite erlangt der Unternehmer schließlich Belastungsneutralität, indem er die Umsatzsteuer auf den Leistungsempfänger als Bestandteil des zu entrichtenden Entgelts überwälzt.[252] Der Grundsatz der Belastungsneutralität verbietet es somit auch, dass der Unternehmer einen höheren Betrag als das tatsächlich erhaltene Entgelt versteuern muss, da andernfalls hinsichtlich des Unterschiedsbetrags nicht der Verbraucher, sondern der Unternehmer besteuert würde. In diesem Zusammenhang gebietet der Grundsatz der Belastungsneutralität auch, dass zu Unrecht in Rechnung gestellte Umsatzsteuer vom Unternehmer berichtigt werden kann,[253] was Art. 90 Abs. 1 und 92 MwStSystRL und in Umsetzung dessen auch § 17 UStG vorsehen.

3. Zusammenfassung der Wirkung des Neutralitätsgrundsatzes

Der Grundsatz der Neutralität bildet die Basis der derzeitigen Umsatzsteuer. Es handelt sich dabei um ein zweidimensionales Grundprinzip, das

---

– C-111/92, Slg. 1993, I-4699 (I-4704 f., Rn. 19); unerlaubtem Glücksspiel, EuGH v. 11.6.1998 – C-283/95, Slg. 1998, I-3388 (I-3396, Rn. 21); und rechtswidrigen Versicherungsumsätzen, EuGH v. 25.2.1999 – C-349/96, Slg. 1999, I-999 (I-1014, Rn. 33); Überblick bei *Nieuwenhuis*, UR 2013, 663 (664); *Dziadkowski*, DStZ 1999, 625 (627 f.); *Englisch*, in *Tipke/Lang*, Steuerrecht, § 17, Rn. 23; *Stadie*, UStG, Vorbem., Rn. 78.; *Zirkl*, Neutralität der Umsatzsteuer, 106 ff.; *Kokott*, Steuerrecht in der EU, § 3, Rn. 38 ff.

251 Bsp. Handel mit Drogen, EuGH v. 5.7.1988 – 289/86, Slg. 1988, 3669 (3675, Rn. 20); nicht dagegen die Vermietung eines Tisches, auf dem der Handel stattfindet, EuGH v. 29.6.1999 – C-158/98, Slg. 1999, I-3988 (I-3995, Rn. 22); vgl. auch *Kokott*, Steuerrecht in der EU, § 3, Rn. 41 ff.

252 Zur Überwälzung als gesetzlicher Intention der MwStSystRL und des UStG bereits oben unter § 5. A. II. 4.

253 *Stadie*, UStG, Vorbem., Rn. 78 m.w.N.; vgl. auch EuGH v. 7.11.2013 – C-249/12, C-250/12, ECLI:EU:C:2013:722 (Rn. 34 ff).; EuGH v. 16.1.2014 – C-300/12, ECLI:EU:C:2014:8 (Rn. 29).

auf den allgemeinen Gleichheitsgrundsatz zurückgeht.[254] Unter den Unternehmern als Wettbewerber soll die Umsatzsteuer keine Verzerrungen hervorrufen oder sich durch Kummulationseffekte auf die letztlich vom Endverbraucher zu tragende Steuerlast auswirken. Sie soll ausschließlich den Endverbraucher belasten, der Unternehmer wird nur als „Steuereinsammler" des Staates tätig. Er soll die Steuer i.E. nicht tragen, sein wirtschaftliches Ergebnis weder verbessern noch verschlechtern.

B. Folgerungen aus der Umsatzsteuerneutralität für das Insolvenzverfahren

Die Umsatzsteuer soll für den Unternehmer belastungsneutral und wettbewerbsneutral erhoben werden. Diese Prinzipien werden im Kontext des insolventen Unternehmers besonders betont. Häufig findet sich in diesem Zusammenhang daher die Aussage, die Umsatzsteuer sei „wie ein durchlaufender Posten" beim Steuerschuldner zu behandeln.[255] Der Steuerschuldner werde nur als „Steuereinnehmer" für Rechnung des Staates und im Interesse der Staatskasse tätig.[256]

Dies spiegelt sich zugegebenermaßen in der handels- und ertragssteuerrechtlichen Bilanzierung der Umsatzsteuer beim Steuerschuldner wider. Dort wird die eingenommene Umsatzsteuer nicht erfolgswirksam gebucht, sondern sie wird getrennt vom restlichen eingenommenen Leistungsentgelt auf der Aktivseite der Bilanz ausgewiesen und mittels einer Gegenbuchung an Umsatzsteuerverbindlichkeiten ggü. dem Steuergläubiger bilanziell neutralisiert. Ebenso berührt die Verbuchung der Vorsteuer nicht den ertragsteuerlich zu ermittelnden Gewinn.[257] Aus dem Neutralitätsgrundsatz der Umsatzsteuer werden aufgrund dessen unterschiedliche Folgerungen für die Rechtsposition des Steuergläubigers im Insolvenzverfahren über das Vermögen eines Unternehmers gezogen.

---

254 Zu den Auslegungsunterschieden zwischen dem EuGH und dem BVerfG im Hinblick auf den unionsrechtlichen Gleichbehandlungsgrundsatz und Art. 3 GG eingehend *Zirkl*, Neutralität der Umsatzsteuer, 156 ff.

255 Vgl. nur *Seer*, DStR 2016, 1289 (1292, 1295 f.); Schuster, DStR 2013, 1509 (1511); *Schubert/Gadek*, in Beck'scher Bilanzkommentar, § 255, Rn. 51.

256 So v.a. EuGH v. 21.2.2008 – C-271/06, Slg. 2008, I-787 (I-797, Rn. 21); EuGH v. 20.10.1993 – C-10/92, Slg. 1993, I-5133 (I-5140, Rn. 25); BFH v. 29.1.2009 – V R 64/07, BStBl. II, 2009, 682 (684); *Wäger*, UR 2013, 673 (675).

257 Zum Ganzen *Schubert/Gadek*, in Beck'scher Bilanzkommentar, § 255, Rn. 51.

Welche vermögensrechtlichen Auswirkungen insb. die Vereinnahmung der Umsatzsteuer beim Steuerschuldner hat, muss daher eingehend untersucht werden. Diesbezüglich kommt es freilich erst in der Insolvenz zum Schwur, wenn das Vermögen des Steuerschuldners nicht mehr ausreicht, um sämtliche Verbindlichkeiten – einschließlich der Umsatzsteueransprüche des Steuergläubigers – zu bedienen. Ausgehend von den nachfolgend dargestellten Schlussfolgerungen aus Wissenschaft und Praxis aus der Belastungsneutralität der Umsatzsteuer ist konkret zu untersuchen, ob diese neutrale Umsatzsteuererhebung beim Steuerschuldner dazu führen muss, dass der Steuergläubiger die vom Steuerschuldner vereinnahmten Umsatzsteuerbeträge auch im Falle der Insolvenz vollständig heraus verlangen können soll.

I. Kein Aussonderungsrecht wegen Belastungsneutralität

1. Vorgebrachte Gründe für Annahme eines Aussonderungsrechts

Die wohl radikalste Folgerung aus der belastungsneutralen Erhebung der Umsatzsteuer beim Steuerschuldner besteht darin, für die vom Steuerschuldner – gleich, ob vor oder nach Insolvenzverfahrenseröffnung – vereinnahmten und an den Steuergläubiger abzuführenden Umsatzsteuerbeträge ein Aussonderungsrecht des Steuergläubigers nach § 47 Satz 1 InsO anzunehmen.[258]

Grundlage dieser These bildet der – unbestrittene – Umstand, dass der Unternehmer als Steuerschuldner im System der indirekt erhobenen Umsatzsteuer letztlich als „Steuereinsammler" für den Staat tätig wird und die von ihm vereinnahmten Umsatzsteuerbeträge umgehend an den Steuergläubiger weiterzuleiten hat. Insoweit sei die Steuerschuldnerschaft des Unternehmers lediglich der technischen Ausgestaltung der Umsatzsteuer geschuldet; den Unternehmer treffe jedoch nur eine formale, aber keine echte Schuld.[259] Dementsprechend gehöre die vereinnahmte Umsatzsteuer von vornherein nicht zum Vermögen des Unternehmers und könne des-

---

258 *Stadie*, in *Rau/Dürrwächter*, UStG, Bd. VI, § 18 Anhang 2, Rn. 81 ff.; *ders.*, UR 2013, 158 (169 ff.); dem folgend wohl *Hummel*, MwStR 2016, 724 (724); so bereits *Flies*, DB 1970, 559 (561).

259 *Stadie*, in *Rau/Dürrwächter*, UStG, Bd. VI, § 18 Anhang 2, Rn. 81, 82, der diese Abführungsschuld als „unechte Steuerschuld" bezeichnet; *ders.*, UR 2013, 158 (169 f.).

halb auch nicht zur allgemeinen Befriedigung der Gläubigergemeinschaft herangezogen werden.[260]

Dies werde besonders deutlich, wenn man die derzeitige Erhebungsausgestaltung mit der direkten Erhebung beim Leistungsempfänger wie in den Fällen des § 13b Abs. 2 und 5 UStG vergleiche. Bei einer entsprechenden Umstellung schuldete der Leistungsempfänger die Steuer selbst. In diesem Fall würde, auch kein Gläubiger des Leistenden ansatzweise einen Anspruch auf diese vom Leistungsempfänger zu tragende Umsatzsteuer anmelden können.[261] Die bloße Besteuerungstechnik könne aber keinen Einfluss darauf haben, ob die vom Leistungsempfänger zu tragende Umsatzsteuer vollständig in den Staatshaushalt fließt oder auch fremden Dritten zur Befriedigung ihrer Ansprüche zur Verfügung steht.[262]

Aus alledem wird gefolgert, dass hinsichtlich der Umsatzsteuer eine Aussonderung aus der Ist-Masse nach § 47 Satz 1 InsO stattfinden müsse, wobei der Vorsteuerabzug des Unternehmers Berücksichtigung finden müsse.[263] Nach Auffassung *Stadies* handelt es sich bei dem so hergeleiteten Aussonderungsrecht auch nicht um ein verkapptes Fiskusvorrecht.[264] Um die Aussonderung zu erreichen, müsse, so *Stadie*, der Begriff „Gegenstand" in § 47 Satz 1 InsO in einem weiten Sinne verstanden werden, um so gleichsam die „[...] rein zivilrechtlich orientierte[n] Auslegung [...]durch den BGH [...]" zu überwinden.[265] Nur so könne der von MwStSystRL und UStG verfolgte Zweck verwirklicht werden.[266]

Aus dem Weiterleitungszweck folge daher auch eine gesetzliche Verpflichtung als öffentlich-rechtlicher Treuhänder sowie eine Pflicht, die jeweils als Teil des Entgelts vereinnahmten Umsatzsteuerbeträge als treuhänderisch zu verwaltende Fremdgelder vom eigenen Vermögen zu separieren.[267] Dieses Normverständnis folge letztlich auch aus einer Gesamt-

---

260 *Stadie*, in *Rau/Dürrwächter*, UStG, Bd. VI, § 18 Anhang 2, Rn. 80, 82; gl.A. *Hummel*, MwStR 2016, 724 (724); FG München vom 22.6.2010 - 14 K 1707/07, EFG 2010, 1937 (1938) zu § 13c UStG; ebenso BFH v. 29.1.2009 - V R 64/07, BStBl. II 2009, 682 (684), der allerdings z.T. eine andere Begründung für diese Aussage findet und kein Aussonderungsrecht annimmt, siehe dazu unten unter § 5. B. II. 1.

261 *Hummel*, MwStR 2016, 724 (724).

262 *Hummel*, MwStR 2016, 724 (724).

263 *Stadie*, in *Rau/Dürrwächter*, UStG, Bd. VI, § 18 Anhang 2, Rn. 84.

264 *Stadie*, in *Rau/Dürrwächter*, UStG, Bd. VI, § 18 Anhang 2, Rn. 82.

265 *Stadie*, in *Rau/Dürrwächter*, UStG, Bd. VI, § 18 Anhang 2, Rn. 82.

266 *Stadie*, in *Rau/Dürrwächter*, UStG, Bd. VI, § 18 Anhang 2, Rn. 82.

267 *Stadie*, in *Rau/Dürrwächter*, UStG, Bd. VI, § 18 Anhang 2, Rn. 80.1, 82; ähnlich *Flies*, DB 1970, 559 (561).

schau der §§ 13b Abs. 2 Nr. 2, 3 i.V.m. Abs. 5, 13c UStG einerseits und §§ 170 Abs. 2, 171 Abs. 2 Satz 3 InsO andererseits. Hier wie da komme die gesetzgeberische Wertung zum Ausdruck, dass die in den vereinnahmten Forderungen enthaltenen Umsatzsteuerbeiträge nicht als Vermögen des Steuerschuldners anzusehen seien und dass diese im Insolvenzfall der Insolvenzmasse nur dann zustünden, wenn der Betrag dann auch uneingeschränkt an den Steuergläubiger abzuführen ist.[268]

Rechtsfolge der Aussonderung ist, dass der Steuergläubiger hinsichtlich des Umsatzsteuersaldos nicht am Insolvenzverfahren teilnimmt und somit sein Aussonderungsrecht mittels Verwaltungsakts (Leistungsbescheid) geltend machen kann, § 47 Satz 2 InsO. Die Wirkung einer staatlichen Subvention komme spätestens im Insolvenzfalle auch dem Vorsteuerabzugsrecht des Steuerschuldners zu, der dieses nach dem Prinzip der Soll-Besteuerung geltend machen kann, bevor er den entsprechenden Umsatzsteuerbetrag seinerseits an den Leistenden gezahlt hat.[269]

Dies soll insgesamt jedoch nur insoweit gelten, als es sich um eine unechte Umsatzsteuerschuld (sog. Abführungsschuld) handelt, nicht aber bei solchen sog. echten Umsatzsteuerschulden, bei denen der Steuerschuldner als Leistungsempfänger (insb. nach § 13b Abs. 2 und 5 UStG) die Umsatzsteuer selbst schuldet und diese nicht vollständig durch die gleichzeitige Verrechnung „mit sich selbst" als Vorsteuerabzugsanspruch nach § 15 Abs. 1 Satz 1 Nr. 4 Satz 1 UStG tilgt.[270] Bzgl. der echten Umsatzsteuerschulden soll eine Unterscheidung nach Insolvenzforderungen und Masseverbindlichkeiten in Betracht kommen.[271]

2. Stellungnahme

a) Anspruch aus Umsatzsteuerschuldverhältnis kein dingliches oder persönliches Recht i.S.d. § 47 Satz 1 InsO

§ 47 Satz 1 InsO verlangt das Vorliegen eines dinglichen oder persönlichen Rechts, aufgrund dessen der Gläubiger geltend machen kann, dass ein be-

---

268 *Stadie,* in *Rau/Dürrwächter,* UStG, Bd. VI, § 18 Anhang 2, Rn. 83; a.A. *Wäger,* UR 2013, 673 (679 f.); *Onusseit,* ZInsO 2006, 516 (517).

269 *Stadie,* in *Rau/Dürrwächter,* UStG, Bd. VI, § 15, Rn. 1034.

270 *Stadie,* in *Rau/Dürrwächter,* UStG, Bd. VI, § 18 Anhang 2, Rn. 56, 87, § 18, Rn. 520, 523.

271 *Stadie,* in *Rau/Dürrwächter,* UStG, Bd. VI, § 18 Anhang 2, Rn. 87.

stimmter Gegenstand nicht zur Insolvenzmasse gehört. Das Gesetz erklärt jedenfalls nicht ausdrücklich, dass es sich bei dem Anspruch des Steuergläubigers auf Auskehr der vom Steuerschuldner vereinnahmten Umsatzsteuerbeträge um einen solchen Anspruch handele. Zweifelsohne ist darin kein dingliches Recht zu erblicken. Der Kreis der persönlichen Rechte, die unter § 47 Satz 1 InsO fallen, ist eng umgrenzt. Darunter fallen insb. Treuhandkonstellationen sowie Verträge für fremde Rechnung wie das Kommissionsgeschäft.[272] Die gesetzliche Ausgestaltung des Umsatzsteuerschuldverhältnisses entspricht keinem dieser persönlichen Rechte.[273] Als Beispiele mögen an dieser Stelle das Kommissionsgeschäft sowie die Treuhand dienen.

Es ist allgemein anerkannt, dass die Kommission eine strafbewährte[274] Pflicht des Kommissionärs beinhaltet, eingezogenes Geld getrennt aufzubewahren und Erlangtes herauszugeben.[275] Die eingezogenen Geldbeträge dürfen jedenfalls dann nicht mit eigenem Geld des Kommissionärs vermischt oder auf ein eigenes, allgemeines Konto eingezahlt werden, wenn dadurch der Herausgabeanspruch des Kommittenten gefährdet wird.[276] Zudem weisen die Kommissionsvorschriften mit § 392 Abs. 2 HGB eine ausdrückliche gesetzliche Grundlage auf, die die vermögensrechtliche Zuordnung der Forderungen betrifft, die aus den für Rechnung des Kommittenten vom Kommissionär abgeschlossenen Verträgen resultieren. Infolge der von § 392 Abs. 2 HGB bewirkten Verdinglichung des Anspruchs des Kommittenten aus § 384 Abs. 2 Halbsatz 2 HGB ggü. den Gläubigern des Kommissionärs kann der Kommittent im Insolvenzverfahren über das Vermögen des Kommissionärs jedenfalls dann die Aussonderung der Forderung verlangen, wenn diese noch nicht eingezogen wurde.[277] Wurde die Forderung vom Insolvenzverwalter nach Verfahrenseröffnung eingezogen,

---

272 Vgl. statt vieler *Brinkmann*, in *Uhlenbruck/Hirte/Vallender*, InsO, § 47, Rn. 77 ff.

273 Ebenso *Onusseit*, ZInsO 2006, 516 (518); *ders.*, ZInsO 2009, 1740 (1743) zu einer Treuhand aus der „Steuereinsammler"-Funktion.

274 Gemeint ist die Treuepflicht im Rahmen des Untreuetatbestands, § 266 Abs. 1 StGB.

275 OLG Düsseldorf v. 19.7.1999, 2b Ss 182/99 – 66/99I, NJW 2000, 529 (530); *Fischer, Th.*, StGB, § 266, Rn. 48 m.w.N.

276 *Koller*, in *Staub*, HGB, Bd. IX, § 384, Rn. 90 m.w.N.

277 *Brinkmann*, in *Uhlenbruck/Hirte/Vallender*, InsO, § 47, Rn. 101.

besteht nach § 48 Satz 2 InsO ein Ersatzaussonderungsrecht, sofern das Erlangte noch unterscheidbar[278] vorhanden ist.[279]

Auch bei einer Treuhandabrede[280] wird für deren Insolvenzfestigkeit neben der schuldrechtlichen Vereinbarung der Treuhand als hinzukommende dingliche Komponente aufgrund des sachenrechtlichen Bestimmtheitsgrundsatzes verlangt, dass der Treuhänder das Treugut faktisch separiert.[281] Eine Aussonderung wegen eines bloßen Geldsummenanspruchs kennt die Rechtsordnung hingegen nicht.[282]

An diesen Beispielen ist zum einen der zivilrechtliche Grundsatz abzulesen, dass grds. auch beim Handeln für Rechnung Dritter die dabei begründeten oder bereits realisierten Forderungen beim formalen Rechteinhaber verbleiben. Denn auf andere Geschäftsbesorgungsverträge ist § 392 Abs. 2 HGB nicht entsprechend anwendbar.[283] Zum anderen zeigt sich, dass es einer speziellen gesetzlichen Anordnung oder einer äquivalenten vertraglichen Vereinbarung (z.B. verdeckte Vorausabtretung der betreffenden Forderung) bedarf, um die mit der formalen Rechtsposition verbundene vermögensrechtliche Zuordnung abweichend zu regeln.

Damit einher geht eine fremdnützige Vermögensbetreuungspflicht des formalen Rechteinhabers. Es ist hierbei kein Grund erkennbar, der die Übertragung dieser zivilrechtlichen Grundsätze nicht auch auf das Steuerschuldverhältnis zuließe, sofern eine abweichende gesetzliche Anordnung innerhalb der Regeln für das Steuerschuldrechtsverhältnis in dem für dieses geltenden besonderen Steuerrecht fehlt. Der Steuerschuldner ist daher wie jeder Steuerpflichtige nach den Vorschriften der AO nur verpflichtet, die Umsatzsteuer aus seinen eigenen Mitteln an das Finanzamt abzuführen; wie er die Forderung auf die von ihm weiterberechnete Umsatzsteuer

278 Vgl. hierzu BGH v. 8.5.2008 – IX ZR 229/06, ZIP 2008, 1127 (1127, Rn. 6) m.w.N. hinsichtlich der Unterscheidbarkeit einer auf ein Bankkonto eingezogenen Forderung; allgemein *Brinkmann,* in *Uhlenbruck/Hirte/Vallender,* InsO, § 48, Rn. 29 f.

279 RG v. 11.5.1901 – Rep. I 35/1901, JW XXX, 1901, 458; zum Meinungsstand zur analogen Anwendung des § 392 Abs. 2 Satz 2 HGB auf vor Verfahrenseröffnung vom Kommissionär vereinnahmte Forderungen siehe *Brinkmann,* in *Uhlenbruck/Hirte/Vallender,* InsO, § 47, Rn. 102 m.w.N.

280 Gemeint ist eine fremdnützige sog. Verwaltungstreuhand. Zur Typologie am Beispiel der Umsatzsteuer *Witfeld,* Umsatzsteuerverfahren und Insolvenz, 54 ff.

281 *Leithaus,* in *Andres/Leithaus,* InsO, § 47, Rn. 12.; BGH v. 24.6.2003 – IX ZR 120/02, ZIP 2003, 1404 (1405).

282 BGH v. 24.6.2003 – IX ZR 120/02, ZIP 2003, 1404 (1405); BGH v. 8.3.1972 – VIII ZR 40/71, BGHZ 58, 257 (258) m.w.N.

283 *Brinkmann,* in *Uhlenbruck/Hirte/Vallender,* InsO, § 47, Rn. 101 m.w.N.

verwendet und woher er die Mittel für die Zahlung der Umsatzsteuer nimmt, ist weder im Umsatzsteuerrecht noch anderswo bestimmt.[284]

b) Kein Aussonderungsrecht aus dem UStG ableitbar

Das UStG erzwingt keine abweichende Zuordnung der vermögenswerten Position, die der Anspruch auf Leistung des im Entgelt enthaltenen Umsatzsteueranteils beinhaltet. Ebenso wenig statuiert es eine dem Treuhand- oder Kommissionsverhältnis vergleichbare fremdnützige Vermögensbetreuungspflicht. Es existiert keine Rechtsnorm, die dem Steuerschuldner gebietet, das im Rahmen der indirekten Umsatzsteuererhebung Erlangte von seinem restlichen Vermögen gesondert zu verwahren.[285]

Insofern sollte auch die von der Rechtsprechung benutzte Floskel des „Steuereinsammlers“ für den Staat nicht dahingehend fehlinterpretiert werden. Denn insb. der EuGH benutzt diesen Ausdruck tendenziell mit Blick auf den Schutz des Steuerschuldners, der vor zu weitgehenden Forderungen des Steuergläubigers geschützt werden soll.[286] Es bedürfte aufgrund des Eingriffscharakters einer etwaigen Vermögensbetreuungspflicht ggü. dem Steuerschuldner auch einer besonderen gesetzlichen Anordnung der Vermögensbetreuungspflicht. Allein vom Zweck der Steuer sowie der Ausgestaltung deren Erhebung, in der sich letztlich die Belastungsneutralität niederschlägt, auf die vermögensrechtliche Zuordnung oder eine Vermögensbetreuungspflicht zu schließen, überdehnt den Wortlaut und die Systematik der vorgefundenen Normen des UStG.

(aa) Vermögenszuordnung zwischen Steuergläubiger und Steuerschuldner im Umsatzsteuerschuldverhältnis

Das Umsatzsteuerschuldverhältnis ist vor diesem Hintergrund weder mit einem Treuhandverhältnis[287] noch mit einer Kommission vergleichbar.

---

284 Insoweit zutreffend *Flies*, DB 1970, 559 (561); ebenso *Dewein*, DB 1971, 1708 (1709).

285 Ebenso *Frotscher*, Besteuerung bei Insolvenz, 89; *Witfeld*, Umsatzsteuerverfahren und Insolvenz, 61 ff.

286 *Frotscher*, Besteuerung bei Insolvenz, 90, Fn. 7 m.w.N.

287 In Gestalt einer fremdnützigen Verwaltungstreuhand, vgl. *Witfeld*, Umsatzsteuerverfahren und Insolvenz, 54 ff.; *Gottwald/Adolphsen*, in *Gottwald*, HB InsO, § 40, Rn. 31 ff.

Im Rahmen eines Treuhandvertrages werden dem Treuhänder Rechte zur Ausübung im eigenen Namen eingeräumt mit der Einschränkung, dass er sie nur im fremden Interesse ausüben darf.[288] Es fehlt dem Umsatzsteuerschuldverhältnis aber bereits an einer der Treuhand- oder Kommissionsvereinbarung gleichenden Abrede, die das Vollrecht im Innenverhältnis einschränkt.[289] Vielmehr ist das Umsatzsteuerschuldverhältnis insofern dem Lohnsteuerschuldverhältnis ähnlich, bei dem ausschließlich der Arbeitnehmer Inhaber der Bruttolohnforderung ggü. dem Arbeitgeber ist, die auch die vom Arbeitgeber abzuführende Lohnsteuer enthält. Auch dort wird der Arbeitgeber zwar als Dienstleister, nicht aber als Treuhänder der öffentlichen Hand tätig.[290] Auch kann der Leistende nur entweder Treuhänder oder Steuerschuldner sein, da er den vereinnahmten Umsatzsteuerbetrag nur entweder treuhänderisch verwalten oder schulden kann.[291]

Voraussetzung eines Treuhandverhältnisses ist weiterhin, dass eine bereits für den Treugeber bestehende Berechtigung übertragen wird, weil dieser aus vielerlei Gründen nicht nach außen in Erscheinung treten möchte.[292] Gleiches gilt für die Kommission. Beim Erheben der Umsatzsteuer fehlt es gerade an einem Forderungsrecht ggü. einem Dritten, dass der Steuergläubiger auf den Steuerschuldner überträgt.[293] Die Steuerschuld entsteht sowohl im Falle der Ist- als auch bei der Soll-Besteuerung allein in der Person des Leistenden und nicht des Leistungsempfängers.[294] Auch kann der die Umsatzsteuer betreffende Teil der Forderung des Leistenden ggü. dem Leistungsempfänger nicht bereits dem Steuergläubiger zugerechnet werden, da die Trennung von umsatzsteuerrechtlichem Entgelt und darauf entfallendem Steuerbetrag allein steuertechnisch zu verstehen ist.

Die §§ 1, 10, 13, 16 und 18 UStG gestalten den Anspruch des Steuergläubigers gegen den Steuerschuldner als gemeinen Anspruch aus dem Steuerschuldverhältnis aus.[295] Auch die §§ 13b Abs. 2 Nr. 2 und 3, Abs. 5 sowie 13c UStG lassen nicht die Annahme zu, dass vereinnahmte Umsatzsteuer-

---

288 *Dewein,* DB 1971, 1708 (1709).
289 Insofern zutreffend *Flies,* DB 1970, 559 (561).
290 *Frotscher,* Besteuerung bei Insolvenz, 88.
291 *Frotscher,* Besteuerung bei Insolvenz, 89.
292 *Dewein,* DB 1970, 1708 (1709).
293 Ebenso *Dewein,* DB 1970, 1708 (1709).
294 *Dewein,* DB 1970, 1708 (1709).
295 Bei der Umsatzsteuer besteht die Besonderheit, dass der einzelne Umsatzsteueranspruch einer Saldierung gem. § 16 Abs. 2 Satz 1 UStG am Ende eines je-

beträge generell nicht zum Vermögen des Steuerschuldners gehören.[296] Es handelt sich vielmehr um Ausnahmevorschriften, die in den von ihnen erfassten Fällen eine Vereinnahmung der Umsatzsteuer unter Umgehung der Vermögenssphäre des originären Steuerschuldners ermöglichen.

Gerade anhand von § 13c UStG wird vielmehr deutlich, wie stark der Umsatzsteuerteil des Entgeltanspruchs des Leistenden ggü. dem Leistungsempfänger tatsächlich mit der Vermögenssphäre des Leistenden verknüpft ist. Denn es handelt sich um einen untrennbaren Bestandteil des vereinbarten und geschuldeten Entgelts.[297] Anerkanntermaßen ist es daher nicht möglich, den im Entgeltanspruch enthaltenen Umsatzsteuerteil zu separieren und so z.B. einzeln abzutreten oder zu erfüllen. In beiden Fällen würde stets ein Teil des Umsatzsteueranspruchs quotal mit abgetreten oder erfüllt.[298] Die Trennung vom Vermögen des Steuerschuldners kann dann konsequenterweise durch Zahlung an den Steuerschuldner erfolgen.

Auch zeigt die Existenz von § 13c UStG, dass dem Steuergläubiger im Rahmen der Einzelzwangsvollstreckung gegen eine Zwangsvollstreckung in das Vermögen des Steuerschuldners kein Schutz mithilfe der Drittwiderspruchsklage nach § 771 Abs. 1 ZPO gewährt wird. Die dieser unterfallenden, „die Veräußerung hindernden Rechte" stimmen aber weitestgehend mit den von § 47 Satz 1 InsO erfassten dinglichen oder persönlichen Rechten überein.[299] Besonders deutlich wird die vermögensrechtliche Zuordnung nicht zuletzt im Fall der Soll-Besteuerung, wo der Steuergläubiger die Umsatzsteuer auch dann geltend machen kann, wenn der Steuerschuldner das Entgelt unter Umständen noch nicht vereinnahmt hat und somit die Steuerschuld selbstverständlich aus seinem Vermögen heraus begleichen muss.

Des Weiteren erkennt die zivilrechtliche Rechtsprechung einen Aussonderungsanspruch, der auf die Auszahlung einer Geldsumme gerichtet ist, die sich auf einem Bankkonto des Insolvenzschuldners befindet, über-

---

den Voranmeldungszeitraums zufließt und insofern nicht selbständig geltend gemacht werden kann.

296 Ebenso *Onusseit*, ZInsO 2006, 516 (518), dort noch §§ 13b Abs. 1 Nr. 2 und 3, Abs. 2 sowie 13c UStG a.F.

297 BGH v. 8.5.2008 – IX ZR 229/06, ZIP 2008, 1127 (1127f., Rn. 9); BGH v. 17.3.1988 – III ZR 101/87, zitiert nach Juris, Rn. 10.

298 Zur Abtretung im Rahmen von § 13c UStG vgl. nur BGH v. 17.1.2007 – VIII ZR 171/06, ZIP 2007, 774 (775, Rn. 18); *Stadie*, UStG, § 13c, Rn. 4 m.w.N.

299 *Brinkmann*, in *Uhlenbruck/Hirte/Vallender*, InsO, § 47, Rn. 1 bezeichnet § 47 InsO zutreffend als die „insolvenzrechtliche Parallele" zu § 771 ZPO in der Einzelzwangsvollstreckung.

haupt nur dann an, wenn dieses Konto treuhänderisch geführt wird und sich ausschließlich Drittgelder darauf befinden.[300] Denn mit Einzahlung fremden Geldes auf ein Eigenkonto des Insolvenzschuldners geht das Aussonderungsrecht unter.[301] Wird eine fremde, auf Geld lautende Forderung durch Zahlung auf ein Bankkonto erfüllt, erlischt die Forderung und mit ihr ebenso der bestimmte Aussonderungsanspruch. An seine Stelle tritt ein bloßer Geldanspruch, der nicht aussonderungsfähig ist.[302] Eine Aussonderung wegen eines bloßen Geldsummenanspruchs kennt die Rechtsordnung nicht.[303] Gegenteiliges würde dem sachenrechtlichen Bestimmtheitsgrundsatz zuwiderlaufen, dessen Grundlage die Aussonderung nach § 47 Satz 1 InsO ist. Es bedarf einer Trennung des für Dritte eingenommenen Geldes vom eigenen Vermögen.[304] Dementsprechend schreiben die vorhandenen gesetzlichen Bestimmungen über treuhänderisches Vermögen regelmäßig vor, das Treugut vom eigenen Vermögen des Treuhänders getrennt zu halten (vgl. § 292 Abs. 1 Satz 2 InsO, § 2 Satz 1 DepotG, § 92 Abs. 1 Satz 2 KAGB, § 34a Abs. 1 Satz 1 WpHG).[305]

Stadie konstruiert aus diesem Grund eine gesetzliche Pflicht des umsatzsteuerrechtlichen Steuerschuldners als öffentlichem Treuhänder, die jeweils als Teil des Entgelts vereinnahmten Umsatzsteuerbeträge als treuhänderisch zu verwaltende Fremdgelder vom eigenen Vermögen separieren zu müssen.[306] Eine solche Pflicht kennt das UStG aber gerade nicht und soll hier lediglich im Wege einer extensiven teleologischen Auslegung erzeugt werden. Abgesehen davon, dass eine solche dem Wortlaut der von *Stadie* hierfür herangezogenen Normen nicht zu entnehmen ist und damit die Wortlautgrenze der teleologischen Auslegung überschritten sein sollte, bedürfte es angesichts der weitreichenden Folgen aus insolvenzrechtlicher Sicht wie auch für die innere Organisation beim betroffenen Steuerschuldner und nicht zuletzt aufgrund der damit verbundenen hohen Eingriffs-

300 BGH v. 27.4.2017 -IX ZR 198/16, ZIP 2017, 1336 (1337, Rn. 15); BGH v. 10.2.2011 – IX ZR 49/10, ZIP 2011, 777 (778, Rn. 15); BGH v. 24.6.2003 – IX ZR 120/02, ZIP 2003, 1404 (1405); vgl. auch *Staufenbiel*, in *Pape/Uhländer*, InsO, § 48, Rn. 17.

301 BGH v. 24.6.2003 – IX ZR 120/02, ZIP 2003, 1404 (1405); *Ganter*, in MüKo InsO, Bd. 1, § 47, Rn. 19; *Brinkmann*, in *Uhlenbruck/Hirte/Vallender*, InsO, § 47, Rn. 7; *Adam, B.*, UR 2020, 492 (503).

302 BGH v. 24.6.2003 – IX ZR 120/02, ZIP 2003, 1404 (1405) m.w.N.

303 BGH v. 24.6.2003 – IX ZR 120/02, ZIP 2003, 1404 (1405); BGH v. 8.3.1972 – VIII ZR 40/71, BGHZ 58, 257 (258); *Adam, B.*, UR 2020, 492 (503).

304 Ebenfalls BAG v. 21.3.2017 – 3 AZR 718/15, ZIP 2017, 1340 (1341, Rn. 23).

305 Vgl. BGH v. 24.6.2003 – IX ZR 120/02, ZIP 2003, 1404 (1405).

306 *Stadie*, in *Rau/Dürrwächter*, UStG, Bd. VI, § 18 Anhang 2, Rn. 80.1, 82.

intensität einer ausdrücklichen gesetzlichen Normierung einer solchen Pflicht.

Die vorgesehene Weiterleitung der vereinnahmten Umsatzsteuerbeträge an den Steuergläubiger reicht nicht aus, um bereits zur Zeit der Eröffnung des Insolvenzverfahrens von einer Trennung vom Vermögen des Steuerschuldners und deshalb bei normativer Wertung nicht nur wirtschaftlich sondern auch sachlich von einer Vermögenszuordnung zum Steuergläubiger auszugehen.[307] Im Falle von vom Arbeitgeber nicht an die Pensionskasse gezahlten Beiträgen zugunsten der Arbeitnehmer hat das BAG dementsprechend sogar eine unionsrechtskonforme Auslegung zugunsten eines Aussonderungsrechts der betroffenen Arbeitnehmer verneint und ein aus dem Schutzzweck des Art. 8 der Richtlinie 2008/94/EG des Europäischen Parlaments und des Rates vom 22.10.2008 über den Schutz der Arbeitnehmer bei Zahlungsunfähigkeit des Arbeitgebers zu folgerndes Aussonderungsrechts als die Grenzen des rechtsmethodisch Erlaubten abgelehnt.[308] Selbiges dürfte daher für die Vorschriften der MwStSystRL gelten, die die Weiterleitung der vereinnahmten Umsatzsteuerbeträge an den Steuergläubiger betreffen.

(bb) Kein Aussonderungsrecht wegen indirekter Steuererhebung bei der Umsatzsteuer

Auch der Vergleich der indirekten Steuererhebung mit der Erhebung der Steuer nach § 13b Abs. 2 und 5 UStG beim Leistungsempfänger, bei dem in der Tat kein Gläubiger des Leistenden Zugriff auf die vom Leistenden in diesem Fall nicht eingenommene, sondern vom Leistungsempfänger zu tragende und bis zur Zahlung an den Steuergläubiger bei ihm verbleibende Umsatzsteuer hat,[309] lässt keinen Schluss darauf zu, dass bei indirekter Erhebung eine Aussonderung aus dem Vermögen des Leistungsempfängers stattzufinden habe.

Der Verweis auf die Erhebungstechnik beinhaltet in seinem Kern letztlich das gleiche Argument wie der Verweis auf die „Steuereinsammler"-Funktion des „technischen" Steuerschuldners. Hier wie dort soll der Steuerschuldner hinsichtlich des Insolvenzrisikos des Steuergläubigers einfach

307 Vgl. BAG v. 21.3.2017 – 3 AZR 718/15, ZIP 2017, 1340 (1342 f., Rn. 32) m.w.N.
308 BAG v. 21.3.2017 – 3 AZR 718/15, ZIP 2017, 1340 (1342, Rn. 29 ff., insbes. Rn. 31).
309 Insofern zutreffend *Hummel*, MwStR 2016, 724 (724).

hinweggedacht werden. Der Verweis auf die Erhebungstechnik unterliegt somit denselben Kritikpunkten, die bereits erörtert wurden:[310] Sieht man vom Kern der vorgebrachten Hypothese ab, so bedarf es einer weiteren, äußeren Rechtfertigung dafür, dass die Besteuerungstechnik keinen Einfluss auf die Befriedigungssituation des Steuergläubigers haben können soll. Allein das fiskalische Interesse an der Einnahmenstabilität reicht hierfür nicht aus. Es ist vielmehr logische Folge, dass ein Wechsel der Besteuerungstechnik auch wechselnde Rechtsbeziehungen der beteiligten Akteure nach sich zieht. Darum kann die zu prüfende Hypothese allenfalls gesetzgeberisches Ziel sein, jedoch nicht eine Auslegungsmaxime des geltenden Rechts. Ob die Besteuerung einen Einfluss darauf hat, dass der Steuergläubiger im Falle der direkten und indirekten Steuererhebung bei Insolvenz seines Steuerschuldners dasselbe Risiko trägt, muss anhand einer Vergleichsprüfung beider Erhebungsmethoden ermittelt werden. Hierbei sind bereits unter dem derzeit geltenden Umsatzsteuerrecht sowohl die indirekte Steuererhebung als Regelfall als auch die direkte Steuererhebung als Ausnahme gem. § 13b Abs. 2 und 5 UStG möglich.

Es ist augenscheinlich, dass sich durch die Verschiebung des Zugriffspunkts des Steuergläubigers vom indirekten Zugriff beim Leistenden auf den direkten Zugriff beim Leistungsempfänger im ersten Schritt der Bezugspunkt des Zugriffs vom Vermögen des Leistenden auf das Vermögen des Leistungsempfängers verschiebt. Damit einher geht die Selbstverständlichkeit, dass damit die Gläubiger des Leistenden keinen Zugriff mehr auf die an den Steuergläubiger abzuführende Umsatzsteuer haben, da diese nun vom Leistungsempfänger aus dessen Vermögen zu entrichten ist. Der Leistungsempfänger zahlt hierbei auf eine eigene Steuerschuld,[311] die er aus seinem eigenen Vermögen zu entrichten hat. Eine Aussonderung aus dieser Vermögenssphäre erfolgt erst mit Zahlung an den Steuergläubiger.

Zugleich verschiebt sich mit dem veränderten Zugriffspunkt des Steuergläubigers auch die Frage seiner Stellung in der Insolvenz des Steuerschuldners vom Krisenfall der Insolvenz des Leistenden auf die Insolvenz des Leistungsempfängers. Für den Fall der direkten Steuererhebung ist allerdings anerkannt, dass der Steuergläubiger gleichgestellt neben den übrigen Gläubigern des Insolvenzschuldners am Verfahren teilzunehmen hat und insofern das Risiko der Unzulänglichkeit des Vermögens des Insolvenzschuldners zur Erfüllung der Umsatzsteuerschuld aufgrund des

310 Siehe bereits oben unter § 5. B. I. 2. b).
311 *Stadie*, UStG, § 13b, Rn. 2.

parallelen Zugriffs der übrigen Gläubiger auf das Schuldnervermögen zu tragen hat.[312]

Im Falle der indirekten Steuererhebung entfällt das unmittelbare Insolvenzrisiko des Steuergläubigers hinsichtlich des Vermögens des Leistungsempfängers. Insofern mangelt es an der Gläubigerstellung, da ausschließlich der Leistende zivilrechtlicher Gläubiger des Leistungsempfängers wird.[313] Über § 17 Abs. 2 Nr. 1 Satz 1 UStG trägt der Steuergläubiger aber weiterhin mittelbar das Insolvenzrisiko des Leistungsempfängers. Fällt dieser nämlich aus, ist der Leistende ebenfalls nicht mehr dazu verpflichtet, die Umsatzsteuer an den Steuergläubiger zu zahlen.[314] Der Steuergläubiger verliert durch die indirekte Erhebung auch den Vorteil im Rahmen der Insolvenz, der sich aus der Verrechnungsmöglichkeit von Umsatzsteuer- und Vorsteuerabzugsanspruch ergibt, wenn die Umsatzsteuer ebenfalls direkt beim Leistungsempfänger erhoben wird und deshalb mit dem ggf. bestehenden Vorsteuerabzugsanspruch des Leistungsempfängers aus dem Leistungsbezug im Steuerschuldverhältnis zwischen Steuergläubiger und Steuerschuldner zusammenfällt.[315]

Schließlich wird der Leistende zum einzigen Steuerschuldner des Steuergläubigers, durch dessen Vermögen die eingesammelten Umsatzsteuerbeträge aufgrund der derzeitigen Gesetzesausgestaltung geleitet werden. Neben das mittelbar getragene Insolvenzrisiko des Leistungsempfängers tritt dadurch noch das Risiko hinzu, die Umsatzsteuerbeträge auf Ebene des Leistenden nicht vereinnahmen zu können.

Es liegt mithin haftungsrechtlich eine völlig andere Konstellation vor als im Fall der direkten Steuererhebung. Dies ist allerdings eine unmittelbare Folge der Entscheidung für oder gegen eine direkte Umsatzsteuererhebung. Der Gesetzgeber hat sich bewusst für die indirekte Steuererhebung entschieden und die beschriebenen Effekte zugunsten der grds. Verwaltungsvereinfachung bei indirekter Steuererhebung in Kauf genommen. Die Besteuerungstechnik allein vermag ein Aussonderungsrecht mithin aus sich heraus nicht zu begründen.

---

312 Dazu bereits oben unter Erstes Kapitel.

313 Vgl. auch *Häsemeyer*, FS Stürner, 769 (770 f.).

314 Dies ist eine unmittelbare Folge des Neutralitätsgrundsatzes, hierzu eingehend unten unter § 11. A. I. 2. b) (aa).

315 Ausführlich zur Reichweite dieser Verrechnungsmöglichkeit unter Rücksichtnahme auf umsatzsteuerrechtliche Zwangssaldierung und die insolvenzrechtlichen Aufrechnungsschranken z.B. *Kahlert/Onusseit*, DStR 2012, 334 (336 ff.); *Onusseit*, ZIP 2002, 22 (22 ff.).

c) Kein Aussonderungsrecht aus der InsO ableitbar

Auch aus den Vorschriften der InsO lassen sich keine Anhaltspunkte dafür ableiten, dass für Zwecke der Umsatzsteuer eine vom allgemeinen Grundsatz abweichende Vermögenszuordnung stattfindet, die ein Aussonderungsrecht des Steuergläubigers gem. § 47 Satz 1 InsO rechtfertigen würde. § 47 Satz 2 InsO schafft für den Aussonderungsberechtigten keinen besonderen „Aussonderungsanspruch“, sondern weist diesem lediglich die Befugnis zu, den betroffenen materiell-rechtlichen Anspruch außerhalb des Insolvenzverfahrens geltend zu machen. Was der Aussonderungsberechtigte mit der Aussonderung verlangen kann, hängt von der jeweils geltend gemachten materiell-rechtlichen Position ab.[316]

Bereits außerhalb des Insolvenzverfahrens stellt sich der Umsatzsteueranspruch ggü. dem Steuerschuldner aber als ein gewöhnlicher Zahlungsanspruch dar, dem auch kein öffentlich-rechtliches Treuhandverhältnis zwischen Steuergläubiger und Steuerschuldner zugrunde liegt. Ein erweiterndes Verständnis von § 47 Satz 1 InsO, welches das „persönliche Recht“ als Gegensatz zum dinglichen Recht begreift und demnach auch öffentlich-rechtliche Rechte wie das Recht des Steuergläubigers aufgrund des Umsatzsteuergesetzes erfasst,[317] geht daher fehl. Auch die §§ 170 Abs. 2, 171 Abs. 2 Satz 3 InsO lassen keinen Schluss auf ein Aussonderungsrecht des Steuergläubigers zu, da sie sich ausschließlich auf das rein schuldrechtliche Verhältnis zwischen Sicherungsnehmer und Insolvenzmasse beziehen, über die Rangqualität der aus der Verwertung anfallenden Umsatzsteuer allerdings keinerlei Aussage enthalten.[318]

d) Keine ungerechtfertigte Bereicherung

Es liegt schließlich auch keine „ungerechtfertigte Bereicherung“ des schuldnerischen Vermögens zugunsten der weiteren Gläubiger und zulasten des Steuergläubigers vor, die ein Aussonderungsrecht des Steuergläubigers rechtfertigen würde. Die Rechtfertigung des temporären Vermögenszuflusses findet sich zuallererst in der Systematik der Umsatzsteuer selbst. Der Gesetzgeber setzt den Unternehmer als „Steuereinsammler“ ein, um eine Verwaltungsvereinfachung zu erreichen. Die Umsatzsteuerbe-

316 *Brinkmann*, in *Uhlenbruck/Hirte/Vallender*, InsO, § 47, Rn. 3.
317 *Stadie*, in *Rau/Dürrwächter*, UStG, Bd. VI, § 18 Anhang 2, Rn. 82.
318 *Onusseit*, ZInsO 2006, 516 (517).

träge fließen dem Steuerschuldner jedoch nicht ohne rechtlichen Grund zu. Im Verhältnis zwischen Steuerschuldner als Leistendem und dessen Leistungsempfänger besteht der Rechtsgrund für den Zufluss in deren Schuldverhältnis.[319] Ggü. dem Steuergläubiger findet der Zufluss seine Rechtfertigung in der Funktion des „Steuereinsammlers" selbst. Für diese Aufgabe erhält der Unternehmer auch keinerlei Vergütung oder auch nur Entlastung. Um das Ziel der Verwaltungseffizienz zu erreichen, nimmt der Gesetzgeber in Kauf, die Steuer indirekt zu erheben und dabei einzelne Umsatzsteuerbeträge letztlich nicht vereinnahmen zu können.

e) Zwischenergebnis

Es kann festgehalten werden, dass trotz der finalen Bestimmung zur Weiterleitung vereinnahmter Umsatzsteuerbeträge an den Steuergläubiger nach der derzeitigen Gesetzeslage keine strikte Trennung vom Vermögen des Steuerschuldners vorliegt. Jedenfalls zeitweise kommt es im Regelfall zur Vermischung der Umsatzsteuerbeträge mit dem Vermögen des Steuerschuldners. Die Schlussfolgerung, der Steuergläubiger müsse aufgrund der Belastungsneutralität der Umsatzsteuer eine Aussonderungsberechtigung aus der Vermögensmasse des insolventen Steuerschuldners gem. § 47 Satz 1 InsO innehaben, wird daher i.E. zurecht als unzulässige Gläubigerbevorrechtigung bezeichnet.[320] Denn dadurch würde ein der Gläubigergesamtheit zugeordneter Teil der Insolvenzmasse einem einzelnen Gläubiger, dem Steuergläubiger, zugeordnet.

II. Keine Masseverbindlichkeit wegen Belastungsneutralität

1. Vorgebrachte Gründe für Annahme einer Masseverbindlichkeit

Nicht zu einem Aussonderungsrecht des Steuergläubigers, sondern zur Annahme einer Masseverbindlichkeit kommt in bestimmten Fällen der V. Senat des BFH seit seiner Rechtsprechungsänderung im Jahre 2009. Ansatzpunkt ist hierbei die Abgrenzung von Insolvenzforderungen nach § 38 InsO und Masseverbindlichkeiten nach § 55 InsO des Insolvenzschuldners bei Umsatzsteueransprüchen, deren Verwirklichung vor Insolvenzer-

319 *Onusseit*, ZInsO 2006, 516 (518).
320 *Wäger*, UR 2013, 673 (679); *Onusseit*, ZInsO 2006, 516 ff.

öffnung beginnt, aber erst nach dieser endet. Nach der sog. „Doppelberichtigungs"-Rechtsprechung bei der Soll-Besteuerung sowie durch das Abstellen auf die Vereinnahmung des Entgelts bei der Ist-Besteuerung für die insolvenzrechtliche Begründetheit gelangt die Rechtsprechung verstärkt zur Annahme von nach Insolvenzeröffnung begründeten Umsatzsteueransprüchen des Steuergläubigers ggü. dem insolventen Steuerschuldner und somit zu vorweg zu befriedigenden Masseverbindlichkeiten.

Den Überlegungen des V. Senats des BFH insb. im Rahmen dieser sog. „Doppelberichtigungs"-Rechtsprechung[321] liegt die Annahme zugrunde, die Neutralität der Umsatzsteuererhebung müsse eine privilegierende Konsequenz zugunsten des Steuergläubigers haben. So stellt der V. Senat des BFH unter Verweis auf die Rechtsprechung des EuGH[322] darauf ab, dass „der Unternehmer – und damit nach Eröffnung des Insolvenzverfahrens über das Vermögen des Unternehmers für diesen der Insolvenzverwalter – ‚als Steuereinnehmer für Rechnung des Staates tätig' ist und dabei ‚öffentliche Gelder' im Interesse der Staatskasse vereinnahmt".[323]

Dem werde auch durch das Zivilrecht Rechnung getragen, da auch ein nach § 47 Satz 1 InsO Aussonderungsberechtigter bei unberechtigter Veräußerung des Aussonderungsgutes durch den Insolvenzverwalter keinen Anspruch auf Herausgabe des im Veräußerungspreis enthaltenen Umsatzsteueranteils verlangen könne, obwohl die Umsatzsteuer zivilrechtlich als untrennbarer Preisbestandteil zur vereinbarten und geschuldeten Leistung (und Aussonderungssurrogat) gehöre.[324]

Die Auffassung des V. Senats, die vereinnahmte Umsatzsteuer gehöre nicht zum Vermögen des Steuerschuldners, lässt sich auch anhand einer weiteren Entscheidung veranschaulichen. So hat der V. Senat am 24. November 2011 geurteilt, dass eine Anfechtung von Aufrechnungshandlungen bzw. der Herbeiführung einer Aufrechnungslage durch das Finanzamt im Rahmen von § 96 Abs. 1 Nr. 3 InsO i.V.m. §§ 129 ff. InsO nicht in Betracht komme, da wegen der Neutralität der Umsatzsteuer die von § 129 Abs. 1 InsO geforderte Gläubigerungleichbehandlung nicht vorliege.[325]

---

321 Dazu unten unter § 12. A. I. 2. a) (aa).

322 EuGH v. 21.2.2008 – C-271/06, Slg. 2008, I-787 (I-797, Rn. 21); EuGH v. 20.10.1993 – C-10/92, Slg. 1993, I-5133 (I-5140, Rn. 25).

323 BFH v.29.1.2009 – V R 64/07, BStBl. II 2009, 682 (684); vgl. auch *Pflaum*, UR 2019, 401 (401 f., 404, 407); *Wäger*, ZInsO 2014 1121 (1126).

324 BFH v. 29.1.2009 – V R 64/07, BStBl. II 2009, 682 (684) unter Verweis auf BGH v. 8.5.2008 – IX ZR 229/06, ZIP 2008, 1127 (1127 f., Rn. 9).

325 BFH v. 24.11.2011 – V R 13/11, BStBl. II 2012, 298 (302 f.. Rn. 33 ff.); zustimmend *Wäger*, DStR 2011, 1925 (1933 f.); *Desens*, LIT 2012, 58 (68), soweit durch

Die Modifikation der Abgrenzung zwischen Insolvenzforderungen und Masseverbindlichkeiten hin zu einer vermehrten Annahme von Masseverbindlichkeiten aufgrund der Rechtsprechung des BFH hat auch in der Literatur Zustimmung gefunden. Hervorzuheben ist hierbei *Wäger*, der es ebenfalls mit der gesetzlichen Konzeption der Vereinnahmungsbefugnis des Insolvenzverwalters hinsichtlich des in den Forderungen des insolventen Steuerschuldners enthaltenen Umsatzsteueranteils, die lediglich der Weiterleitung an das zuständige Finanzamt diene, mit der Annahme für unvereinbar hält, die vom Insolvenzverwalter vereinnahmte Umsatzsteuer müsse der Insolvenzmasse auch verbleiben, um diese zu „stärken".[326]

Zudem sieht *Wäger* die Annahme einer Masseverbindlichkeit i.S.d. BFH-Rechtsprechung in Abgrenzungsfällen um den Stichtag der Insolvenzeröffnung auch aufgrund eines Vergleichs der Interessenlage des Steuergläubigers hinsichtlich der Einziehungsbefugnis des Insolvenzverwalters mit einem absonderungsberechtigten Privatgläubiger nach § 51 Nr. 1 InsO bestätigt. Der Insolvenzverwalter müsse als Kehrseite seiner aus § 166 Abs. 2 InsO resultierenden Einziehungsbefugnis den erlangten Erlös an den Aussonderungsberechtigten aufgrund der ausdrücklichen Anordnung in § 170 Abs. 1 Satz 2 InsO auskehren. Nicht anders sei die Interessenlage zwischen Steuergläubiger und Insolvenzverwalter. Der Unterschied liege lediglich darin, dass die Ermächtigung zur Einziehung der Umsatzsteuer kraft Gesetzes bestehe.[327] Auch hieraus lasse sich ablesen, dass die vereinnahmten Umsatzsteuerbeträge nicht dem Vermögen des Steuerschuldners zugeordnet werden sollen.

Auch *Schuster* stimmt der Rechtsprechung des V. Senats des BFH zu, wobei sie besonders darauf abstellt, dass die Umsatzsteuer bei Unternehmen bei wirtschaftlicher Betrachtung einen „durchlaufenden Posten" darstelle.[328] Sie sei von vornherein zur Weiterleitung an das zuständige Finanzamt bestimmt und daher seien die Umsatzsteuerbeträge auch kein eigenes Vermögen des Steuerschuldners, sondern – zumindest wirtschaftlich – nur treuhänderisch als Fremdgelder für den Steuergläubiger erhobene Beträge.[329] Dementsprechend bedeute die Rechtsprechung des V. Senats keine Bevorrechtigung des Steuergläubigers, sondern vielmehr eine (Wie-

die Aufrechnung eine Durchbrechung der Neutralität der Umsatzsteuer bereinigt wird.

326 *Wäger*, UR 2013, 673 (679); ebenso *Schuster*, DStR 2013, 1509 (1511).

327 *Wäger*, UR 2013, 673 (679).

328 *Schuster*, DStR 2013, 1509 (1511).

329 *Schuster*, DStR 2013, 1509 (1511).

der-)Herstellung der Gleichbehandlung zwischen ihm und den sonstigen Gläubigern.[330]

Differenzierend betrachtet *Desens* die Rechtsprechung des BFH in diesem Zusammenhang. Zwar sei die Grundannahme richtig, dass der umsatzsteuerrechtliche Grundsatz der Neutralität dazu führe, dass keine Verletzung des Gläubigergleichbehandlungsgrundsatzes eintreten könne,[331] jedoch dürfe eine Umqualifizierung zwischen Insolvenzforderungen und Masseverbindlichkeiten nur stattfinden, wenn dadurch eine temporäre Durchbrechung des Neutralitätsgrundsatzes bereinigt werde[332] bzw. eine endgültige Durchbrechung in Gestalt einer Subventionierung der Insolvenzmasse verhindert werde.[333] Dies sei zwar bei der Soll-Besteuerung und beim Vorsteuerabzugsanspruch der Fall, nicht aber bei der Ist-Besteuerung.[334]

Nach Auffassung *Seers* könnte die Umqualifizierung der Forderungen des Steuergläubigers ggü. dem Insolvenzschuldner im Falle der Umsatzsteuer hin zu Masseverbindlichkeiten sogar aufgrund unionsrechtlicher Vorgaben – genauer: dem Teilaspekt der Wettbewerbsneutralität der Umsatzsteuer und dem EU-Beihilferecht – geboten sein. Der EuGH versteht den Neutralitätsgrundsatz als eine bereichsspezifische Ausprägung des unionsrechtlichen Gleichbehandlungsgrundsatzes.[335] Wenn schon nicht aus der, nach *Seer* konsequenten, Überlegung heraus, den Neutralitätsgrundsatz als primärrechtliches Prinzip nach Art. 6 Abs. 1 EUV i.V.m. Art. 20, 51 Abs. 1 EU-GrCharta einzuordnen mit der Folge, dass sich die MwStSystRL als sekundäres Unionsrecht selbst am Maßstab des (dann primärrechtlichen) Neutralitätsprinzips messen lassen müsste, dann doch jedenfalls, weil der EuGH den Neutralitätsgrundsatz zumindest als (sekundärrechtlichen) Auslegungsgrundsatz begreift.[336] Denn dann müsse die Frage beantwortet werden, ob der Neutralitätsgrundsatz erlaubt, oder gar gebietet, die Berichtigungsnorm des Art. 90 Abs. 1 MwStSystRL über ihren Wortlaut hinaus auf Fälle der Insolvenz des Steuerpflichtigen anzuwenden,[337] wie es

330 *Schuster*, DStR 2013, 1509 (1512).
331 *Desens*, LIT 2012, 58 (61).
332 *Desens*, LIT 2012, 58 (68).
333 *Desens*, LIT 2012, 58 (61).
334 *Desens*, LIT 2012, 58 (64 ff.).
335 Vgl. nur EuGH v. 10.11.2011 – C-259/10, C-260/10, Slg. 2011, I-10951 (I-10976, Rn. 61); EuGH v. 8.8.2006 – C-106/05, Slg. I-5139 (I.5155 f., Rn. 48).
336 *Seer*, DStR 2016, 1289 (1295).
337 *Seer*, DStR 2016, 1289 (1296).

der BFH bereits innerhalb von § 17 Abs. 2 Nr. 1 UStG im Rahmen der sog. „Doppelberichtigungs"-Rechtsprechung praktiziert.

Zum anderen könnte laut *Seer* eine erweiterte Auslegung von § 17 UStG i.S.d. Rechtsprechung des V. Senats des BFH zur Durchsetzung des Beihilfenverbots nach Art. 108 Abs. 3 Satz 3 AEUV geboten sein.[338] Bedenken hinsichtlich einer Beihilferelevanz der Einordnung des Steuergläubigers als Insolvenzgläubiger nach § 38 InsO seien zuletzt aufgrund des Urteils des EuG vom 4. Februar 2016 zur beihilferechtlichen Einordnung der Sanierungsklausel in § 8c Abs. 1a KStG[339] aufgekommen. Übertrage man die Grundsätze der Beihilferechtsprechung des EuGH, so läge in der Einordnung eines Umsatzsteueranspruchs des Steuergläubigers ggü. dem Insolvenzschuldner als Insolvenzforderung nach § 38 InsO eine letztlich nicht gerechtfertigte selektive Begünstigung ggü. den Wettbewerbern des Insolvenzschuldners, der sich nicht aus dem System des Umsatzsteuerrechts rechtfertigen ließe.[340] Insoweit könne die sog. „Doppelberichtigungs"-Rechtsprechung des BFH zumindest in Fällen der Soll-Besteuerung ein Mittel zur Verwirklichung des Durchsetzungsverbots aus Art. 108 Abs. 3 Satz 3 AEUV sein.[341] Zur Klärung beider von *Seer* aufgeworfenen Fragen für die Praxis bedürfte es jedoch einer Vorlage an den EuGH gem. Art. 267 Abs. 3 AEUV. Dies ist – soweit ersichtlich – jedoch bisher nicht geschehen.

2. Stellungnahme

a) Inkonsequenz der BFH-Lösung

Der BFH geht in seiner neueren Rechtsprechung von derselben Prämisse aus wie die Vertreter der Auffassung, es müsse ein Aussonderungsrecht bestehen. Dass ein solches nicht besteht, wurde bereits dargelegt[342] und diese Ansicht teilt auch der BFH. Aus der These, die Umsatzsteuer wirke belastungsneutral für den Unternehmer, gelangt der BFH in Abweichung zur früheren Rechtsprechung stattdessen sowohl bei der Ist- als auch bei

338 *Seer*, DStR 2016, 1289 (1296).
339 EuG v. 4.2.2016 – T-287/11, T-620/11; zwischenzeitlich aufgehoben durch EuGH v. 28.6.2018 – C-208/16 P, EuZW 2018, 686.
340 *Seer*, DStR 2016, 1289 (1296).
341 *Seer*, DStR 2016, 1289 (1297).
342 Siehe oben unter § 5. B. I. 2.

der Soll-Besteuerung vermehrt zu Masseverbindlichkeiten.[343] Er lässt daneben aber weiterhin zu, dass der Steuergläubiger hinsichtlich vollständig vor Insolvenzeröffnung begründeter Umsatzsteueransprüche als Insolvenzgläubiger nach § 38 InsO einzuordnen ist.[344]

Sich auf den Grundsatz der Umsatzsteuerneutralität zu berufen, um damit eine andere Behandlung der nachinsolvenzlich und um den Eröffnungszeitpunkt herum entstehenden Umsatzsteueransprüche zu begründen (als Masseverbindlichkeit), die vorinsolvenzlich entstandenen Umsatzsteueransprüche aber dennoch unter § 38 InsO zu subsummieren, stellt einen inneren Widerspruch dar.[345] Dies berücksichtigend wäre einzig die Annahme eines Aussonderungsrechts konsequent. Denn entweder handelt der Steuerschuldner als bloßer „Steuereinsammler" für den Steuergläubiger, sodass ihm die eingenommenen Umsatzsteuerbeträge nicht zustehen, oder nicht.

Die „Steuereinsammler"-Funktion und eine daraus zu folgernde rechtliche Konsequenz für die Weiterleitung der Umsatzsteuerbeträge vom Steuerschuldner an den Steuergläubiger müssen unabhängig vom Insolvenzverfahren bestehen. Es dürfte konsequenter Weise also gar keinen Unterschied machen, ob die betreffenden Umsatzsteueransprüche ggü. dem insolventen Unternehmer vor oder nach der Insolvenzeröffnung begründet wurden. Dennoch akzeptiert der BFH nach wie vor die Möglichkeit, dass der Steuergläubiger hinsichtlich seiner vor Insolvenzeröffnung begründeten Umsatzsteueransprüche als Insolvenzgläubiger nach § 38 InsO am Insolvenzverfahren über das Vermögen des Steuerschuldners teilnehmen kann.[346] Es fehlt insoweit an einer Erklärung, die diese Differenzierung zu rechtfertigen vermag. Aus dem bloßen Verweis auf die „Steuereinsammler"-Funktion und dem umsatzsteuerrechtlichen Neutralitätsgrundsatz kann sie sich schwerlich ergeben.

Es ist nach zutreffender Auffassung nicht ausreichend, aufgrund der bloßen wirtschaftlichen Zielsetzung, dass die Umsatzsteuerbeträge letztlich vom Steuergläubiger vereinnahmt werden sollen, eine Masseverbindlichkeit anzunehmen. Eine Ausrichtung der Auslegung allein am fiskalischen

---

343 Mithilfe welcher rechtlichen Argumentation der BFH im Detail zu dieser Einordnung gelangt, wird detailliert dargestellt unten unter § 12. A. I. 2. a) (aa) für die Soll-Besteuerung sowie unter § 12. A. II. 2. a) für die Ist-Besteuerung.

344 So auch *Wäger*, UR 2013, 673 (679).

345 So auch *Stadie*, in *Rau/Dürrwächter*, UStG, Bd. VI, § 18 Anhang 2, Rn. 78.

346 Im Gegensatz dazu ist die Annahme eines Aussonderungsrechts, dass die Vermögenszuordnung zum Steuergläubiger den dinglichen Rechten entsprechend nur für die Insolvenz verlängernd abbildet, in diesem Punkt in sich schlüssig.

Zweck einer Steuer ist dazu geeignet, die gesetzlich gewollte und im Gefüge von §§ 38 und 55 InsO angelegte Typisierung der Verbindlichkeiten im Insolvenzverfahren zu umgehen und birgt die Gefahr, sich dabei von den gesetzlichen Tatbestandsvoraussetzungen der jeweiligen Steuerforderung zu lösen.[347]

Die Einteilung der Gläubiger in Insolvenzgläubiger und Massegläubiger richtet sich nicht nach der wirtschaftlichen Zielsetzung der Rechtsbeziehungen zum Insolvenzschuldner, sondern nach der Art ihrer Ansprüche gegen den Schuldner.[348] Gegenstand der Prüfung, ob eine Insolvenzforderung oder eine Masseverbindlichkeit vorliegt, ist daher nur diese Verbindlichkeit, nicht eine hinter ihr stehende wirtschaftliche Zielsetzung. Zu ermitteln ist daher der „Grund" der Verbindlichkeit nach dem Maßstab der Vorschriften, denen sie entstammt.[349] *Onusseit* führt insofern sehr treffend aus, aus „solchen gleichermaßen schillernden wie unkonkreten und nur vordergründig rechtstechnischen Begriffen [wie „Steuereinnehmer" oder „Steuereinsammler", Anm. d. Verf.] [lässt sich] nichts [ableiten], was man nicht zuvor selbst hineingelegt hat".[350] Es bedarf vielmehr einer tiefergehenden, im Umsatzsteuerrecht selbst angesiedelten rechtlichen Begründung, um in den vom BFH entschiedenen Konstellationen zur Annahme einer Masseverbindlichkeit zu gelangen.

b) Kein Verstoß gegen EU-Recht

(aa) Qualifikation des Anspruchs aus dem Umsatzsteuerschuldverhältnis als Insolvenzforderung ist keine EU-Beihilfe

Die vom BFH praktizierte Auslegung des Verhältnisses von Insolvenzforderungen und Masseverbindlichkeiten kann vor diesem Hintergrund auch nicht mit der Durchsetzung des Beihilfeverbots nach Art. 108 Abs. 3 Satz 3 AEUV erklärt werden. Beihilfen sind nach ständiger Rechtsprechung des EuGH staatliche oder aus staatlichen Mitteln bestrittene Maßnahmen, die geeignet sind, den Handel zwischen den Mitgliedstaaten zu beeinflussen,

---

347 Zutreffend FG Sachsen-Anhalt v. 12.7.2007 – 1 K 806/06, EFG 2007, 1737 (1738).

348 FG Sachsen-Anhalt v. 12.7.2007 – 1 K 806/06, EFG 2007, 1737 (1738).

349 FG Sachsen-Anhalt v. 12.7.2007 – 1 K 806/06, EFG 2007, 1737 (1738).

350 *Onusseit,* ZInsO 2009, 1740 (1743).

indem dem Begünstigten ein selektiver Vorteil gewährt wird, der den Wettbewerb verfälscht oder zu verfälschen droht.[351]

Für den Bereich steuerrechtlicher Maßnahmen hat der EuGH in jüngerer Vergangenheit ein dreistufiges Prüfungssystem entwickelt, um das häufig allein fragliche Merkmal der Selektivität[352] im Einzelfall festzustellen: Auf der ersten Stufe ist die im betreffenden Mitgliedstaat allgemein gültige Steuerregel als Ausgangspunkt zu ermitteln.[353] Auf der zweiten Stufe muss sodann die Kommission dartun, dass die in Rede stehende steuerliche Maßnahme vom allgemeinen System abweicht, indem sie Unterscheidungen zwischen Wirtschaftsteilnehmern einführt, die sich im Hinblick auf das mit dieser allgemeinen Regelung verfolgte Ziel in einer vergleichbaren tatsächlichen und rechtlichen Situation befinden.[354] Der EuGH weist zutreffend darauf hin, dass allein der Umstand, dass für die Inanspruchnahme der steuerlichen Maßnahme bestimmte Tatbestandsvoraussetzungen zu erfüllen sind, die Maßnahme nicht selektiv macht.[355]

Der betreffende Mitgliedstaat kann diese *a priori* selektive steuerliche Maßnahme auf der dritten Stufe allerdings dann als nicht selektiv entkräften, wenn er nachweist, dass die Unterscheidung gerechtfertigt ist, weil sie sich aus der Natur oder dem Aufbau des Systems ergibt.[356] Dazu kommen neben der Progressivität von Steuertabellen, der Steuerbefreiung von Non-Profit-Organisationen und bestimmten Fällen administrativer Erleichterungen v.a. Gründe wie das subjektive Nettoprinzip, die

---

351 Vgl. jüngst EuGH v. 16.3.2017 – C-493/15, ECLI:EU:C:2017:219 (Rn. 24) m.w.N.; EuGH v. 21.12.2016 – C-20/15 P, C-21/15 P, ECLI:EU:C:2016:981 (Rn. 53 ff.) m.w.N.; grundlegend EuGH v. 23.2.1961 – 30/59, Slg. 1961, 3.

352 A.A. *Witfeld*, Umsatzsteuerverfahren und Insolvenz, 66 ff., der bereits das Vorliegen einer Zuwendung verneint.

353 EuGH v. 21.12.2016 – C-20/15 P, C-21/15 P, ECLI:EU:C:2016:981 (Rn. 57); besprochen von *Eisendle*, ISR 2017, 50 (52 ff.). Die Komplexität dieses ersten Schrittes wird im Verfahren um die EU-Rechtskonformität von § 8c Abs. 1a KStG vollends offenbar, vgl. zuletzt *de Weerth*, DB 2017, 2575 (2575 f.) m.w.N. Vgl. zur Ermittlung der Referenzregelung in der neueren Kommissionspraxis auch *Bartosch*, BB 2017, 2199 (2199 ff.).

354 EuGH v. 21.12.2016 – C-20/15 P, C-21/15 P, ECLI:EU:C:2016:981 (Rn. 57) m.w.N.

355 EuGH v. 16.3.2017 – C-493/15, ECLI:EU:C:2017:219 (Rn. 27); EuGH v. 21.12.2016 – C-20/15 P, C-21/15 P, ECLI:EU:C:2016:981 (Rn. 59) m.w.N.

356 EuGH v. 21.12.2016 – C-20/15 P, C-21/15 P, ECLI:EU:C:2017:219 (Rn. 58) m.w.N.; vgl. auch *de Weerth*, DB 2017, 275 (275 ff.), der die Entwicklung dieses Selektivitätsverständnisses in der jüngeren Vergangenheit nachzeichnet; ebenso die Darstellung von *Demleitner*, ISR 2016, 328 (329 f.) m.w.N.; vgl. auch *Roth*, ZInsO 2016, 1877 (1880 ff).

Verhältnismäßigkeit staatlichen Handelns sowie die Vermeidung bzw. die Bekämpfung missbräuchlicher Gestaltungen in Betracht.[357] Außerhalb des Referenzsystems liegende Zwecke können hingegen nicht als Aspekte der Rechtfertigung herangezogen werden.[358]

Seer ist insofern ohne Weiteres zuzustimmen, dass sich die Einordnung eines Umsatzsteueranspruchs des Steuergläubigers ggü. dem Steuerschuldner als Insolvenzforderung nach § 38 InsO letztlich nicht aus dem System des Umsatzsteuerrechts rechtfertigen lässt.[359] Aus der abgestuften Beihilfeprüfung des EuGH wird aber dennoch deutlich, warum auf steuerlicher Seite im Falle der Teilnahme des Umsatzsteuergläubigers als Insolvenzgläubiger nach § 38 InsO am Insolvenzverfahren über das Vermögen des Steuerschuldners keine Beihilfe vorliegen kann. Denn es fehlt bereits an einer staatlichen Maßnahme, sodass die Prüfung bereits auf der ersten Stufe endet.

Zwar sind Einnahmeverluste, die aus den von einem Mitgliedstaat gewährten Steuer- und Abgabenbefreiungen als staatliche Mittel i.S.d. Art. 107 Abs. 1 AEUV anzusehen.[360] Die umsatzsteuerrechtlichen Vorschriften beinhalten aber anders als beispielsweise § 8c Abs. 1a KStG[361] oder die neu eingeführten – und zur Beihilfezustimmung nach Art. 108 Abs. 3 AEUV der EU-Kommission vorgelegten – § 3a EStG und § 3a GewStG[362] keine gesetzliche Vorschrift, die die Bemessungsgrundlage oder den Bestand der Steuerforderungen bei Vorliegen eines Insolvenzsachverhalts berührte. Im Insolvenzfalle steht „lediglich" die Durchsetzbarkeit des unverändert fortbestehenden Umsatzsteueranspruchs in Frage. Es liegt gerade keine Steuerbefreiung o.ä. vor. Der Steuergläubiger ist im Rahmen der InsO gezwungen, auf einen Teil seiner Forderung zu verzichten, weshalb es an der Freiwilligkeit fehlt. Es bedarf aber eines solchen subjektiven Elements, um eine selektive Begünstigung festzustellen.

---

357 *Demleitner*, ISR 2016, 328 (332 f.) m.w.N.

358 Ebenso *Demleitner*, ISR 2016, 328 (333).

359 So *Seer*, DStR 2016, 1289 (1296).

360 Bekanntmachung der Kommission zum Begriff der staatlichen Beihilfe im Sinne des Artikels 107 Absatz 1 des Vertrags über die Arbeitsweise der Europäischen Union v. 19.7.2016 – 2016/C 262/01, ABl. 2016, C-262/1-C-262/50.

361 Hierzu u.a. *Demleitner* ISR 2016, 328 (334 f.) m.w.N.

362 Gesetz gegen schädliche Steuerpraktiken im Zusammenhang mit Rechteüberlassungen vom 27.06.2017, BGBl. I 2017, 2074; zur Frage der Vereinbarkeit des dem vorausgegangenen Sanierungserlasses mit dem unionsrechtlichen Beihilferecht ausführlich *Roth*, ZInsO 2016, 1877 (1877 ff.).

Die Gläubigerstellung des Steuergläubigers und die damit einhergehende möglicherweise nur quotale Befriedigung seines Steueranspruchs folgt ausschließlich aus den insolvenzrechtlichen Vorschriften.[363] In Betracht kommt daher nur, den insolvenzrechtlichen Vorschriften selbst, die zu einer Verkürzung des Umsatzsteueranspruchs des Steuergläubigers führen, Beihilfequalität beizumessen. Der EuGH hat in einem von einem italienischen Gericht vorgelegten Fall der Restschuldbefreiung jedoch jüngst entschieden, dass es solchen Maßnahmen an der Selektivität fehlt.[364]

Der EuGH begnügte sich dabei mit der etwas verschachtelten Feststellung, dass im Rahmen der das italienische Restschuldbefreiungsverfahren regelnden Bestimmungen des italienischen Insolvenzgesetzes Personen, die dieses Verfahren nicht in Anspruch nehmen können, weil sie entweder nicht in dessen Anwendungsbereich fallen oder weil dessen Voraussetzungen nicht erfüllt sind, sich im Hinblick auf das verfolgte Ziel, es einer für insolvent erklärten natürlichen Person und gutgläubigen Schuldnerin zu ermöglichen, unter Befreiung von den bei Abschluss des sie betreffenden Insolvenzverfahrens nicht beglichenen Schulden wieder eine unternehmerische Tätigkeit aufzunehmen, nicht in einer tatsächlichen und rechtlichen Situation befinden, die mit der Situation der Personen vergleichbar wäre, die dieses Verfahren in Anspruch nehmen können.[365]

Dieses Verdikt ist nicht nur auf die deutsche Restschuldbefreiung übertragbar,[366] sondern umso mehr auch auf die Teilnahme am Insolvenzverfahren selbst. Denn dieses hat nicht einmal primär das Ziel, dem Gläubiger einen Teil seiner Forderung abzusprechen. Primäres Ziel ist die gleichmäßige Befriedigung aller Gläubiger, der damit regelmäßig einher gehende Forderungsteilverlust ist lediglich reflexhafte Begleiterscheinung. Nicht nur, dass die Insolvenzgläubiger nicht in den Anwendungsbereich der InsO als diejenige Person fallen, um deren Vermögen es geht. Sie befinden sich auch nicht in einer tatsächlich oder rechtlich vergleichbaren Situation wie der Insolvenzschuldner. Unter den bereits oben ausgeführten Bedingungen profitieren sie zudem individuell von der Durchführung eines Insolvenzverfahrens. Aus diesem Grunde kann nach den Maßstäben des EuGH keine selektive Maßnahme und keine Beihilfe vorliegen.

---

363 Insoweit zutreffend *Seer*, DStR 2016, 1289 (1296).

364 EuGH v. 16.3.2017 – C-493/15, ECLI:EU:C:2017:219 (Rn. 28 f.); zustimmend *Matyschok*, NZI 2017, 408 (409); wohl auch *de Weerth*, ZInsO 2017, 760 (760 ff.).

365 EuGH v. 16.3.2017 – C-493/15, ECLI:EU:C:2017:219 (Rn. 28).

366 Ebenso *de Weerth*, ZInsO 2017, 760 (761); *Matyschok*, NZI 2017, 408 (409).

Erst wenn der Steuergläubiger selbst darüber disponiert, in welcher Höhe er seinen Umsatzsteueranspruch in Abhängigkeit der Abwicklungs- oder Sanierungslage des betroffenen Steuerschuldners durchsetzen will, beispielsweise im Rahmen eines Insolvenzplanverfahrens, liegt ein echter Verzicht des Steuergläubigers und somit auch eine Beihilfe vor.[367] Denn dann gewährt der Steuergläubiger dem insolventen Unternehmen tatsächlich einen selektiven Vorteil in Höhe des Verzichtsbetrags, den er ohne die Insolvenz nicht gewährt hätte.[368] Dieser Vorteil ist aber wiederum auf der steuerrechtlichen Seite anzusiedeln und vergleichbar mit einer gesetzlichen Einflussnahme auf Bemessungsgrundlage oder Forderungsbestand.

In Adaptation der sog. „private investor test“-Rechtsprechung des EuGH[369] auf Dispositionsentscheidungen mit regelmäßig verschonendem Charakter ist eine Beihilfe zutreffender Weise dann zu verneinen, wenn auch ein privater Gläubiger in einer vergleichbaren Lage ähnlich über seine notleidende Forderung disponiert hätte.[370] Die Intention des sog. „private investor test“ kann letztlich auch auf das Insolvenzrecht selbst angewendet werden. Sofern und soweit ein privater Gläubiger vernünftiger Weise[371] zu seinem eigenen Vorteil an einem Insolvenzverfahren teilnimmt und dafür den Verlust eines Teils seiner Forderung in Kauf nimmt, muss dies auch dem Steuergläubiger ohne Annahme einer selektiven Maßnahme gestattet sein. Das EU-Beihilferecht würde i.E. in sein Gegenteil verkehrt, wenn es dazu führte, dass eine Auslese unwirtschaftlicher Unternehmen mittels Insolvenzrechts nicht stattfinden könnte, weil der Steuergläubiger einen Teil seiner Umsatzsteueransprüche – in diesem Fall zudem unfreiwillig – nicht durchsetzen könnte.

(bb) Kein Verstoß gegen den Grundsatz der Wettbewerbsneutralität

Aus den soeben genannten Erwägungen kann auch der umsatzsteuerrechtliche Grundsatz der Wettbewerbsneutralität nicht verletzt sein. Liegt keine selektive Maßnahme vor, die eine Wettbewerbsverzerrung hervorruft, können in der Folge auch nicht die Konkurrenten des insolventen Steuerschuldners durch eine Verletzung der Wettbewerbsneutralität der Umsatz-

367 *De Weerth,* ZInsO 2017, 760 (761); *ders.,* ZInsO 2016, 865 (865).
368 *Krumm,* Steuervollzug und formelle Insolvenz, 183 ff.
369 EuGH v. 10.7.1986 – 234/84, Slg. 1986, 2281 (2286).
370 *Krumm,* Steuervollzug und formelle Insolvenz, 185.
371 Zur Interessenlage des Gläubigers bereits oben unter § 3. A. I.

steuer beeinträchtigt sein. Insofern liegt ein inhaltlicher Gleichlauf beider Fragen vor, da das Verbot der staatlichen Beihilfe das Negativ zum Gebot der wettbewerblichen Gleichbehandlung bildet.

Ergänzend ist darauf hinzuweisen, dass auch der insolvente Steuerschuldner seine Ausgangsumsätze weiterhin mit der gesetzlich vorgesehenen Umsatzsteuer berechnen muss, sofern er auch während der Insolvenz noch einen Geschäftsbetrieb aufrechterhält. Aufseiten der Ausgangsumsätze besteht somit keine Abweichung zum solventen Steuerschuldner. Ebenfalls unzutreffend ist auch in diesem Zusammenhang die Annahme, der insolvente Steuerschuldner erlange ggü. seinen solventen Konkurrenten durch die vereinnahmte Umsatzsteuer einen Liquiditätsvorteil. Denn durch die Pflicht, die Umsatzsteuer einzunehmen, wird zwar das Bilanzvolumen des Steuerschuldners größer. Dadurch scheint es so, als erlangten die Gläubiger des Insolvenzschuldners sogar einen Vorteil, da sich das Haftungsvermögen vergrößert, auf das sie außerhalb des Insolvenzverfahrens mittels Einzelzwangsvollstreckung zugreifen können und das innerhalb des Insolvenzverfahrens verteilt werden kann.

Der Steuerschuldner zieht daraus aber keinen individuellen Vorteil, da der gewonnenen Liquidität eine ebenso hohe Verbindlichkeit gegenübersteht. Diese erlischt auch nicht dadurch, dass der Steuerschuldner die vereinnahmte Umsatzsteuer entgegen dem Zweck für die Bezahlung anderer Verbindlichkeiten einsetzt. Einen Vorteil ggü. seinen Wettbewerbern erlangt er hierdurch ebenfalls nicht. Denn diese haben aufgrund ihrer eigenen Umsatzsteuerpflicht dieselbe Möglichkeit, zeitweise ihren Liquiditätsvorteil durch die Umsatzsteuervereinnahmung zu nutzen. In beiden Fällen steht am Ende des Voranmeldungszeitraums die Pflicht, die vereinnahmte Umsatzsteuer an den Steuergläubiger abzuführen. Wird das Unternehmen des insolventen Steuerschuldners im Zuge der Insolvenz sodann abgewickelt, würde es bis zu diesem Zeitpunkt keine bessere Position gehabt haben, als dessen Wettbewerber. Im Gegenteil führte auch die Umsatzsteuerverbindlichkeit letztlich dazu, dass der wettbewerbliche Auswahlprozess zugunsten dessen Wettbewerber verläuft.

(cc) Kein Verstoß gegen das Effektivitätsgebot

Der EuGH hat darüber hinaus ganz grds. die Frage aufgegriffen, wie weit das Gebot der effektiven Umsetzung der europarechtlichen Mehrwertsteuervorschriften[372] zum Zwecke der Sicherstellung der Eigenmittel der Union in diesem Kontext reicht. In zwei Verfahren hat er entschieden, dass ein insolvenzähnliches Verfahren[373] jedenfalls dann nicht der Verpflichtung der Mitgliedstaaten zur Gewährleistung der in ihrem Hoheitsgebiet geschuldeten Mehrwertsteuer widerspricht, wenn dieses Verfahren strengen Anwendungsvoraussetzungen unterliegt, die Garantien hinsichtlich der Erhebung von Mehrwertsteuerforderungen bieten und keinen allgemeinen und undifferenzierten Verzicht auf die Erhebung der Mehrwertsteuer darstellt.[374]

Diese Voraussetzungen sieht der EuGH v.a. in einer gerichtlichen Einzelfallentscheidung. Aufgrund dessen ist auch bei einem (vorrübergehenden) Vollstreckungshindernis eines Umsatzsteueranspruchs wegen eines Insolvenzverfahrens nach der InsO kein Unionsrechtsverstoß erkennbar.[375] Dies wird im Vergleich zur Restschuldbefreiung umso deutlicher, da bei natürlichen Personen erst mit Erteilung der Restschuldbefreiung der Umsatzsteueranspruch ggü. dem Steuerschuldner endgültig verloren wäre, während der Steuergläubiger nach Beendigung sehr wohl noch die Möglichkeit hat, beim Steuerschuldner Befriedigung aus dieser zu suchen. Die Anmeldung zur Insolvenztabelle wirkt nach § 178 Abs. 3 InsO wie ein rechtskräftiges Urteil und schafft damit einen (zusätzlichen) Vollstreckungstitel.

Die grundlegende Einsicht, dass das Effektivitätsgebot nicht grenzenlos wirkt und spätestens bei zwangsläufigem Forderungsverfall des Steuergläubigers im Insolvenzfalle seine Schranken findet, ist zugleich ein wichtiger Beitrag für das Verständnis des Ineinandergreifens von Steuer- und Insol-

---

372 Zur Pflicht der nationalen Gerichte, die volle Wirksamkeit des Unionsrechts sicherzustellen BVerfG v. 10.12.2014 – 2 BvR 1549/07, ZIP 2015, 335 (338 f., Rn. 30 f.) m.w.N.

373 Im Verfahren EuGH v. 16.3.2017 – C-493/15, ECLI:EU:C:2017:219 ging es um ein italienisches Restschuldbefreiungsverfahren; im Verfahren EuGH v. 7.4.2016 – C-546/14, ECLI:EU:C:2016:206 um ein vor Insolvenzeröffnung geführtes italienisches Vergleichsverfahren.

374 EuGH v. 16.3.2017 – C-493/15, ECLI:EU:C:2017:219 (Rn. 24); EuGH v. 7.4.2016 – C-546/14, ECLI:EU:C:2016:206 (Rn. 28); zustimmend *Matyschok*, NZI 2017, 408 (409); *Grube*, MwStR 2016, 381 (382). Dem entspricht die Annahme, dass sich aus nationaler Sicht der Maximalanspruch des Steuergläubigers auf volle Anspruchsbefriedigung in einen Optimalanspruch einer nur noch bestmöglichen Anspruchsbefriedigung umwandelt, vgl. bereits oben unter § 3. B. II. I.E. ebenfalls für eine entsprechende Begrenzung des Effektivitätsgrundsatzes *Witfeld*, Umsatzsteuerverfahren und Insolvenz, 72 f.

375 Ebenso *Grube*, MwStR 2016, 381 (382).

venzrecht, wobei das letztere auf unionsrechtlicher Ebene bisher noch keine Vereinheitlichung gefunden hat.[376]

c) Keine Heranziehung des Insolvenzrechts zum Ausgleich umsatzsteuerrechtlicher Durchbrechungen des Neutralitätsgrundsatzes im Falle der Insolvenz

Soweit schließlich vorgebracht wird, eine Umqualifizierung bestimmter Ansprüche des Steuergläubigers bei der Soll-Besteuerung und beim Vorsteuerabzugsanspruch könne auf Grundlage des Insolvenzrechts erfolgen, um vermeintlich durch die Insolvenzeröffnung eintretende Durchbrechungen des Neutralitätsgrundsatzes zu beheben, kann dem ebenfalls nicht gefolgt werden. Denn das Insolvenzrecht kann die Lücke des Umsatzsteuerrechts aufgrund fehlender Regelungen, die die „Steuereinsammler"-Funktion des Steuerschuldners für den Steuergläubiger auch im Krisenfall sicherstellen, als sachfremde Rechtsmaterie nicht füllen. Dies wäre mit dem Zweck des Insolvenzrechts unvereinbar, ein insuffizientes Vermögen mangels Fortführungsmöglichkeiten durch Sanierung der endgültigen Verteilung zuzuführen.

III. Gesamtwürdigung und eigene Auffassung

Es ergibt sich aus der Gesamtschau der Gesichtspunkte, dass keine Trennung der einzusammelnden Umsatzsteuerbeträge vom Eigenvermögen des Steuerschuldners vorliegt und somit kein Aussonderungsrecht an den vereinnahmten Umsatzsteuerbeträgen bestehen kann.[377] Für die Be-

---

376 Vgl. insofern aber zu einer Einführung eines vorinsolvenzlichen Sanierungsverfahrens die Richtlinie des Europäischen Parlaments und des Rates vom 20.6.2019 über präventive Restrukturierungsrahmen, über Entschuldung und über Tätigkeitsverbote sowie über Maßnahmen zur Steigerung der Effizienz von Restrukturierungs-, Insolvenz- und Entschuldungsverfahren und zur Änderung der Richtlinie (EU) 2019/1023 (Richtlinie über Restrukturierung und Insolvenz); hierzu z.B. *Blankenburg*, ZInsO 2017, 241 (241 ff.); *Sax/Ponseck/Swierczok*, BB 2017, 323 (323 ff.); *Berger*, ZInsO 2016, 2413 (2413 ff.); *Albrecht*, ZInsO 2016, 2415 (2415 ff.); *Rauscher u.a.*, ZInsO 2016, 2420 (2420 ff.); sowie das auf dieser Richtlinie beruhende und mit Wirkung zum 1.1.2021 in Kraft getretene Gesetz zur Fortentwicklung des Sanierungs- und Insolvenzrechts (Sanierungs- und Insolvenzrechtsfortentwicklungsgesetz – SanInsFoG), BGBl. I 2010, 1885.

377 Dazu ausführlich bereits oben unter § 5. B. I. 2. b) (aa).

antwortung der Frage, ob aus der Neutralität der Umsatzsteuer jedoch hinsichtlich einiger Umsatzsteueransprüche die Einordnung als bevorzugt zu befriedigende Masseverbindlichkeit folgen *muss*, bedarf es einer noch tiefer gehenden Betrachtung des Zusammenspiels von Gläubigergleichbehandlungsgrundsatz und umsatzsteuerrechtlichem Neutralitätsgrundsatz. Nicht ausreichend ist hierfür, darauf zu verweisen, durch die Einordnung als Masseverbindlichkeit würden von der InsO nicht vorgesehene Vorrechte für den Steuergläubiger geschaffen.[378] Denn zu beantworten ist gerade dies, also ob der umsatzsteuerrechtliche Neutralitätsgrundsatz ein Vorrecht des Steuergläubigers auf eine solche oder andere Art und Weise gebietet.

Ebenso zu kurz greift es, es wegen der Schaffung der §§ 13b und 13c UStG und der damit einhergehenden Konsequenz, dass der Steuergläubiger in den dort geregelten Fällen im Falle der Insolvenz des Steuerschuldners den vollen Umsatzsteuerbetrag erhalte, für auslegungstechnisch geboten zu halten, dass der Steuergläubiger nun auch im Ausgangsfall den gesamten Betrag erhalten müsse, was durch eine Einordnung als Masseverbindlichkeit erfolgen müsse.[379] Zum einen handelt es sich bei den §§ 13b und 13c UStG um umsatzsteuerrechtliche Vorschriften, die sämtliche Steuerschuldner, auch außerhalb der Insolvenz betreffen. Zum anderen wäre auch der genau gegenteilige Schluss möglich, dass der Gesetzgeber in Kenntnis der Behandlung der Umsatzsteueransprüche des Steuergläubigers in der Insolvenz nicht die InsO selbst geändert, sondern einen Ausweichmechanismus geschaffen hat. Es ist rechtstechnisch ein Unterschied, ob – wie im Falle des § 13b Abs. 2 und 5 UStG – ein anderer Unternehmer als Steuerschuldner bzw. – wie im Falle des § 13cUStG – ein anderer Unternehmer als Haftungsschuldner neben den Steuerschuldner tritt, oder ob die Rechtsposition des Steuergläubigers hinsichtlich der Ausgangsforderung des Steuergläubigers ggü. dem ursprünglichen Steuerschuldner im Insolvenzverfahren über dessen Vermögen modifiziert wird.

Der Grundsatz der Belastungsneutralität der Umsatzsteuer kann ebenfalls nicht zur Rechtfertigung einer Besserstellung des Steuergläubigers in der Insolvenz des Steuerschuldners herangezogen werden. Er zwingt gerade nicht dazu, dem Steuergläubiger eine Sonderposition einzuräumen. Der Grundsatz der Belastungsneutralität verlangt letztlich nur eine Auslegung der umsatzsteuerrechtlichen Normen hin zu dem Ergebnis, dass der Verbraucher die Steuer zu tragen hat. Der Weitergabe der Belastung

---

378 *De Weerth*, NZI 2009, 449 (449).
379 So *Schuster*, DStR 2013, 1509 (1511 f.).

an den Verbraucher als Steuerträger steht der Fluss der vereinnahmten Umsatzsteuer vom Verbraucher zum Steuergläubiger spiegelbildlich ggü. Was aber passieren soll, wenn auf dem Weg dahin eine Störung auftritt, kann der Grundsatz der Belastungsneutralität allenfalls im Rahmen der geltenden Umsatzsteuererhebungsvorschriften beantworten.

Zwar dient die Belastungsneutralität letztlich auch der Besteuerungsgleichheit der Verbraucher. Das Argument der Belastungsgleichheit des Steuerträgers, das letztlich auf dem Prinzip der Besteuerung nach der Leistungsfähigkeit beruht, besitzt wegen der indirekten Besteuerung des Steuerträgers aber keine Überzeugungskraft in der Insolvenz des Steuerschuldners, weil der Steuerträger die Steuer unausweichlich entrichtet. Übrig bleibt nur das Unbehagen damit, dass der Finanzierungszweck der Umsatzsteuer im Fall der Insolvenz des Steuerschuldners nicht erreicht wird. Hinsichtlich des Finanzierungszwecks teilt der Steuergläubiger aber sein Interesse an der Insolvenzmasse, zu der die vereinnahmten Umsatzsteuerbeträge gehören, mit den übrigen Gläubigern.

Nach derzeitiger Gesetzeslage ist es schon außerhalb der Insolvenz nicht erlaubt, die Vermögenszugehörigkeit der erhaltenen Umsatzsteuerbeträge des Entgelts aus dem Vermögen des Steuerschuldners auszuklammern. Weder das europäische noch das nationale Umsatzsteuerrecht machen konkrete Vorgaben zur Trennung der Umsatzsteuerbeträge vom restlichen Vermögen des Schuldners. Dementsprechend liegt erst recht keine Bestimmung vor, die die Wirkung des Grundsatzes der Belastungsneutralität in der Insolvenz beschreibt. Vielmehr statuiert § 251 Abs. 2 Satz 1 AO, dass sich auch die Steuerforderungen dem Regime der InsO unterzuordnen haben. Die Tendenz, die Lücke des Umsatzsteuerrechts für den Fall der Insolvenz abstrakt aufgrund der „Steuereinsammler“-Funktion des Steuerschuldners zugunsten des Steuergläubigers schließen zu wollen, verstößt gegen diese Gesetzesvorgabe. Sie ist auch mit der Ausgestaltung des Systems der Umsatzsteuererhebung unvereinbar.

Wie bereits aufgezeigt besteht eben nur ein schuldrechtlicher Anspruch des Steuergläubigers ggü. dem Steuerschuldner. Damit setzt sich der Steuergläubiger dem allgemeinen Insolvenzrisiko seines Schuldners aus. Hierfür hat sich der Gesetzgeber – wenn auch in Umsetzung des Unionsrechts – bewusst entschieden. Denn er „hat wissentlich und willentlich das Umsatzsteuerrecht über die Dreiecksbeziehung zwischen Finanzamt, Leistendem und Leistungsempfänger gestaltet, um unmittelbare (umsatzsteuerrechtliche) Rechtsbeziehungen zwischen [Steuergläubiger] und Leistungsempfänger zu vermeiden. Folgerichtig hat der Steuergläubiger nur

Ansprüche gegen den Leistenden".[380] „Es ist ein allgemeiner Grundsatz, dass das Insolvenzrisiko derjenige trägt, der sich den Schuldner als Vertragspartner ausgesucht hat. Das bedeutet, auf Steuerforderungen übertragen, dass [der Steuergläubiger] das Insolvenzrisiko desjenigen trägt, den der Gesetzgeber zum Steuerschuldner gemacht hat".[381]

Es bedarf eines hohen Rechtfertigungsaufwands, dass die privaten Unternehmer die Konsequenzen des gesetzlichen Umsatzsteuerdreiecks in der Insolvenz eines Beteiligten zu tragen haben sollen, der Steuergläubiger aber nicht. Anschaulich für diese Konsequenzen ist ein Urteil des BFH, wonach ein Anspruch des Leistungsempfängers auf zu Unrecht an den Leistenden gezahlte Umsatzsteuer ggü. dem Finanzamt nicht besteht, wenn der Leistende in Insolvenz gefallen ist und der vom Finanzamt an die Insolvenzmasse zurückerstattete Betrag nicht vom Leistungsempfänger aus der Insolvenzmasse verlangt werden kann.[382] Der Leistungsempfänger, dem folgerichtig bereits das Recht zum Vorsteuerabzug aberkannt wurde, trägt hier das volle Insolvenzrisiko des Leistenden.

Allenfalls das unionsrechtliche Effektivitätsgebot könnte dem Umsatzsteuerrecht zum Vorrang ggü. dem Insolvenzrecht verhelfen. Da der Grundsatz der Belastungsneutralität aus sich heraus kein Fiskusvorrecht in der Insolvenz des Steuerschuldners zu rechtfertigen vermag, bedürfte es eines allgemeineren Gebots, dass der Belastungsneutralität auch für diesen Fall zum Erfolg verhilft. Der EuGH hat in der jüngeren Vergangenheit erste Schritte zur Klärung des Verhältnisses des europarechtlichen Effektivitätsgebots auf dem Feld der Mehrwertsteuer zu den Insolvenzvorschriften der Mitgliedstaaten unternommen. Er hat anhand zweier Fälle im Grunde entschieden, dass die Mehrwertsteuer nicht um jeden Preis erhoben werden muss.[383] Damit wird der Eindruck noch bestätigt, dass das Umsatzsteuerrecht in seiner derzeitigen Form nicht aus sich heraus zu einer Bevorrechtigung des Steuergläubigers in der Insolvenz fähig ist.

I.E. ist daher festzuhalten, dass sich auf Grundlage der geltenden Rechtsvorschriften keine Erklärung finden lässt, die eine grds. Besserstellung des Steuergläubigers hinsichtlich seiner Umsatzsteueransprüche im Insolvenzverfahren über das Vermögen des Steuerschuldners rechtfertigen würde.

---

380 FG Sachsen-Anhalt v. 12.7.2007 – 1 K 806/06, EFG 2007, 1737 (1739). Zu den Ansprüchen des Steuergläubigers ggü. dem Leistungsempfänger im Rahmen des Vorsteuerabzugs unten unter § 12. B.

381 FG Sachsen-Anhalt v. 12.7.2007 – 1 K 806/06, EFG 2007, 1737 (1739).

382 BFH v. 30.6.2015 – VII R 30/14, BFH/NV 2015, 1611.

383 Hierzu bereits oben unter § 5. B. II. 2. b) (cc).

Er muss nach den allgemeinen Vorschriften behandelt werden, sodass für jeden Umsatzsteueranspruch eigenständig zu entscheiden ist, ob es sich um eine Insolvenzforderung oder Masseverbindlichkeit handelt. Sofern es sich um eine Masseverbindlichkeit handelt, wird der Steuergläubiger i.d.R. volle Befriedigung erfahren.[384] Die Masseverbindlichkeit kann hierbei nicht schon damit begründet werden, dass der Steuerschuldner lediglich als „Steuereinsammler" fungiert. Als Insolvenzgläubiger wird der Steuergläubiger dagegen i.d.R. nur quotal befriedigt werden. Ausnahmsweise kann er jedoch auch als Insolvenzgläubiger wirtschaftlich gleich einem Massegläubiger befriedigt werden, wenn ihm die Aufrechnung mit seiner Insolvenzforderung gegen eine Gegenforderung der Insolvenzmasse möglich und nicht von den Aufrechnungsverboten der §§ 94 ff. InsO verwehrt ist.[385]

IV. Lösungsvorschläge de lege ferenda

1. Aussonderungsrecht de lege ferenda

Dem Gesetzgeber steht es offen, die Durchsetzung gesetzlich geschuldeter Umsatzsteueransprüche im Insolvenzfall auch auf anderer rechtlicher Grundlage als bisher sicherzustellen.[386] Im Rahmen der Abwägung mit den grundrechtlich geschützten Interessen der übrigen am Insolvenzverfahren Beteiligten kommt im Fall der Umsatzsteuer auch in Betracht, deren intendierte Neutralität zur Rechtfertigung etwaiger Fiskusvorrechte heranzuziehen.[387]

Seer schlägt vor, *de lege ferenda* solle dem Treuhandcharakter der Umsatzsteuer durch die Einführung eines darauf bezogenen Aussonderungs-

---

384 Zur entsprechenden Anwendung der §§ 94 ff. InsO bei Anzeige der Masseunzulänglichkeit z.B. *Waza*, in *Waza/Uhländer/Schmittmann*, Insolvenzen, Rn. 884 ff.; zur Rechtslage unter Geltung der KO vgl. BFH v. 1.8.2000 – VII R 31/99, BStBl. II 2002, 323 (325 f.).

385 Dazu z.B. BFH v. 25.7.2012 – VII R 29/11, BStBl. II 2013, 36; BFH v. 16.11.2004 – VII R 75/03, BStBl. II 2006, 193; BFH v. 5.10.2004 – VII R 69/03, BStBl. II 2005, 195; *Kinski*, Aufrechnung, 113 ff.; *Adam, R.*, WM 1998, 801 (802 ff.); *Kahlert/Onusseit*, DStR 2012, 334 (336 ff.); *Onusseit*, ZIP 2002, 22 (22 ff.); *Fischer, G.*, WM 2008, 1 (2 ff.); *Rüsken*, NZI 2006, 330 (332 ff.); *Wilmowsky*, NZG 1998, 481 (483 ff.).

386 *Wäger*, UR 2013, 673 (682). Zur Einführung neuer Fiskusvorrechte bereits oben unter § 4 B.

387 In diesem Sinne *Witfeld*, Umsatzsteuerverfahren und Insolvenz, 86 ff.

rechts gem. § 47 Satz 1 InsO unabhängig davon entsprochen werden, ob die Umsatzsteuer noch vom Insolvenzschuldner, einem „schwachen" oder „starken" vorläufigen Insolvenzverwalter oder dem „endgültigen" Insolvenzverwalter vereinnahmt wird.[388] Dies ist unter den gesteigerten Anforderungen an den europarechtlich gebundenen Gesetzgeber[389] m.E. im Grundsatz möglich. Hierin wäre auch kein Fiskusvorrecht zu sehen, da die Auswahl der Besteuerungstechnik noch keinen Einfluss auf die Position des Steuergläubigers im Insolvenzverfahren über das Vermögen des in Anspruch Genommenen hat. In diesem Zusammenhang ist das Problem der Gläubigergleichbehandlung vielmehr eine Frage der systematisch folgerichtigen Ausgestaltung.

Verbleibt der Gesetzgeber bei der indirekten Steuererhebung, will er die eingenommenen Umsatzsteuerbeträge aber aus dem Vermögen des Steuerschuldners aussondern, wird eine der Verwaltungstreuhand ähnliche Vermögensbetreuungspflicht zu normieren sein. Des Weiteren wird der Steuerschuldner die Pflicht haben müssen, über die bloße buchhalterische Trennung hinaus die eingenommenen Umsatzsteuerbeträge von seinem restlichen Vermögen zu separieren. Auch diese Pflicht müsste gesetzlich geregelt werden. Hierdurch würde die derzeitige Rollenverteilung zwischen Staat und Unternehmer als Steuergläubiger und Steuerschuldner weitestgehend aufgehoben, da der Unternehmer selbst dann nicht mehr Schuldner der Steuer, sondern tatsächlich nur noch „Steuereinsammler" im Auftrag des Staates wäre, der aufgrund treuhänderischen Tätigwerdens zur Herausgabe des hierbei Erlangten verpflichtet wäre.

Hinsichtlich der Separierung des Treuguts ergäben sich dann mehrere Probleme. In rechtlicher Hinsicht wird zu beantworten sein, wie sich die bisher geltende umsatzsteuerrechtliche Zwangssaldierung mit der für die Aussonderung vorausgesetzten Konkretisierung des Aussonderungsguts vereinbaren lässt, da Geldforderungen grds. nicht aussonderungsfähig sind.[390]

Die Konkretisierungsanforderungen stellen den Gesetzgeber in diesem Zusammenhang auch vor ein tatsächliches Problem: Selbst wenn die

388 *Seer*, DStR 2016, 1289 (1297). Alternativ könnte für die Umsatzsteuer auch eine dem § 392 Abs. 2 HGB entsprechende Vorschrift eingeführt werden.

389 Es wird bei den nachfolgenden Ausführungen ganz bewusst außer Acht gelassen, ob der deutsche Gesetzgeber kraft seines Spielraums bei der Umsetzung der MwStSystRL handeln könnte, oder ob es eines europäischen Konsenses bedürfte, da die notwendigen Maßnahmen und nicht deren Umsetzungskorsett in den Fokus gerückt werden sollen.

390 Hierzu bereits oben unter § 5. B. I. 2. a).

Umsatzsteueransprüche des Steuergläubigers unabhängig von einer noch erfolgenden Zwangssaldierung mit den Vorsteuerbeträgen bereits mit Vereinnahmung vom Vermögen des später insolventen Steuerschuldners getrennt werden sollen, dürfen sie von diesem schon zu diesem Zeitpunkt nicht mit dem restlichen Leistungsentgelt auf ein Bankkonto angefordert werden, um eine aussonderungsschädliche Vermengung des Umsatzsteuerbetrags mit dem restlichen Vermögen des Steuerschuldners zu vermeiden. Des Weiteren wären die konkreten Auswirkungen auf die bisher angeordnete Saldierung von Umsatzsteuer- und Vorsteuerabzugsansprüchen sowie das Erhebungsverfahren zu erörtern.[391]

Schließlich muss sich der Gesetzgeber die Frage stellen, ob die Aussonderbarkeit der Umsatzsteuerbeträge nicht nur die Zeit ab Insolvenzeröffnung bzw. eines entsprechenden vorläufigen Insolvenzverwalters betreffen, sondern eine ganzheitliche Maßnahme darstellen sollen. Eine gespaltene Anwendung auf vor und nach Insolvenzeröffnung begründete Umsatzsteueransprüche dergestalt, dass das Aussonderungsrecht nicht auf vor Insolvenzeröffnung begründete Umsatzsteueransprüche anwendbar wäre, stellte m.E. zwar eine systemwidrige Differenzierung und zugleich eine Ungleichbehandlung der Gläubiger des Steuerschuldners zugunsten des Steuergläubigers dar, der als aussonderungsberechtigter Gläubiger nicht (mehr) das Risiko der Masseinsuffizienz zu tragen hätte (anders als andere Massegläubiger, deren Ansprüche ebenfalls nach Insolvenzeröffnung begründet wurden). Vor dem Hintergrund der nachstehend unter § 6. C. II. am Beispiel des § 55 Abs. 4 Satz 1 InsO angewendeten Rechtfertigungsmaßstäbe sollte eine solche Differenzierung jedoch noch verfassungsrechtlich gerechtfertigt sein.

2. Einrichtung einer Umsatzsteuersondermasse

Witfeld schlägt vor, eine Umsatzsteuersondermasse einzuführen.[392] Hierzu soll eine neue Vorschrift im UStG eingeführt werden, die aber an das Insolvenzrecht anknüpft. Der Steuergläubiger soll hinsichtlich sämtlicher umsatzsteuerrechtlicher Ansprüche ggü. dem insolventen Steuerschuldner (zunächst) auf die Befriedigung einer eigens gebildeten Sonderinsolvenz-

---

391 Vgl. auch *Witfeld*, Umsatzsteuerverfahren und Insolvenz, 400.

392 *Witfeld*, Umsatzsteuerverfahren und Insolvenz, 385 ff., der mit seinem beeindruckenden Modell den bisher wohl detailliertesten Vorschlag zur Problemlösung *de lege ferenda* vorgelegt hat.

masse für die Umsatzsteuer verwiesen sein. Hierfür wird er hinsichtlich sämtlicher Ansprüche als Insolvenzgläubiger nach § 38 InsO eingeordnet.[393] Die Umsatzsteuersondermasse speist sich sodann aus bereits vereinnahmten und noch zu vereinnahmenden Entgelten aus Lieferungen oder sonstigen Leistungen des insolventen Steuerschuldners[394] sowie etwaigen sich aus den Umsatzsteuervoranmeldungen des Steuerschuldners ergebenden Guthabensbeträgen, die das Finanzamt an die Umsatzsteuermasse auszukehren hat.[395]

Die so aggregierte Umsatzsteuersondermasse soll sodann im Rahmen der Schlussverteilung nach den §§ 187 ff. InsO an den Steuergläubiger ausgeschüttet werden, nachdem dieser seine Forderungen unter Angabe der vorrangigen Befriedigung aus der Umsatzsteuersondermasse zur Insolvenztabelle angemeldet hat. Reicht die Umsatzsteuersondermasse nicht aus, um die angemeldeten Ansprüche des Steuergläubigers zu befriedigen, soll er nach den Vorschriften der §§ 50, 190, 192 InsO für Absonderungsgläubiger als gewöhnlicher Insolvenzgläubiger an der Verteilung teilnehmen. Sollte ein Überschuss in der Umsatzsteuersondermasse verbleiben, würde diese zur allgemeinen Befriedigung der Insolvenzgläubiger eingesetzt.[396]

Die vorgeschlagene Umsatzsteuersondermasse würde laut *Witfeld* zweifellos ein „Fiskusvorrecht" in Gestalt eines Umsatzsteuervorrechts darstellen. Das Instrument der Sondermasse sei aber auch in anderen Fällen zur Berücksichtigung von treuhänderischen Verhältnissen bekannt und führe insoweit nicht zu einer Besserstellung des Steuergläubigers, sondern lediglich zu einer Gleichstellung mit anderen Treuhandverhältnissen.[397] Verfassungsrechtlich bestünde auch kein Verbot zur gesetzlichen Einführung einer Treuguteigenschaft der Umsatzsteuer.[398] Zur damit verbundenen Ungleichbehandlung des Steuergläubigers ggü. den übrigen Massegläubigern gilt das vorstehend unter § 5. B. IV. 1. zum Aussonderungsrecht *de lege ferenda* Gesagte.

---

393 *Witfeld,* Umsatzsteuerverfahren und Insolvenz, 390.

394 *Witfeld,* Umsatzsteuerverfahren und Insolvenz, 390 f., der zutreffend die Probleme der Isolierung bereits vorinsolvenzlich vereinnahmter Beträge herausarbeitet.

395 *Witfeld,* Umsatzsteuerverfahren und Insolvenz, 392.

396 Zum Ganzen *Witfeld,* Umsatzsteuerverfahren und Insolvenz, 396.

397 *Witfeld,* Umsatzsteuerverfahren und Insolvenz, 397.

398 *Witfeld,* Umsatzsteuerverfahren und Insolvenz, 92 ff., 396.

3. Erweiterung des Anwendungsbereichs der Ist-Besteuerung

Des Weiteren schlägt *Wäger* vor, als sog. „große Lösung“ den Anwendungsbereich der Ist-Besteuerung zu erweitern,[399] wodurch nicht nur die allgemeinen Vorteile der Ist-Besteuerung wie die Verwirklichung der Verbrauchserfassung, Verwaltungsvereinfachung und Missbrauchserschwerung zu breiterer Geltung gelangten, sondern auch zu einer Vereinfachung der Besteuerung bei Insolvenz,[400] da bei der Ist-Besteuerung für die Ermittlung des Begründetheitszeitpunkts nur auf den Zeitpunkt der Entgeltvereinnahmung abgestellt werden müsse.[401] Als Grundlage hierfür bezieht er sich auf den zutreffenden Umstand, dass der EuGH den Mitgliedstaaten bei der Ausübung der Ermächtigung nach Art. 66 Abs. 1 Buchst. b) MwStSystRL einen erheblichen Spielraum und damit ein weites Ermessen eingeräumt hat, um die Umsätze oder Gruppen von Steuerpflichtigen zu bestimmen, die der Ist-Besteuerung unterliegen sollen.[402]

Wäger schlägt hierbei mehrere Möglichkeiten vor, wie dieses Ermessen zulässigerweise ausgeübt werden könne: zum einen, mit Blick auf den Gesamtumsatz der Unternehmen bis auf wenige Großunternehmen alle Steuerpflichtigen zwingend der Ist-Besteuerung zuzuführen, zum anderen, mit Hinblick auf die Steuerausfälle im Insolvenzfall alternativ alle insolvenzfähigen Unternehmen[403] der Ist-Besteuerung zu unterwerfen.[404] Der Vorschlag *Wägers* würde vor dem Hintergrund der sog. „Doppelberichtigungs“-Rechtsprechung im Vergleich zu einem der Soll-Besteuerung unterliegenden Insolvenzschuldner jedenfalls zu einer Rechtsvereinfachung führen.

---

399 Dies befürwortend mit Verweis auf das von P. Kirchhof erdachte Bundessteuergesetzbuch auch *Heuermann*, BB 2017, 2583 (2587); ähnlich *Zimmert*, DStR 2015, 921 (923).

400 Die Ist-Besteuerung verringert auch deshalb die Ausfälle bei Insolvenzen, weil der Leistungsempfänger nicht mehr zu einem Zeitpunkt insolvent werden kann, an dem der Steuergläubiger die berechnete Umsatzsteuer als Vorsteuerabzug schon vergütet, der Leistungsempfänger jedoch noch nicht an den Leistenden gezahlt hat, *Kirchhof*, DStR 2008, 1 (8).

401 *Wäger*, ZInsO 2014, 1121 (1123 f.); *ders.*, UR 2013, 673 (682).

402 *Wäger*, UR 2013, 673 (682); ebenso EuGH v. 16.5.2013 – C-169/12, ECLI:EU:C:2013:314 (Rn. 25); *Schüler-Täsch*, in *Sölch/Ringleb*, UStG, § 20, Rn. 13 m.w.N.

403 Und damit alle Unternehmen bis auf die der öffentlichen Hand, vgl. § 12 Abs. 1 InsO.

404 *Wäger*, ZInsO 2014, 1121 (1123 f.); *ders.*, UR 2013, 673 (682).

Da der V. und XI. Senat des BFH in mittlerweile gefestigter Rechtsprechung sowohl bei der Ist- als auch bei der Soll-Besteuerung auf die Entgeltvereinnahmung abstellen, würde sich an der derzeitigen Lage i.E. allerdings kaum etwas ändern.[405] Insb. wäre der Steuergläubiger nach wie vor gehalten, am Insolvenzverfahren über das Vermögen des Steuerschuldners teilzunehmen und für vor Insolvenzeröffnung begründete Steuerforderungen gezwungen, eine nur quotale Befriedigung zu akzeptieren. Schließlich kann die vorgeschlagene Lösung nur für einen Teil der Fälle die Behandlung vereinfachen. Denn jedenfalls derzeit ist die Ausdehnung der Ist-Besteuerung auf alle Umsätze ausgeschlossen;[406] Art. 66 Abs. 1 Buchst. b) MwStSystRL ist trotz des eingeräumten Ermessens als Ausnahmevorschrift tendenziell eng auszulegen.[407]

Vor diesem Hintergrund erscheinen die vorgeschlagenen Abgrenzungen *Wägers* zu weitgehend, wenn im Falle der Abgrenzung nach dem Gesamtumsatz und auch bei der Ist-Besteuerung für alle insolvenzfähigen Unternehmen die weit überwiegende Zahl der Umsatzsteuerpflichtigen der Ist-Besteuerung zugeordnet würden. Denn in beiden Varianten würde das in der MwStSystRL zugrunde gelegte und im Ausnahmecharakter des Art. 66 Abs. 1 Buchst. b) MwStSystRL zum Ausdruck kommende Regel-Ausnahme-Verhältnis umgekehrt. Dass jeweils ein kleiner Teil von Unternehmern weiterhin der Soll-Besteuerung unterliegen würde, differenziert die Vorschläge m.E. nicht hinreichend von einer derzeit unionsrechtswidrigen Totalabschaffung des Prinzips der Soll-Besteuerung.

4. Ausweitung des sog. Reverse-Charge-Verfahrens

Daneben schlägt *Wäger* als sog. „kleine Lösung" die Ausweitung des sog. Reverse-Charge-Verfahrens vor. Es sei zu erwägen, bei noch nicht

---

405 Nach hier vertretener Auffassung ist dagegen sowohl bei Ist- als auch bei Soll-Besteuerung für die Ermittlung des Begründetheitszeitpunkts jedenfalls dann auf die Leistungserbringung abzustellen, wenn diese vor der Entgeltvereinnahmung erfolgt, siehe dazu unten unter § 12. A. I. 2. c) (ee) zur Soll-Besteuerung sowie unter § 12. A. II. 2. c) zur Ist-Besteuerung.

406 Vgl. *Schüler-Täsch*, in *Sölch/Ringleb*, UStG, § 20, Rn. 13; *Widmann*, UR 2004, 177 (179); a.A. *Stadie*, UR 2004, 136 (137 f.); *Frye*, in *Rau/Dürrwächter*, UStG, Bd. VI, § 20, Rn. 40.4 „nahezu unbeschränkte Istbesteuerung"; *Zimmert*, DStR 2015, 921 (925).

407 EuGH v. 16.5.2013 – C-169/12, ECLI:EU:C:2013:314 (Rn. 24); *Schüler-Täsch*, in *Sölch/Ringleb*, UStG, § 20, Rn. 13.

geleisteten Zahlungen für bis zur Insolvenzeröffnung über das Vermögen des Leistenden bezogene Leistungen eine auf den jeweiligen Zahlungszeitpunkt bezogene Steuerschuld des Leistungsempfängers anzuordnen, wenn er entsprechend § 13b Abs. 5 Satz 1 UStG Unternehmer oder eine juristische Person ist.[408]

Für den Leistungsempfänger ergäben sich hieraus keine übermäßigen Erschwernisse, müsse er doch ohnehin sicherstellen, dass er ab dem Zeitpunkt der Insolvenzeröffnung an den Insolvenzverwalter, nicht aber an den Insolvenzschuldner zahlt. Dem Gesetzgeber stünde es ebenso offen, derartige Regelungen auch auf Leistungen an Unternehmer anzuwenden, für die ein vorläufiger Insolvenzverwalter mit Verfügungsverbot oder Zustimmungsvorbehalt bestellt wurde, und/oder die Anwendung von § 13b Abs. 2 und 5 UStG allgemein für die Dauer von Insolvenzverfahren vorzusehen.

Unionsrechtlich bedürften derartige Verlagerungen der Steuerschuld allerdings einer Ergänzung der Richtlinie in Art. 199 MwStSystRL oder einer Sonderermächtigung nach Art. 395 Abs. 1 MwStSystRL.[409] Aufgrund der Heranziehung von § 13b Abs. 5 Satz 1 UStG wäre die Lösung mit der Anwendung des sog. Reverse-Charge-Verfahrens allerdings nicht auf eine Vielzahl von Unternehmern anwendbar, soweit diese Leistungen an Verbraucher erbringen. Eine Ausweitung der umgekehrten Steuerschuld auf Verbraucher würde auch zu Steuererhebungsdezifiten durch Überlastung des Verwaltungsapparats führen, sodass auch in diesem Fall nicht alle Unternehmer erfasst werden könnten.

Darüber hinaus darf nicht der Blick darauf verstellt werden, dass der Steuergläubiger auch im Falle der umgekehrten Steuerschuld jedenfalls abstrakt noch ein Insolvenzrisiko trägt, nämlich das des Leistungsempfängers. Dass er an einem Insolvenzverfahren über dessen Vermögen nach den allgemeinen Regeln teilzunehmen hätte, sollte unbestritten sein,[410] darf aber nicht in Vergessenheit geraten. Des Weiteren sollte eine Anordnung des sog. Reverse-Charge-Verfahrens ausschließlich für den Fall der Insolvenz des Leistenden gegen den Grundsatz der Gläubigergleichbehandlung verstoßen, da dem Steuergläubiger hierdurch ein verfahrensbezogenes Sonderrecht eingeräumt würde. Nötig und aus insolvenzrechtlicher Sicht zulässig wäre demgegenüber die generelle Anordnung des sog. Reverse-Charge-Verfahrens unabhängig vom Fall der Insolvenz für

---

408 *Wäger,* UR 2013, 673 (682 f.).

409 *Wäger,* UR 2013, 673 (683).

410 Ebenso *Stadie,* in *Rau/Dürrwächter,* UStG, Bd. VI, § 18 Anhang 2, Rn. 87.

eine größere Zahl an Unternehmen als bisher. Dies käme der Etablierung der direkten Steuererhebung als allgemeinem Grundsatz der Umsatzsteuer gleich; freilich müsste hierfür eine Ergänzung der MwStSystRL herbeigeführt werden, um den Mitgliedstaaten einen entsprechenden Handlungsspielraum zu eröffnen.

5. Umsatzsteuer der einphasigen Einzelhandelssteuer

Eine mögliche Zwischenlösung wäre auch ein Umsatzsteuersystem der einphasigen Einzelhandelssteuer.[411] Dies würde die bisher z.T. als unbefriedigend empfundene Situation für den Steuergläubiger zwar auf juristischer Ebene nicht lösen, würde aber in tatsächlicher Hinsicht die Zahl der betreffenden Insolvenzen beträchtlich verringern. Zudem würde das System hierdurch u.a. weniger missbrauchsanfällig.[412]

§ 6. Zur Einordnung von § 55 Abs. 4 Satz 1 InsO

An dieser Stelle soll auf § 55 Abs. 4 Satz 1 InsO eingegangen werden, dessen Einführung als § 55 Abs. 4 InsO a.F. durch das Haushaltsbegleitgesetz 2011 vom 9. Dezember 2010[413] ähnliche Reaktionen wie die „Doppelberichtigungs"-Rechtsprechung des BFH[414] hervorgerufen hat.[415] Wäh-

---

411 Unter explizitem Hinweis auf das bestehende Insolvenzrisiko beim aktuellen Allphasen-Nettoumsatzsteuersystem *Kirchhof*, DStR 2008, 1 (5 f.) m.w.N.

412 *Kirchhof*, DStR 2008, 1 (6).

413 BGBl. I 2010, 1885, zum 1.1.2021 geändert durch das Gesetz zur Fortentwicklung des Sanierungs- und Insolvenzrechts (Sanierungs- und Insolvenzrechtsfortentwicklungsgesetz – SanInsFoG), BGBl. I 2020, 3256, dazu sogleich.

414 Dazu unten unter § 12. A. I. 2. a) (bb) (ii).

415 Z.B. *Nachtmann*, Fiskusvorrecht, 221: „[...] mit dem Gläubigergleichbehandlungsgrundsatz und mit Art. 14 GG nicht vereinbar."; *Onusseit*, ZInsO 2011, 641 (642): „§ 55 Abs. 4 InsO bleibt [...] zeitlich zwar hinter dem alten Fiskusprivileg zurück, [...], geht aber mit der Qualifizierung als Masseverbindlichkeit weit darüber hinaus"; *Marotzke*, ZIP 2005, 2144 (2145): „Eine Regelung, die im wirtschaftlichen Ergebnis dazu führt, dass die während des Eröffnungsverfahrens anfallende Umsatzsteuer zu 100% von den Gläubigern des Steuerpflichtigen zu tragen ist, wäre geradezu grotesk."; *Jungclaus/Keller*, NZI 2010, 808 (809): „Die Lauterkeit der Motive des Gesetzgebers muss allerdings bezweifelt werden, weil die Entrechtung anderer Zwangsgläubiger als des Fiskus gerade nicht behoben wird.", und weiter: „Und so erscheint es als geradezu zynisch, dass die Bundesregierung nunmehr unter dem Banner der Beseitigung dogmatischer

rend die vorbesprochenen Konstellationen sich auf dem Boden der Auslegung der bereits vorhandenen umsatzsteuerrechtlichen und insolvenzrechtlichen Vorschriften bewegen, handelt es sich bei § 55 Abs. 4 Satz 1 InsO um ein gesetzgeberisches Eingreifen in das Verhältnis zwischen Steuergläubiger und insolventem Umsatzsteuerschuldner.

§ 55 Abs. 4 Satz 1 InsO, wonach „Umsatzsteuerverbindlichkeiten des Insolvenzschuldners, die von einem vorläufigen Insolvenzverwalter oder vom Schuldner mit Zustimmung eines vorläufigen Insolvenzverwalters oder vom Schuldner nach Bestellung eines vorläufigen Sachwalters begründet worden sind, [...] nach Eröffnung des Insolvenzverfahrens als Masseverbindlichkeit [gelten]“[416], stellt augenscheinlich eine Besserstellung des Steuergläubigers ggü. anderen Gläubigern des Insolvenzschuldners dar, da ausschließlich Umsatzsteuerverbindlichkeiten (und nach § 55 Abs. 4 Satz 2 InsO Verbindlichkeiten aus bestimmten weiteren Steuer-

---

Schwächen der InsO eine isolierte Freistellung des Fiskus von finanziellen Nachteilen aus der Anordnung schwacher vorläufiger Verwaltungen anstrebt, ohne zugleich Maßnahmen gegen den Hauptgrund für das regelmäßige Absehen von der starken vorläufigen Verwaltung – das Fehlen kostendeckender Massen – zu ergreifen.“; *Marotzke*, ZInsO 2010, 2163 (2175): „[...] will [...] § 55 Abs. 4 InsO die rechtsethisch wertvolle Idee des Vertragspartnerschutzes mit bemerkenswerter Rücksichtslosigkeit den Sonderinteressen des Fiskus opfern, obwohl dieser, im Unterschied zu den meisten anderen Gläubigern, keine Gegenleistung in das Vermögen des Schuldners erbringt.“, und weiter (2180): „Einer derart aggressiven und im Verhältnis zu anderen Gläubigern [...] extrem rücksichtslosen Zielsetzung darf sicherlich mit härtester Kritik begegnet werden.“; *Rennert-Bergenthal/Dähling*, ZInsO 2011, 1922 (1922): „[...] fachlich wenig gelungene[n] Umsetzung der Vorschrift [...].“; *Pape/Uhlenbruck*, ZIP 2005, 417 (420): „Systembruch“ und „krasser Verstoß gegen die Gleichbehandlung“; *Seer*, DStR 2014 (Beihefter), 117 (123): „[...] steuerspezifischer Fremdkörper im Regelungssystem der InsO [...]“; *Schmittmann*, ZIP 2012, 249 (249): „Dies war die kalte Antwort des Gesetzgebers auf richterliche Unabhängigkeit, statt „starker“ vorläufiger Insolvenzverwalter, die der Gesetzgeber offenbar wünscht, aber so nicht geregelt hatte, mit im Einzelfall guten Gründen „schwache“ vorläufige Insolvenzverwalter zu bestellen.“; *Hiebert*, ZInsO 2015, 1242 (1242): „[...] schwerwiegende und rechtspolitisch fragwürdige Privilegierung des Fiskus [...]“; zusammenfassend auch *Witfeld*, Umsatzsteuerverfahren und Insolvenz, 129 ff.

416 § 55 Abs. 4 InsO a.F. erfasste bis zum 31.12.2020 dem Wortlaut nach noch „Verbindlichkeiten des Insolvenzschuldners aus dem Steuerschuldverhältnis, die von einem vorläufigen Insolvenzverwalter oder vom Schuldner mit Zustimmung eines vorläufigen Insolvenzverwalters begründet worden sind, [...]“ und qualifizierte diese nach Eröffnung des Insolvenzverfahrens zu Masseverbindlichkeiten um.

schuldverhältnissen) nachträglich zu Masseverbindlichkeiten avancieren können.[417] Im Folgenden soll der Frage nachgegangen werden, ob sich § 55 Abs. 4 Satz 1 InsO noch innerhalb der oben aufgeführten Grenzen eines Fiskusvorrechts hält.[418]

A. Zweck und Entstehungsgeschichte von § 55 Abs. 4 Satz 1 InsO

Mit der Einführung von § 55 Abs. 4 InsO a.F. wollte der Gesetzgeber erreichen, die enttäuschte Erwartung bei Einführung der InsO, die aus der Tätigkeit des vorläufigen Insolvenzverwalters erwachsenden Umsatzsteuerverbindlichkeiten des Insolvenzschuldners würden regelmäßig Masseverbindlichkeiten nach § 55 Abs. 2 InsO (im Gesetzesentwurf zur InsO noch § 64 Abs. 2 InsO),[419] doch noch zu erfüllen.[420] In der Folge der Einführung der InsO wurden von den Gerichten nämlich – entgegen der Erwartung des Gesetzgebers – regelmäßig vorläufige Insolvenzverwalter bestellt, auf die die Verfügungsbefugnis über das schuldnerische Vermögen nicht übergeht, sodass der Anwendungsbereich von § 55 Abs. 2 InsO nicht eröffnet war. Die mit Zustimmung solcher „schwachen" vorläufigen Insolvenzverwalter begründeten Umsatzsteuerverbindlichkeiten stellten somit weiterhin bloße Insolvenzforderungen nach § 38 InsO dar, wodurch im Eröffnungsverfahren weitere Steuerrückstände entstanden, auf die der Steuergläubiger keinen Einfluss hatte.[421] Während andere Gläubiger im Eröffnungsverfahren in der Lage seien, Vorkehrungen gegen drohende Verluste zu treffen, träfe das auf den Steuergläubiger nicht

---

417 A.A. ist laut amtlicher Gesetzesbegründung der Gesetzgeber, der in der Schaffung von § 55 Abs. 4 InsO a.F. eine Maßnahme sah, einer ungerechtfertigten Benachteiligung des Steuergläubigers durch Anreicherung der Insolvenzmasse durch die im Eröffnungsverfahren zusätzlich entstehenden Steuerausfälle einen Riegel vorzuschieben, d.h. wieder gleiche Verhältnisse herzustellen, BT-Drs. 17/3030, 43; vgl. auch BFH v. 24.9.2014 – V R 48/13, BStBl. II 2015, 506 (507, Rn. 19).

418 Oben unter § 4. III.

419 BT-Drs. 12/2443, 126, wonach die Privilegierung des § 55 Abs. 2 InsO (§ 64 Abs. 2 InsO) auch für gesetzliche Verbindlichkeiten gilt; a.A. *Marotzke*, ZIP 2005, 2144 (2145), der den Steuergläubiger insoweit als „Trittbrettfahrer des eigentlich dem Schutz von Vertragspartnern dienenden § 55 Abs. 2 InsO" bezeichnet; vgl. bereits *ders.*, Unternehmen in der Insolvenz, Rn. 19.

420 Vgl. BT-Drs. 17/3030, 42; so bereits BR-Drs. 618/05, 16.

421 BT-Drs. 17/3030, 42 f.

zu.[422] Zum Ausgleich[423] wurde § 55 Abs. 4 InsO a.F. eingeführt, der mit Zustimmung des „schwachen“ vorläufigen Insolvenzverwalters begründete Verbindlichkeiten nach Verfahrenseröffnung zu Masseverbindlichkeiten erhob. Zugleich sollte damit eine Maßnahme gegen „schwache“ vorläufige Insolvenzverwalter getroffen werden, die aus Sicht des Gesetzgebers ihre Rechtsstellung im vorläufigen Insolvenzverfahren gezielt ausgenutzt hätten, um die Insolvenzmasse zulasten des Steuergläubigers anzureichern.[424]

Das in der Gesetzesbegründung dargestellte Problem wurde allerdings nicht erst im Jahr 2010 erkannt. Vielmehr gingen der Einführung von § 55 Abs. 4 InsO a.F. bereits gleichgerichtete Vorhaben voraus, die Rechtslage entsprechend anzupassen.[425]

Ausgangspunkt der gesetzgeberischen Aktivitäten war vermutlich der bereits erwähnte Bericht des Bundesrechnungshofes vom 3. September 2003, der die Wiedereinführung eines Fiskusvorrechts aufgrund der hohen Umsatzsteuerausfälle empfohlen hatte.[426] Bereits im Jahr 2005 wurde in einem sog. Non-Paper des Bundesministeriums der Justiz, dessen Inhalt u.a. von *Pape/Uhlenbruck* mitgeteilt wurde,[427] der Vorschlag geäußert, dem § 55 InsO einen Abs. 3 hinzuzufügen, wonach „Steuern und Abgaben, die in der Zeit nach dem Eröffnungsantrag bis zur Verfahrenseröffnung begründet werden, [...] nach Eröffnung als Masseverbindlichkeiten [gelten]“

422 BT-Drs. 17/3030, 43; von *Marotzke*, ZIP 2005, 2144 (2145) insgesamt als „fiskalisch motiviertes Klagelied“ bezeichnet; a.A. *Zimmer*, ZInsO 2010, 2299 (2300), der § 55 Abs. 4 InsO a.F. als einen Ausgleich zum Lieferantenprivileg und zum Arbeitnehmerprivileg sieht, die bereits bestünden.

423 Und, dem allgemein vorangestellten Zweck des Haushaltsbegleitgesetzes folgend, um neue Einnahmequellen für den Steuergläubiger im Insolvenzverfahren zu erschließen, vgl. BT-Drs. 17/3030, 42.

424 BT-Drs. 17/3030, 42 f.

425 Umfassende Darstellungen bei *Witfeld*, Umsatzsteuerverfahren und Insolvenz, 19 ff; *Marotzke*, ZInsO 2010, 2163 (2169 ff.); *Nachtmann*, Fiskusvorrecht, 86 ff.; *Onusseit*, LIT 2011, 70 70 ff.); vgl. auch *Kahlert*, ZIP 2010, 1274 (2181 f.); *Weiland*, DZWiR 211, 224 (225, 231). Auf eine Darstellung der weiteren gesetzgeberischen Maßnahmen zur Verbesserung der Stellung öffentlich-rechtlicher Gläubiger (insbesondere im Insolvenzanfechtungsrecht, aber auch durch die Einführung bzw. Ausweitung von §§ 13b Abs. 2 und 5, 13c UStG), die u.a. mit den unten aufgezählten Gesetzesvorhaben verbunden waren, wird bewusst verzichtet.

426 Bundesrechnungshof, Steuerausfälle bei der Umsatzsteuer, Abschn. II, Tz. 6.3; vgl. auch *Witfeld*, Umsatzsteuerverfahren und Insolvenz, 19.

427 *Pape/Uhlenbruck*, ZIP 2005, 417; siehe auch *Bauer*, Ungleichbehandlung, 6 f.; vgl. auch *Witfeld*, Umsatzsteuerverfahren und Insolvenz, 21 f.; *Uhlenbruck*, ZInsO 2005, 505 (508).

sollten.[428] Später im Jahr 2005 sollte mit dem Entwurf eines Gesetzes zum Pfändungsschutz der Altersvorsorge und zur Anpassung des Rechts der Insolvenzanfechtung vom 23. Juni 2005 § 55 Abs. 2 InsO auf Verbindlichkeiten, die mit Zustimmung des vorläufigen Insolvenzverwalters begründet wurden, erstreckt werden.[429] Der Vorschlag stieß jedoch aufgrund der Beschlussempfehlung des federführenden Rechtsausschusses des Bundesrats auf Ablehnung im Bundesrat[430] und wurde daher aus dem Gesetzentwurf gestrichen.[431]

Mit dem Entwurf eines JStG 2007 wurde sodann versucht, das gewünschte Ergebnis durch die Anfügung eines Abs. 4 an § 251 AO zu erzielen, wonach „Verbindlichkeiten des Schuldners aus dem Steuerschuldverhältnis, die von einem vorläufigen Insolvenzverwalter oder mit dessen Zustimmung begründet worden sind, [...] nach Eröffnung des Insolvenzverfahrens als Masseverbindlichkeiten [gelten]".[432]

Ein weiterer Versuch wurde mit dem Entwurf eines Gesetzes zur Entschuldung mittelloser Personen, zur Stärkung der Gläubigerrechte sowie der Regelung der Insolvenzfestigkeit von Lizenzen vom 5. Dezember 2007[433] unternommen, der nun wieder auf eine Änderung von § 55 Abs. 2 InsO abzielte. Im Gegensatz zu den vorherigen Entwürfen sollte die Privilegierung von mit Zustimmung des „schwachen" vorläufigen Insolvenzverwalters begründeten Verbindlichkeiten als Masseverbindlichkeiten jedoch sämtlichen Gläubigern zugutekommen und nicht auf öffentlich-rechtliche Verbindlichkeiten beschränkt sein.[434] Auch dieser Entwurf scheiterte jedoch; die vorgeschlagene Änderung wurde im Zuge der Be-

---

428 Vgl. *Pape/Uhlenbruck*, ZIP 2005, 417 (419), der dieser Ergänzung ablehnend gegenüberstand; zustimmend *Marotzke*, ZIP 2005, 2144 (2145).

429 Vgl. BR-Drs. 618/05, 2 f.; im Wortlaut abgedruckt bei *Onusseit*, ZInsO 2011, 641 (641); *Marotzke*, ZIP 2005, 2144 (2145); eingehend *Witfeld*, Umsatzsteuerverfahren und Insolvenz, 22.

430 BR-Drs. 618/05 (Beschluss), 7 mit dem Argument der Sanierungsfeindlichkeit der vorgeschlagenen Fassung von § 55 Abs. 2 InsO.

431 BGBl. I 2007, 368 ff.; vgl. *Onusseit*, ZInsO 2011, 641 (641).

432 BR-Drs. 622/06; laut *Onusseit*, ZInsO 2011, 641 (641) und *Marotzke*, ZInsO 2010, 2163 (2172) war ein nahezu gleichlautender Vorschlag zur Anfügung eines § 251 Abs. 4 AO ebenfalls bereits im Laufe des Gesetzgebungsverfahrens zum Gesetz zum Pfändungsschutz der Altersvorsorge und zur Anpassung des Rechts der Insolvenzanfechtung gescheitet.

433 BT-Drs. 16/7416, 7; ebenfalls im Wortlaut abgedruckt bei *Onusseit*, ZInsO 2011, 641 (641).

434 Dies betonend Frau *Brigitte Zypries* im Rahmen der ersten Beratung des Gesetzentwurfs im Plenum des Bundestages, BT-PlPr. 16/142, 14967D.

ratungen des Finanzausschusses mit Beschlussempfehlung vom 8. November 2006 ersatzlos gestrichen.[435]

Nachdem das BMF zu Beginn des Jahres 2010 sodann erneut die Debatte um eine Wiedereinführung des alten Fiskusvorrechts des § 61 Abs. 1 Nr. 2 KO angestoßen hatte,[436] die auf Druck der Fachöffentlichkeit und des Bundesjustizministeriums kurzzeitig fallen gelassen wurde,[437] wurde schließlich der Entwurf eines Haushaltsbegleitgesetzes 2011 vorgelegt.[438] Dieser Entwurf enthielt den § 55 Abs. 4 InsO in seiner bis zum 31. Dezember 2020 geltenden Fassung.[439] Während im dort federführenden Finanzausschuss des Bundesrates im Gesetzgebungsverfahren auf die bereits geäußerte Kritik im Zusammenhang mit dem Entwurf eines Gesetzes zum Pfändungsschutz der Altersvorsorge und zur Anpassung des Rechts der Insolvenzanfechtung hinwies,[440] fehlten in der Stellungnahme des Bundesrates Bezugnahmen auf diese Empfehlungen.[441] Aufseiten des Bundestages war in diesem Gesetzgebungsverfahren nicht der Rechtsausschuss, sondern der Haushaltsausschuss federführend.[442] Nachdem das Gesetz im Bundestag am 28. Oktober 2010 beschlossen wurde, trat es nach Ausfertigung durch den Bundespräsidenten und Verkündung am 15. Dezember 2010 in Kraft.[443] § 55 Abs. 4 InsO a.F. war auf alle Insolvenzverfahren anzuwenden, für deren Eröffnung ein Antrag ab dem 1. Januar 2011 gestellt wurde.[444]

---

435 BT-Drs. 16/3225, 54; vgl. *Witfeld*, Umsatzsteuerverfahren und Insolvenz, 24; *Onusseit*, ZInsO 2011, 641 (641) führt die Streichung auf Kritik des Bundesrates zurück; laut *Marotzke*, ZInsO 2010, 2163 (2174) erntete der Gesetzesvorschlag auch im Rechtsausschuss des Bundestages deutliche Kritik.

436 *Onusseit*, ZInsO 2011, 641 (641).

437 Vgl. *Jungclaus/Keller*, NZI 20210, 808 (808).

438 BT-Drs. 17/3030.

439 Von *Klünemann*, LIT 2011, 90 (90) als der kleinste gemeinsame Nenner in Bezug auf die zuvor geplanten Gesetzesvorhaben bezeichnet.

440 BR-Drs. 532/1/10, 9 f.; vgl. auch *Witfeld*, Umsatzsteuerverfahren und Insolvenz, 28.

441 BR-Drs. 532/10 (Beschluss).

442 Vgl. *Witfeld*, Umsatzsteuerverfahren und Insolvenz, 29.

443 BGBl. I 2010, 1885; vgl. *Witfeld*, Umsatzsteuerverfahren und Insolvenz, 29.

444 Art. 4 i.V.m. Art. 24 Haushaltsbegleitgesetz 2011, BGBl. I 2010, 1885 (1894, 1898). Wie der Beschluss des AG Düsseldorf v. 8.2.2011 – 503 IN 20/11, ZInsO 2011, 438 m.Anm. *Schmittmann* in Bezug auf ein Insolvenzeröffnungsverfahren aufgrund Antrags vom 17.1.2011 zeigt, ist § 55 Abs. 4 InsO (a.F.) keine Garantie dafür, dass die Gerichte nunmehr schematisch „schwache" vorläufige Insolvenzverwalter bestellen werden, ohne die Verhältnismäßigkeit dieser vorläufigen Sicherungsmaßnahme im Einzelfall zu prüfen.

Seine ab dem 1. Januar 2021 geltende Fassung erhielt § 55 Abs. 4 InsO durch das am 17. Dezember 2020 vom Bundestag beschlossene und nach Ausfertigung durch den Bundespräsidenten und am 29. Dezember 2020 im BGBl. verkündete Sanierungs- und Insolvenzrechtsfortentwicklungsgesetz (SanInsFoG). Statt einer allgemeinen Bezugnahme auf „Verbindlichkeiten aus dem Steuerschuldverhältnis" ist der Anwendungsbereich von § 55 Abs. 4 Satz 1 InsO nunmehr auf „Umsatzsteuerverbindlichkeiten" beschränkt. Ein neu eingefügter Satz 2 erstreckt die Wirkungen von § 55 Abs. 4 Satz 1 InsO aber auf Steuerverbindlichkeiten in Zusammenhang mit (i) sonstigen Ein- und Ausfuhrabgaben, (ii) bundesgesetzlich geregelten Verbrauchsteuern (z.B. die Biersteuer[445]), (iii) der Luftverkehr- und die Kraftfahrzeugsteuer und (iv) der Lohnsteuer. Damit wird der Anwendungsbereich im Vergleich zu § 55 Abs. 4 InsO a.F. eingeschränkt, der nach weit überwiegender Auffassung trotz seiner Entstehungsgeschichte auch auf andere Steuerarten, einschließlich der Ertragsteuern, anwendbar war.[446] § 55 Abs. 4 Satz 1 InsO findet auf alle Insolvenzverfahren Anwendung, für deren Eröffnung ein Antrag ab dem 1. Januar 2021 gestellt wurde.[447]

Diese Änderung von § 55 Abs. 4 InsO ist auf Urteile des BGH[448] und des BFH[449] zurückzuführen, die im November 2018 bzw. im Juli 2020 zu der – zutreffenden – Einschätzung gelangten, § 55 Abs. 4 InsO a.F. finde auf Umsatzsteuerverbindlichkeiten keine Anwendung, die vom Insolvenzschuldner während eines vorläufigen Eigenverwaltungsverfahrens nach § 270a InsO a.F. nach Bestellung eines vorläufigen Sachwalters begründet wurden.[450] Erstmals aufgegriffen wurde die Erstreckung auf Fälle

445 Vgl. den Bericht des Ausschusses für Recht und Verbraucherschutz v. 16.12.2020, BT-Drs. 19/25353 v. 16.12.2020, 13.

446 Vgl. Referentenentwurf des SanInsFoG, 213; *Witfeld,* Umsatzsteuerverfahren und Insolvenz, 105 f.; *Nachtmann,* Fiskusvorrecht, 105; *Kahlert,* ZIP 2011, 401 (401 f.), *ders.,* ZIP 2010, 1887 (1887); *Sinz,* in *Uhlenbruck/Hirte/Vallender,* InsO, § 55, Rn. 107; *ders./Oppermann,* DB 2011, 2185 (2187); *Schacht,* ZInsO 2011, 1048 (1049); *Klünemann,* LIT 2011, 90 (91); *Onusseit,* LIT 2011, 70 (80); *Homann,* in *Ahrens/Gehrlein/Ringstmeier,* InsO, § 55, Rn. 31; *Beck,* ZIP 2011, 551 (551); a.A. nur Umsatzsteuer: *Nawroth,* ZInsO 2011, 107 (107); auch Körperschaft- und Gewerbesteuer, nicht aber Einkommensteuer: *Zimmer,* ZInsO 2010, 2299 (2304).

447 Vgl. Art. 103m EGInsO (eingefügt durch Art. 8 Nr. 2 SanInsFoG, BGBl. I 2020, 3256 (3290)).

448 BGH v. 22.11.2018 – IX ZR 167/16, BGHZ 220, 243.

449 BFH v. 7.5.2020 – V R 14/19, DStR 2020, 1674.

450 Ebenso *Witfeld,* NWB 2020, 3243 (3250).

der vorläufigen Eigenverwaltung im Referentenentwurf des SanInsFoG vom 19. September 2020.[451] Zur Begründung wurde darauf hingewiesen, angesichts des BGH-Urteils von November 2018 ergebe sich für eigentlich ungeeignete Insolvenzschuldner ein Fehlanreiz, die vorläufige Eigenverwaltung nur aus dem Grund der umsatzsteuerlichen Vorteilhaftigkeit anzustreben.[452] Zugleich sollte der Anwendungsbereich ausschließlich auf die Umsatzsteuer beschränkt werden.[453]

Der Änderungsvorschlag wurde zwar nicht in den Regierungsentwurf des SanInsFoG[454] übernommen, fand aber kurz vor Abschluss des Gesetzgebungsverfahrens über die Beschlussempfehlung des Ausschusses für Recht und Verbraucherschutz unter Anfügung eines neuen § 55 Abs. 4 Satz 2 InsO erneut Eingang in den Gesetzesentwurf und wurde so vom Bundestag beschlossen.[455]

B. Norminhalt des § 55 Abs. 4 Satz 1 InsO

I. Tatbestand: Im Rahmen eines vorläufigen Verfahrens begründete Umsatzsteuerverbindlichkeit

Nach § 55 Abs. 4 Satz 1 InsO gelten Umsatzsteuerverbindlichkeiten des Insolvenzschuldners, die von einem vorläufigen Insolvenzverwalter oder vom Insolvenzschuldner mit Zustimmung eines vorläufigen Insolvenzverwalters oder vom Insolvenzschuldner nach Bestellung eines vorläufigen Sachwalters begründet worden sind, nach Eröffnung des Insolvenzverfahrens als Masseverbindlichkeit. Neben verfahrensrechtlichen Fragestellun-

---

451 Referentenentwurf des SanInsFoG, 61 (Art. 5 Nr. 13) und 213 (Begründung zu Art. 5 Nr. 13).

452 Dieser vom Gesetzgeber erkannte „Fehlanreiz" stellt nach Ansicht des V. Senats des BFH aber jedenfalls keine unzulässige Beihilfe i.S.d. Unionsrechts dar, BFH v. 7.5.2020 – V R 14/19, DStR 2020, 1674 (1676, Rn. 28 ff.).

453 Referentenentwurf des SanInsFoG, 213 (Begründung zu Art. 5 Nr. 13).

454 Regierungsentwurf des SanInsFoG v. 16.10.2020, BR-Drs. 619/20.

455 Es ist davon auszugehen, dass dies anlässlich der Stellungnahme des Bundesrates vom 2. 12.2020, BT-Drs. 19/24903 erfolgte, worin der Bundesrat die Erstreckung des § 55 Abs. 4 InsO a.F. auf Fälle der vorläufigen Eigenverwaltung (erneut) vorgeschlagen hatte und sich dabei auf den ESUG-Evaluierungsbericht, 134, bezog. In ihrer Gegenäußerung sicherte die Bundesregierung zu, den Vorschlag erneut zu überprüfen.

gen[456] und der Frage, wie diese Vorschrift mit der zum Zeitpunkt ihrer Einführung sich etablierenden „Doppelberichtigungs“-Rechtsprechung in Einklang zu bringen ist,[457] bedarf bereits der Tatbestand des § 55 Abs. 4 Satz 1 InsO selbst einiger Erläuterungen. Die Problempunkte sollen nachfolgend skizziert werden.

1. Begründung durch vorläufigen Insolvenzverwalter, durch Schuldner mit dessen Zustimmung oder durch Schuldner nach Bestellung eines vorläufigen Sachwalters

§ 55 Abs. 4 Satz 1 InsO beinhaltet drei Tatbestandsalternativen, von wem die betreffende Umsatzsteuerverbindlichkeit begründet worden sein kann. Von der ersten Alternative sind Umsatzsteuerverbindlichkeiten erfasst, die vom vorläufigen Insolvenzverwalter begründet worden sind. Von der zweiten Alternative sind demgegenüber Umsatzsteuerverbindlichkeiten erfasst, die der Insolvenzschuldner mit Zustimmung eines vorläufigen Insolvenzverwalters begründet. Die dritte Alternative erfasst schließlich Umsatzsteuerverbindlichkeiten, die vom Schuldner begründet werden, nachdem ein vorläufiger Sachwalter bestellt wurde.

Daher ist hinsichtlich der ersten beiden Alternativen zu klären, welche Art vorläufigen Insolvenzverwalter das Insolvenzgericht bestellen muss, damit § 55 Abs. 4 Satz 1 InsO Anwendung findet. Das Insolvenzgericht darf Maßnahmen zur Sicherung und zum Erhalt der potenziellen Insolvenzmasse treffen, nachdem ein Insolvenzantrag gestellt wurde, § 21 Abs. 1 Satz 1 InsO. Dazu gehört u.a. die Bestellung eines vorläufigen Insolvenzverwalters gem. § 21 Abs. 2 Satz 1 Nr. 1 InsO, was v.a. bei Unternehmensinsolvenzen vorkommt, bei denen der Geschäftsbetrieb noch nicht eingestellt wurde. Der Umfang der Befugnisse dieses vorläufigen Insolvenzverwalters, der vom Insolvenzgericht festgelegt wird, wirkt sich auch auf die umsatzsteuerrechtlichen Verhältnisse des Insolvenzschuldnervermögens aus.

Hinsichtlich der dritten Alternative ist hingegen zu klären, ob § 55 Abs. 4 Satz 1 InsO (weiterhin) lediglich auf das vorläufige Eigenverwaltungsverfahren nach § 270b InsO (§ 270a InsO a.F.) oder auch auf das sog.

---

456 Dazu u.a. *Rennert-Bergenthal/Dähling*, ZInsO 2011, 1922; *Heinze*, ZInsO 2011, 603 (607 f.); *Nawroth*, ZInsO 2011, 107 (108).

457 Dazu u.a. *Wäger*, UR 2013, 673 (680 f.); *Krüger*, ZInsO 2016, 561 (565 f.); *Kahlert/Schmidt*, DB 2012, 197 (198); *Heinze*, DZWiR 2011, 276 (279).

„Schutzschirmverfahren" nach § 270d InsO (§ 270b InsO a.F.) Anwendung findet und wie sich § 55 Abs. 4 Satz 1 InsO zu § 270c Abs. 4 InsO (§ 270b Abs. 3 InsO a.F.) verhält.

a) Sog. „starker" vorläufiger Insolvenzverwalter

Das Insolvenzgericht kann einen vorläufigen Insolvenzverwalter bestellen (§ 21 Abs. 2 Satz 1 Nr. 1 InsO) und dem Insolvenzschuldner ein allgemeines Verfügungsverbot auferlegen, § 21 Abs. 2 Satz 1 Nr. 2 Alt. 1 InsO. Der Pflichtenkreis des vorläufigen Insolvenzverwalters ist dann in § 22 Abs. 1 InsO gesetzlich festgelegt. Die Rechtsstellung dieses sog. „starken" vorläufigen Insolvenzverwalters ähnelt bereits der eines Insolvenzverwalters, da auf ihn bereits im Insolvenzeröffnungsverfahren die Verwaltungs- und Verfügungsbefugnis über das Vermögen des Insolvenzschuldners übergeht, § 22 Abs. 1 Satz 1 InsO. Die Konsequenzen eines Verstoßes gegen die Verwaltungs- und Verfügungsbefugnis des „starken" vorläufigen Insolvenzverwalters richtet sich bereits nach den für das eröffnete Insolvenzverfahren geltenden Vorschriften, § 24 Abs. 1 InsO i.V.m. §§ 81, 82 InsO. Dementsprechend gelten von ihm im Eröffnungsverfahren begründete Verbindlichkeiten gem. § 55 Abs. 2 InsO nach Verfahrenseröffnung als Masseverbindlichkeiten.

Der Wortlaut von § 55 Abs. 4 Satz 1 InsO spricht zwar lediglich von einem „vorläufigen Insolvenzverwalter". Auf Verbindlichkeiten, die ein „starker" vorläufiger Insolvenzverwalter begründet, fand jedoch bereits vor Einführung des § 55 Abs. 4 InsO a.F. der § 55 Abs. 2 InsO Anwendung, der insoweit aufgrund seiner Spezialität § 55 Abs. 4 Satz 1 InsO in seiner ersten Alternative (Begründung durch den Insolvenzverwalter) vorgeht.[458] Dahingehend ist auch die Gesetzesbegründung zu verstehen, die explizit das „Problem" adressiert, es seien in der Vergangenheit keine „starken"

---

458 *Onusseit*, ZInsO 2011, 641 (644); *ders.*, in *Kübler/Prütting/Bork*, InsO, Bd. IV, InsSteuerR II F, Rn. 199; *Sinz*, in *Uhlenbruck/Hirte/Vallender*, InsO, § 55, Rn. 108; im Ergebnis ebenso *Witfeld*, Umsatzsteuerverfahren und Insolvenz, 127; a.A. *Kahlert*, ZIP 2011, 401 (402). Der Aussage, § 55 Abs. 4 InsO (a.F.) sei deshalb *lex specialis* zu § 55 Abs. 2 InsO, weil § 55 Abs. 4 InsO (a.F.) zusätzlich das Merkmal „aus Steuerverbindlichkeiten" enthält, vgl. *Nachtmann*, Fiskusvorrecht, 107, kann nicht zugestimmt werden, weil sich § 55 Abs. 2 InsO auch auf Steuerverbindlichkeiten bezieht und insoweit denselben (wenn auch nicht geschriebenen) Tatbestand aufweist.

vorläufigen Insolvenzverwalter bestellt worden, für die ein Regelungsbedarf wegen § 55 Abs. 2 InsO nicht bestanden hätte.[459]

b) Sog. „schwacher" vorläufiger Insolvenzverwalter

Statt eines „starken" vorläufigen Insolvenzverwalters kann das Insolvenzgericht nach § 22 Abs. 2 Satz 1 InsO auch einen vorläufigen Insolvenzverwalter bestellen, ohne dass dem Insolvenzschuldner ein allgemeines Verfügungsverbot auferlegt wird. In diesem Fall hat das Insolvenzgericht die Pflichten des vorläufigen Insolvenzverwalters unter Wahrung des Verhältnismäßigkeitsgrundsatzes[460] zu bestimmen, wobei der Pflichtenkreis nicht über den eines „starken" vorläufigen Insolvenzverwalters hinausgehen darf, § 22 Abs. 2 Satz 2 i.V.m. Abs. 1 Satz 2 InsO. Ob § 55 Abs. 4 Satz 1 InsO Anwendung findet, ist daher anhand des dem vorläufigen Insolvenzverwalter übertragenen Pflichtenkreises zu ermitteln.

Bestellt das Insolvenzgericht einen vorläufigen Insolvenzverwalter, ohne dessen Pflichten und Befugnisse näher zu benennen, beschränkt sich die Tätigkeit des vorläufigen Insolvenzverwalters auf die Prüfung, ob ein Insolvenzgrund vorliegt, ob das Vermögen des Schuldners die Kosten des Verfahrens voraussichtlich decken wird und welche Fortführungschancen bestehen.[461] Dieser – gelegentlich als „schwacher" vorläufiger Insolvenzverwalter bezeichnete – vorläufige Insolvenzverwalter erlangt darüber hinaus keinerlei Befugnisse, die die umsatzsteuerrechtlichen Verhältnisse in Bezug auf das schuldnerische Vermögen beeinflussen könnten, insb. bedarf der Insolvenzschuldner für Verfügungen keiner Zustimmung durch einen solchen vorläufigen Insolvenzverwalter. § 55 Abs. 4 Satz 1 InsO ist daher in solchen Fällen nicht anwendbar.[462]

Typischerweise ebenfalls als „schwacher" vorläufiger Insolvenzverwalter wird ein vorläufiger Insolvenzverwalter bezeichnet, wenn das Insolvenzgericht anordnet, dass Verfügungen des Insolvenzschuldners nur mit Zustimmung des vorläufigen Insolvenzverwalters wirksam sind, sog. allge-

---

459 BT-Drs. 17/3030, 42 f.; *vgl. Witfeld*, Umsatzsteuerverfahren und Insolvenz, 128.

460 Vgl. *Witfeld*, Umsatzsteuerverfahren und Insolvenz, 113; *Haarmeyer/Schildt*, in MüKo InsO, Bd. 1, § 22, Rn. 28.

461 Hierzu und zur Möglichkeit, zugleich einen (personenverschiedenen) Sachverständigen zu bestellen *Vallender*, in *Uhlenbruck/Hirte/Vallender*, InsO, § 22, Rn 2; vgl. auch BGH v. 5.5.2011 – IX ZR 144/10, ZIP 2011, 1419 (1424, Rn. 48); *Haarmeyer/Schildt*, in MüKo InsO, Bd. 1, § 22, Rn. 30.

462 Ebenso *Witfeld*, Umsatzsteuerverfahren und Insolvenz, 114 (Fn. 457).

meiner Zustimmungsvorbehalt nach §§ 22 Abs. 2 Satz 1, 21 Abs. 2 Nr. 2 Alt. 2 InsO. Dies stellt den Regelfall der bestellten vorläufigen Insolvenzverwalter dar[463] und ist auch der Hauptanwendungsfall von § 55 Abs. 4 Satz 1 InsO in seiner zweiten Alternative.[464] Der nur mit einem Zustimmungsvorbehalt versehene „schwache" vorläufige Insolvenzverwalter kann selbst keine Handlungen vornehmen, weshalb § 55 Abs. 4 Satz 1 Alt. 1 InsO auf ihn keine Anwendung findet.[465] Wird einem solchen „schwachen" vorläufigen Insolvenzverwalter zusätzlich das Recht zum Forderungseinzug übertragen, §§ 22 Abs. 2 Satz 1, 23 Abs. 1 Satz 3 InsO, fallen durch den Forderungseinzug begründete Umsatzsteueransprüche jedoch unter § 55 Abs. 4 Alt. 1 InsO.[466]

Einem „schwachen" vorläufigen Insolvenzverwalter kann schließlich vom Insolvenzgericht zusammen mit oder ohne einen allgemeinen Zustimmungsvorbehalt die Befugnis eingeräumt werden, einzelne im Voraus genau festgelegte Verpflichtungen zu Lasten der späteren Insolvenzmasse einzugehen, soweit dies für eine erfolgreiche Verwaltung nötig ist.[467] Diese Einzelermächtigung hat das primäre Ziel, die aus dem zivilrechtlichen Grundverhältnis erwachsende Verbindlichkeit zu einer Massever-

463 *Kahlert/Schmidt*, DB 2012, 197 (197); *Wäger*, UR 2013, 673 (681); *Heinze*, ZInsO 2011, 603 (603); BT-Drs. 17/3030, 42.

464 *Witfeld*, Umsatzsteuerverfahren und Insolvenz, 114; *Nachtmann*, Fiskusvorrecht, 106.

465 Ebenso *Witfeld*, Umsatzsteuerverfahren und Insolvenz, 113; *Nachtmann*, Fiskusvorrecht, 107 f.; *Onusseit*, ZInsO 2011, 641 (644 f.); *ders.*, in *Kübler/Prütting/Bork*, InsO, Bd. IV, InsSteuerR II F, Rn. 199; siehe auch BGH v. 29.1.2015 – IX ZR 258/12, ZIP 2015, 434 (436 f., Rn. 19).

466 BFH, v. 28.5.2020 – V R 2/20, DB 2020, 2054 (2055, Rn. 17); BFH v. 24.9.2014 – V R 48/13, BStBl. II 2015, 506 (508, Rn. 13); Hessisches FG v. 19.11.2019 – 6 K 1571/18, EFG 2020, 396 (397 f., Rn. 32 f.); BMF v. 20.5.2015, BStBl. I 2015, 476 (477, Rn. 13 ff.); Abschn. 17.1 Abs. 13 Satz 8 UStAE; *Schmittmann*, ZIP 2011, 1125 (1130). Zur Forderungsvereinnahmung als „Handlung" i.S.v. § 55 InsO unten unter § 12. A. I. 2. c) (cc). Dies wird jedoch nach hier vertretener Auffassung allenfalls in Fällen der Ist-Besteuerung und Mindest-Ist-Besteuerung der Fall sein, in denen das Entgelt (teilweise) bereits vor Leistungserbringung entrichtet wird. Dazu unten unter § 12. A. I. 2. c) (ee), § 12. A. I. 3. c) sowie § 12. A. II. 2. c).

467 Sog. „Ermächtigungsmodell", vgl. *Vallender*, in *Uhlenbruck/Hirte/Vallender*, InsO, § 22, Rn. 238 ff. Ein solcher vorläufiger Insolvenzverwalter wird teilweise als „halbstarker" vorläufiger Insolvenzverwalter bezeichnet, vgl. *Witfeld*, Umsatzsteuerverfahren und Insolvenz, 112.

bindlichkeit nach § 55 Abs. 2 InsO zu erheben.[468] Die zugleich aus den Leistungsbeziehungen des zivilrechtlichen Grundverhältnisses erwachsenden Umsatzsteueransprüche des Steuergläubigers müssen ebenfalls unter § 55 Abs. 2 InsO – und daher nicht unter § 55 Abs. 4 Alt. 1 InsO – fallen; einer gesonderten Ermächtigung zur Umsatzsteuerzahlung durch das Insolvenzgericht bedarf es hierfür nicht.[469]

Dem steht nicht die Rechtsprechung des BGH entgegen, wonach § 55 Abs. 2 InsO im Rahmen von Einzelermächtigungen lediglich für die explizit genannten Verbindlichkeiten zu Masseverbindlichkeiten führt.[470] Denn die aus dem Grundverhältnis entstehenden Steuerverbindlichkeiten sind untrennbar mit der erlaubten Handlung des vorläufigen Insolvenzverwalters verbunden. Wenn man – wie insb. der Gesetzgeber im Rahmen der Gesetzesbegründung zu § 55 Abs. 2 InsO[471] – davon ausgeht, dass § 55 Abs. 2 InsO allgemein Steuerverbindlichkeiten erfasst, kann nichts anderes in Fällen gelten, in denen der „schwache" vorläufige Insolvenzverwalter kraft Einzelermächtigung dem „starken" vorläufigen Insolvenzverwalter gleichgestellt wird. Der von Gesetzes wegen erfolgende Übergang der Verwaltungs- und Verfügungsbefugnis des „starken" vorläufigen Insolvenz-

---

468 Vgl. *Laroche,* NZI 2010, 965 (973); *Sinz,* in *Uhlenbruck/Hirte/Vallender,* InsO, § 55, Rn. 94; BGH v. 29.1.2015 – IX ZR 258/12, ZIP 2015, 434 (436, Rn. 18); BGH v. 18.7.2002 – IX ZR 195/01, BGHZ 151, 353 (365 f.).

469 A.A. *Witfeld,* Umsatzsteuerverfahren und Insolvenz, 112; *Onusseit,* in *Kübler/Prütting/Bork,* InsO, Bd. IV, InsSteuerR II F, Rn. 222; *ders.,* ZInsO 2011, 641 (645). Die Befürworter der Gegenauffassung gelangen jedoch ebenfalls zu einer Masseverbindlichkeit – nach § 55 Abs. 4 Abs. 1 Alt. 1 InsO. Dieser Meinungsstreit sollte sich allenfalls auf verfahrensrechtliche Fragen auswirken.

470 Vgl. BGH v. 29.1.2015 – IX ZR 258/12, ZIP 2015, 434; BGH v. 18.7.2002 – IX ZR 195/01, BGHZ 151 353; *Sinz,* in *Uhlenbruck/Hirte/Vallender,* InsO, § 55, Rn. 93 m.w.N.

471 Vgl. BT-Drs. 12/3443, 126; *Hefermehl,* in MüKo InsO, § 55, Rn. 227, 228; wohl auch *Onusseit,* in *Kübler/Prütting/Bork,* InsO, Bd. IV, InsSteuerR II F, Rn. 209, der aber darauf hinweist, dass § 55 Abs. 2 InsO keine dem § 55 Abs. 1 Nr. 1 Alt. 2 InsO entsprechende Alternative hat. Nähme man an, dass Umsatzsteueransprüche des Steuergläubigers nicht auf Handlungen des Insolvenzverwalters beruhen (siehe Nachweise in Fn. 1016), sondern nur in sonstiger Weise durch die Verwaltung, Verwertung und Verteilung der Insolvenzmasse zu Masseverbindlichkeiten werden, dürfte § 55 Abs. 2 InsO hinsichtlich solcher Umsatzsteueransprüche gar nicht zu Masseverbindlichkeiten führen. Krit. dagegen *Marotzke,* ZInsO 2010, 2163 (2171 f.); *ders.,* ZIP 2005, 2144 (2145); *ders.,* Unternehmen in der Insolvenz, Rn. 19, der aufgrund des für § 55 Abs. 2 InsO vorgebrachten Vertrauensschutzarguments zugunsten von Vertragspartnern des Insolvenzschuldners eine teleologische Reduktion vorschlägt; krit. auch *Thole,* in *K. Schmidt,* InsO, § 55, Rn. 41.

verwalters stellt insoweit kein hinreichendes Unterscheidungskriterium dar, zumal die Erteilung von Einzelermächtigungen zugunsten des „schwachen" vorläufigen Insolvenzverwalters z.T. nur dann für zulässig erachtet wird, wenn zugleich im erforderlichen Umfang ein Verfügungsverbot zulasten des Insolvenzschuldners ergeht.[472]

c) Erstreckung auf Fälle vorläufiger Eigenverwaltung

(aa) Bisherige Rechtslage

Nach bis zum 31. Dezember 2020 geltendem Recht[473] fand § 55 Abs. 4 InsO a.F. in Fällen der vorläufigen Eigenverwaltung nach § 270a Abs. 1 Satz 2 InsO a.F. mit vorläufigem Sachwalter hingegen weder unmittelbar noch analog Anwendung.[474] Zwar war es dem Insolvenzschuldner auf Antrag und entsprechenden Beschluss des Insolvenzgerichts auch im vorläufigen Eigenverwaltungsverfahren nach § 270a InsO a.F. – nach hoch umstrittener Auffassung – grds. möglich, Masseverbindlichkeiten zu begründen.[475] Für eine unmittelbare Anwendung von § 55 Abs. 4 InsO a.F. fehlte es aber bereits an der Bestellung eines vorläufigen Insolvenzverwalters; ein vorläufiger Sachwalter nach § 270a Abs. 1 Satz 2 InsO a.F. war

---

472 Zum Meinungsstand *Laroche*, NZI 2010, 965 (970 f.).

473 D.h. auf Insolvenzverfahren, für die ein Eröffnungsantrag bis einschließlich zum 31. 12.2020 gestellt wurde, vgl. Art. 103m EGInsO.

474 BGH v. 22.11.2018 – IX ZR 167/16, BGHZ 220, 243 (243 ff.); zustimmend *Bernsau*, BB 2019, 2393 (2397); *Korn*, in *Bunjes*, UStG, § 17, Rn. 71a; so bereits *Hobelsberger*, DStR 2013, 2545 (2547 f.); *Jaffé/Friedrich-Vache*, MwStR 2014, 86 (88 ff.), die jedoch eine Ausdehnung des § 55 Abs. 4 InsO (a.F.) auf die vorläufige Eigenverwaltung mit einem vorläufigen Sachwalter befürworten; ebenso jüngst BFH v. 7.5.2020 – V R 14/19, DStR 2020, 1674 (1675 f., Rn. 14 ff.), der sich ausdrücklich der Rechtsprechung des BGH anschließt; vgl. auch *Witfeld*, NWB 2020, 3243, (3245 f.); *Weber/Knaebel*, DStR 2229 (2229 ff.).

475 Diese Zweifelsfrage wurde durch das Fehlen einer dem § 270b Abs. 3 InsO a.F. entsprechenden Vorschrift in § 270a InsO a.F. ausgelöst und kontrovers diskutiert. Vgl. zum Streitstand und für die Möglichkeit, Masseverbindlichkeiten zu begründen, z.B. *Kern*, in MüKo InsO, Bd. 3, § 270a, Rn. 49; dem schloss sich BFH v. 22.11.2018 – IX ZR 167/16, BGHZ 220, 243 (243 ff.) an, der die Ermöglichung sog. Globalermächtigungen im vorläufigen Verfahren nach § 270a InsO a.F. jedoch offen ließ, die m.E. ausschließlich zu Masseverbindlichkeiten zugunsten des Steuergläubigers in Ansehung von Umsatzsteuerforderungen geführt haben könnten; a.A. z.B. *Zipperer*, in *Uhlenbruck*, InsO, § 270a, Rn. 17.

vom Wortlaut des § 55 Abs. 4 InsO a.F. nicht erfasst.[476] Eine analoge Anwendung von § 55 Abs. 4 InsO a.F. schied ebenfalls aus, da die Befugnisse des vorläufigen Sachwalters nach § 274 f. InsO a.F. denen eines „schwachen" vorläufigen Insolvenzverwalters nicht entsprechen.[477] Zudem fehlte es bereits an einer planwidrigen Regelungslücke in § 55 Abs. 4 InsO a.F., da die Nichtanwendbarkeit einer Vorschrift, die eine Verbindlichkeit des Insolvenzschuldners in den Rang einer Masseverbindlichkeit erhebt, schlicht zur Anwendbarkeit der Grundregel in § 38 InsO führt.[478] Zudem entschied sich der Gesetzgeber im Rahmen der ESUG-Reform bewusst dafür, die vorläufige Eigenverwaltung nicht in den Wortlaut von § 55 Abs. 4 InsO a.F. aufzunehmen, sodass es auch an der Planwidrigkeit fehlte.[479]

Nicht richterlich oder von der Finanzverwaltung entschieden war nach altem Recht die Frage der Anwendbarkeit von § 55 Abs. 4 InsO a.F. auf Umsatzsteuerverbindlichkeiten, die vom Insolvenzschuldner im Rahmen eines sog. „Schutzschirmverfahrens" nach § 270b InsO begründet wurden. Dies wurde z.T. unter Verweis auf die o.g. Gründe der Nichtanwendbarkeit von § 55 Abs. 4 InsO a.F. auf Fälle der vorläufigen Eigenverwaltung nach § 270a InsO a.F. verneint.[480]

(bb) Neufassung von § 55 Abs. 4 Satz 1 InsO ab 1. Januar 2021

Seit dem 1. Januar 2021[481] erfasst § 55 Abs. 4 InsO nunmehr ausdrücklich auch Umsatzsteuerverbindlichkeiten, die vom Insolvenzschuldner nach Bestellung eines vorläufigen Sachwalters im vorläufigen Eigenverwaltungsverfahren nach § 270b Abs. 1 Satz 1 InsO (§ 270a InsO a.F.) begründet worden sind.[482] § 55 Abs. 4 Satz 1 InsO sollte auch für das sog. „Schutzschirmverfahren" nach § 270d InsO (§ 270b InsO a.F.) gelten, denn auch in dieser besonderen Art des vorläufigen Verfahrens wird ein vorläufiger

---

476 BFH v. 7.5.2020 – V R 14/19, DStR 2020, 1674 (1675, Rn. 16); *Schmittmann*, StuB 2020, 893 (893 f.).

477 BFH v. 7.5.2020 – V R 14/19, DStR 2020, 1674 (1675 f., Rn. 20 ff., 23); *Hobelsberger*, DStR 2013, 2545 (2547 f.).

478 BFH v. 7.5.2020 – V R 14/19, DStR 2020, 1674 (1676, Rn. 24, 26).

479 *Jaffé/Friedrich-Vache*, MwStR 2014, 86 (89); *Hobelsberger*, DStR 2013, 2545 (2547).

480 *Witfeld*, NWB 2020, 3243 (3248).

481 Die Neuregelung gilt für alle Insolvenzverfahren, für die ein Insolvenzeröffnungsantrag nach dem 31.12.2020 gestellt wurde, Art. 103m EGInsO.

482 Art. 5 Nr. 14 SanInsFoG, BGBl. I 2020, 3256, (3283).

Sachwalter bestellt. Hierfür spricht auch die Gesetzessystematik, denn in § 55 Abs. 4 Satz 1 InsO ist schlicht vom vorläufigen Sachwalter die Rede. Dieser Begriff wird sowohl in § 270b als auch in § 270d InsO verwendet. Eine solche Auslegung steht darüber hinaus im Einklang mit dem Willen des Gesetzgebers, sämtliche vorläufigen Insolvenzverfahren § 55 Abs. 4 Satz 1 InsO zu unterstellen.

Es kommt künftig auch nicht mehr darauf an, ob der Insolvenzschuldner im sog. „Schutzschirmverfahren" vom Insolvenzgericht dazu ermächtigt wurde, Masseverbindlichkeiten zu begründen (vgl. § 270b Abs. 3 InsO a.F.) und ob von einer solchen Ermächtigung – jedenfalls im Falle einer sog. Globalermächtigung – auch die aus den so geschlossenen Verträgen resultierenden Umsatzsteuerverbindlichkeiten erfasst sind. Denn § 55 Abs. 4 Satz 1 InsO gilt unabhängig von einer solchen Ermächtigung. Zudem sind künftig sowohl für die vorläufige Eigenverwaltung als auch für das sog. „Schutzschirmverfahren" nur noch Einzelermächtigungen vorgesehen, § 270c Abs. 4 InsO[483], bei denen sich diese Frage bereits nach bisheriger Rechtslage typischerweise nicht gestellt hat.

2. Maßstab für Begründetheitskriterium bei § 55 Abs. 4 Satz 1 InsO

§ 55 Abs. 4 Satz 1 InsO erfasst nur solche Verbindlichkeiten, die vom vorläufigen Insolvenzverwalter oder vom Insolvenzschuldner mit dessen Zustimmung oder vom Insolvenzschuldner nach Bestellung eines vorläufigen Sachwalters *begründet* wurden. Sowohl Wortlaut als auch Systematik und Entstehungsgeschichte sprechen dafür, dass damit dasselbe Abgrenzungskriterium wie insb. bei §§ 38, 55 Abs. 1 und 2 InsO gemeint ist.[484] Der Gesetzgeber wollte mit der Einführung von § 55 Abs. 4 InsO a.F. lediglich den Anwendungsbereich der Umwandlung vorinsolvenzlich begründeter Verbindlichkeiten zu Masseverbindlichkeiten ausdehnen, nicht aber ein neues Abgrenzungskriterium für Insolvenz- und Masseverbindlichkeiten einführen. Aufgrund der Besonderheiten der Umsatzsteuer sowie der „Doppelberichtigungs"-Rechtsprechung und ihrer Verzahnung mit § 55 Abs. 4 InsO (a.F.) ergeben sich hinsichtlich der Begründetheit einzelner

483 So ausdrücklich Regierungsentwurf des SanInsFoG v. 16.10.2020, BR-Drs. 619/20, Begründung zu § 270c InsO.

484 Allg. Auffassung, vgl. nur *Witfeld*, Umsatzsteuerverfahren und Insolvenz, 104 f.; *Kahlert*, ZIP 2011, 401 (401); *Onusseit*, in *Kübler/Prütting/Bork*, InsO, Bd. IV, InsSteuerR II F, Rn. 238.

Umsatzsteueransprüche Abgrenzungsfragen zwischen Insolvenz- und Masseverbindlichkeiten, auf die unten unter § 15. B. genauer eingegangen wird.

3. Begründetheit von Umsatzsteuerverbindlichkeiten

a) Nur Bemessungsgrundlagen zugunsten des Steuergläubigers sind von § 55 Abs. 4 Satz 1 InsO erfasst

Besondere Schwierigkeiten bereitete unter Geltung von § 55 Abs. 4 InsO a.F. im Falle der Umsatzsteuer das Tatbestandsmerkmal „Verbindlichkeiten aus dem Steuerschuldverhältnis", die nach § 55 Abs. 4 InsO a.F. vom „schwachen" vorläufigen Insolvenzverwalter oder vom Insolvenzschuldner mit dessen Zustimmung begründet werden sollten. Der verwendete Terminus „Verbindlichkeiten" war offensichtlich dem Duktus der übrigen Absätze von § 55 InsO angepasst; §§ 37 Abs. 1, 38 AO sprechen demgegenüber von „Ansprüchen aus dem Steuerschuldverhältnis".[485] Auch im Steuerrecht ist der Anspruch – das Recht, von einem anderen ein Tun oder Unterlassen zu verlangen, § 194 Abs. 1 BGB, bei Steuern regelmäßig die Leistung von Geld – des einen aber die Schuld des anderen,[486] sodass zwischen § 55 Abs. 4 InsO a.F. und §§ 37 Abs. 1, 38 AO insoweit kein Normwiderspruch vorlag. Der insolvenzrechtlichen Systematik folgend erfasste § 55 Abs. 4 InsO a.F. als „Verbindlichkeiten" nur solche Ansprüche aus dem Steuerschuldverhältnis, die zulasten des Steuerpflichtigen und zugunsten des Steuergläubigers gingen, während unter §§ 37 Abs. 1, 38 AO auch Ansprüche zugunsten des Steuerpflichtigen und zulasten des Steuergläubigers fallen, wie z.B. Steuererstattungsansprüche.[487]

In § 55 Abs. 4 Satz 1 InsO ist nunmehr nicht mehr von „Verbindlichkeiten aus dem Steuerschuldverhältnis", sondern von „Umsatzsteuerverbindlichkeiten" die Rede. Hiermit wollte der Gesetzgeber keine Änderung zur bisherigen Rechtslage herbeiführen, sondern lediglich den begrenzten Anwendungsbereich von § 55 Abs. 4 Satz 1 InsO auf die Umsatzsteuer hervorheben.

---

485 *Witfeld*, Umsatzsteuerverfahren und Insolvenz, 106, 111; *Heinze*, ZInsO 2011, 603 (603); *Kahlert*, ZIP 2011, 401 (401); *Onusseit*, LIT 2011, 70 (77).

486 Vgl. *Ratschow*, in *Klein*, AO, § 37, Rn. 2; *Kahlert*, ZIP 2011, 401 (401).

487 Vgl. *Witfeld*, Umsatzsteuerverfahren und Insolvenz, 106; *Kraeusel/Haunhorst/Reiß*, in *Reiß/Kraeusel/Langer*, UStG, § 18, Rn. 2060.4.

Schwieriger zu beantworten ist demgegenüber die Frage, welche umsatzsteuerrechtlichen Besteuerungsgrundlagen nun Umsatzsteuerverbindlichkeiten im nämlichen Sinne sein sollen. Denn insoweit ist die umsatzsteuerrechtliche Zwangssaldierung nach § 16 Abs. 2 UStG zu berücksichtigen, mit der am Ende des jeweiligen Voranmeldungszeitraums positive und negative Besteuerungsgrundlagen verrechnet werden. Dieser Saldo kann zugunsten des Steuergläubigers (dann Umsatzsteuerzahllast des Steuerschuldners) oder zugunsten des Steuerschuldners (dann Erstattungspflicht des Steuergläubigers, z.B. bei Vorsteuerüberhang) ausfallen. Erst der aus der Saldierung entstehende Anspruch zugunsten der einen oder anderen Seite ist ein steuerverfahrensrechtlich verselbständigter Anspruch aus dem Steuerschuldverhältnis nach §§ 37 Abs. 1, 38 AO.[488]

Soweit ersichtlich besteht kein Zweifel darüber, dass trotz der Zwangssaldierung zunächst jede einzelne Umsatzsteuerbemessungsgrundlage auf ihre Subsumierbarkeit unter § 55 Abs. 4 Satz 1 InsO hin zu überprüfen ist.[489] Dementsprechend fallen Bemessungsgrundlagen zugunsten des Steuerpflichtigen wie Umsatzsteueransprüche aus Leistungen des „schwachen“ vorläufigen Insolvenzverwalters oder des Insolvenzschuldners mit dessen Zustimmung oder des Insolvenzschuldners nach Bestellung eines vorläufigen Sachwalters unter den Begriff Verbindlichkeiten i.S.v. § 55 Abs. 4 InsO. Nicht darunter fallen demgegenüber Besteuerungsgrundlagen zugunsten des Steuerpflichtigen wie Vorsteuerabzugsansprüche; dem steht insoweit der klare Wortlaut des § 55 Abs. 4 Satz 1 InsO entgegen.[490] Dafür spricht auch, dass das hinsichtlich der Begründetheit eines Anspruchs mit §§ 38 und 55 InsO gleichlaufende Aufrechnungsverbot des § 96 Abs. 1

488 Vgl. nur *Schmidt*, NZI 2017, 384 (385); *Heinze*, ZIP 2011, 603 (608); *Koenig*, in *Koenig*, AO, § 38, Rn. 10; *Seer*, DStR 2014 (Beihefter), 117 (123).

489 Ausdrücklich *Witfeld*, Umsatzsteuerverfahren und Insolvenz, 107; eine Einzelbetrachtung liegt u.a. auch den Ausführungen von *Kahlert*, ZIP 2011, 401 (402); *Onusseit*, in *Kübler/Prütting/Bork*, InsO, Bd. IV, InsSteuerR II F, Rn. 238 ff.; BFH v. 24.9.2014 – V R 48/13, BStBl. II 2015, 506 (508, Rn. 13 ff.) sowie des BMF v. 20.5.2015, BStBl. I 2015, 476 (477, Rn. 9 ff.) zugrunde.

490 FG Münster v. 12.6.2019 – 5 K 166/19 U, EFG 2019, 1405 (1406 f., Rn. 32, 38); bestätigt durch BFH v. 23.7.2020 – V R 26/19, DB 2020, 2336 (2336, Rn. 13); FG Münster v. 26.1.2017 – 5 K 3730/14 U, EFG 2017, 614 (615, Rn. 60); FG Baden-Württemberg v. 29.5.2015 – 9 K 76/14, ZIP 2015, 1452 (1454), Rev. abgeschlossen durch Beschluss des BFH v. 1.8.2017 – VII R 16/15 nach § 126a Satz 1 FGO; *Schmidt*, NZI 2017 384 (386); *Witfeld*, Umsatzsteuerverfahren und Insolvenz, 107; *Onusseit*, in *Kübler/Prütting/Bork*, InsO, Bd. IV, InsSteuerR II F, Rn. 247; wohl auch *Debus/Schartl*, ZIP 2013, 350 (352); *Schmittmann*, StuB 2020, 893 (894); a.A. offenbar *Zimmer*, ZInsO 2010, 2299 (2302).

Nr. 1 InsO[491] nach wie vor erst ab Eröffnung des Insolvenzverfahrens eingreift und daher nicht auf Forderungen zugunsten der Insolvenzmasse anwendbar ist, die während der vorläufigen Verwaltung begründet wurden.[492] Dies führt dazu, dass ein Saldo zugunsten des Steuerpflichtigen der Aufrechnung durch den Steuergläubiger offensteht.[493] Das gegen ein solches Verständnis vorgebrachte Argument, damit stünde der Steuergläubiger besser als bei sofortiger Eröffnung des Insolvenzverfahrens,[494] ist zwar zutreffend, der Gesetzesbegründung zu § 55 Abs. 4 InsO a.F. folgend aber wohl genau so gewollt.[495]

b) Verrechnungsreihenfolge von Verbindlichkeiten nach § 55 Abs. 4 Satz 1 InsO mit den übrigen Umsatzsteuerbemessungsgrundlagen

Bisher nicht abschließend geklärt ist aber, wie sich die Nichtberücksichtigung von Bemessungsgrundlagen zugunsten des Steuerpflichtigen auf die Berechnung der Masseverbindlichkeit nach § 55 Abs. 4 Satz 1 InsO auswirkt, d.h. welche Besteuerungsgrundlagen miteinander verrechnet werden können/müssen, um das gesetzlich intendierte Ergebnis zu erreichen, im Insolvenzeröffnungsverfahren entstehenden Steuerausfällen einen Riegel vorzuschieben und die Durchsetzung des Umsatzsteueranspruchs im Insolvenzeröffnungsverfahren zu sichern.[496] Das Problem verschärft sich, wenn neben den § 55 Abs. 4 Satz 1 InsO unterfallenden Besteuerungsgrundlagen zugunsten des Steuergläubigers in den betreffenden Voran-

491 Dazu unten unter § 9. C.

492 BGH v. 15.3.2012 – IX ZR 249/09, ZIP 2012, 737 (740, Rn. 24 ff.); BGH v. 11.11.2004 – IX ZR 237/03, ZIP 2005, 181 (181 f.); BGH v. 29.6.2004 – IX ZR 195/03, ZIP 2004, 1558 (1558); *Sinz*, in *Uhlenbruck/Hirte/Vallender*, InsO, § 96, Rn. 5; *Fischer, G.*, WM 2008, 1 (1).

493 So auch *Witfeld*, Umsatzsteuerverfahren und Insolvenz, 109; *Schmidt*, NZI 2017, 384 (386); wohl auch noch *Onusseit*, ZInsO 201, 641 (644); a.A. *Sinz*, in *Uhlenbruck/Hirte/Vallender*, InsO, § 55, Rn. 119; *ders./Oppermann*, DB 2011, 2187 (2189); wohl nunmehr auch *Onusseit*, in *Kübler/Prütting/Bork*, InsO, Bd. IV, InsSteuerR II F, Rn. 251.

494 So u.a. *Sinz/Oppermann*, DB 2011, 2185 (2188); *Onusseit*, in *Kübler/Prütting/Bork*, InsO, Bd. IV, InsSteuerR II F, Rn. 251; *Heinze*, ZInsO 2011, 603 (609).

495 FG Baden-Württemberg v. 29.5.2015 – 9 K 76/14, ZIP 2015, 1452 (1454); *Schmidt*, NZI 2017, 384 (386).

496 BT-Drs. 17/3030, 42 f.; zusammenfassende Darstellung der Möglichkeiten bei *Heinze*, ZInsO 2011, 603 (608 f.); *Onusseit*, in *Kübler/Prütting/Bork*, InsO, Bd. IV, InsSteuerR II F, Rn. 248 ff.

meldungszeiträumen der vorläufigen Insolvenzverwaltung auch solche Besteuerungsgrundlagen zugunsten des Steuergläubigers vorliegen, die als Insolvenzforderungen nach § 38 InsO anzusehen sind.[497]

Beispiel: S stellt am 1. Juni 2020 einen Eigenantrag auf Eröffnung des Insolvenzverfahrens über sein Vermögen. In der Folgezeit tätigt er weitere umsatzsteuerpflichtige Leistungen und entrichtet Entgelte für von ihm bezogene Leistungen. Das Insolvenzgericht bestellt am 15. Juni 2020 den I als „schwachen" vorläufigen Insolvenzverwalter mit Zustimmungsvorbehalt. In der Folge werden mit Zustimmung des I unter § 55 Abs. 4 Satz 1 InsO fallende Umsatzsteueransprüche des Steuergläubigers begründet. Das Insolvenzverfahren wird am 1. August 2020 eröffnet.

Im Voranmeldungszeitraum Juni 2020 ergibt sich ein Saldo zugunsten des S i.H.v. 1.000 Euro, der sich aus Vorsteuerabzugsansprüchen i.H.v. 2.000 Euro, die ausschließlich von S begründet wurden, und Umsatzsteueransprüchen i.H.v. insgesamt 1.000 Euro zusammensetzt, von denen wiederum lediglich 500 Euro unter § 55 Abs. 4 Satz 1 InsO fallen.

Im Voranmeldungszeitraum Juli 2010 ergibt sich dagegen eine Umsatzsteuerzahllast zulasten des S i.H.v. 500 Euro, die sich aus Umsatzsteueransprüchen des Steuergläubigers nach § 55 Abs. 4 Satz 1 InsO i.H.v. 1.500 Euro und Vorsteuerabzugsansprüchen i.H.v. 1.000 Euro zusammensetzt, die ausschließlich mit Zustimmung des I „begründet" wurden.

Abwandlung: Im Voranmeldungszeitraum Juli 2020 ergibt sich eine Umsatzsteuerzahllast zulasten des S i.H.v. 1.500 Euro, die sich aus Umsatzsteueransprüchen des Steuergläubigers nach § 55 Abs. 4 Satz 1 InsO i.H.v. 2.500 Euro und Vorsteuerabzugsansprüchen i.H.v. 1.000 Euro zusammensetzt, die ausschließlich mit Zustimmung des I begründet wurden.

Möglich und am steuerfreundlichsten wäre, § 55 Abs. 4 Satz 1 InsO ausschließlich auf die Umsatzsteueransprüche ohne Saldierung zu beziehen, unabhängig davon, ob Vorsteuerabzugsansprüche (auch) mit Zustimmung des „schwachen" vorläufigen Insolvenzverwalters begründet wurden. Dadurch könnte der Steuergläubiger im Beispiel nach Insolvenzeröffnung für den Voranmeldungszeitraum Juni 2020 500 Euro als Masseverbindlichkeiten beanspruchen, für den Voranmeldungszeitraum Juli 2020 1.500 Euro (in der Abwandlung 2.500 Euro).[498]

---

497 Z.B. vom Schuldner im Voranmeldungszeitraum der Einsetzung des „schwachen" vorläufigen Insolvenzverwalters noch vor dieser Einsetzung begründete Umsatzsteueransprüche des Steuergläubigers.

498 Nach *Heinze*, ZInsO 2011, 603 (608) zum insoweit inhaltsgleichen § 55 Abs. 4 InsO a.F.

Eine weitere Möglichkeit wäre, jeweils nur jeden zugunsten des Steuergläubigers ausfallenden Saldo der einzelnen Voranmeldungszeiträume als Masseverbindlichkeiten nach § 55 Abs. 4 Satz 1 InsO zu begreifen. Im Beispiel fiele danach im Voranmeldungszeitraum Juni 2020 keine Masseverbindlichkeit nach § 55 Abs. 4 Satz 1 InsO an, im Voranmeldungszeitraum Juli 2020 hingegen eine Masseverbindlichkeit i.H.v. 500 Euro (in der Abwandlung 1.500 Euro).[499]

Witfeld schlägt vor, Vorsteuerabzugsansprüche innerhalb eines Voranmeldungszeitraums zunächst mit den § 38 InsO zuzuordnenden Umsatzsteueransprüchen des Steuergläubigers zu verrechnen, sodann mit den § 55 Abs. 4 Satz 1 InsO zuzuordnenden Umsatzsteueransprüchen.[500] Die Vorsteuerabzugsansprüche könnten – was zutrifft – nicht danach unterschieden werden, ob sie unter Einfluss des „schwachen“ vorläufigen Insolvenzverwalters „begründet“ wurden oder nicht, da § 55 Abs. 4 Satz 1 InsO für solche negativen Besteuerungsgrundlagen keine insolvenzrechtliche Vorentscheidung treffe. Im hier gebildeten Beispiel und der Abwandlung führte das zu denselben Ergebnissen wie bei der zuvor dargestellten Variante.

Man könnte ebenso eine Gesamtsaldierung der Voranmeldungszeiträume vornehmen, die von der vorläufigen Insolvenzverwaltung betroffen sind.[501] Nur insoweit nach einer solchen Gesamtsaldierung ein Saldo zugunsten des Steuergläubigers verbleibe, liege eine Masseverbindlichkeit nach § 55 Abs. 4 Satz 1 InsO vor. Liegen auch Besteuerungsgrundlagen vor, die ohne den Einfluss des „schwachen“ vorläufigen Insolvenzverwalters begründet wurden, ergeben sich insoweit mehrere Verrechnungsmethoden. Saldierte man sämtliche Besteuerungsgrundlagen miteinander, ohne die

---

499 So wohl *Onusseit*, in *Kübler/Prütting/Bork*, InsO, Bd. IV, InsSteuerR II F, Rn. 251 zum insoweit inhaltsgleichen § 55 Abs. 4 InsO a.F.

500 *Witfeld*, Umsatzsteuerverfahren und Insolvenz, 109 f. zum insoweit inhaltsgleichen § 55 Abs. 4 InsO a.F., der diese Auslegung damit begründet, dass durch sie der gesetzgeberische Wille weitestmöglich zum Tragen komme. Offen bleibt, ob *Witfeld* dies i.S.e. Saldierung per Voranmeldungszeitraum oder als Gesamtsaldierung durchführen will. Für und gegen die vorgeschlagene Reihenfolge der Verrechnung der Vorsteuerabzugsansprüche spricht abgesehen vom Willen des Gesetzgebers, der sich nicht im Wortlaut von § 55 Abs. 4 Satz 1 InsO niedergeschlagen hat, jedenfalls ebenso viel wie für eine umgekehrte Verrechnung beginnend mit den Umsatzsteuerverbindlichkeiten nach § 55 Abs. 4 Satz 1 InsO; vgl. *Onusseit*, in *Kübler/Prütting/Bork*, InsO, Bd. IV, InsSteuerR II F, Rn. 250.

501 *Heinze*, ZInsO 2011, 603 (608 f.); *Debus/Schartl*, ZIP 2013, 350 (351); *Sinz/Oppermann*, DB 2011, 2185 (2188 f.); BMF v. 20.5.2015, BStBl. I 2015, 476 (479, Rn. 32 ff.), jeweils zum insoweit inhaltsgleichen § 55 Abs. 4 InsO a.F.

insolvenzrechtliche Aufwertung der unter § 55 Abs. 4 Satz 1 InsO fallenden Umsatzsteueransprüche zu berücksichtigen, ergäbe sich im Beispiel insgesamt ein Vorsteuerüberhang von 500 Euro, in der Abwandlung hingegen eine Masseverbindlichkeit nach § 55 Abs. 4 Satz 1 InsO i.H.v. 500 Euro.

Es wird jedoch befürwortet, eine Verrechnung nur der Umsatzsteueransprüche nach § 55 Abs. 4 Satz 1 InsO mit den Vorsteuerabzugsansprüchen vorzunehmen, die mit Zustimmung des „schwachen" vorläufigen Insolvenzverwalters „begründet" wurden.[502] Danach ergäbe sich im Beispiel eine Masseverbindlichkeit nach § 55 Abs. 4 Satz 1 InsO i.H.v. 1.000 Euro (500 Euro aus Juni 2020 und 1.500 Euro abzüglich 1.000 Euro aus Juli 2020)(in der Abwandlung 2.000 Euro).

Keine der dargestellten Verrechnungsvarianten ergibt sich zwingend aus dem Gesetz oder ist abschließend überzeugend. Die Begrenzung der Verrechnung von Vorsteuerabzugsansprüchen, die ohne Beteiligung des „schwachen" vorläufigen Insolvenzverwalters „begründet" wurden, bedeutete ein neues Verrechnungshindernis, das § 55 Abs. 4 Satz 1 InsO so nicht zu entnehmen ist.[503] Immerhin trifft § 55 Abs. 4 InsO gerade keine Vorentscheidung über ihre insolvenzrechtliche Zuordnung.[504] Folgt man dem Ansatz der Verrechenbarkeit von nicht mit Zustimmung des „schwachen" vorläufigen Insolvenzverwalters „begründeten" Vorsteuerabzugsansprüchen auch mit Umsatzsteueransprüchen nach § 55 Abs. 4 Satz 1 InsO, lässt das Gesetz offen, ob zuerst mit diesen Umsatzsteueransprüchen oder mit solchen nach § 38 InsO verrechnet werden muss. Für eine Gesamtsaldierung spricht jedenfalls die Rechtsprechung des V. Senats des BFH, wonach für die Zeit vom Beginn des Jahres der Insolvenzeröffnung bis zur Insolvenzeröffnung eine Jahressteuerberechnung zu erfolgen hat, welche

---

502 Das BMF begründet diese Lösung mit dem Verweis auf die Unternehmensteile-Theorie des V. Senats des BFH, wonach keine Verrechnung zwischen dem vor- und nachinsolvenzlichen Unternehmensteil des Schuldners stattfindet (dazu unten unter § 12. A. I. 2. c) (dd)), vgl. BMF v. 20.5.2015, BStBl. I 2015, 476 (479, Rn. 32); wohl auch BFH v. 24.9.2014 – V R 48/13, BStBl. II 2015, 506 (510, Rn. 36); BFH v. 23.7.2020 – V R 26/19, DB 2020, 2336 (2337, Rn. 15); *Sinz*, in *Uhlenbruck/Hirte/Vallender*, InsO, § 55, Rn. 119; *ders./Oppermann*, DB 2012, 2187 (2188 f.), jeweils zum insoweit inhaltsgleichen § 55 Abs. 4 InsO a.F.; *Heinze*, ZInsO 2011, 603 (609) begründen diese Lösung mit der Vorverlagerung der Wirkungen des eröffneten Verfahrens auf das Eröffnungsverfahren.

503 Zweifelnd auch *Onusseit*, in *Kübler/Prütting/Bork*, InsO, Bd. IV, InsSteuerR II F, Rn. 249 zum insoweit inhaltsgleichen § 55 Abs. 4 InsO.

504 Zutreffend *Witfeld*, Umsatzsteuerverfahren und Insolvenz, 110 zum insoweit inhaltsgleichen § 55 Abs. 4 InsO a.F.

die Festsetzungen der Voranmeldungszeiträume in sich aufnimmt.[505] Eine überzeugende Lösung des Verrechnungsproblems kann letztlich nur der Gesetzgeber liefern.

c) Anwendung von § 55 Abs. 4 Satz 1 InsO auch auf Berichtigungstatbestände

§ 55 Abs. 4 Satz 1 InsO findet auch auf Bemessungsgrundlagen zugunsten des Steuergläubigers Anwendung, die aus Berichtigungen von Bemessungsgrundlagen resultieren, sofern auch die übrigen Voraussetzungen von § 55 Abs. 4 Satz 1 InsO vorliegen. Nicht erfasst sind danach Berichtigungsansprüche nach § 17 Abs. 2 Nr. 2 Satz 1 i.V.m. Abs. 1 Satz 2 UStG (erste Berichtigung des Vorsteuerabzugsanspruchs des insolventen Leistungsempfängers aufgrund Uneinbringlichkeit beim Leistenden) zugunsten des Steuergläubigers, die auf eine Uneinbringlichkeit infolge der Bestellung eines vorläufigen Insolvenzverwalters zurückzuführen sind, da sie nach zutreffender Auffassung nicht durch den „schwachen" vorläufigen Insolvenzverwalter oder durch den Insolvenzschuldner mit dessen Zustimmung begründet werden.[506]

Berichtigungsansprüche nach § 15a UStG zugunsten des Steuergläubigers sollen nach Auffassung des BMF in den Anwendungsbereich von § 55 Abs. 4 InsO a.F. fallen, soweit die Veränderung der Verhältnisse im Rahmen der Befugnisse des „schwachen" vorläufigen Insolvenzverwalters veranlasst wurde (z.B. Zustimmung zum Verkauf eines Grundstücks).[507] Demgegenüber geht der V. Senat des BFH, der hinsichtlich der Begründung durch den „schwachen" vorläufigen Insolvenzverwalter bzw. durch den Insolvenzschuldner mit dessen Zustimmung maßgeblich auf die (zusätzlich vom Insolvenzgericht zu erteilende) Befugnis des „schwachen" vorläufigen Insolvenzverwalters zum Forderungseinzug abstellt, davon

505 Vgl. BFH v. 24.11.2011 – V R 13/11, BStBl. II 2012, 298 (300, Rn. 14); Zusammenfassung der Kritik an dieser Rechtsprechung bei *Witfeld*, Umsatzsteuerverfahren und Insolvenz, 255 f.

506 Das gilt insbesondere für die Vereinnahmung des Entgelts durch den „schwachen" vorläufigen Insolvenzverwalter mit Zustimmungsvorbehalt und Forderungseinzugsbefugnis; dazu unten unter § 15. B. I.; ebenso *Witfeld*, Umsatzsteuerverfahren und Insolvenz, 120 ff.; a.A. BFH v. 24.9.2014 – V R 48/13, BStBl. II 2015, 506 (509 f., Rn. 29 ff.); BMF v. 20.5.2020, BStBl. I 2015, 476 (478, Rn. 20 f.), jeweils zum insoweit inhaltsgleichen § 55 Abs. 4 InsO a.F.

507 BMF v. 20.5.2020, BStBl. I 2015, 476 (478, Rn. 22).

aus, dass Berichtigungsansprüche nach § 15a UStG deshalb nicht bei der Berechnung der Masseverbindlichkeit nach § 55 Abs. 4 InsO a.F. zu berücksichtigen seien, weil sie gerade nicht auf dem Forderungseinzug, sondern auf anderen Umständen beruhten.[508] Während im Grundsatz dem Ansatz des BMF zu folgen ist, d.h. es kann nicht auf eine etwaige Forderungseinziehungsbefugnis des „schwachen" vorläufigen Insolvenzverwalters ankommen,[509] ist der Berichtigungsanspruch nach § 15a UStG bereits im Zeitpunkt des ursprünglichen Vorsteuerabzugs begründet, sodass für die Anwendung von § 55 Abs. 4 Satz 1 InsO aus diesem Grund kein Raum verbleibt.[510] Selbiges gilt für Fälle des vorläufigen Eigenverwaltungsverfahrens.

4. Die „Zustimmung" des „schwachen" vorläufigen Insolvenzverwalters

Größere Probleme bereitet auch das Merkmal „Zustimmung" des „schwachen" vorläufigen Insolvenzverwalters im Rahmen der zweiten Tatbestandsalternative von § 55 Abs. 4 Satz 1 Alt. 2 InsO. Zum einen ist zu bestimmen, worauf sich die Zustimmung des „schwachen" vorläufigen Insolvenzverwalters beziehen muss; zum anderen bedarf es der Klärung, welche Anforderungen an eine solche Zustimmung zu stellen sind.

a) Gegenstand der Zustimmung

Das Zustimmungserfordernis in § 55 Abs. 4 Satz 1 Alt. 2 InsO fügt sich nach zutreffender Auffassung nicht in die insolvenzrechtliche Gesetzessystematik ein, sondern ist aufgrund seines genuin steuerrechtlichen Telos steuerrechtlich autonom auszulegen.[511] Denn das vom Insolvenzgericht nach § 21 Abs. 2 Satz 1 Nr. 2 Alt. 2 InsO angeordnete Zustimmungserfordernis bezieht sich ausschließlich auf rechtliche Verfügungen des In-

508 BFH v. 24.9.2014 – V R 48/13, BStBl. II 2015, 506 (511, Rn. 46).

509 Ebenso Hessisches FG v. 19.11.2019 – 6 K 1571/18, EFG 2020, 396 (397 f., Rn. 32 f.).

510 Vgl. unten unter § 11. B. VI.; a.A. für den Fall der Veräußerung eines Grundstücks *Witfeld*, Umsatzsteuerverfahren und Insolvenz, 124 f.

511 Eingehend *Witfeld*, Umsatzsteuerverfahren und Insolvenz, 114 ff. zum insoweit inhaltsgleichen § 55 Abs. 4 InsO a.F.

solvenzschuldners, nicht aber auf die Wirksamkeit schuldrechtlicher Verpflichtungen des Insolvenzschuldners.[512]

Dieses insolvenzrechtliche Verständnis von der Zustimmung des „schwachen“ vorläufigen Insolvenzverwalters passt bereits deshalb nicht auf umsatzsteuerrechtliche Sachverhalte, weil neben Lieferungen, die eine Verfügung beinhalten und daher die Verschaffung von Verfügungsmacht erfordern, § 3 Abs. 1 UStG, auch sonstige Leistungen wie z.B. Dienstleistungen zum Leistungsspektrum gehören können, die davon nicht erfasst wären.[513] Der Gesetzgeber hat jedoch intendiert, sämtliche Umsatzsteueransprüche des Steuergläubigers zu erfassen.[514] Zudem wäre ein solches Verständnis des Zustimmungserfordernisses in § 55 Abs. 4 Satz 1 Alt. 2 InsO wohl gleichheitswidrig.[515] Darüber hinaus dient § 21 Abs. 2 Satz 1 Nr. 2 Alt. 2 InsO einem anderen Zweck als § 55 Abs. 4 Satz 1 Alt. 2 InsO, was ebenfalls eine voneinander unabhängige Auslegung rechtfertigt.[516]

Eine Auslegung anhand des steuerrechtlichen Zwecks unter Berücksichtigung der Gesetzesbegründung ermöglicht es indessen, die erforderliche

512 Vgl. *Witfeld*, Umsatzsteuerverfahren und Insolvenz, 115; letztere können vom Schuldner auch bei Bestellung eines „schwachen“ vorläufigen Insolvenzverwalters mit allgemeinem Zustimmungsvorbehalt wirksam eingegangen werden, vgl. nur *Böhm*, in *Braun*, InsO, § 21, Rn. 43; *Nachtmann*, Fiskusvorrecht, 109 f., jeweils zum insoweit inhaltsgleichen § 55 Abs. 4 InsO a.F.

513 *Witfeld*, Umsatzsteuerverfahren und Insolvenz, 116 f.; für ein solches Verständnis, wonach nur Masseverbindlichkeiten begründet werden können, wo eine Zustimmungspflicht des „schwachen“ vorläufigen Insolvenzverwalters nach § 21 Abs. 2 Satz 1 Nr. 2 Alt. 2 InsO besteht, aber *Heinze*, ZInsO 2011, 603 (604); *Onusseit*, in *Kübler/Prütting/Bork*, InsO, Bd. IV, InsSteuerR II F, Rn. 228; *ders.*, LIT 2011, 70 (78) sowie *Nachtmann*, Fiskusvorrecht, 111 f.; vgl. auch BFH v. 24.9.2014 – V R 48/13, BStBl. II 2015, 506 (509, Rn. 23), der aufgrund dieses Arguments für die Verbindlichkeitsbegründung nicht auf die Leistungserbringung abstellen will.

514 BT-Drs. 17/3030, 42 f.; vgl. auch *Witfeld*, Umsatzsteuerverfahren und Insolvenz, 116.

515 *Witfeld*, Umsatzsteuerverfahren und Insolvenz, 117. Vgl. insoweit auch BFH v. 24.9.2014 – V R 48/13, BStBl. II 2015, 506 (509, Rn. 23), der ebenfalls eine andernfalls gleichheitswidrige Benachteiligung von Lieferungen erkennt. Er stellt jedoch als maßgebliche Handlung auf den Forderungseinzug ab, sodass es nach seiner Auffassung nicht auf die Unterscheidung zwischen Lieferung und Leistung ankommt.

516 So auch *Witfeld*, Umsatzsteuerverfahren und Insolvenz, 116 f.; wenngleich eine unterschiedliche Auslegung desselben Begriffs innerhalb eines Gesetzes große Bedenken an der handwerklichen Qualität des Haushaltsbegleitgesetzes 2011 aufkommen lässt; ebenso krit. *Onusseit*, ZInsO 2011, 641 (645), jeweils zum insoweit inhaltsgleichen § 55 Abs. 4 InsO a.F.

Zustimmung i.S.e. Einverständniserklärung auf die jeweils zur Begründung des Umsatzsteueranspruchs des Steuergläubigers notwendigen Handlungen des Insolvenzschuldners zu beziehen;[517] hierzu gehört regelmäßig die Ausführung der Lieferung oder sonstigen Leistung. Die Zustimmung des „schwachen“ vorläufigen Insolvenzverwalters muss demgegenüber nicht das Einverständnis einschließen, mit der schuldnerischen Handlung zugleich einen Umsatzsteueranspruch des Steuergläubigers zu begründen, da diese aufgrund Gesetzes begründet wird (§ 38 AO) und somit dem Einflussbereich sowohl des Insolvenzschuldners als auch des „schwachen“ vorläufigen Insolvenzverwalters entzogen ist.[518] Daher sollte eher untechnisch von einem Einverständnis gesprochen werden.[519] Hinsichtlich sonstiger Leistungen erweitert § 55 Abs. 4 Satz 1 Alt. 2 InsO ggü. § 21 Abs. 2 Satz 1 Nr. 2 Alt. 2 InsO daher auch nicht den Kreis von Handlungen, die der Zustimmung durch den „schwachen“ vorläufigen Insolvenzverwalter mit Zustimmungsvorbehalt i.S.v. § 22 Abs. 2 Satz 1 Nr. 2 Alt. 2 InsO unterliegen.

b) Art und Weise der Zustimmung

Die als untechnisches Einverständnis verstandene, sich auf die den Umsatzsteueranspruch des Steuergläubigers begründende Handlung des Insolvenzschuldners beziehende Zustimmung kann sowohl vor als auch nach Vornahme der Handlung erfolgen.[520] Es bestehen nach zutreffender Auffassung *Witfelds* keine Bedenken, zur Auslegung die zivilrechtlichen Maßstäbe der §§ 182 ff. BGB heranzuziehen und die Zustimmung als empfangsbedürftige, formlose Willenserklärung zu verstehen, solange diese Auslegung nicht im Widerspruch zum steuerlichen Zweck von § 55

---

517 Ebenso *Onusseit,* ZInsO 2011, 641 (645), der dies allerdings nur auf Verfügungshandlungen bezieht; wohl auch *Witfeld,* Umsatzsteuerverfahren und Insolvenz, 117 f., jeweils zum insoweit inhaltsgleichen § 55 Abs. 4 InsO a.F.

518 FG Düsseldorf v. 27.9.2013 – 1 K 3372/12 U, EFG 2014, 69 (71); so wohl auch *Hefermehl,* in MüKo InsO, Bd. 1, § 55, Rn. 245; a.A. *Onusseit,* ZInsO 2011, 641 (645), der ein solches erweitertes Einverständnis unterstellt.

519 Ebenso *Onusseit,* ZInsO 2011, 641 (645); *Witfeld,* Umsatzsteuerverfahren und Insolvenz, 119.

520 *Onusseit,* in *Kübler/Prütting/Bork,* InsO, Bd. IV, InsSteuerR II F, Rn. 236; *Witfeld,* Umsatzsteuerverfahren und Insolvenz, 118; *Vallender,* in *Uhlenbruck/Hirte/Vallender,* InsO, § 21, Rn. 24 m.w.N. zu § 21 Abs. 2 Satz 1 Nr. 2 Alt. 2 InsO; a.A. *Heinze,* ZInsO 2010, 603 (604), jeweils zum insoweit inhaltsgleichen § 55 Abs. 4 InsO a.F.

Abs. 4 Satz 1 Alt. 2 InsO steht.[521] Daher kommt grds. jedes ausdrückliche oder konkludente Handeln, Dulden oder Unterlassen in Betracht.[522] Sogar ein allgemeines Einverständnis zur fortgesetzten Tätigkeit des Insolvenzschuldners im Eröffnungsverfahren kann hierfür ausreichen.[523]

Trotz weiter Auslegung eines Duldens oder Unterlassens als konkludentes Einverständnis[524] sollte es aber zu weit gehen, bereits aus dem Fehlen eines ausdrücklichen Widerspruchs des „schwachen" vorläufigen Insolvenzverwalters im Umkehrschluss auf eine konkludente oder sogar ausdrückliche Zustimmung zu schließen.[525] Der Wortlaut von § 55 Abs. 4 Satz 1 InsO beinhaltet ein Zustimmungserfordernis, kein Widerspruchserfordernis. Zudem setzt die Zustimmung des „schwachen" vorläufigen Insolvenzverwalters die Kenntnis vom Tätigwerden des Insolvenzschuldners voraus. Ohne die Feststellung dieser Kenntnis kann daher keine Zustimmung und dementsprechend auch keine Masseverbindlichkeit angenommen werden.[526]

521 *Witfeld*, Umsatzsteuerverfahren und Insolvenz, 118; dahingehend sollte auch FG Düsseldorf v. 27.9.2013 – 1 K 3372/12 U, EFG 2014, 69 (70 f.) zu verstehen sein; auch *Onusseit*, in *Kübler/Prütting/Bork*, InsO, Bd. IV, InsSteuerR II F, Rn. 236 legt den Begriff Zustimmung „unter Berücksichtigung der Terminologie" der §§ 182 ff. BGB aus; a.A. *Hefermehl*, in MüKo InsO, Bd. 1, § 55, Rn. 245, der lediglich ein „tatsächliches Einverständnis mit der Fortführung der Geschäftsführung des Schuldners" versteht, das „jede Art von aktiver oder konkludenter Billigung umfasst". Insoweit sollte jedoch kein Unterschied zur allgemeinen Zivilrechtslehre der Zustimmung bestehen.

522 *Witfeld*, Umsatzsteuerverfahren und Insolvenz, 119 zum insoweit inhaltsgleichen § 55 Abs. 4 InsO a.F.

523 FG Düsseldorf v. 27.9.2013 – 1 K 3372/12 U, EFG 2014, 69 (71); *Witfeld*, Umsatzsteuerverfahren und Insolvenz, 119, jeweils zum insoweit inhaltsgleichen § 55 Abs. 4 InsO a.F.

524 Vgl. bereits *Marotzke*, ZIP 2005, 2144 (2147).

525 Ebenso BFH v. 24.9.2014 – V R 48/13, BStBl. II 2015, 506 (508; Rn. 17); *Onusseit*, in *Kübler/Prütting/Bork*, InsO, Bd. IV, InsSteuerR II F, Rn. 237; *Fischer, M.*, DB 2012, 885 (888); a.A. *Witfeld*, Umsatzsteuerverfahren und Insolvenz, 119; FG Düsseldorf v. 27.9.2013 – 1 K 3372/12 U, EFG 2014, 69 (71); ebenfalls noch BMF v. 17.1.2012, BStBl. I 2012, 120 (120, Rn. 3 f.), jeweils zum insoweit inhaltsgleichen § 55 Abs. 4 InsO a.F.

526 BFH v. 28.5.2020 – V R 2/20, DB 2020, 2054 (2055; Rn. 18); zustimmend *Schmittmann*, ZRI 2020, 145 (147); vgl. bereits *Olbing*, LIT 2012, 51 (55); zum Erfordernis der Kenntnis des Insolvenzverwalters bei eröffneten Insolvenzverfahren für die Begründung von Masseverbindlichkeiten bereits BFH v. 6.6.2019 – V R 51/17, ZIP 2019, 2420 (2421, Rn. 18), jeweils zum insoweit inhaltsgleichen § 55 Abs. 4 InsO a.F.

II. Rechtsfolge: Masseverbindlichkeit nach Eröffnung des Insolvenzverfahrens

Auch wenn die Tatbestandsvoraussetzungen des § 55 Abs. 4 Satz 1 InsO vorliegen, sind die betroffenen Umsatzsteueransprüche während des Eröffnungsverfahrens bis zur Eröffnung des Insolvenzverfahrens über das Vermögen des Insolvenzschuldners noch als Insolvenzforderungen zu behandeln.[527] Erst mit Insolvenzeröffnung findet die Umqualifizierung zu Masseverbindlichkeiten aufgrund der Fiktion des § 55 Abs. 4 Satz 1 InsO statt.[528] Die jüngste Erweiterung von § 55 Abs. 4 Satz 1 InsO auf Fälle der vorläufigen Eigenverwaltung führt insoweit nicht zu Veränderungen auf der Rechtsfolgenseite. Die Einzelheiten der verfahrensrechtlichen Umsetzung sind nach wie vor nicht abschließend geklärt und können vorliegend nicht weiter erörtert werden.[529]

C. § 55 Abs. 4 InsO als verfassungsrechtlich zulässiges Fiskusvorrecht

Der Gesetzgeber hat für die Schaffung von § 55 Abs. 4 InsO a.F. zahllose Kritik und nur sehr wenig Zustimmung erfahren. Auf eine umfassende Darstellung wird an dieser Stelle zugunsten einer Zusammenfassung verzichtet.[530] Neben der Sanierungsfeindlichkeit von § 55 Abs. 4 InsO a.F.[531] wurden insb. die fehlende Verzahnung mit der umsatzsteuerrechtlichen

---

527 Zu den umsatzsteuerverfahrensrechtlichen Aspekten z.B. *Sinz*, in *Uhlenbruck/Hirte/Vallender*, InsO, § 55, Rn. 140.

528 *Witfeld*, Umsatzsteuerverfahren und Insolvenz, 129; *Sinz*, in *Uhlenbruck/Hirte/Vallender*, InsO, § 55, Rn. 141.

529 Hierzu eingehend *Sinz*, in MüKo InsO, § 55, Rn. 145 ff.; *Onusseit*, in *Kübler/Prütting/Bork*, InsO, Bd. IV, InsSteuerR II F, Rn. 254 ff.; *Uhländer*, in *Waza/Uhländer/Schmittmann*, Insolvenzen und Steuern, Rn. 685; *Kahlert*, ZIP 2011, 401 (404 f.); *Rennert-Bergenthal/Dähling*, ZInsO 2011, 1922 (1922 ff.); BMF-Schreiben, BStBl. I 2015, 674 (480, Rn. 42), jeweils zum insoweit inhaltsgleichen § 55 Abs. 4 InsO a.F. Aus verfahrensrechtlicher Sicht unterscheidet sich der „schwache" vorläufige Insolvenzverwalter vom „starken" vorläufigen Insolvenzverwalter insbesondere dadurch, dass er nicht wie jener Vermögensverwalter i.S.d. § 34 Abs. 3 AO ist.

530 Umfassende Darstellung der Kritik und Zustimmung aus dem Schrifttum z.B. bei *Witfeld*, Umsatzsteuerverfahren und Insolvenz, 129 ff.

531 Vgl. *Smid*; DZWiR 2011, 133 (134); *Kahlert*, ZIP 2010, 1887 (1889); *Pape*, ZInsO 2010, 2155 (2156); *Sterzinger*, BB 2011, 1367 (1372); *Schacht*, ZInsO 2011, 1048 (1050); *Jungclaus/Keller*, NZI 2010, 808 (809); *Nachtmann*, Fiskusvorrecht, 103; *Weiland*, DZWiR 2011, 224 (231 f.); *Gundlach/Rautmann*, DStR 2011, 82 (85).

und insolvenzrechtlichen Systematik[532] sowie der Rechtsprechung v.a. des V. Senats des BFH[533] bemängelt. Die Vorschrift stelle einen Verstoß gegen den Gläubigergleichbehandlungsgrundsatz dar,[534] der durch die vermeintliche Zwangsgläubigerstellung des Steuergläubigers nicht gerechtfertigt sei.[535] Z.T. wurde § 55 Abs. 4 InsO a.F. sogar als verfassungswidrig eingestuft.[536] Diesem Vorwurf soll im Folgenden unter Berücksichtigung der jüngst erfolgten Neufassung von § 55 Abs. 4 Satz 1 InsO nachgegangen werden.[537]

I. Eine Ungleichbehandlung liegt vor, …

Die Schaffung von § 55 Abs. 4 Satz 1 InsO stellt zweifelsohne eine Ungleichbehandlung der am Insolvenzverfahren beteiligten Gläubiger zugunsten des Steuergläubigers und zulasten der übrigen Gläubiger und damit einen Verstoß gegen die vorgefundene insolvenzrechtliche Systemkonsequenz dar, die, wie bereits ausgeführt,[538] durch Art. 3 Abs. 1 GG

---

532 Vgl. *Kahlert*, ZIP 2011, 401 (401); *ders.*, ZIP 2010, 1887 (1887 f.); *Heinze*, DZWiR 2011, 603 (603); *Bauer*, ZInsO 2010, 1917 (1917); *ders.*, DZWiR 2007, 188 (192); *Smid*, DZWiR 2011, 133 (133).

533 *Kahlert/Schmidt*, DB 2012, 197 (198); vgl. auch *Schmittmann*, ZIP 2011, 1125 (1129 f.); a.A. *Wäger*, UR 2013, 673 (680 f.). Mit BFH v. 24.9.2014 – V R 48/13, BStBl. II 2015, 506 hat der V. Senat des BFH zwischenzeitlich den Versuch unternommen, seine Rechtsprechung mit § 55 Abs. 4 InsO (a.F.) zu koordinieren.

534 *Sämisch*, ZIP 2016, 2459 (2461); *Nachtmann*, Fiskusvorrecht, 184 ff.; zu Vorläufern von § 55 Abs. 4 InsO (a.F.) bereits *Bauer*, Ungleichbehandlung, 119 ff.; *Pape/Uhlenbruck*, ZIP 2005, 417 (420).

535 *Onusseit*, ZInsO 2011, 641 (643); *Marotzke*, ZInsO 2010, 2163 (2178).

536 *Nachtmann*, Fiskusvorrecht, 189 ff., 219 wegen fehlender Angemessenheit i.e.S.; *Kahlert*, ZIP 2014, 1101 (1105) nimmt dagegen einen Verstoß gegen das Rechtsstaatsprinzip aus Art. 20 Abs. 3 GG an; i.E. ebenso für Verfassungswidrigkeit *Bauer*, ZInsO 2010, 1917 (1920); *Krüger*, ZInsO 2012, 149 (153); *Hölzle*, BB 2012, 1571 (1579); *Marotzke*, ZInsO 2010, 2163 (2180); verfassungsrechtliche Bedenken äußert auch *Uhlenbruck*, ZInsO 2005, 505 (510); das FG Baden-Württemberg v. 29.5.2015 – 9 K 76/14, ZIP 2015, 1452 (1454 f.) hat dagegen einen Verstoß gegen Art. 3 Abs. 1 GG ausdrücklich offengelassen.

537 Es erfolgt dabei eine isolierte Bewertung von § 55 Abs. 4 Satz 1 InsO. Die Frage, ob das verfassungsrechtlich zulässige Maß einer Bevorrechtigung des Steuergläubigers in Zusammenschau mit weiteren gesetzgeberischen Maßnahmen (z.B. die Ausweitung von §§ 13b, 13c UStG, vgl. dazu z.B. *Kahlert*, ZIP 2010, 1274) überschritten wird, muss im Rahmen der vorliegenden Arbeit unbeantwortet bleiben.

538 Oben unter § 4. B. III.

geschützt ist.[539] Denn indem der Steuergläubiger hinsichtlich der erfassten Forderungen – entgegen der insolvenzrechtlichen Systematik, wonach vor Insolvenzeröffnung begründete Ansprüche grds. zu Insolvenzforderungen führen – in den Rang eines Massegläubigers erhoben wird, verbessert sich seine Befriedigungschance regelmäßig[540] dramatisch, während die den Insolvenzgläubigern zur Verfügung stehende Insolvenzmasse im gleichen Umfang verringert wird. Hierin ist eine systemwidrige Ungleichbehandlung von Gläubigern zu sehen.[541]

II. …sie ist aber gerechtfertigt, da der Gesetzgeber seinen Gestaltungsspielraum nicht überschritten hat

Die mit der Einführung von § 55 Abs. 4 InsO a.F. in der Gestalt von § 55 Abs. 4 Satz 1 InsO einhergehende Ungleichbehandlung sollte aber – unter Zugrundelegung des oben unter § 4. B. III. dargelegten Prüfungsmaßstabs – die Grenze des verfassungsrechtlich zulässigen noch nicht überschritten haben, m.a.W. noch gerechtfertigt sein.[542]

Mit der Schaffung von § 55 Abs. 4 InsO a.F. verfolgte der Gesetzgeber den Zweck, die nachteilige Stellung des Steuergläubigers im vorläufigen Insolvenzverfahren abzumildern, die dadurch entstand, dass von den Insolvenzgerichten regelmäßig keine „starken" vorläufigen Insolvenzverwalter nach § 55 Abs. 2 InsO, sondern lediglich „schwache" vorläufige Insolvenzverwalter bestellt wurden, sodass die Umsatzsteueransprüche des Steuergläubigers aus diesem Verfahrensabschnitt regelmäßig als Insolvenzforderungen nach § 38 InsO zur Tabelle anzumelden waren. Aufgrund von § 55 Abs. 4 Satz 1 InsO sollen diese Umsatzsteueransprüche als Masseverbindlichkeiten einzuordnen sein.[543] Mit der Erstreckung von § 55 Abs. 4 Satz 1 InsO auf Fälle der vorläufigen Eigenverwaltung bezweckte der Gesetzgeber insoweit einen Gleichlauf der vorläufigen Verfahren.

---

539 Ebenso *Witfeld,* Umsatzsteuerverfahren und Insolvenz, 139 zum insoweit inhaltsgleichen § 55 Abs. 4 InsO a.F.

540 Anders insb. in Fällen der Masseunzulänglichkeit.

541 Ebenso *Witfeld,* Umsatzsteuerverfahren, 139; *Nachtmann,* Fiskusvorrecht, 185; *Hölzle,* BB 2012, 1571 (1577); *Bauer,* ZInsO 2010, 1917 (1917); *ders.,* DZWiR 2007, 188 (192), jeweils zum insoweit inhaltsgleichen § 55 Abs. 4 InsO a.F.

542 Ebenso *Witfeld,* Umsatzsteuerverfahren und Insolvenz, 149 f.; zur Gegenauffassung vgl. bereits Fn. 536.

543 Ausführlich zum Zweck von § 55 Abs. 4 Satz 1 InsO bereits oben unter § 6. A.

Das aus steuerlicher Sicht nachvollziehbare Ziel der Verringerung von Steuerausfällen stößt innerhalb der vorgefundenen insolvenzrechtlichen Struktur auf gewisse Widerstände. Jedoch ist dem Gesetzgeber hier eine Einschätzungsprärogative zuzugestehen, die eine Verwerfung des mit § 55 Abs. 4 Satz 1 InsO verfolgten Zwecks als illegitim von vornherein ausschließt, da es letztlich um die Erschließung bzw. Absicherung von Steuerquellen geht.[544]

Dieses Ziel sollte mit § 55 Abs. 4 Satz 1 InsO auch in geeigneter und erforderlicher Weise erreicht werden.[545] Insb. bzgl. der Geeignetheit einer Maßnahme steht dem Gesetzgeber ebenfalls eine sehr weitreichende Einschätzungsprärogative zu.[546] Das BVerfG lässt es bisweilen sogar ausreichen, wenn nur die Möglichkeit besteht, den angestrebten Zweck zu erreichen.[547] Schon der Aufschrei unter den Insolvenzrechtlern, der die Einführung von § 55 Abs. 4 InsO a.F. begleitet hatte, dürfte eindrücklich belegen, dass durchaus mit einer Zweckerreichung gerechnet worden war. In der Praxis hat sich dies später bestätigt; aufgrund von § 55 Abs. 4 InsO a.F. wurden tatsächlich vermehrt Umsatzsteueransprüche des Steuergläubigers als Masseverbindlichkeiten geltend gemacht und befriedigt. Es ist davon auszugehen, dass dies auch unter Geltung von § 55 Abs. 4 Satz 1 InsO der Fall sein wird.

Ob mit § 55 Abs. 4 Satz 1 InsO auch eine erforderliche, also unter Mehreren gleich geeignete, aber am mildesten wirkende,[548] Maßnahme darstellt, lässt sich demgegenüber nicht ohne Weiteres beantworten. Die Intensität verschiedener Maßnahmen lässt sich im Rahmen eines derart diffizilen Rechtsbereichs wie der Schnittmenge von (Umsatz-)Steuer- und Insolvenzrecht nur schwer vergleichen. Seinen Vorschlag einer Umsatzsteuersondermasse[549] hat *Witfeld* jedenfalls nicht als milderes Mittel angesehen.[550] Andere, grundsätzlichere, Lösungsmodelle wie die Umstellung auf eine zumindest weitestgehende Ist-Besteuerung lassen ihre Auswirkun-

544 Zutreffend *Witfeld*, Umsatzsteuerverfahren und Insolvenz, 140; zum Einschätzungsspielraum des Gesetzgebers *Desens*, Halbeinkünfteverfahren, 428.

545 Ebenso *Witfeld*, Umsatzsteuerverfahren und Insolvenz, 140 f.

546 *Desens*, Halbeinkünfteverfahren, 425.

547 Vgl. BVerfG v. 20.6.1984 – 1 BvR 1494/78, BVerfGE 67, 157 (175); BVerfG v. 10.4.1997 – 2 BvL 45/92, BVerfGE 96, 10 (26); vgl. auch *Desens*, Halbeinkünfteverfahren, 425.

548 *Grzeszick*, in *Maunz/Dürig*, GG, Art. 20 VII., Rn. 113; *Mehde*, in *Maunz/Dürig*, GG, Art. 28, Rn. 121.

549 Dazu bereits oben unter § 5. B. IV. 2.

550 *Witfeld*, Umsatzsteuerverfahren und Insolvenz, 140 zu § 55 Abs. 4 InsO a.F.

gen nicht abschließend erahnen. Fällt es vorliegend mithin schwer, überhaupt eine Abwägung der Intensität verschiedener Mittel der Zweckerreichung vorzunehmen, kommt auch hier die Einschätzungsprärogative des Gesetzgebers zum Tragen.[551]

Schließlich kann dem durch die Einführung von § 55 Abs. 4 InsO a.F. in der Gestalt des § 55 Abs. 4 Satz 1 InsO erfolgten Eingriff in die vorgefundene insolvenzrechtliche Systemkonsequenz die Angemessenheit i.e.S. jedenfalls nicht in einer Art und Weise abgesprochen werden, die die Verfassungswidrigkeit der Norm begründete.[552] Erforderlich hierfür wäre, dass die mit § 55 Abs. 4 Satz 1 InsO einhergehenden Eingriffe in die Rechte der übrigen Gläubiger sowie die verursachten Systembrüche nicht mehr in einem angemessenen Verhältnis zum Zweck seiner Schaffung stehen.[553] Die verfassungsrechtliche Überprüfung ist auch auf dieser Ebene auf eine Vertretbarkeitskontrolle beschränkt, sodass dem Gesetzgeber ein erheblicher Gestaltungsspielraum verbleibt.[554]

Die Einführung von § 55 Abs. 4 InsO a.F. in Gestalt des § 55 Abs. 4 Satz 1 InsO sollte jedenfalls nicht dazu geführt haben, dass das Insolvenzverfahren für die übrigen Gläubiger keine optimale Durchsetzung ihrer verfassungsrechtlich geschützten Interessen mehr bietet, d.h. zu einer Ineffektivität des Insolvenzverfahrens geführt haben. Unvermeidbar muss die Einführung des § 55 Abs. 4 InsO a.F. im Vergleich zur Rechtslage vor seiner Einführung dazu geführt haben, dass den übrigen Gläubigern, d.h. insb. den Insolvenzgläubigern, weniger Insolvenzmasse zur Verteilung zur Verfügung stand als unter Geltung von § 55 Abs. 4 InsO a.F.[555] Denn durch die Erhebung von Umsatzsteueransprüchen aus dem vorläufigen Insolvenzverfahren in den Rang einer Masseverbindlichkeit wird der Steuergläubiger vor den Insolvenzgläubigern befriedigt, sodass für diese eine geringere Restmasse verbleibt. Auch bzgl. der weiteren Massegläubiger verändert sich das Verteilungsverhältnis. Dies allein ist jedoch nicht ausreichend, um den Vorzug des Insolvenzverfahrens als Gesamtvollstreckungsverfahren ggü. der Einzelzwangsvollstreckung nach dem Prioritätsprinzip bei Insolvenz des Steuerschuldners für die übrigen Gläubiger zu nivellieren. Es wurde bisher nicht bekannt, dass es gerade wegen der Wirkungen

551 Vgl. hierzu nur *Mehde*, in *Maunz/Dürig*, GG, Art. 28, Rn. 120.

552 Im Ergebnis ebenso *Witfeld*, Umsatzsteuerverfahren und Insolvenz, 141 ff., 149 f. zu § 55 Abs. 4 InsO a.F.

553 Vgl. *Witfeld*, Umsatzsteuerverfahren und Insolvenz, 141 unter Verweis auf die sog. neue Formel des BVerfG.

554 Vgl. *Witfeld*, Umsatzsteuerverfahren und Insolvenz, 89.

555 Siehe auch *Witfeld*, Umsatzsteuerverfahren und Insolvenz, 142.

des § 55 Abs. 4 InsO a.F. zu vermehrten masselosen Insolvenzen gekommen sei. Die Situation der übrigen Gläubiger mag sich mit der Einführung von § 55 Abs. 4 InsO a.F. zwar verschlechtert haben. Es ist jedoch nicht erkennbar, dass das Insolvenzverfahren dadurch insgesamt keinen Wert i.S.e. effektiven Rechts- und Eigentumsschutzes in einer Knappheitssituation mehr hätte. An dieser Einschätzung hat auch die jüngst erfolgte Neufassung von § 55 Abs. 4 Satz 1 InsO nichts geändert.

Wägt man i.Ü. die Intensität der Ungleichbehandlung mit dem von § 55 Abs. 4 Satz 1 InsO verfolgten Zweck ab, so sollte der Gesetzgeber den Rahmen des verfassungsrechtlich vertretbaren noch nicht verlassen haben.[556] Wie *Witfeld* zutreffend herausgearbeitet hat, steht bei der Abwägung der betroffenen Interessen aufseiten des Steuergläubigers aus steuerlicher Sicht ein aus Art. 3 Abs. 1 GG abgeleitetes Gebot der Gleichbehandlung (Gebot der Belastungsgleichheit) einem Verbot der Ungleichbehandlung (Gebot der Gläubigergleichbehandlung) ggü.[557] Im Falle zweier kollidierender Verfassungsgüter ist der Gesetzgeber dazu berufen, einen Ausgleich zu finden. Ein Verfassungsverstoß kann dabei allenfalls dann angenommen werden, wenn sich eine Auflösung des Spannungsverhältnisses im Rahmen der Abwägung in Form einer einzig richtigen Regelungsanordnung verdichtet.[558] Trotz der im Grundsatz anzuerkennenden Insolvenzsystemwidrigkeit von § 55 Abs. 4 Satz 1 InsO[559] sind die vom Gesetzgeber verfolgten steuerlichen Zwecke anerkennenswert. Mag man auch erhebliche Zweifel an der Zweckmäßigkeit hegen, so wie sie vielfach vorgetragen wurden und auch hier geteilt werden, vermögen diese nicht zu begründen, dass der Gesetzgeber die Grenze des verfassungsrechtlich Zulässigen überschritten habe.[560]

---

556 Im Ergebnis Ebenso *Witfeld,* Umsatzsteuerverfahren und Insolvenz, 149 f.; a.A. *Nachtmann,* Fiskusvorrecht, 189 ff., 219, jeweils zu § 55 Abs. 4 InsO a.F.

557 *Witfeld,* Umsatzsteuerverfahren und Insolvenz, 149 zu § 55 Abs. 4 InsO a.F.

558 *Witfeld,* Umsatzsteuerverfahren und Insolvenz, 149 zu § 55 Abs. 4 InsO a.F.

559 Eingehend *Witfeld,* Umsatzsteuerverfahren und Insolvenz, 143 ff.; *Kahlert,* ZIP 2011, 401 (401); *ders.,* ZIP 2010, 1887 (1887 f.); *Heinze,* DZWiR 2011, 603 (603); *Bauer,* ZInsO 2010, 1917 (1917); *ders.,* DZWiR 2007, 188 (192); *Smid,* DZWiR 2011, 133 (133), jeweils zu § 55 Abs. 4 InsO a.F.

560 Zutreffend formuliert daher *Pilz,* StbJb 2001/02, 73 (107): „Nicht jeder Unsinn ist verfassungswidrig."

§ 7. Zusammenfassung des Ersten Kapitels

- Die Schwierigkeiten der Verzahnung des Umsatzsteuerrechts mit dem Insolvenzrecht sind auf die Ausgestaltung des Umsatzsteuerschuldverhältnisses durch das UStG zurückzuführen. Problemlösungsansätze sollten daher in erster Linie im Umsatzsteuerrecht ansetzen; das Insolvenzrecht ist dagegen nicht dazu bestimmt, zur „Reparatur" umsatzsteuerrechtlicher Vorschriften für den Fall der Insolvenz herangezogen zu werden.
- Der Steuergläubiger ist dazu verpflichtet, an einem Insolvenzverfahren über das Vermögen des Steuerschuldners teilzunehmen. Ihm ist zwar nicht bereits aufgrund seiner Zwangsgläubigerstellung ein Vorrecht einzuräumen, der Gesetzgeber hat aber die Möglichkeit, neue Fiskusvorrechte einzuführen, solange diese so ausgestaltet sind, dass sie nicht zur Ineffektivität des gesamten insolvenzrechtlichen Haftungssystems führen. Darüber hinaus steht es dem Gesetzgeber offen, die Besteuerungstatbestände dergestalt zu modifizieren, dass er seltener an Insolvenzverfahren teilnehmen muss.
- Ein Fiskusvorrecht speziell in Bezug auf Umsatzsteueransprüche ist nicht wegen des Grundsatzes der Neutralität der Umsatzsteuer geboten. Es ist weder zur Durchsetzung des EU-Beihilfeverbots (mangels Beihilfequalität der InsO, soweit sie dem Steuergläubiger den Rang eines Insolvenzgläubigers zuordnet) noch aufgrund des europarechtlichen Effektivitätsgebots erforderlich. Der EuGH erkennt an, dass die effektive Durchsetzbarkeit eines Umsatzsteueranspruchs ihre Grenze in den Bestimmungen eines Gesamtvollstreckungsverfahrens (wie dem der InsO) findet, das strengen Anwendungsvoraussetzungen unterliegt, Garantien hinsichtlich der Erhebung von Mehrwertsteuerforderungen bietet und keinen allgemeinen und undifferenzierten Verzicht auf die Erhebung der Mehrwertsteuer darstellt.
- Trotz der finalen Bestimmung zur Weiterleitung vereinnahmter Umsatzsteuerbeträge an den Steuergläubiger nach der derzeitigen Gesetzeslage liegt keine strikte Trennung der Umsatzsteuerbeträge vom Vermögen des Steuerschuldners vor. Jedenfalls zeitweise kommt es im Regelfall zur Vermischung der Umsatzsteuerbeträge mit dem Vermögen des Steuerschuldners. Daher steht dem Steuergläubiger *de lege lata* aufgrund der derzeitigen Ausgestaltung des UStG und der InsO kein Aussonderungsrecht bezüglich der vom Steuerschuldner vereinnahmten Umsatzsteuerbeträge zu.

- *De lege ferenda* kommt dagegen ein Aussonderungsrecht des Steuergläubigers in Betracht. Dies könnte dadurch erreicht werden, dass dem Steuergläubiger unter Anpassung von § 47 InsO hinsichtlich der Umsatzsteuer ein (Ersatz-) Aussonderungsrecht zugestanden wird. Hierfür müssten zugleich die Vorschriften des Erhebungsverfahrens, v.a. diejenigen, die die Entgeltvereinnahmung durch den Steuerschuldner betreffen, dahingehend angepasst werden, dass auf Ebene des Steuerschuldners eine Vermögenstrennung zwischen Umsatzsteuerbetrag einerseits und dem Netto-Entgelt andererseits erfolgt. Hierbei wäre gleichsam die mittlerweile gefestigte These zu überdenken, dass der Umsatzsteuerbetrag stets ein untrennbarer Teil des Entgelts ist.
- § 55 Abs. 4 Satz 1 InsO stellt ein Fiskusvorrecht dar, das sich aber noch innerhalb des verfassungsrechtlich zulässigen Rahmens bewegen sollte.

Zweites Kapitel: Die insolvenzrechtliche Begründetheit steuerrechtlicher Ansprüche – Abgrenzung von Masse- und Insolvenzgläubigern

Steht fest, dass der Steuergläubiger als Gläubiger am Insolvenzverfahren über das Vermögen des insolventen Steuerschuldners teilnehmen muss und sich weder auf ein Aussonderungsrecht noch auf sonstige Vorrechte berufen und nicht als absonderungsberechtigter Gläubiger auftreten kann,[561] ist zu bestimmen, unter welchen Voraussetzungen es sich bei Umsatzsteueransprüchen des Steuergläubigers gegen den insolventen Steuerschuldner um quotal zu befriedigende Insolvenzforderungen nach § 38 InsO handelt, der Steuergläubiger also als Insolvenzgläubiger einzuordnen ist, und wann es sich demgegenüber um Masseverbindlichkeiten handelt, der Steuergläubiger also nach §§ 53-55 InsO vorweg befriedigt wird. Diese Unterteilung ist zugleich die Weichenstellung für die Rechte des Steuergläubigers im weiteren Verlauf des Insolvenzverfahrens, insb. hinsichtlich der Durchsetzung der betreffenden Vermögensansprüche.

Bevor auf die Einzelheiten bei der Einordnung der Steueransprüche aus dem Umsatzsteuerschuldverhältnis eingegangen wird (dazu im Dritten Kapitel), muss zunächst ein allgemeiner Maßstab für die Abgrenzung beider Forderungskategorien innerhalb des Insolvenzverfahrens feststehen.

§ 8. *Die Insolvenzrechtliche Begründetheit als Abgrenzungskriterium*

A. Allgemeines zum Verhältnis von Masseverbindlichkeiten und Insolvenzforderungen

Insolvenzgläubiger ist gem. § 38 InsO, wer als persönlicher Gläubiger einen zur Zeit der Eröffnung des Insolvenzverfahrens *begründeten* Vermö-

561 Letztere werden zunächst aus dem Sicherungsgut abgesondert befriedigt (§§ 49-51 InsO) und nehmen nur als Insolvenzgläubiger am Insolvenzverfahren teil, wenn ihnen der Schuldner auch persönlich haftet und nur soweit sie auf eine abgesonderte Befriedigung verzichten oder bei ihr ausgefallen sind (§ 52 InsO).

gensanspruch[562] gegen den Insolvenzschuldner hat.[563] Demgegenüber sind Masseverbindlichkeiten die Kosten des Insolvenzverfahrens und die sonstigen Masseverbindlichkeiten, § 53 InsO. Kosten des Verfahrens sind gem. § 54 Nr. 1 und 2 InsO die Gerichtskosten für das Insolvenzverfahren einerseits und die Vergütungen und Auslagen des vorläufigen Insolvenzverwalters, des Insolvenzverwalters und der Mitglieder des Gläubigerausschusses andererseits. Die Umsatzsteueransprüche des Steuergläubigers können demnach allenfalls sonstige Masseverbindlichkeiten nach § 55 InsO darstellen. Es ist mittlerweile weitestgehend anerkannt, dass auch die aufgrund Gesetzes entstehenden Steuerforderungen grds. Masseverbindlichkeiten nach § 55 Abs. 1 Nr. 1 sowie Abs. 2[564] und Abs. 4 InsO sein können, wenn die weiteren tatbestandlichen Voraussetzungen gegeben sind. Die Umsatzsteueransprüche des Steuergläubigers resultieren dabei allenfalls mittelbar aufgrund Gesetzes aus der Handlung des Insolvenzverwalters nach § 55 Abs. 1 Nr. 1 Alt. 1 InsO, an die das Gesetz die Einordnung als Masseverbindlichkeit knüpft und werden daher typischerweise als in sonstiger Weise nach § 55 Abs. 1 Nr. 1 Alt. 2 InsO begründete Forderungen angesehen.[565]

Um die Einordnung als Insolvenz- oder Massegläubiger vornehmen zu können, muss ein Differenzierungskriterium gefunden werden, mit dem der Zweck der Unterscheidung erreicht werden kann. Diese Differenzierungsaufgabe übernimmt das Wort *begründet*. Es findet sich in §§ 38, 55 Abs. 1 Nr. 1, Abs. 2 Satz 1, Abs. 3 Satz 1 und Abs. 4 InsO wieder. Der Begriff der insolvenzrechtlichen Begründetheit stellt eine auf den Zeitpunkt der Verfahrenseröffnung zielende temporale Abgrenzung dar.[566] Er ordnet Vermögensansprüche als Insolvenzforderungen ein, wenn sie vor Insolvenzeröffnung *begründet* waren; als Masseverbindlichkeiten werden

562 Zur Abgrenzung von Vermögens- und Nichtvermögensansprüchen siehe nur *Henckel*, in *Jäger*, InsO, Bd. 1, § 38, Rn. 63 ff., m.w.N.

563 Es handelt sich um die Nachfolgevorschrift von § 3 Abs. 1 KO und § 25 VerglO, die deren Wortlaut nahezu wortgleich übernimmt; auch inhaltlich sollte durch die Einführung der InsO nichts geändert werden, vgl. *Henckel*, in *Jäger*, InsO, Bd. 1; § 38, Rn. 1.

564 A.A. *Marotzke*, ZIP 2005, 2144 (2145), der den Steuergläubiger insoweit als „Trittbrettfahrer des eigentlich dem Schutz von Vertragspartnern dienenden § 55 Abs. 2 InsO" bezeichnet.

565 Statt vieler BGH v. 12.1.2017 – IX ZR 87/16, ZIP 2017, 383 (385, Rn. 19); *Onusseit*, in *Kübler/Prütting/Bork*, InsO, Bd. IV, InsSteuerR II F, Rn. 199; *Sinz*, in *Uhlenbruck/Hirte/Vallender*, InsO, § 55, Rn. 25 ff.

566 *Onusseit, in* Kölner Schrift, Kap. 39, Rn. 13; *Ehricke*, in MüKo InsO, Bd. 1, § 38, Rn. 16 m.w.N.

dagegen Ansprüche eingeordnet, die nach Insolvenzeröffnung in der in § 55 InsO beschriebenen Weise *begründet* werden. Das Gegenstück zum „begründeten Vermögensanspruch" bildet der „künftige Anspruch".[567]

Es sind jedoch nicht alle nach Insolvenzeröffnung begründeten Forderungen zwangsläufig Masseverbindlichkeiten. Nur dann, wenn die Forderung unter den Voraussetzungen einer Norm entsteht, die sie als Masseverbindlichkeit qualifiziert, handelt es sich auch um eine Masseverbindlichkeit.[568] Andernfalls richtet sich die nach Insolvenzeröffnung begründete Forderung gegen das insolvenzfreie Vermögen des Insolvenzschuldners.[569]

Wegen § 55 Abs. 2 und 4 InsO bildet der Befund, dass ein Vermögensanspruch bereits vor Insolvenzeröffnung i.S.v. § 38 InsO begründet ist, auch nicht zugleich eine negative Abgrenzung zu den Masseverbindlichkeiten.[570] Nach § 55 Abs. 2 bzw. 4 InsO gelten auch Verbindlichkeiten, die von einem „starken" bzw. „schwachen" vorläufigen Insolvenzverwalter begründet worden sind, nach Eröffnung des Insolvenzverfahrens als Masseverbindlichkeiten. Ihre Rechtfertigung für die Ausdehnung der Masseverbindlichkeiten auf bereits vor Insolvenzeröffnung begründete – und somit dem Grundsatz nach als Insolvenzforderung nach § 38 InsO einzuordnende – Vermögensansprüche findet § 55 Abs. 2 InsO darin, dass der „starke" vorläufige Insolvenzverwalter, auf den die Verfügungsbefugnis über das schuldnerische Vermögen übergegangen ist, die Stellung des Insolvenzverwalters im eröffneten Verfahren innehat, §§ 22 Abs. 1 Satz 1, 24 Abs. 1 InsO i.V.m. §§ 81, 82 InsO.[571] Der maßgebliche Zeitpunkt für die Einordnung als Insolvenz- oder Massegläubiger wird im Falle des § 55 Abs. 2 und 4 InsO also vom Zeitpunkt der Insolvenzeröffnung vorgerückt

---

567 So zutreffend *Großmann*, DStR 1989, 22 (24) m.w.N.

568 So z.B. BGH v. 17.1.2017 – IX ZR 87/16, ZIP 2017, 383 (384 ff., Rn. 14 ff.) zum Anspruch eines nach § 19 Abs. 2 SchVG nach Verfahrenseröffnung bestellten gemeinsamen Vertreters von Anleihegläubigern auf Erstattung der durch seine Bestellung entstandenen Kosten und Aufwendungen einschließlich seiner Vergütung; *Gehrlein*, BB 2017, 2370 (2374); vgl. auch *Lüdtke*, in *A. Schmidt*, InsO, § 38, Rn. 31; *Welzel*, Umsatzsteuer als Masseverbindlichkeit, 222; *Witfeld*, Umsatzsteuerverfahren und Insolvenz, 196.

569 BGH v. 17.1.2017 – IX ZR 87/16, ZIP 2017, 383, (386, Rn. 26); *Onusseit*, in Kölner Schrift, Kap. 39, Rn. 13 m.w.N.

570 *Lüdtke*, in *A. Schmidt*, InsO, § 38, Rn. 31.

571 Statt vieler *Sinz*, in *Uhlenbruck/Hirte/Vallender*, InsO, § 55, Rn. 92; dazu bereits oben unter § 6. B. I. 1. a); zu § 55 Abs. 4 Satz 1 InsO bereits oben unter § 6. B. I. 2.

auf den Zeitpunkt der Bestellung des vorläufigen Insolvenzverwalters.[572] Das Abgrenzungskriterium bleibt dagegen auch in diesem Fall die insolvenzrechtliche Begründetheit der betreffenden Forderung.[573]

Auch wenn die Grenze zwischen Insolvenz- und Massegläubigern auf der Zeitachse durch die Sonderfälle des § 55 Abs. 2 und 4 InsO verwischt wird, kann ein Gläubiger hinsichtlich einer konkreten Forderung lediglich als Insolvenz- oder Massegläubiger eingeordnet werden; es herrscht ein Ausschließlichkeitsverhältnis. Das wird schon dadurch bedingt, dass die InsO beiden Gläubigergruppen unterschiedliche Rechtspositionen im Verfahren einräumt und somit Klarheit über die Rechte eines Gläubigers hinsichtlich der betreffenden Forderung bestehen muss.[574]

Dementsprechend kann eine Forderung, die einem einheitlichen Lebenssachverhalt entspringt, auch nicht zugleich als Insolvenzforderung und Masseverbindlichkeit qualifiziert werden. Dies macht der Wortlaut des § 55 Abs. 1 Nr. 1 InsO deutlich, wonach eine Verbindlichkeit nur dann eine Masseverbindlichkeit ist, wenn sie *durch* Handlungen des Insolvenzverwalters oder in anderer Weise *durch* die Verwaltung, Verwertung und Verteilung der Insolvenzmasse *begründet* werden. Es bedarf demnach eines kausalen Elements, das in § 55 Abs. 1 Nr. 1 InsO die Begründetheit mit der Handlung des Insolvenzverwalters verbindet.[575] Eine einmal vor Insolvenzeröffnung begründete Forderung wird durch Verwalterhandeln nicht zu einer Masseverbindlichkeit, wenn die InsO dies nicht vorsieht, wie etwa in § 103 i.V.m. § 55 Abs. 1 Nr. 2 InsO für Ansprüche aus gegenseitigen, noch nicht vollständig erfüllten Verträgen,[576] oder wenn schon die Begründung im vorinsolvenzlichen Bereich aufgrund von § 55 Abs. 2 bzw. 4 InsO zu Masseverbindlichkeiten führt.

---

572 Insoweit kann daher durchaus von einer Durchbrechung der Grundregel zur Abgrenzung von Insolvenzforderungen und Masseverbindlichkeiten gesprochen werden, vgl. *Maus,* Steuern im Insolvenzverfahren, Rn. 30.

573 So bzgl. § 55 Abs. 4 Satz 1 InsO bereits oben unter § 6. B. I.

574 Das schließt selbstverständlich nicht aus, dass ein Gläubiger mit mehreren Forderungen ggü. dem Schuldner mit einer oder mehreren Forderungen als Insolvenzgläubiger, mit dem Rest aber als Massegläubiger am Insolvenzverfahren teilnimmt.

575 So auch *Onusseit,* in *Kübler/Prütting/Bork,* InsO, Bd. IV, InsSteuerR II F, Rn. 344.

576 *Onusseit,* ZInsO 2006, 516 (518).

B. Zum Abgrenzungszweck zwischen Insolvenz- und Massegläubigern

Da ein Ausschließlichkeitsverhältnis zwischen der Position als Insolvenz- und Massegläubiger besteht, muss der Zweck der Abgrenzung allgemein darin liegen, eine scharfe Trennung beider Gläubigerkategorien zu ermöglichen. Dies schon deshalb, weil sich unterschiedliche Rechte der Gläubiger im Insolvenzverfahren daran anschließen. Der Sache nach muss die Abgrenzung aber auch den Grund für diese unterschiedlichen Verfahrenspositionen abbilden. § 38 InsO legt daher zunächst den Zweck fest, dem das Sondervermögen „Insolvenzmasse" dient.[577]

Die Insolvenzmasse ist den Insolvenzgläubigern haftungsrechtlich zugewiesen und dient ihrer gemeinschaftlichen und gleichmäßigen Befriedigung.[578] Spiegelbildlich folgt daraus, dass die Insolvenzgläubiger im Rahmen der gemeinschaftlichen Befriedigung zu einer Interessengemeinschaft, in der Regel einer Verlustgemeinschaft, zusammengeschlossen sind.[579] Der Begriff der Begründetheit muss daher die Aufgabe erfüllen, die Gläubiger des Insolvenzschuldners danach zu sortieren, welche Gläubiger in dieser Gemeinschaft zusammengefasst werden. Hierbei haben sich die wirtschaftlichen Implikationen der Zugehörigkeit zur Gruppe der Insolvenzgläubiger oder Massegläubiger mit Einführung der InsO zulasten der Massegläubiger verschoben. Konnten sich die Massegläubiger unter Geltung der KO noch aus dem Neuerwerb des Insolvenzschuldners befriedigen, fällt dieser nunmehr nach § 35 Abs. 1 InsO in die Insolvenzmasse und damit den Insolvenzgläubigern zu.[580] In der Gruppe der Insolvenzgläubiger werden all jene Gläubiger des Insolvenzschuldners zusammengefasst, die sich vorinsolvenzlich nicht gegen das Risiko des Zahlungsausfalls des Insolvenzschuldners abgesichert haben und dadurch Vermögensnachteile erleiden.[581]

Der Begriff der Begründetheit gibt auch Auskunft darüber, ab welchem Zeitpunkt der Gläubiger innerhalb der Verwirklichung seines Anspruchs dieses Insolvenzrisiko zu tragen hat. Wurde die dafür erforderliche Schwelle im Zeitpunkt der Insolvenzeröffnung bereits überschritten, sieht sich der Gläubiger also bereits definitiv mit der Möglichkeit des Forderungs-

577 *Henckel*, in *Jäger*, InsO, Bd. 1, § 38, Rn. 3.
578 Vgl. *Ehricke/Behme*, in MüKo InsO, Bd. 1, § 38, Rn. 2.
579 *Henckel*, in *Jäger*, InsO, Bd. 1, § 38, Rn. 4.
580 Dazu *Henckel*, in *Jäger*, InsO, Bd. 1, § 35, Rn. 100 ff.
581 Siehe dazu und zu den wenigen Sonderfällen, in denen dem Gläubiger dieses Risiko auf Kosten Unbeteiligter abgenommen wird *Henckel*, in *Jäger*, InsO, Bd. 1, § 38, Rn. 8.

ausfalls konfrontiert, ist er im anschließenden Insolvenzverfahren als Insolvenzgläubiger zu klassifizieren. Anderenfalls handelt es sich um einen Massegläubiger, da die Begründetheitsschwelle erst überschritten wird, wenn sich das Insolvenzrisiko des Insolvenzschuldners, dann freilich ggü. anderen Gläubigern oder anderer Ansprüche desselben Gläubigers, bereits realisiert hat.

Wann ein Vermögensanspruch i.S.v. § 38 InsO begründet ist, ist somit immer unter dem Blickwinkel einer Risikoanalyse aufseiten des Gläubigers im Rahmen des zu verwirklichenden Anspruchstatbestands vorzunehmen. Ein Vermögensanspruch eines Gläubigers ist hiernach dann begründet, wenn er das Risiko des Totalverlusts nicht mehr einseitig abwenden kann. Blickt man schließlich vonseiten des Insolvenzschuldners auf die Abgrenzung zwischen gegen ihn gerichteten Insolvenzforderungen und Masseverbindlichkeiten, wird offenbar, dass er mit Eintritt der Insolvenzeröffnung wegen §§ 80 f. InsO die Verfügungsbefugnis über sein Vermögen verliert und somit nicht mehr in der Lage ist, die Insolvenzmasse als Haftungssubstrat der Gläubiger wirksam zu verpflichten.[582] Hieraus folgt, dass es sich dann um eine Insolvenzforderung handeln muss, wenn der Insolvenzschuldner selbst ggf. in Zusammenwirkung mit dem Gläubiger die Haftungs- und Risikozuweisung aufseiten des Gläubigers herbeigeführt hat.

§ 9. Der Begriff der insolvenzrechtlichen Begründetheit

A. Allgemeine Begriffsbestimmung

Wann ein Vermögensanspruch i.S.d. § 38 InsO begründet ist, wird im Gesetz nicht definiert. Eine allgemeine Definition des Begriffs der insolvenzrechtlichen Begründetheit muss zum einen dessen Zweck und zum anderen dessen Anwendungsbereich widerspiegeln. Letzterer ist denkbar weit gefasst, denn letztlich muss anhand von § 38 InsO jeder mögliche Vermögensanspruch ggü. dem Insolvenzschuldner qualifizierbar sein, sei

582 *Ehricke/Behme*, in MüKo InsO, Bd. 1, § 38, Rn. 20; *Lüdtke*, in *A. Schmidt*, InsO, § 38, Rn. 28; *Birk, A.*, ZInsO 2007, 743 (744). Verpflichtet sich der Schuldner nach Insolvenzeröffnung weiter ggü. Dritten, können sich diese hinsichtlich der neu eingegangenen Verbindlichkeiten lediglich an das insolvenzfreie Vermögen des Schuldners halten, vgl. *Mock*, in *Uhlenbruck/Hirte/Vallender*, InsO, § 80, Rn. 14.

er nun zivilrechtlicher oder öffentlich-rechtlicher Natur. Eine gewisse Unbestimmtheit des Tatbestands und daraus folgend auch der Definition der insolvenzrechtlichen Begründetheit ist notwendig, um die Flexibilität hierfür zu gewährleisten.

Eine verallgemeinernde Definition der Begründetheit muss sodann tatbestandsbezogen in den speziellen Einzelfällen durch Rechtsprechung und Literatur ausgefüllt werden.[583] Dies verstößt auch nicht gegen verfassungsrechtliche Bestimmtheitsanforderungen an eine Rechtsnorm.[584] *Onusseit* führt aus, dass das Insolvenzrecht jedenfalls hinsichtlich der Abgrenzung der Insolvenzforderungen von den Masseverbindlichkeiten ein sehr formales Recht sei, das „Gerechtigkeitserwägungen" nur eingeschränkt zugänglich sei. Daher könne ein vor Verfahrenseröffnung begründeter Anspruch nicht einfach deshalb zu einer Masseverbindlichkeit aufgewertet werden, weil ein einzelner Gläubiger, auch wenn es der Steuergläubiger ist, andernfalls wirtschaftlich schlechter steht.[585]

Dem ist grds. zuzustimmen. Jedoch sollte diese Aussage nicht dahingehend missverstanden werden, die Abgrenzung von Masseverbindlichkeiten und Insolvenzforderungen könne frei von Wertungen vorgenommen werden. Bei der Konturierung eines unbestimmten Rechtsbegriffs durch Rechtsprechung und Literatur sind Wertungen, die in die Begriffsauslegung mit einfließen, vielmehr unvermeidbar.[586] Dahingehend entbehrt die Begründetheitsabgrenzung mithin graduell der von *Onusseit* herausgestellten Formalität.

Ein Beispiel dafür ist die Einordnung der Ansprüche aus dem Umsatzsteuerschuldverhältnis. Gerade der mehraktige Umsatzsteuertatbestand bietet die Möglichkeit, mittels Wertungen auf unterschiedliche Zeitpunkte abzustellen, in denen der Anspruch begründet sein soll.[587] Es ist mithin unumgänglich, die Abgrenzung zwischen Insolvenzforderungen und Masseverbindlichkeiten in einem Mindestmaß anhand von Wertungen zu treffen. Diese müssen sich wiederum aber am bereits beschriebenen Abgrenzungszweck orientieren, es dürfen gleichsam keine zweckfremden Wertentscheidungen einfließen. Elementar sind hierbei die haftungszuweisende sowie die risikozuweisende Funktion des § 38 InsO.

---

583 So auch *Onusseit*, in *Kübler/Prütting/Bork*, InsO, Bd. IV, InsSteuerR II F, Rn. 341.

584 *Grzeszick*, in *Maunz/Dürig*, GG, Art. 20 VII., Rn. 62 m.w.N.

585 *Onusseit*, ZInsO 2006, 516 (519).

586 Ebenso *Witfeld*, Umsatzsteuerverfahren und Insolvenz, 194.

587 Z.B. Maßgeblichkeit der Ausführung des Umsatzes oder der Entgeltvereinnahmung bei der Ist-Besteuerung.

Schließlich muss ein wertendes Element, das die Abgrenzung beeinflusst, offengelegt werden. Nur so kann eine einmal getroffene Entscheidung auch überprüfbar gemacht werden. Das tut z.B. der V. Senat des BFH, indem er als Stütze seiner sog. „Doppelberichtigungs"-Rechtsprechung[588] auf die „Steuereinsammler"-Funktion des Schuldners rekurriert und damit zu einer Einordnung als Masseverbindlichkeit gelangt.

Ausgehend hiervon wurde der Begründetheitsbegriff bereits in der Vergangenheit von Rechtsprechung und Literatur näher bestimmt.[589] Während früher noch die Anspruchsentstehung der insolvenzrechtlichen Begründetheit gleichgesetzt wurde,[590] ist heute allgemein anerkannt, dass es sich bei der Begründetheit um einen dem Insolvenzrecht eigenen Zeitpunkt handelt, der von der Entstehung und Fälligkeit eines Vermögensanspruchs zu trennen ist.[591] Der Zeitpunkt der Anspruchsentstehung gibt keinen Aufschluss darüber, wie die Forderung insolvenzrechtlich zu qualifizieren ist.[592]

Bereits der Wortlaut der insolvenzrechtlichen Normen, die den Begriff der Begründetheit verwenden, zeigt deutlich, dass es sich um einen eigenständigen insolvenzrechtlichen Begriff handelt. Dies lässt sich auch aus den ausdrücklichen Regelungen für betagte (§ 41 Abs. 1 InsO), auflösend (§ 42 InsO) und aufschiebend (§ 191 InsO) bedingte Forderungen[593] schließen.[594]

Bestätigung findet diese Einschätzung mit Blick auf den Abgrenzungszweck. Das Insolvenzrisiko kann dem Gläubiger ebenso bereits im Laufe

---

588 Ausführlich dazu unten unter § 12. A. I. 2. a).

589 Exemplarisch *Großmann*, DStR 1989, 22 (22 ff.) m.w.N.

590 Beispielhaft BFH v. 26.3.1971 – VI R 285/69, BStBl. II 1971, 582 (583); aufgegeben mit BFH v. 14.10.1977 – III R 111/75, BStBl. II 1978, 204 (205); wohl auch *Netzer*, UR 1977, 65 (65).

591 Vgl. BGH v. 22.11.2011 – IX ZB 121/11, zitiert nach Juris, Rn. 3 m.w.N.; BFH v. 1.4.2008 – X B 201/07, ZIP 2008, 1780 (1781, Rn. 15, 17); *Bornemann*, in *Wimmer*, FK InsO, § 38, Rn. 18; *Ehricke/Behme*, in MüKo InsO, Bd. 1, § 38, Rn. 21; *Lüdtke*, in *A. Schmidt*, InsO, § 38, Rn. 29; ebenso *Henckel*, in *Jäger*, InsO, Bd. 1, § 38, Rn. 83; *Waza*, in *Waza/Uhländer/Schmittmann*, Insolvenzen, Rn. 702; *Holzer*, in *Kübler/Prütting/Bork*, InsO, Bd. I, § 38, Rn. 12; *Onusseit*, in *Kübler/Prütting/Bork*, InsO, Bd. IV, InsSteuerR II F, Rn. 178; *Boochs*, in *Wimmer*, FK InsO, § 155, Rn. 428; *Blank*/Blank, ZInsO 2016, 1721 (1722); *Witfeld*, Umsatzsteuerverfahren und Insolvenz, 193.

592 So bereits zu § 3 KO *Knobbe-Keuk*, BB 1977, 757 (758).

593 *Großmann*, DStR 1989, 22 (24) folgend bildet der aufschiebend bedingte Anspruch die Grenzlinie zwischen begründeten und künftigen Ansprüchen.

594 *Onusseit*, in *Kübler/Prütting/Bork*, InsO, Bd. IV, InsSteuerR II F, Rn. 178; *Lüdtke*, in *A. Schmidt*, InsO, § 38, Rn. 29; *Eickmann*, in *Kreft*, InsO, § 38, Rn. 18.

der Tatbestandsverwirklichung zugewiesen werden, wenn diese ein hinreichendes Stadium erreicht hat, wie auch die Haftungszuweisung der Insolvenzmasse an den Gläubiger bereits vor Anspruchsentstehung unausweichlich geworden sein kann. Es zeigt sich, dass die insolvenzrechtliche Begründetheit bereits vorliegen kann, wenn der Vermögensanspruch des Gläubigers noch nicht entstanden ist.[595]

Das schließt indessen nicht aus, dass die insolvenzrechtliche Begründetheit zeitlich mit der Tatbestandsverwirklichung zusammenfällt.[596] Ausgeschlossen ist hingegen, dass ein Vermögensanspruch erst nach dessen Entstehung insolvenzrechtlich begründet wird. Das folgt aus dem Abgrenzungszweck des Begründetheitsbegriffs, der Insolvenzrisiko und Haftungszugehörigkeit nach ihrer Realisation vor bzw. nach Insolvenzeröffnung unterscheidet. Spätestens im Zeitpunkt der Anspruchsentstehung hat der Gläubiger einen Vermögensanspruch ggü. dem Insolvenzschuldner, auf dessen Fälligkeit kommt es wegen § 41 Abs. 1 InsO nicht an. Er gehört deshalb bei Anspruchsentstehung vor Insolvenzeröffnung unwiderruflich zur Verlustgemeinschaft der Insolvenzgläubiger, das Ausfallrisiko seines Anspruchs ist spätestens ab diesem Zeitpunkt unabwendbar. Ausgehend davon verlöre der Begriff der Begründetheit seinen Zweck, wenn man annähme, Begründetheit könne auch nach der Anspruchsentstehung eintreten. Ist der Vermögensanspruch des Gläubigers mithin seinem Tatbestand nach entstanden, liegt auch insolvenzrechtliche Begründetheit vor.

Soweit es um eine Definition der Begründetheit vor Entstehung des betreffenden Vermögensanspruchs geht, sind vielzählige ähnlich lautende Begriffsbestimmungen zu vernehmen.[597]

Verallgemeinernd wird z.B. konstatiert, entscheidend für die Abgrenzung der Insolvenzforderung von der Masseverbindlichkeit sei, ob der Rechtsgrund für die Entstehung einer Forderung bereits vor Verfahrenseröffnung gelegt war.[598] Dass soll dann der Fall sein, wenn der anspruchs-

595 BGH v. 7.4.2005 – IX ZB 129/03, zitiert nach Juris, Rn. 15; *Ehricke/Behme*, in MüKo InsO, Bd. 1, § 38, Rn. 21; *Boochs*, in *Wimmer*, InsO, § 155, Rn. 429; *Ahrens*, in *Ahrens/Gehrlein/Ringstmeier*, InsO, § 38, Rn. 29; *Schluck-Amend*, in *Pape/Uhländer*, InsO, § 38, Rn. 9.

596 BFH v. 23.2.2011 – I R 38/10, BFH/NV 2011, 1298 (1299 f., Rn. 12).

597 Siehe schon Darstellung bei *Großmann*, DStR 1989, 22 (22).

598 Vgl. z.B. *Kahlert*, DStR 2011, 921 (923); *Ehrike/Behme*, in MüKo InsO, Bd. 1, § 38, Rn. 21 m.w.N.; *Bücheler*, DStR 1980, 70 (71); *Cranshaw*, in *Cranshaw/Paulus/Michel*, InsO, Bd. 1, § 38, Rn. 28.

begründende Tatbestand vor der Insolvenzeröffnung materiell-rechtlich abgeschlossen war.[599]

Nach einer anderen Formulierung ist entscheidendes Merkmal für die Begründetheit einer Forderung im Allgemeinen, dass der Gläubiger eine gesicherte Anwartschaft an der Forderung besitzt, ihr Entstehen also nicht mehr einseitig verhindern kann bzw. der den Anspruch sachlich-rechtlich begründende Tatbestand bei Verfahrenseröffnung gegeben, d.h. abgeschlossen war.[600]

Nach einer weiteren Formulierung sei für den insolvenzrechtlichen Begründetheitsbegriff entscheidend, ob die Forderung „ihrem Kern nach" bereits entstanden ist.[601] Auf zivilrechtliche Schuldverhältnisse bezogen formuliert der BGH, dass ein Anspruch in diesem Sinne begründet sei, wenn das Schuldverhältnis vor Verfahrenseröffnung bestand, selbst wenn sich hieraus eine Forderung erst nach Verfahrenseröffnung ergebe.[602] Das leite sich daraus ab, dass in diesem Moment der bestehende Schuldrechtsorganismus auf der Aktivseite zum Rechtserwerb für das Schuldnervermögen führt und auf der Passivseite die Leistungsverpflichtung herbeiführt.[603]

Allen diesen Formulierungen ist die Absicht gemein, den vor der Tatbestandsvollendung liegenden Zeitpunkt zu beschreiben, in dem der Abgrenzungszweck der Haftungszuweisung der späteren Insolvenzmasse zum Gläubiger realisiert wird und gleichsam das Insolvenzrisiko dieses im Entstehen befindlichen Gläubigeranspruchs eintritt. Diese Definitionen orientieren sich stark an den zivilrechtlichen Gegebenheiten und sollten in diesem Bereich auch zu zutreffenden Abgrenzungsergebnissen führen.

Wie sogleich aufgezeigt werden wird, sind sie indessen auf Ansprüche aus öffentlich-rechtlichen Schuldverhältnissen, im Besonderen dem Steuerschuldverhältnis, nur eingeschränkt übertragbar. Für eine allgemeine Definition ist daher m.E. eine Formulierung besser geeignet, die sich näher am Abgrenzungszweck des Begründetheitskriteriums orientiert. Ein Vermögensanspruch ist im Allgemeinen dann begründet, wenn er inner-

599 *Ehrike/Behme*, in MüKo InsO, Bd. 1, § 38, Rn. 21 m.w.N.

600 *Lüdtke*, in *A. Schmidt*, InsO, § 38, Rn. 30 m.w.N.; *de Weerth*, NZI 2009, 449 (449).

601 Vgl. z.B. *Rüsken*, NZI 2006, 330 (332).

602 BGH v. 22.11.2011 – IX ZB 121/11, zitiert nach Juris, Rn. 3 m.w.N.; BGH v. 7.4.2005 – IX ZB 129/03, zitiert nach Juris, Rn. 15; *Ehrike/Behme*, in MüKo InsO, Bd. 1, § 38, Rn. 21; *Sinz*, in *Uhlenbruck/Hirte/Vallender*, InsO, § 38, Rn. 26; *Holzer*, in *Kübler/Prütting/Bork*, InsO, Bd. I, § 38, Rn. 12; *Bornemann*, in *Wimmer*, FK InsO, § 38, Rn. 18.

603 So *Ehrike/Behme*, in MüKo InsO, § 38, Rn. 21 m.w.N.

halb seines Entstehungstatbestands die Schwelle überschritten hat, nach der dem Gläubiger das Vermögen des Schuldners haftungsrechtlich zugewiesen werden kann und er im Gegenzug das Risiko des Ausfalls des Vermögensanspruchs zu tragen hat, spätestens jedoch im Zeitpunkt der Anspruchsentstehung. Z.B. im zivilrechtlichen Vertragsbereich ist auch bei dieser Definition bei Schuldverhältnissen in der Regel der bestehende Schuldrechtsorganismus für die Begründetheit maßgeblich.[604] Sie eröffnet hingegen eine offenere Herangehensweise bei der Feststellung der Begründetheit von Vermögensansprüchen aus dem Steuerschuldverhältnis.

B. Übertragung auf Steuerforderungen

I. Insolvenzrecht als Maßstab der Beurteilung der Begründetheit eines Steueranspruchs

Auch bei Vermögensansprüchen aus dem Steuerschuldverhältnis richtet sich die Abgrenzung zwischen Insolvenzforderungen und Masseverbindlichkeiten nach dem Begründetheitskriterium und somit nach insolvenzrechtlichen Gesichtspunkten.[605] Das hat der BFH jedoch in einer Reihe jüngerer Urteile in Abrede gestellt. Der V. Senat des BFH geht davon aus, dass es sich bei der Beurteilung der Begründetheit einer Steuerforderung um eine der insolvenzrechtlichen Forderungsrangfolge vorgreifliche steuerrechtliche Frage handele.[606] Daher sollen sich die Anforderungen,

---

604 Ähnlich *Großmann,* DStR 1989, 22 (24), der auf aus Schuldnersicht formulierend darauf abstellt, dass in diesem Zeitpunkt der Schuldner nicht mehr frei über die Leistungserbringung belieben kann, sondern durch das Verpflichtungsgeschäft zivilrechtlich dazu gezwungen ist.

605 So bereits unter Geltung der KO, *Knobbe-Keuk,* BB 1977, 757 (758); vgl. auch BFH v. 24.8.2011 – V R 53/09, BStBl. II 2012, 256 (258, Rn. 17); BFH v. 1.4.2008 – X B 201/07, ZIP 2008, 1780 (1781, Rn. 15, 17); BFH v. 21.9.1993 – VII R 68/92, ZIP 1993, 1892 (1893); BFH v. 21.9.1993 – VII R 119/91, BStBl. II 1994, 83 (84); BFH v. 13.11.1986 – V R 59/79, BStBl. II 1987, 226 (227); BFH v. 22.5.1979 – VIII R 58/77, BStBl. II 1979, 639 (640); *Ratschow,* in *Klein,* AO, § 38, Rn. 3; *Maus,* Steuern im Insolvenzverfahren, Rn. 30; *Steinberg,* Insolvenzforderung, 10, 82; *Witfeld,* Umsatzsteuerverfahren und Insolvenz, 194; *Onusseit,* DZWiR 2011, 353 (354); *ders.*, KTS 1994, 3 (28); *Heinze,* DZWiR 2011, 276 (277); *Schwarz, H.*, NZI 2011, 613 (614); *Rüsken,* ZIP 2007, 2053 (2055); *Birk, A.*, ZInsO 2007, 743 (746).

606 BFH v. 6.9.2016 – V B 52/16, BFH/NV 2017, 67 (68, Rn. 7); BFH v. 29.1.2009 – V R 64/07, BStBl. II 2009, 682 (683); die darin zitierte Entscheidung zur Kraft-

die im Einzelnen an den Grad der Tatbestandsverwirklichung für das Vorliegen der insolvenzrechtlichen Begründetheit zu stellen sind, nach den jeweiligen Vorschriften des Steuerrechts richten, nicht aber nach denen des Insolvenzrechts.[607]

Mit dieser Auffassung setzt sich der BFH jedoch in offenen Widerspruch zur Funktion der Begründetheit als insolvenzrechtliches Abgrenzungskriterium und der daran anknüpfenden, in § 251 Abs. 2 Satz 1 AO festgelegten Normenhierarchie zwischen Insolvenz- und Steuerrecht im Rahmen der Anspruchsdurchsetzung.[608] Es spricht bereits dagegen, die Beurteilung der Begründetheit als steuerrechtliche Frage zu begreifen, dass das Steuerrecht den Begriff der Begründetheit überhaupt nicht kennt. Es handelt sich um einen dem Insolvenzrecht eigenen und auch eigenständigen[609] Begriff, der die soeben beschriebene Abgrenzungsfunktion erfüllen muss. Seine Auslegung muss sich daher primär nach seiner insolvenzrechtlichen Funktion richten.

Des Weiteren wurde bereits ausgeführt, dass der Begründetheitsbegriff zur Abgrenzung bei Vermögensansprüchen aus einer Vielzahl von Rechtsgebieten heranzuziehen ist und deshalb einer gewissen Unbestimmtheit nicht entbehrt. Es ist schon deshalb nicht einzusehen, warum sich die Abgrenzung nun ausgerechnet bei Steuerforderungen nicht wie sonst auch nach insolvenzrechtlichen Kriterien richten soll. Auch der steuerrechtliche Vermögensanspruch muss durch die „Brille" des § 38 InsO betrachtet werden, um für die Zwecke des Insolvenzverfahrens, der Einordnung des Gläubigers als Massegläubiger oder Insolvenzgläubiger, zu einem sinnvollen Ergebnis zu gelangen.

Während sich die Anspruchsentstehung weiterhin nach dem Steuerrecht richtet, muss sich das Steuerrecht bei der Geltendmachung des entstandenen Steueranspruchs den Regelungen des Insolvenzverfahrens

---

fahrzeugsteuer, BFH v. 29.8.2007 – IX R 4/07, BStBl. II 2010, 145 (147), spricht hingegen richtigerweise davon, dass sich das *Entstehen* der Steuerforderung nach dem Steuerrecht richtet; dem V. Senat des BFH zustimmend BFH v. 11.7.2013 – XI B 44/13, ZIP 2013, 1680 (1682, Rn. 27); BFH v. 9.2.2011 – XI R 35/09, BStBl. II 2011, 1000 (1001, Rn. 17); BFH v. 16.5.2013 – IV R 23/11, BStBl. II 2013, 759 (760 f., Rn. 19, 23); *Schuster*, DStR 2013, 1509 (1509, 1511).

607 BFH v. 9.12.2010 – V R 22/10, BStBl. II 2011, 996 (997, Rn. 18); BFH v. 29.1.2009 – V R 64/07, BStBl. II 2009, 682 (683).

608 Darüber hinaus ist *Sinz* der Meinung, es liege auch ein Widerspruch zum Willen des Gesetzgebers vor, *Sinz*, in *Uhlenbruck/Hirte/Vallender*, InsO, § 38, Rn. 68.

609 *Rüsken*, NZI 2006, 330 (332).

unterordnen. Das folgt schon aus § 251 Abs. 2 Satz 1 AO,[610] denn es geht bei der Frage der Begründetheit nicht um die Entstehung des Steueranspruchs, sondern um die vollstreckungsrechtliche Einordnung der Steuerforderung im Gesamtvollstreckungsverfahren der InsO, mag der Steueranspruch auch erst nach Insolvenzeröffnung entstehen.[611] Dies soll die seit Zeiten des Reichsfinanzhofs geläufige Formel „Insolvenzrecht geht vor Steuerrecht“ zum Ausdruck bringen.[612]

Zuzugeben ist jedoch, dass die Eigenheiten der jeweiligen Steuerentstehungstatbestände,[613] die letztlich als Grundgerüst für die Beurteilung der insolvenzrechtlichen Begründetheit dienen, bei der insolvenzrechtlich determinierten Abgrenzungsbeurteilung in jedem Einzelfall zu berücksichtigen sind.[614] Dies ist ein weiterer Grund für die gewisse Unbestimmtheit des Begründetheitsbegriffs. Erst sie erlaubt, auf die steuerrechtlichen Eigenheiten bei der Anspruchsentstehung Rücksicht zu nehmen.[615] Die steuerrechtlichen Besonderheiten der jeweiligen Anspruchsentstehungsnorm dienen dabei aber lediglich als ausfüllende Elemente des graduell unbestimmten Begründetheitsbegriffs. Damit einher geht die Selbstverständlichkeit, dass die Frage, ob die zur Begründetheit benötigten Tatbestandselemente der steuerrechtlichen Anspruchsnorm bereits erfüllt sind, sich ausschließlich nach dem Steuerrecht richten.[616] Es besteht somit eine gewisse Wechselwirkung. Diese darf aber nicht den Blick dafür verstellen, dass letztlich eine insolvenzrechtliche Wertungsentscheidung zwischen der Einordnung als Insolvenz- oder Massegläubiger getroffen werden muss, bei denen steuerrechtliche Besonderheiten lediglich untergeordnet Berücksichtigung finden.

---

610 Hierzu bereits oben unter § 3. A. IV.

611 Vgl. *Sinz*, in *Uhlenbruck/Hirte/Vallender*, InsO, § 38, Rn. 68.

612 RFH v. 25.10.1926 – GrS 1/26, RFHE 19, 355; wobei die Formel „Konkursrecht geht vor Steuerrecht“ erst im Anschluss an dieses Urteil in der Literatur geprägt wurde, vgl. *Uhländer*, in *Waza/Uhländer/Schmittmann*, Insolvenzen und Steuern, Rn. 463 m.w.N.

613 Zum Begriff des maßgeblichen „Steuertatbestands“ sogleich unter § 9. B. II. 2.

614 Vgl. BFH v. 21.9.1993 – VII R 68/92, ZIP 1993, 1892 (1893); BFH v. 21.9.1993 – VII R 119/91, BStBl. II 1994, 83 (84).

615 Um eine solche handelt es sich z.B. bei den Veranlagungssteuern, bei denen die Anspruchsentstehung im Rahmen einer Abschnittsbesteuerung auf das Ende eines Kalendermonats, -vierteljahres oder -jahres gelegt wird, dazu sogleich.

616 In diese Richtung offenbar auch BFH v. 18.12.2014 – X B 89/14, BFH/NV 2015, 470 (471 Rn. 14); *Heinze*, DZWiR 2011, 276 (277).

Der V. Senat BFH geht indessen weit über diese Einschätzung hinaus, wenn er die steuerrechtlichen Gegebenheiten neuerdings als Primat für die Begründungsbeurteilung heranziehen will.

II. Definition der maßgeblichen insolvenzrechtlichen Begründetheit eines Steueranspruchs

Dies vorausgeschickt ist festzustellen, dass auch bei Steuerforderungen für den Zeitpunkt der insolvenzrechtlichen Begründetheit nichts aus dem steuerrechtlichen Entstehungszeitpunkt[617] oder gar der Fälligkeit des steuerlichen Vermögensanspruchs[618] abgeleitet werden kann. Auch für Steueransprüche gilt, dass deren insolvenzrechtliche Begründetheit spätestens mit Tatbestandsverwirklichung eintreten muss, also nicht nach der Vollendung des Steuertatbestands eintreten kann.[619] Denn die Tatbestandsvollendung ermöglicht dem Gläubiger im weiteren Verlauf die Vollstreckung des Steueranspruchs. Könnte dessen insolvenzrechtliche Begründetheit nach der steuerrechtlichen Entstehung liegen, führte dies zu dem systemwidrigen Umstand, einen bereits vollstreckbaren Anspruch, der u.U. sogar

617 BFH v. 24.8.2011 – V R 53/09, BStBl. II 2012, 256 (258, Rn. 17); BFH v. 29.1.2009 – V R 64/07, BStBl. II 2009, 682 (683); BFH v. 1.4.2008 – X B 201/07, ZIP 2008, 1780 (1781, Rn. 15, 17); BFH v. 30.4.2007 – VII B 252/06, BStBl. II 2009, 624 (625); BFH v. 21.9.1993 – VII R 68/92, ZIP 1993, 1892 (1893); BFH v. 21.12.1988 – V R 29/86, BStBl. II 1989, 434 (435); BFH v. 29.3.1984 – IV R 271/83, BStBl. II 1984, 602 (603); BFH v. 28.7.1983 – V S 8/81, BStBl. II 1983, 694 (694); BFH v. 13.11.1986 – V R 59/79, BStBl. II 1987, 226 (227); BFH v. 22.5.1979 – VIII R 58/77, BStBl. II 1979, 639 (640); BFH v. 27.8.1975 – II R 93/70, BStBl. II 1976, 77 (78); FG Düsseldorf v. 21.7.2016 – 11 K 613/13E, EFG 2016, 1906 (1908, Rn. 52); FG Sachsen-Anhalt v. 12.7.2007 – 1 K 806/06, EFG 2007, 1737 (1737 f.); *de Weerth*, NZI 2009, 449 (449); *Stadie*, in Rau/Dürrwächter, UStG, Bd. VI, § 18 Anhang 2, Rn. 58; *Waza*, in *Waza/Uhländer/Schmittmann*, Insolvenzen, Rn. 704; *Heinze*, DZWiR 2011, 276 (277); *Onusseit*, ZInsO 2009, 1740 (1742); *Maus*, Insolvenzen und Steuern, Rn. 30; *Onusseit*, Umsatzsteuer im Konkurs, 84; *Bücheler*, DStR 1980, 70 (70); *Wäger*, ZInsO 2012, 520 (523); anders aber offenbar BFH v. 29.8.2007 – IX R 4/07, BStBl. II 2010, 145 (147).

618 BFH v. 28.7.1983 – V S 8/81, BStBl. II 1983, 694 (694); FG Düsseldorf v. 21.7.2016 – 11 K 613/13E, EFG 2016, 1906 (1908, Rn. 52); *Boochs*, in *Wimmer*, FK InsO, § 155, Rn. 428, 430; *Waza*, in *Waza/Uhländer/Schmittmann*, Insolvenzen, Rn. 704; *Lüdtke*, in *A. Schmidt*, InsO, § 38, Rn. 29; *Heinze*, DZWiR 2011, 276 (277); *Onusseit*, ZInsO 2009, 1740 (1742); *Bücheler*, DStR 1980, 70 (70); *Steinberg*, Insolvenzforderung, 2.

619 Ebenso *Onusseit*, DZWiR 2011, 353 (354).

erst zum Eintritt der Insolvenz des Insolvenzschuldners geführt haben mag, im Insolvenzverfahren über das Vermögen des Schuldners als Masseverbindlichkeit und nicht als Insolvenzforderung zu behandeln.[620]

Steueransprüche können aber durchaus bereits begründet sein, bevor sie im steuerrechtlichen Sinne entstanden sind.[621] Eine Besonderheit der steuerrechtlichen Entstehungstatbestände ggü. anderen Anspruchsgrundlagen besteht darin, dass sich ihre Verwirklichung mitunter über einen längeren Zeitraum, regelmäßig den Veranlagungszeitraum, bei umsatzsteuerrechtlichen Ansprüchen den Voranmeldungszeitraum, erstrecken kann. Es besteht allerdings weitestgehende Einigkeit darüber, dass es für die insolvenzrechtliche Begründetheit auf den Ablauf des Voranmeldungszeitraums nicht ankommt.[622]

1.Bisherige Definitionen in Rechtsprechung und Literatur

Auch für die Bestimmung der Begründetheit eines steuerrechtlichen Vermögensanspruchs haben sich verschiedene Definitionsvarianten in Rechtsprechung und Literatur etabliert, die im Wesentlichen auf den oben aufgeführten Definitionsvarianten basieren, die für zivilrechtliche Ansprüche geläufig sind. Die aufgeführten Formulierungen werden hierbei häufig nicht isoliert verwendet, sondern aufeinander aufbauend und kombiniert.[623]

Eher tautologisch mutet die Definition an, wonach eine Steuerforderung nur dann vor Eröffnung des Insolvenzverfahrens begründet ist, wenn der anspruchsbegründende Tatbestand bereits vor Verfahrenseröffnung

---

620 Ebenso FG Sachsen-Anhalt v. 12.7.2007 – 1 K 806/06, EFG 2007, 1737 (1738) zum Umsatzsteueranspruch des Steuergläubigers bei Soll-Besteuerung. Eingehend dazu noch unten unter § 12. A. I. 2.

621 *Boochs*, in *Wimmer*, FK InsO, § 155, Rn. 429; *Ratschow*, in *Klein*, AO, § 38, Rn. 3; *Bücheler*, DStR 1980, 70 (71); *Forgách*, DB 1976, 1561 (1561); z.T. wird sogar behauptet, die Begründetheit einer Forderung liege naturgemäß vor ihrer Entstehung, vgl. *Sinz*, in *Uhlenbruck/Hirte/Vallender*, InsO, § 38, Rn. 68; *Steinberg*, Insolvenzforderung, 9.

622 *Onusseit*, ZInsO 2006, 516 (518); *Rüsken*, NZI 2006, 330 (332); *Knobbe-Keuk*, BB 1977, 757 (758); *Netzer*, UR 1977, 65 (65); *Forgách*, DB 1976, 1561 (1562).

623 Zum Teil sogar völlig undifferenziert, vgl. BFH v. 23.2.2011 – I R 20/10, BStBl. II 2011, 822 (823, Rn. 12); BFH v. 1.4.2008 – X B 201/07, ZIP 2008, 1780 (1781, Rn. 17).

abgeschlossen ist.[624] Sie ist ohne weitere Konkretisierung unbrauchbar für die Bestimmung des Begründetheitszeitpunkts einer Steuerforderung. Ähnlich unpräzise ist die Formel, wonach für die Begründetheit entscheidend sein soll, ob eine Forderung „ihrem Kern nach“ bereits vor der Eröffnung des Insolvenzverfahrens entstanden ist,[625] da sie offen lässt, worin der Kern einer Forderung zu erblicken ist.

Zur Ausfüllung der vorstehenden Begriffsbestimmungen wird daher auf den „gesicherten Rechtsgrund“ eines Anspruchs, dessen zugrundeliegendes Schuldverhältnis, zurückgegriffen.[626] Nach der Rechtsgrundformel ist eine Forderung als vor der Insolvenzeröffnung begründet anzusehen, wenn der Rechtsgrund für ihre Entstehung zu diesem Zeitpunkt bereits gelegt war.[627] Anders gewendet soll nicht die Vollrechtsentstehung maßgeblich sein, sondern der Zeitpunkt, in dem nach konkursrechtlichen/insolvenzrechtlichen Grundsätzen der Rechtsgrund für den Anspruch gelegt worden ist.[628] Problematisch an dieser Definition ist aber, dass sie letztlich offen lässt, welche insolvenzrechtlichen Grundsätze gemeint sind, sodass

624 BFH v. 30.4.2007 – VII B 252/06, BStBl. II 2009, 624 (625); BFH v. 11.11.1993 – XI R 73/92, BFH/NV 1994, 477 (478).

625 So z.B. BFH v. 23.2.2011 – I R 20/10, BStBl. II 2011, 822 (823, Rn. 12); BFH v. 1.4.2008 – X B 201/07, ZIP 2008, 1780 (1781, Rn. 17); BFH v. 17.4.2007 – VII R 27/06, BStBl. II 2009, 589 (590); BFH v. 6.10.2005 – VII B 309/04, BFH/NV 2006, 369 (370); BFH v. 16.11.2004 – VII R 75/03, BStBl. II 2006, 193 (194 f.); BFH v. 5.10.2004 – VII R 69/03, BStBl. II 2005, 195 (196).

626 Für Zwecke der Umsatzsteuer wird hierfür z.T. auf § 1 Abs. 1 Nr. 1 Satz 1 UStG Bezug genommen, sodass insolvenzrechtliche Begründetheit eines Umsatzsteueranspruchs erst gegeben sei, wenn Lieferungen oder sonstige Leistungen im Inland gegen Entgelt ausgeführt werden, vgl. *Birk, A.*, ZInsO 2007, 743 (746); *Stadie*, in *Rau/Dürrwächter*, UStG, Bd. VI, § 18 Anhang 2, Rn. 61, der insbesondere das zusätzliche Vorliegen der Entgeltvereinnahmung betont.

627 BFH v. 18.12.2014 – X B 89/14, BFH/NV 2015, 470 (471, Rn. 14); BFH v. 23.2.2011 – I R 20/10, BStBl. II 2011, 822 (823, Rn. 12); BFH v. 1.4.2008 – X B 201/07, ZIP 2008, 1780 (1781, Rn. 573); BFH v. 6.10.2005 – VII B 309/04, BFH/NV 2006, 369 (370); BFH v. 31.5.2005 – VII R 74/04, BFH/NV 2005, 1745 (1746); BFH v. 16.11.2004 – VII R 75/03, BStBl. II 2006, 193 (194 f.); BFH v. 5.10.2004 – VII R 69/03, BStBl. II 2005, 195 (196); BFH v. 21.9.1993 – VII R 119/91, BStBl. II 1994, 83 (84); BFH v. 293.1984 – IV R 271/83, BStBl. II 1984, 602 (603); FG Düsseldorf v. 21.7.2016 – 11 K 613/13E, EFG 2016, 1906 (1908, Rn. 52); *Waza*, in *Waza/Uhländer/Schmittmann*, Insolvenzen, Rn. 704; *Kahlert*, DStR 2011, 921 (923).

628 BFH v. 11.11.1993 – XI R 73/92, BFH/NV 1994, 477 (478); BFH v. 21.9.1993 – VII R 68/92, ZIP 1993, 1892 (1893); BFH v. 4.8.1987 – VII R 11/84, ZIP 1988, 44 (45); BFH v. 22.5.1979 – VIII R 58/77, BStBl. II 1979, 639 (640); BFH v. 27.8.1975 – II R 93/70, BStBl. II 1976, 77 (78).

eine präzise Einordnung der einzelnen Vermögensansprüche nicht ohne Weiteres möglich ist.

Daneben oder konkretisierend wird häufig auf die Verwirklichung des (zivilrechtlichen) Sachverhalts abgestellt, dessen Verwirklichung der Steuerforderung zugrunde liegt.[629] Rechtsgrund für die Entstehung einer Steuerforderung sei der sie begründende Tatbestand, der sog. Schuldrechtsorganismus.[630] Danach ist eine Steuerforderung dann Insolvenzforderung, wenn sie vor Eröffnung des Insolvenzverfahrens in der Weise begründet worden ist, dass bereits der (zivilrechtliche) Lebenssachverhalt verwirklicht worden ist, an den das Steuergesetz als für die Entstehung des betreffenden Steueranspruchs maßgeblichen Tatbestand anknüpft.[631]

Ähnlich formuliert wird darauf abgestellt, ob im Zeitpunkt der Eröffnung des Insolvenzverfahrens der „Schuldrechtsorganismus", der die Grundlage der Steuerforderung bildet, bereits geschaffen war.[632] So bezeichnet nach *Häsemeyer* die Begründetheit die Voraussetzungen, unter denen das Steuerschuldverhältnis der vorinsolvenzlichen Schuldnerautonomie, nicht der Amtsführung des Insolvenzverwalters, zuzurechnen ist.[633] Das sei bereits im Zeitpunkt des Vertragsschlusses des Schuldners mit dem Leistungsempfänger der Fall, aus dem er eine Bruttoforderung inkl. Umsatzsteuer erworben habe. Mangels dinglicher Aufteilungsmöglichkeit in Leistungsentgelt und Steueranteil sei zugleich die Verbindlichkeit auf Abführung des Wertes des Steueranteils begründet worden, auf die Realisierung im Steuereinzugsverfahren komme es nicht an.[634] Insoweit auf das Vorliegen eines zivilrechtlichen Schuldverhältnisses abgestellt wird, ist dies aber bereits deshalb verfehlt, weil nicht alle Steueransprüche an

---

629 *Steinberg,* Insolvenzforderung, 9.

630 BFH v. 1.4.2008 – X B 201/07, 1.4.2008, ZIP 2008, 1780 (1781, Rn. 17).

631 BFH v. 23.2.2011 – I R 20/10, BStBl. II 2011, 822 (823, Rn. 12); BFH v. 1.4.2008 – X B 201/07, ZIP 2008, 1780 (1781, Rn. 17); BFH v. 17.4.2007 – VII R 27/06, BStBl. II 2009, 589 (590); BFH v. 6.10.2005 – VII B 309/04, BFH/NV 2006, 369 (370); BFH v. 31.5.2005 – VII R 74/04, BFH/NV 2005, 1745 (1746); BFH v. 16.11.2004 – VII R 75/03, BStBl. II 2006, 193 (194 f.); BFH v. 5.10.2004 – VII R 69/03, BStBl. II 2005, 195 (196); BFH v. 1.8.2000 – VII R 31/99, BStBl. II 2002, 323 (326); BFH v. 17.12.1998 – VII R 47/98, BStBl. II 1999, 423 (424) m.w.N.; BFH v. 21.9.1993 – VII R 119/91, BStBl. II 1994, 83 (84); FG Sachsen-Anhalt v. 12.7.2007 – 1 K 806/06, EFG 2007, 1737 (1737); *Mitlehner,* EWiR 2011, 323 (324).

632 *Maus,* Steuern im Insolvenzverfahren, Rn. 31; *Heinze,* DZWiR 2011, 276 (277).

633 *Häsemeyer,* FS Stürner, 769 (773 f.).

634 *Häsemeyer,* FS Stürner, 769 (775).

ein zivilrechtliches Austauschverhältnis anknüpfen, sondern auch andere zivilrechtliche Lebenssachverhalte erfasst sind.[635]

Aber auch wenn die Anknüpfung der insolvenzrechtlichen Begründetheit des Steueranspruchs an der Verwirklichung eines zivilrechtlichen Lebenssachverhalts gesucht wird, ist dies ebenfalls unzutreffend, weil sich die Begründetheit eines Steueranspruchs nur anhand des steuerrechtlichen Tatbestands beurteilen lässt. Dieser hat zwar regelmäßig einen zivilrechtlichen Lebenssachverhalt zum Gegenstand. Dessen Vorliegen muss jedoch noch nicht hinreichend für das insolvenzrechtliche Begründetsein eines Steueranspruchs sein.[636]

Zum Teil wird daher die Klarstellung verlangt, dass auf den Steuerschuldrechtsorganismus abgestellt werden müsse.[637] Auch dies führt jedoch zu Folgeproblemen, denn eine Präzisierung der Bestimmung des Zeitpunkts des Eintritts der insolvenzrechtlichen Begründetheit geht damit ebenfalls nicht einher. Das Steuerschuldverhältnis als materielles Steuerrechtsverhältnis[638] umfasst die Gesamtheit der Rechtsbeziehungen, die sich für die Beteiligten aus der Verwirklichung eines Steuertatbestandes ergeben,[639] deren Kern regelmäßig die Pflicht des Steuerschuldners ist, an den Gläubiger eine steuerrechtliche Leistung zu erbringen.[640] Es entsteht kraft Gesetzes zeitgleich mit dem aus ihm resultierenden Steueranspruch mit Verwirklichung des (vollständigen) Steuertatbestands i.S.v. § 38 AO, an den das Gesetz die Leistungspflicht knüpft.[641]

Das Abstellen auf das Steuerschuldverhältnis vermag den insolvenzrechtlichen Zeitpunkt der Begründetheit i.S.v. § 38 InsO daher nur zu beschreiben, wenn dieser mit der Anspruchsentstehung gem. § 38 AO zeitlich zusammenfällt. Regelmäßig liegt die insolvenzrechtliche Begrün-

---

635 *Stadie*, in *Rau/Dürrwächter*, UStG, Bd. VI, § 18 Anhang 2, Rn. 60; ablehnend auch *Witfeld*, Umsatzsteuerverfahren und Insolvenz, 197.

636 Soweit *Stadie*, in *Rau/Dürrwächter*, UStG, Bd. VI, § 18 Anhang 2, Rn. 60 unter Bezugnahme von BFH v. 29.1.2009 – V R 64/07, BStBl. II 2009, 682 (683) zur Ablehnung der Zugrundelegung des zivilrechtlichen Sachverhalts ausführt, dass sich die Begründetheit einer Steuerforderung nur nach dem Steuerrecht bestimmen könne, kann dem jedoch aus den oben genannten Gründen nicht gefolgt werden.

637 *Stadie*, in *Rau/Dürrwächter*, UStG, Bd. VI, § 18 Anhang 2, Rn. 60.

638 Vgl. *Seer*, in *Tipke/Lang*, Steuerrecht, § 6, Rn. 1.

639 *Bleisinger*; in *Kühn/Wedelstädt*, AO/FGO, § 37, Rn. 1; *Boekker*, in *Hübschmann/Hepp/Spitaler*, AO/FGO, Bd. III, § 37, Rn. 7.

640 *Koenig*, in *Koenig*, AO, § 37, Rn. 5.

641 *Seer*, in *Tipke/Lang*, Steuerrecht, § 6, Rn. 11; *Bleisinger*, in *Kühn/Wedelstädt*, AO/FGO, § 38, Rn. 2; *Koenig*, in *Koenig*, AO, § 37, Rn. 5.

detheit aber vor der vollständigen Tatbestandsverwirklichung. Selbst wenn man einen weiteren Begriff des Steuerschuldverhältnisses verwendete, erlangte man dadurch keine Konkretisierung des Begründetheitszeitpunkts. Denn auch für ein derart verstandenes steuerrechtliches Schuldverhältnis gilt, dass es nicht zwingend hinreichend sein muss für den Eintritt der insolvenzrechtlichen Begründetheit, sondern es bedarf vielmehr auch hier wiederum einer Anbindung an den konkreten Besteuerungstatbestand.

Teilweise wird auch bei Steueransprüchen der Gedanke der Anwartschaft herangezogen. Danach ist auch ein Steueranspruch dann begründet, wenn der andere Teil die Entstehung des Steueranspruchs nicht mehr einseitig verhindern kann.[642] Aus steuerrechtlicher Sicht ist dieser Ansatz problematisch, weil der Staat als Steuergläubiger niemals Einfluss auf die Tatbestandsverwirklichung nehmen kann, da diese grds. gem. § 38 AO aufgrund Gesetzes eintritt.[643] Lediglich der Steuerschuldner kann einseitig beeinflussen, ob er den Steuertatbestand verwirklicht oder nicht, indem er eine steuerrelevante Handlung vornimmt oder unterlässt.

Der IV., V., VII., X. und XI. Senat des BFH stellen schließlich neuerdings einheitlich auf die „vollständige Tatbestandsverwirklichung“ des Steueranspruchs ab: Die Beurteilung, ob es sich bei einem Umsatzsteueranspruch des Steuergläubigers um eine Insolvenzforderung oder um eine Masseverbindlichkeit handelt, bestimme sich nach dem Zeitpunkt, zu dem der den Steueranspruch begründende Tatbestand vollständig verwirklicht und damit abgeschlossen ist; unerheblich sei dagegen der Zeitpunkt der Steuerentstehung. Komme es umsatzsteuerrechtlich zur vollständigen Verwirklichung des Tatbestands bereits vor Verfahrenseröffnung, handele es ich um eine Insolvenzforderung; erfolge die vollständige Tatbestandsverwirklichung dagegen erst nach Verfahrenseröffnung, liege unter den Voraussetzungen des § 55 InsO eine Masseverbindlichkeit vor.[644] Hierbei soll der Ablauf eines Besteuerungszeitraums aber unberücksichtigt bleiben.

---

642 Vgl. *Witfeld*, Umsatzsteuerverfahren und Insolvenz, 194 f. (zugleich abstellend auf den damit verbundenen Vertrauensschutz des Steuerschuldners); *de Weerth*, NZI 2009, 449 (449); *Lüdtke*, in *A. Schmidt*, InsO, § 38, Rn. 30. Dahingehend ist wohl auch *Steinberg*, Insolvenzforderung, 14 f. zu verstehen, nach dem der begründete Anspruch so verfestigt ist, dass er nicht mehr beseitigt werden kann.

643 Vgl. *Bleisinger*, in *Kühn/Wedelstädt*, AO/FGO, § 38, Rn. 2; *Schuster*, in *Hübschmann/Hepp/Spitaler*, AO/FGO, Bd. III, § 38, Rn. 5.

644 BFH v. 15.12.2016 – V R 26/16, BStBl. II 2017, 735 737, Rn. 19); BFH v. 8.11.2016 – VII R 34/15, BStBl. II 2017, 496 (497, Rn. 12); BFH v. 11.7.2013 – XI B 1/13, ZIP 2013, 1680 (1682, Rn. 27); BFH v. 21.3.2014 – VII B 214/12, BFH/NV 2014, 1088 (1089, Rn. 10); BFH v. 25.7.2012 – VII R 29/11, BStBl. II

Problematisch an dieser Definition der Begründetheit ist das typisierende Abstellen auf die vollständige Tatbestandsverwirklichung. Dies wird einer differenzierten insolvenzrechtlichen Betrachtung im Einzelfall nicht gerecht. Häufig wird die insolvenzrechtliche Begründetheit bereits vorliegen, bevor der steuerrechtliche Tatbestand bereits vollständig verwirklicht worden ist.

2. Definitionsansatz von Schwarz anhand des Leistungsfähigkeitsprinzips

Schwarz nähert sich dem Problem der Einordnung von Umsatzsteueransprüchen als Masseverbindlichkeiten oder Insolvenzforderungen anhand des Begründetheitsbegriffs von einem völlig anderen Ausgangspunkt. Er geht davon aus, dass die Umsatzsteuer in ihrer Belastungswirkung den Endverbraucher und den steuerpflichtigen Unternehmer gleichermaßen betreffe.[645] Aufgrund dessen sei der Begriff der insolvenzrechtlichen Begründetheit eines Anspruchs im Lichte des Leistungsfähigkeitsprinzips teleologisch zu korrigieren. Die Umsatzsteuer sei nicht bereits dann im insolvenzrechtlichen Sinn begründet, wenn der Steuerschuldner die gesetzlich normierte Handlung erbracht hat, die die Grundlage des Steuerschuldverhältnisses darstellt, bzw. wenn der Tatbestand, der die Grundlage des Steueranspruchs darstellt, erfüllt worden ist.

Stattdessen sei zu ermitteln, wann sich die in der Handlung abstrakt ausgedrückte wirtschaftliche Leistungsfähigkeit konkret niederschlage.[646] Daher sei die Umsatzsteuer im Insolvenzverfahren als Insolvenzforderung einzuordnen, wenn die in der Erfüllung des umsatzsteuerrechtlichen Tatbestands typisiert zum Ausdruck gekommene wirtschaftliche Leistungsfähigkeit nach Insolvenzeröffnung nicht mehr konkret fortwirkt. Andernfalls sei die Umsatzsteuer den Masseverbindlichkeiten zuzuordnen.[647] Die Leistungsfähigkeit der Insolvenzmasse ist nach *Schwarz* durch den nach Insolvenzeröffnung erfolgten Zahlungsfluss erhöht, der den Leistungsfähigkeitsindikator Einkommen betrifft. In diesem Fall stelle die Steuerfor-

---

2013, 36 (38, Rn. 17); BFH v. 9.2.2011 – XI R 35/09, BStBl. II 2011, 1000 (1001, Rn. 17); BFH v. 9.12.2010 – V R 22/10, BStBl. II 2011, 996 (997, Rn. 18); BFH v. 29.1.2009 – V R 64/07, BStBl. II 2009, 682 (683); BFH v. 9.12.14 – X R 12/12, BStBl. II 2016, 852 (855, Rn. 27); BFH v. 16.5.13 – IV R 23/11, BStBl. II 2013, 759 (761, Rn. 25).

645 *Schwarz, J.*, Umsatzsteuer in der Insolvenz, 39.

646 *Schwarz, J.*, Umsatzsteuer in der Insolvenz, 72.

647 *Schwarz, J.*, Umsatzsteuer in der Insolvenz, 88.

derung somit aufgrund der teleologischen Korrektur des Begründetheitsbegriffs eine Masseverbindlichkeit dar, die in vollem Umfang zu bedienen sei.[648]

Diesem Definitionsansatz kann jedoch aufgrund der gesetzlich intendierten Belastungswirkung der Umsatzsteuer ausschließlich beim Verbraucher nicht gefolgt werden.[649]

3. Eigener Definitionsansatz

Letztlich begnügen sich die dargestellten Definitionen der insolvenzrechtlichen Begründetheit mit der Umschreibung eines Zeitpunkts, ohne die konkreten Anhaltspunkte zu nennen, nach denen dieser Zeitpunkt bestimmt werden kann und der zugleich den „insolvenzrechtlichen Grundsätzen" entspringt. Die bisherigen Definitionsansätze vermögen diejenigen Konstellationen nicht zu erklären, in denen bereits ein Steueranspruch in der Welt ist, ohne dass bereits sämtliche Bestandteile des Lebenssachverhalts verwirklicht sind, die der Gesetzgeber der Besteuerung unterworfen sehen will. Es ist essenziell, haftungsrechtlich den Steueranspruch als eigenständigen Vermögensanspruch zu begreifen, auch wenn er stets an einen zugrundeliegenden Sachverhalt geknüpft ist. Von der Idealvorstellung, dass ein Steueranspruch nur dann begründet ist, wenn sämtliche Teile des besteuerungswürdigen Lebenssachverhalts erfüllt sind, muss man sich angesichts der vielgestaltigen Steueransprüche und ihrer Anknüpfungspunkte bei der Definition des Begründetheitsbegriffs ohnehin lösen.

Um auch bei der Bestimmung der Begründetheit von Vermögensansprüchen aus dem Steuerschuldverhältnis zu zutreffenden Ergebnissen zu gelangen, ist es daher unabdinglich, sich am Zweck der Abgrenzung von Insolvenzforderungen und Masseverbindlichkeiten zu orientieren. Ausgehend von der haftungs- und risikobezogenen Abgrenzung[650] muss auch ein Steueranspruch bereits dann begründet sein, wenn die Verwirklichung des Steuertatbestands die Schwelle überschritten hat, nach der dem Steuergläubiger das Vermögen des Schuldners haftungsrechtlich zugewiesen werden kann und er im Gegenzug das Risiko des Ausfalls des Vermögensanspruchs zu tragen hat. Es kann mithin nicht auf das Bestehen eines zu-

---

648 *Schwarz, J.*, Umsatzsteuer in der Insolvenz, 90. Die Auswirkungen dieser Auffassung auf die einzelnen Fallkonstellationen werden dort ab S. 89 beschrieben.

649 Dazu bereits oben unter § 5. A. II. 4.

650 Dazu oben unter § 8. B.

grundeliegenden zivilrechtlichen oder steuerrechtlichen Schuldverhältnisses ankommen, wenn dessen Vorliegen nicht zugleich das ausschlaggebende Tatbestandsmerkmal für das Überschreiten der Begründetheitsschwelle bei der Verwirklichung des Steuertatbestands ist.

Wann diese Schwelle speziell bei Ansprüchen aus dem Umsatzsteuerschuldverhältnis erreicht wird, ist Gegenstand der Untersuchung im Dritten Kapitel. Stellt man auf den Zeitpunkt innerhalb der Tatbestandsverwirklichung ab, in dem der Gläubiger unumkehrbar haftungsrechtlich am Vermögen des Steuerschuldners beteiligt ist, so kommt hierin auch der Anwartschaftsgedanke zum Ausdruck, der unzweifelhaft auch in den meisten der o.g. Umschreibungen der insolvenzrechtlichen Begründetheit eines Steueranspruchs mitschwingt.[651] Wollte man den für die Anspruchsbegründung im insolvenzrechtlichen Sinne maßgeblichen Tatbestandsteil als „Kern" des betreffenden Steuertatbestands bezeichnen, so unterstriche dies die Tatsache, dass hiervon nicht steuerverfahrensrechtliche Aspekte und die Frage umfasst ist, wann eine Steuer anzumelden, zu erklären oder abzuführen ist.[652] Technische Elemente können nicht Teil eines die insolvenzrechtliche Begründetheit umfassenden Tatbestandsteils sein.

Zur Präzisierung der vorstehenden Definition wird klargestellt, dass der Begriff Steuertatbestand in diesem Zusammenhang keinesfalls i.S.d. in Art. 62 Abs. 1 MwStSystRL enthaltenen Definition zu verstehen ist.[653] Für Zwecke der Richtlinie gilt als „Steuertatbestand" der Tatbestand, durch den die gesetzlichen Voraussetzungen für den Steueranspruch verwirklicht werden, während Abs. 2 bestimmt, dass „Steueranspruch" der Anspruch auf Zahlung der Steuer ist, den der Steuergläubiger kraft Gesetzes ggü. dem Steuerschuldner von einem bestimmten Zeitpunkt an geltend machen kann, selbst wenn Zahlungsaufschub gewährt werden kann. Den Steuertatbestand in diesem Sinne beschreibt für den Grundfall § 1 Abs. 1 Nr. 1 Satz 1 UStG. Die so geartete Definition des Steuertatbestands gilt *für Zwecke der Richtlinie* und sollte demnach nicht ohne Weiteres mit dem Steuertatbestandbegriff gleichgesetzt werden, der zur Herbeiführung der insolvenzrechtlichen Begründetheit erfüllt sein muss.

Sofern es überhaupt angebracht ist, eine Parallele zur MwStSystRL zu ziehen, ist eine Bezugnahme auf die dort verwendete Definition des Steu-

---

651 Darauf abstellend *Witfeld*, Umsatzsteuerverfahren und Insolvenz, 194 f. m.w.N.; *de Weerth*, NZI 2009, 449 (449); *Lüdtke*, in *A. Schmidt*, InsO, § 38, Rn. 30.

652 Vgl. *Heinze*, DZWiR 2011, 276 (277).

653 Auf den Steuertatbestand i.S.v. Art. 62 Abs. 1 MwStSystRL abstellend aber u.a. *Heinze*, DZWiR 2011, 276 (277); *Onusseit*, ZInsO 2009, 1740 (1742).

eranspruchs durchaus treffender. Denn es geht dem Insolvenzrecht bei der Abgrenzung zwischen Insolvenzforderungen und Masseverbindlichkeiten nicht um den dogmatischen Unterbau und die Funktionsweise der Entstehung eines Vermögensanspruchs, sondern um die Frage, ab wann das schuldnerische Vermögen für diesen Anspruch zur Haftung herangezogen werden kann. Die Untauglichkeit des Steuertatbestandsbegriffs aus Art. 62 Abs. 1 MwStSystRL für die Frage der Haftung des Schuldnervermögens ist bereits anhand der Richtlinie erkennbar. Denn der Steueranspruch knüpft zwar in Fällen des Art. 63 MwStSystRL an das Vorliegen des Steuertatbestands an, wonach Steuertatbestand *und* Steueranspruch zu dem Zeitpunkt eintreten, zu dem die Lieferung von Gegenständen bewirkt oder die Dienstleistung erbracht wird.[654] Im Falle des Art. 65 MwStSystRL wird der Steueranspruch aber nicht an das Vorliegen des Steuertatbestands geknüpft. Es ist mithin zwar ein hinreichendes, aber (zunächst) kein notwendiges Merkmal für den Steueranspruch.[655]

Im Zusammenhang mit der hier verwendeten Begründetheitsdefinition kann es demzufolge ausschließlich auf denjenigen steuerlichen Tatbestand ankommen, der durch Begründung eines Vermögensanspruchs zu einer Haftung des Schuldnervermögens führt. Der Steuertatbestand i.S.v. Art. 62 Abs. 1 MwStSystRL bzw. § 1 Abs. 1 Nr. 1 Satz 1 UStG kann hierfür eine Rolle spielen, sofern das Gesetz wie bei Art. 63 MwStSystRL bzw. § 13 Abs. 1 Nr. 1 Buchst. a) Satz 1 UStG den Eintritt von Steuertatbestand und Steueranspruch gleichsetzt. Die Notwendigkeit, den Steuertatbestand i.S.v. Art. 62 Abs. 1 MwStSystRL stets zum Gegenstand der insolvenzrechtlichen Begründetheit zu machen, folgt hieraus jedoch nicht.[656]

C. Gleichlauf mit Abgrenzungen bei § 35 Abs. 1 InsO sowie bei § 96 Abs. 1 Nr. 1 InsO

Mit demselben Kriterium, das zur Abgrenzung von vor der Insolvenz begründeten Forderungen gegen den Insolvenzschuldner nach § 38 InsO herangezogen werden, muss auch entschieden werden, ob ein Anspruch des Insolvenzschuldners ggü. Dritten zur Insolvenzmasse nach § 35 Abs. 1

654 Vgl. auch EuGH v. 16.5.2013 – C-169/12, ECLI:EU:C:2013:314 (Rn. 22).
655 Freilich bedarf es auch in den Fällen des Art. 65 MwStSystRL zumindest irgendwann der Erfüllung auch des Steuertatbestands.
656 I.E. ebenso *Witfeld*, Umsatzsteuerverfahren und Insolvenz, 198.

InsO gehört.[657] Dementsprechend ist das Kriterium der Begründetheit auch bei der Beantwortung der Frage heranzuziehen, ob ein Insolvenzgläubiger i.S.d. § 96 Abs. 1 Nr. 1 InsO erst nach oder bereits vor Insolvenzeröffnung etwas zur Insolvenzmasse schuldig geworden ist und damit ein Aufrechnungsverbot besteht oder nicht.[658]

Zwar unterscheidet sich der Wortlaut der betroffenen Vorschriften; einerseits wird von „begründet" gesprochen, andererseits ist von „schuldig geworden" die Rede. Nach den insolvenzrechtlichen Wertungen ist allerdings nicht ersichtlich, dass sich deshalb auch die insolvenzrechtlichen Anknüpfungspunkte in § 38 InsO einerseits und § 96 Abs. 1 Nr. 1 InsO andererseits unterscheiden könnten.[659] Es handelt sich bei § 38 InsO und § 96 Abs. 1 Nr. 1 InsO nämlich um dieselbe zeitliche Zäsur, die von den jeweiligen Vorschriften lediglich entsprechend ihrer Zweckbestimmung mit einem leicht anderen Wortlaut beschrieben wird. In beiden Fällen geht es darum, zu ermitteln, ob ein Anspruch in seinen insolvenzrechtlich maßgeblichen Teilen bereits vor oder erst nach Insolvenzeröffnung vorgelegen hat. In beiden Fällen ist davon abhängig, ob ein vorrangiger Zugriff auf die Insolvenzmasse zulässig ist.[660] Vor allem aber wird hierbei dieselbe Abgrenzungsfrage getroffen wie bei § 35 Abs. 1 InsO. Wenn ein Vermögensanspruch des Insolvenzschuldners ggü. einem Dritten zur In-

---

657 *Onusseit*, in *Kübler/Prütting/Bork*, InsO, Bd. IV, InsSteuerR II F, Rn. 362; BFH v. 23.2.2011 – I R 38/10, BFH/NV 2011, 1298 (1299 f., Rn. 12) im Zusammenhang mit § 95 Abs. 1 Satz 1 InsO; BFH v. 16.11.2004 – VII R 75/03, BStBl. II 2006, 193 (194 f.); BFH v. 6.10.2005 – VII B 309/04, BFH/NV 2006, 369 (370) m.w.N.; BFH v. 5.10.2004 – VII R 69/03, BStBl. II 2005, 195 (196).

658 Ganz h.M., vgl. BFH v. 23.2.2011 – I R 20/10, BStBl. II 2011, 822 (823, Rn. 12); BFH v. 25.7.2012 – VII R 29/11, BStBl. II 2013, 36 (38, Rn. 16); BFH v. 16.11.2004 – VII R 75/03, BStBl. II 2006, 193 (194 f.); BFH v. 5.10.2004 – VII R 69/03, BStBl. II 2005, 195 (196); *Onusseit*, in Kölner Schrift, Kap. 39, Rn. 12; *Onusseit*, in *Kübler/Prütting/Bork*, InsO, Bd. IV, InsSteuerR II F, Rn. 363; *Rühland*, in *Kahlert/Rühland*, Insolvenzsteuerrecht, Rn. 9.92; *Sinz*, in *Uhlenbruck/Hirte/Vallender*, InsO, § 96, Rn. 18; *Waza*, in *Waza/Uhländer/Schmittmann*, Insolvenzen Rn. 1961; *Frotscher*, Besteuerung bei Insolvenz, 227; *Kahlert*, ZIP 2011, 401(402); *ders./Schmidt*, DB 2012, 197 (201); *ders.*, DStR 2011, 921 (923); *ders.*, DStR 2011, 1973 (1981); *Onusseit*, ZInsO 2011, 641 (648); *ders.*, ZInsO 2006, 516 (516); *Rüsken*, NZI 2006, 330 (332); *Thole*, in *K. Schmidt*, InsO, § 96, Rn. 5; *Witfeld*, Umsatzsteuerverfahren und Insolvenz, 327; a.A. *Wäger*, DB 2012, 1460 (1467); wobei *ders.*, ZInsO 2012, 520 (522) aber davon spricht, §§ 38, 55 InsO seien auch für die Beurteilung der steuermindernden Besteuerungsgrundlagen (d.h. Vorsteuerbeträge) relevant.

659 *Kahlert*, ZIP 2011, 401 (402).

660 *Kahlert*, DStR 2011, 1973 (1981).

solvenzmasse gehört, soll dieser nach Insolvenzeröffnung auch nicht mehr durch eine Aufrechnungserklärung des Dritten erfüllt werden können.

Daher überrascht es, dass der V. Senat des BFH bereits in mehreren Entscheidungen jüngeren Datums den Gleichlauf zwischen der Abgrenzung bei § 38 InsO und § 96 Abs. 1 Nr. 1 InsO mit der Begründung verneint, die Frage der Aufrechenbarkeit einer Forderung in der Insolvenz sei als vom Festsetzungsverfahren getrennte Frage der Steuererhebung zu betrachten.[661] Dem kann aus den genannten Gründen nicht gefolgt werden. Ausgehend davon, dass die genannten Normen allesamt dasselbe Abgrenzungskriterium in sich tragen und somit auf demselben Rechtsgedanken beruhen,[662] ist auch mit Blick auf die Geschäftsverteilung der einzelnen BFH-Senate eine einheitliche Auslegung des § 38 InsO im Festsetzungsverfahren und § 96 Abs. 1 Nr. 1 InsO im Erhebungsverfahren geboten, um die Einheitlichkeit der Rechtsprechung zu gewährleisten.[663] Das Abgrenzungskriterium der Begründetheit ist schließlich aus den bereits genannten Gründen auch bei § 95 Abs. 1 Satz 1 InsO fruchtbar zu machen.[664] Es handelt sich bei der Begründetheit mithin um ein das Insolvenzrecht durchdringendes Abgrenzungskriterium.

§ 10. Zusammenfassung des Zweiten Kapitels

- Jeder Steueranspruch muss als eigenständiger Vermögensanspruch begriffen werden, auch wenn er stets an einen zugrundeliegenden Lebenssachverhalt geknüpft ist. Ein Steueranspruch ist nicht erst dann begründet, wenn sämtliche Teile des besteuerungswürdigen Lebenssachverhalts erfüllt sind. Er sollte vielmehr (bereits) dann begründet sein, wenn die Verwirklichung des Steuertatbestands die Schwelle überschritten hat, nach der dem Steuergläubiger das Vermögen des Schuldners haftungsrechtlich zugewiesen werden kann und er im Gegenzug das Risiko des Ausfalls des Vermögensanspruchs zu tragen hat.

---

661 Vgl. z.B. BFH v. 30.4.2009 – V R 1/06, BStBl. II 2010, 138 (141); BFH v. 9.12.2010 – V R 22/10, BStBl. II 2011, 996 (999, Rn. 35 ff.); BFH v. 8.3.2012 – V R 24/11, BStBl. II 2012, 466 (469, Rn. 31 ff.), wobei der Senat auch keinerlei Abweichung zur Rechtsprechung des VII. Senats des BFH festzustellen vermag; zustimmend *Wäger*, DB 2012, 1460 (1467).

662 So ausdrücklich BFH v. 25.7.2012 – VII R 29/11, BStBl. II 2013, 36 (38, Rn. 16) hinsichtlich § 38 InsO und § 96 Abs. 1 Nr. 1 InsO.

663 BFH v. 25.7.2012 – VII R 29/11, BStBl. II 2013, 36 (38, Rn. 16).

664 BFH v. 23.2.2011 – I R 38/10, BFH/NV 2011, 1298 (1299 f., Rn. 12).

Technische Elemente des Steuertatbestands können nicht Teil eines die insolvenzrechtliche Begründetheit umfassenden Tatbestandsteils sein.

- Das Kriterium der Begründetheit kommt gleichermaßen bei §§ 38, 55 InsO wie bei § 35 InsO und § 96 Abs. 1 Nr. 1 InsO zur Anwendung.

Drittes Kapitel: Die insolvenzrechtliche Begründetheit der einzelnen umsatzsteuerrechtlichen Besteuerungstatbestände

Die Einordnung der Besteuerungstatbestände aus dem Umsatzsteuerschuldverhältnis in die insolvenzrechtlichen Gläubigerkategorien bereitet besondere Schwierigkeiten, weil es sich um mehraktige Entstehungstatbestände handelt, deren Tatbestandsvoraussetzungen sich in zeitlicher Hinsicht über (mindestens) einen Voranmeldungszeitraum erstrecken. Ausgehend von dem soeben herausgearbeiteten Verständnis des insolvenzrechtlichen Abgrenzungskriteriums der Begründetheit eines Vermögensanspruchs sind die umsatzsteuerrechtlichen Tatbestände daraufhin zu untersuchen, in welchem Stadium der Tatbestandsverwirklichung bereits genügend Tatbestandsmerkmale verwirklicht sind, dass dem Steuergläubiger das Vermögen des Steuerschuldners haftungsrechtlich zugewiesen werden kann und er im Gegenzug das Risiko des Ausfalls des Vermögensanspruchs zu tragen hat und somit der Gruppe der Insolvenzgläubiger zuzuordnen ist.

Dabei ist – dies ist, soweit ersichtlich, unbestritten – auf jeden einzelnen Besteuerungstatbestand aus dem Umsatzsteuerschuldverhältnis zu blicken.[665] Die umsatzsteuerrechtliche Zwangssaldierung der Vielzahl verwirklichter Besteuerungstatbestände am Ende eines jeden Voranmeldungszeitraums nach § 16 Abs. 2 UStG,[666] die den einzigen gem. § 218 Abs. 1 AO zu „verwirklichenden" und damit durchsetzbaren Anspruch entweder zugunsten des Steuergläubigers oder des Steuerschuldners aus dem Steuerschuldverhältnis i.S.v. § 37 Abs. 1 AO hervorbringt,[667] bleibt hingegen außer Betracht.[668]

---

665 Vgl. BFH v. 2.9.2010 – V R 34/09, BStBl. II 2011, 991 (992 f., Rn. 13); BFH v. 16.11.2004 – VII R 75/03, BStBl. II 2006, 193 (195); *Wäger,* DB 2012, 1460 (1461); *ders.*, ZInsO 2012, 520 (522); *Stadie*, in *Rau/Dürrwächter,* UStG, Bd. VI, § 18 Anhang 2, Rn. 59; *Witfeld,* Umsatzsteuerverfahren und Insolvenz, 194.

666 Zur Bedeutung der umsatzsteuerrechtlichen Zwangssaldierung in der Insolvenz z.B. *Kahlert/Onusseit*, DStR 2012, 334 (336 ff.); *Onusseit,* ZIP 2002, 22 (22 ff.).

667 Vgl. *Wäger*, DB 2012, 1460 (1460).

668 *Kinski*, Aufrechnung, 101.

Die insolvenzrechtliche Begründetheitsbeurteilung folgt dabei unterschiedlichen Zwecken. Während es bei den Vermögensansprüchen des Steuergläubigers ggü. dem Steuerschuldner darum geht, ihn in die Gläubigerkategorien der Insolvenz- bzw. Massegläubiger einzuordnen, erfolgt die „Begründetheits"-Beurteilung der Vermögensansprüche des Steuerschuldners ggü. dem Steuergläubiger zur Beantwortung der Frage, ob dem Steuergläubiger die Aufrechnung gegen diese Ansprüche des Steuerschuldners gemäß § 96 Abs. 1 Nr. 1 InsO verboten ist. Gleichwohl liegt beiden Abgrenzungen dasselbe Abgrenzungskriterium der insolvenzrechtlichen Begründetheit zugrunde,[669] weshalb nachfolgend beide Anspruchskategorien mithilfe des Begriffs „begründet" dargestellt werden. Der Gleichlauf zeigt sich insb. an den umsatzsteuerrechtlichen Berichtigungsansprüchen der §§ 15a und 17 UStG, die sowohl zugunsten als auch zulasten des Steuerschuldners zum Tragen kommen können.[670]

Keine Probleme bereitet die insolvenzrechtliche Einordnung dann, wenn die Entstehung eines umsatzsteuerrechtlichen Besteuerungstatbestands bereits vor der Insolvenzeröffnung im steuerrechtlichen Sinne vollständig abgeschlossen ist, der Besteuerungstatbestand also in seiner Gänze vor Verfahrenseröffnung erfüllt ist. Es handelt sich dann um eine Insolvenzforderung des Steuergläubigers ggü. dem Steuerschuldner bzw. um eine Verbindlichkeit des Steuergläubigers ggü. dem Steuerschuldner, die der Steuergläubiger bereits vor Verfahrenseröffnung schuldig geworden ist und ggü. der dem Steuergläubiger die Aufrechnung nicht nach § 96 Abs. 1 Nr. 1 InsO untersagt ist.[671]

Ebenfalls unproblematisch ist der Fall, in dem die Verwirklichung eines umsatzsteuerrechtlichen Besteuerungstatbestands in seiner Gesamtheit erst nach Verfahrenseröffnung beginnt und abgeschlossen wird. Handelt es sich um einen Umsatzsteueranspruch des Steuergläubigers ggü. dem Steu-

---

669 Zum Gleichlauf der Abgrenzung bei §§ 38, 55 InsO einerseits und § 96 Abs. 1 Nr. 1 InsO andererseits bereits oben unter § 9. C.

670 Diese Doppelwirkung der Berichtigungstatbestände hervorhebend *Wäger*, DB 2012, 1460 (1461); *ders.*, ZInsO 2012, 520 (522), der jedoch der Auffassung ist, dies hänge nicht mit den §§ 94 ff. InsO zusammen, sondern eine Forderung des insolventen Steuerschuldners könne an sich einer Klassifizierung in Insolvenzforderung und Masseverbindlichkeit zugänglich sein. Dem ist zu widersprechen, da es abseits möglicher Aufrechnungstatbestände kein Bedürfnis für eine solche Einteilung gibt.

671 Diese Auffassung wird selbst von denjenigen geteilt, die aufgrund der „Steuereinsammler"-Funktion des Steuerschuldners bei insolvenzeröffnungsübergreifender Tatbestandsverwirklichung eine Masseverbindlichkeit annehmen, dazu bereits oben unter § 5. B. II. 2. a); a.A. *Stadie*, UR 2013, 158 (169 ff.).

erschuldner, so ist dieser als Masseverbindlichkeit nach § 55 InsO einzuordnen, sofern er sich nicht ausnahmsweise aufgrund eines freigegebenen Neuerwerbs des insolventen Steuerschuldners gegen dessen daraus resultierendes insolvenzfreies Vermögen richtet, § 35 Abs. 2 InsO. Hierzu gehören gem. § 55 Abs. 1 Nr. 1 InsO v.a. Umsatzsteuertatbestände, die durch Verwertungshandlungen des Insolvenzverwalters verwirklicht werden. Im umgekehrten Fall ist der Steuergläubiger ggü. dem Steuerschuldner erst nach Insolvenzeröffnung etwas schuldig geworden, § 96 Abs. 1 Nr. 1 InsO.

Höchst umstritten ist jedoch die Einordnung der umsatzsteuerrechtlichen Besteuerungstatbestände, wenn der jeweilige Besteuerungstatbestand zeitlich gestreckt über den Insolvenzeröffnungszeitpunkt hinweg entsteht. Dies nicht zuletzt deshalb, weil in die Beurteilung des Begründetheitszeitpunkts unterschiedliche, teils umsatzsteuerrechtliche, teils insolvenzrechtliche Wertungen einfließen. Einigkeit besteht in diesen Fällen lediglich dahingehend, dass es bei Umsatzsteueransprüchen hinsichtlich der Begründetheit darauf ankommt, wann der jeweils zugrunde liegende Tatbestand erfüllt ist.[672] Mit dieser auslegungsbedürftigen Formel ist indes noch nichts gewonnen, da nicht hinreichend deutlich wird, ob der ganze Tatbestand vorinsolvenzlich erfüllt sein muss oder nur ein Teil davon und wenn letzteres zutrifft, welcher Teil.[673] Diesbezüglich ist allgemein anerkannt, dass der Ablauf des Voranmeldungszeitraums, in den das den Steuertatbestand auslösende Ereignis fällt, für die Beurteilung des Begründetheitszeitpunkts nicht maßgeblich ist.[674] Darüber hinaus ist bisher keine Einigkeit erzielt worden.

Die einzelnen Ansprüche aus dem Umsatzsteuerschuldverhältnis werden nachfolgend zwar innerhalb des Zweipersonenverhältnisses zwischen Steuergläubiger und Steuerschuldner behandelt. Aufgrund der besonderen Verknüpfung von Leistung und Entgelt bei der Umsatzsteuer[675] bedarf es allerdings hinsichtlich der Folgen der Insolvenz eines Unternehmers stets auch der Inbezugnahme desjenigen Unternehmers, der in einer Leistungsbeziehung zum erstgenannten Unternehmer steht. Zugleich steht der

---

672 *Onusseit,* ZInsO 2006, 516 (516).

673 Zum hier verwendeten Verständnis des Tatbestandsbegriffs bereits oben unter § 9. B. II. 2.

674 *Heinze,* DZWiR 2011, 276 (277); *Mitlehner,* EWiR 2011, 323 (324); *Onusseit,* ZInsO 2006, 516 (518); *Rüsken,* NZI 2006, 330 (332); *Netzer,* UR 1977, 65 (65); *Forgách,* DB 1976, 1561 (1562); *Wäger,* ZInsO 2012, 520 (523); *Schüppen/Schlösser,* in MüKo InsO, Bd. 3, Insolvenzsteuerrecht, Rn. 277.

675 Ein prägendes Beispiel ist die Verknüpfung der Umsatzsteuer-/Vorsteuerberichtigung gem. § 17 Abs. 1 Sätze 1 und 2 UStG.

zweitgenannte Unternehmer freilich auch in einem steuerschuldrechtlich begründeten Verhältnis zum Steuergläubiger, sodass i.E. eine Dreieckskonstellation vorliegt.

Abb. 1: Umsatzsteuer-Dreiecksverhältnis

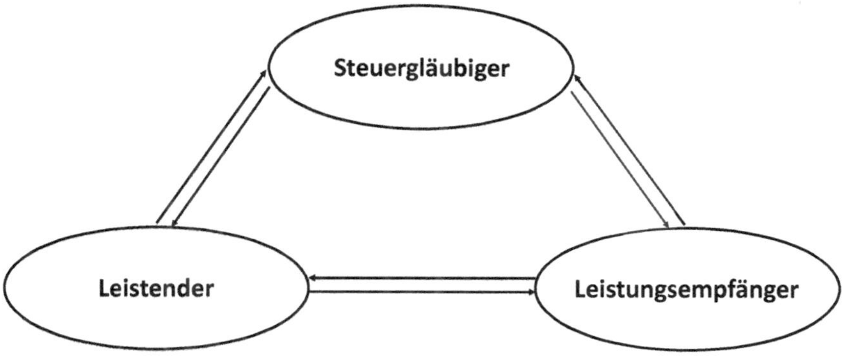

Naturgemäß liegen bei einem Unternehmer sowohl Eingangs- als auch Ausgangsleistungen vor, sodass er sowohl als Leistender als auch als Leistungsempfänger auftritt. Zur Vereinfachung und Systematisierung der nachfolgenden Darstellungen ist es daher auch vonnöten, die einzelnen Ansprüche aus dem Umsatzsteuerschuldverhältnis differenziert nach der Rolle des Unternehmers als Leistender oder Leistungsempfänger zu behandeln. Nachfolgend werden daher die einzelnen umsatzsteuerrechtlichen Anspruchsgrundlagen im Dreiecksverhältnis zwischen Steuergläubiger, Leistendem und Leistungsempfänger insolvenzrechtlich eingeordnet, wobei danach unterschieden wird, ob das Insolvenzverfahren über das Vermögen des Leistenden (unter § 12.) oder des Leistungsempfängers (§ 11.) eröffnet wird.

§ 11. Begründetheit umsatzsteuerrechtlicher Anspruchsgrundlagen bei Insolvenz des Leistungsempfängers

A. Auswirkungen der Insolvenz des Leistungsempfängers aufseiten des Leistenden – der Umsatzsteueranspruch des Steuergläubigers

Fällt der Leistungsempfänger in die Insolvenz, wirkt sich dies nur insofern auf das Verhältnis zwischen Steuergläubiger und Leistendem aus, wie der Leistende Leistungen an den Leistungsempfänger erbracht hat. Die

Auswirkungen der Insolvenz des Leistungsempfängers auf den Leistenden hängen hierbei davon ab, ob der Leistende dem Prinzip der Ist-Besteuerung oder dem der Soll-Besteuerung unterliegt und ob das Entgelt für die Leistung bereits vom Leistungsempfänger an den Leistenden entrichtet wurde oder nicht.

Abb. 2: Dreiecksverhältnis bei Insolvenz des Leistungsempfängers

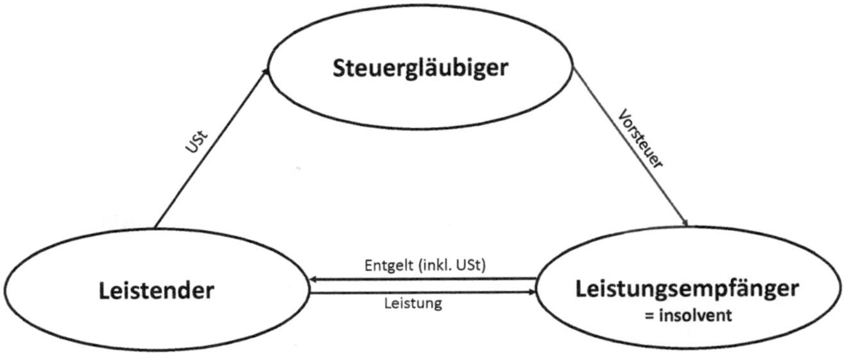

I. Auswirkungen der Insolvenz des Leistungsempfängers, wenn der Leistende der Soll-Besteuerung unterliegt

1. Entstehung des Umsatzsteueranspruchs des Steuergläubigers ggü. dem Leistenden bei Soll-Besteuerung nach § 13 Abs. 1 Nr. 1 Buchst. a) Satz 1 UStG

Den gesetzlichen Regelfall bei der Steuerberechnung stellt das Prinzip der sog. Soll-Besteuerung dar. Hierbei entsteht der Umsatzsteueranspruch des Steuergläubigers ggü. dem Leistenden nach § 13 Abs. 1 Nr. 1 Buchst. a) Satz 1 UStG mit Ablauf des Voranmeldungszeitraums, in dem die steuerpflichtige Leistung ausgeführt wurde. Da das Gesetz bei der Berechnung der Steuer somit nicht auf den Zufluss des Entgelts beim Leistenden abstellt, spricht es auch von der Besteuerung nach vereinbarten Entgelten, § 16 Abs. 1 Satz 1 UStG.

Die Besteuerung nach vereinbarten Entgelten zeichnet sich dadurch aus, dass der Leistende infolge der Entstehung des Umsatzsteueranspruchs gegen ihn den entsprechenden Betrag ab Eintritt der Fälligkeit am zehnten Tag nach Ablauf jedes Voranmeldungszeitraums abführen muss, auch wenn er zu diesem Zeitpunkt das Entgelt für seine Leistung noch nicht erhalten hat.[676] Indem § 13 Abs. 1 Nr. 1 Buchst. a) Satz 1 UStG den Ablauf des Voranmeldungszeitraums für die Erfüllung des Tatbestands verlangt, weicht die Vorschrift von dem in Art. 63 MwStSystRL vorgegebenen Grundsatz ab, dass die Umsatzsteuer unmittelbar mit der Ausführung des Umsatzes entstehen soll.

Ob die Diskrepanz der deutschen Umsetzung hierzu gegen Unionsrecht verstößt, kann an dieser Stelle nicht untersucht werden.[677] Die Verlagerung der Entstehung auf den Ablauf des Voranmeldungszeitraums ist jedenfalls überflüssig, da nach § 18 Abs. 1 Satz 3 i.V.m. § 16 Abs. 1 Satz 3 UStG alle innerhalb eines Voranmeldungszeitraums entstandenen Steuern zusammen zu zählen sind.[678] I.E. führt die nach hinten verlagerte Entstehung des Umsatzsteueranspruchs bei der Soll-Besteuerung nicht zu einer späteren Vereinnahmung des Umsatzsteuerbetrags durch den Steuergläubiger als in Art. 206 Satz 1, 252 Abs. 1 MwStSystRL vorgegeben, da auch die Richtlinie hinsichtlich der Fälligkeit an den Ablauf eines Voranmeldungszeitraums anknüpft.

2. Auswirkungen der Insolvenz des Leistungsempfängers auf den Umsatzsteueranspruch des Steuergläubigers ggü. dem Leistenden

Die Folgen der Insolvenzeröffnung über das Vermögen des Leistungsempfängers für das Umsatzsteuerschuldverhältnis zwischen dem Steuergläubiger und dem Leistenden in Ansehung der Erbringung der Leistung an den insolventen Leistungsempfänger sind geklärt und ergeben sich aus der

---

676 Eingehende Kritik am Prinzip der Soll-Besteuerung übt *Stadie*, der diese Alternative aus verschiedenen Gründen für rechtswidrig hält, u.a. wegen ihrer Unvereinbarkeit mit dem verfassungsrechtlichen und unionsrechtlichen Verhältnismäßigkeitsgrundsatz, vgl. dazu eingehend *Stadie*, in *Rau/Dürrwächter*, UStG, Bd. I, Einführung zum Umsatzsteuergesetz, Rn. 201 ff., 410 ff.; *ders.*, UStG, Vorbem., Rn. 44 ff.; *ders.*, UR 2004, 136 (139 f.); *ders.*, UR 2011, 45 (45 ff.); zustimmend *Kirchhof*, DStR 2008, 1 (8); *Frye*, in *Rau/Dürrwächter*, UStG, Bd. VI, § 20, Rn. 108 ff.; krit. hinsichtlich gleichheitsrechtlicher Fragen *Heuermann*, BB 2017, 2583 (2587 f.); a.A. *Wäger*, UR 2013, 673 (674 Fn. 7).

677 Einen Hinweis hierauf könnte man in EuGH v. 16.5.2013 – C-169/12, ECLI:EU:C:2013:314 (Rn. 24 f.) erblicken, wonach Art. 66 Abs. 1 MwStSystRL als Ausnahme von Art. 63 MwStSystRL eng auszulegen ist und den nationalen Gesetzgeber nicht berechtigt, für das Entstehen des Steueranspruchs einen anderen Zeitpunkt als einen in der in Art. 66 Abs. 1 Buchst. a) bis c) MwStSystRL vorgesehenen zu bestimmen.

678 *Leipold*, in *Sölch/Ringleb*, UStG, § 13, Rn. 11.

Anwendung der umsatzsteuerrechtlichen Vorschriften. Zu unterscheiden ist hierbei danach, ob das Entgelt für die Leistung vor Insolvenzeröffnung bereits entrichtet wurde oder nicht.[679] Schwierigkeiten bereitet jedoch die Auslegung des Begriffs „uneinbringlich" in der Berichtigungsvorschrift des § 17 Abs. 2 Nr. 1 Satz 1 UStG, die Anwendung findet, wenn das Entgelt vor Insolvenzeröffnung noch nicht entrichtet wurde.[680] § 17 Abs. 2 Nr. 1 Satz 1 UStG stellt sowohl aufseiten des Leistenden als auch des Leistungsempfängers bei Insolvenz des einen oder des anderen eine der zentralen Norm dar, weshalb die nachfolgende Darstellung besonderes Gewicht auf die Darstellung des Begriffs der Uneinbringlichkeit im Allgemeinen und im Rahmen der Insolvenz legt.

a) Keine Auswirkungen bei Entrichtung des Entgelts vor Insolvenzeröffnung

Hat der Leistende die Leistung vor Insolvenzeröffnung an den insolventen Leistungsempfänger erbracht und hat dieser das Entgelt bereits vor Insolvenzeröffnung entrichtet, so hat die Insolvenz des Leistungsempfängers nach einhelliger Auffassung keine Auswirkungen auf den Umsatzsteueranspruch des Steuergläubigers ggü. dem Leistenden hinsichtlich des vom Leistenden vereinnahmten Entgelts. Dies gilt auch unabhängig davon, ob der umsatzsteuerrechtliche Voranmeldungszeitraum, in dem der Umsatzsteueranspruch des Steuergläubigers ggü. dem Leistenden entsteht, bereits vor oder nach Insolvenzeröffnung abgelaufen ist, denn der Leistende ist selbst nicht insolvent.

Die Insolvenz des Leistungsempfängers kann sich allenfalls mittelbar auf den Umsatzsteueranspruch des Steuergläubigers ggü. dem Leistenden auswirken, wenn die vorinsolvenzliche Entrichtung des Entgelts durch den insolventen Leistungsempfänger der Insolvenzanfechtung unterliegt. Ficht der Insolvenzverwalter infolge der Insolvenzeröffnung die Zahlung des Entgelts ggü. dem Leistenden an (das Erfüllungsgeschäft), so lebt dessen Anspruch auf die Zahlung des Entgelts für seine erbrachte Leistung gem. § 144 Abs. 1 InsO wieder auf, sobald er den Betrag in die Insolvenzmasse zurückgeführt hat. Hinsichtlich dieses Anspruchs muss der Leistende sich

679 Zu einer Entrichtung des Entgelts durch den Insolvenzverwalter nach Insolvenzeröffnung kommt es typischerweise allenfalls in Form der Auszahlung der „Insolvenzquote" im Rahmen der Schlussverteilung.

680 Vgl. unten unter § 11. A. I. 2. b).

als Insolvenzgläubiger behandeln lassen.[681] Der Leistende hat deshalb ggü. dem Steuergläubiger einen Berichtigungsanspruch in Höhe des auf das uneinbringliche Entgelt[682] entfallenden Umsatzsteuerbetrags.[683]

Eine erneute Berichtigung findet sodann zugunsten des Steuergläubigers statt, wenn und soweit der insolvente Leistungsempfänger in der Folge das Entgelt – regelmäßig in Höhe der Insolvenzquote – entrichtet, § 17 Abs. 2 Nr. 1 Satz 2 UStG. Da beide Berichtigungen nach § 17 Abs. 2 Nr. 1 UStG außerhalb des Insolvenzverfahrens des Leistungsempfängers ausschließlich innerhalb des Steuerschuldverhältnisses zwischen dem Steuergläubiger und dem Leistenden vorgenommen werden, bedürfen sie in dieser Konstellation auch keiner insolvenzrechtlichen Einordnung.

Ficht der Insolvenzverwalter hingegen das zugrundeliegende Kausalgeschäft der erbrachten Leistung selbst an, kann der Leistende die von ihm erbrachte Leistung je nach den Umständen als Masseverbindlichkeit nach § 144 Abs. 2 Satz 1 InsO oder als Insolvenzforderung nach § 144 Abs. 2 Satz 2 InsO ggü. der Insolvenzmasse geltend machen. In jedem Falle ist die Bemessungsgrundlage für die Umsatzsteuer des Leistenden nach § 17 Abs. 2 Nr. 3 UStG zu berichtigen, da der Leistungsaustausch durch die Anfechtung des Kausalgeschäfts insgesamt rückabgewickelt wird.

b) Umsatzsteuerberichtigung nach § 17 Abs. 2 Nr. 1 Sätze 1 und 2 UStG bei Entrichtung des Entgelts nach Insolvenzeröffnung

Wird das Insolvenzverfahren über das Vermögen des Leistungsempfängers eröffnet, nachdem der Leistende geleistet aber bevor der insolvente Leistungsempfänger das Entgelt entrichtet hat, findet bei Soll-Besteuerung des Leistenden eine Berichtigung des Umsatzsteueranspruchs des Steuergläubigers ggü. dem Leistenden nach § 17 Abs. 2 Nr. 1 Satz 1 UStG wegen Uneinbringlichkeit des Entgelts statt. Denn sein zivilrechtlicher Anspruch auf Entrichtung des Entgelts ist regelmäßig als Insolvenzforderung nach § 38 InsO einzuordnen, die nicht außerhalb des Insolvenzverfahrens durchsetz-

---

681 Vgl. z.B. *Hirte/Borries*, in *Uhlenbruck/Hirte/Vallender*, InsO, § 144, Rn. 3; *Kirchhof/Pieckenbrock*, in MüKo InsO, Bd. 2, § 144, Rn. 14; BFH v. 15.12.2016 – V R 26/16, BStBl. II 2017, 735 (737, Rn. 15).

682 Zu den Voraussetzungen der umsatzsteuerrechtlichen Uneinbringlichkeit unten unter § 11. A. I. 2. (dd).

683 Fällt die insolvenzbedingte Uneinbringlichkeit in denselben Voranmeldungszeitraum wie die Entstehung des Umsatzsteueranspruchs, heben sich beide wegen der Zwangssaldierung des § 16 Abs. 2 UStG Ansprüche gegenseitig auf.

bar ist, weshalb der Leistende auf absehbare Zeit nicht damit rechnen kann, sein vereinbartes Entgelt (überhaupt) zu erhalten. Da er der Soll-Besteuerung unterliegt, müsste der Leistende aber dennoch den noch nicht vereinnahmten Umsatzsteuerbetrag seines Entgelts bereits mit Ablauf des Voranmeldungszeitraums an den Steuergläubiger abführen, in dem er die Leistung erbracht hat.

(aa) Normzweck und Funktionsweise von § 17 Abs. 1 Nr. 1 Satz 1 UStG

Deshalb ist eine Berichtigung des vom Leistenden geschuldeten Umsatzsteuerbetrags nach § 17 Abs. 2 Nr. 1 Satz 1 UStG durchzuführen, wenn das Entgelt uneinbringlich geworden ist.[684] § 17 Abs. 2 Nr. 1 Satz 1 UStG ist somit ein notwendiges Korrektiv zum Prinzip der Soll-Besteuerung,[685] welches der Grundsatz der Belastungsneutralität erfordert; es stellt letztlich die Besteuerung nach der tatsächlichen Höhe des Entgelts gem. § 10 Abs. 1 Satz 1 UStG sicher.[686] Beim Leistenden soll im Rahmen der Soll-Besteuerung, wie *Hummel* treffend formuliert, nicht „heiße Luft" besteuert werden.[687]

Auf der anderen Seite wird durch die Norm über den Verweis auf § 17 Abs. 1 Satz 2 UStG verhindert, dass der insolvente Leistungsempfänger einen ungerechtfertigten Vorteil erlangt, indem er sein Entgelt (für eine längere Zeit) nicht erbringt, also nicht für die Leistung zahlt, und dennoch aufgrund des auch beim Vorsteuerabzug nach § 15 Abs. 1 Satz 1 Nr. 1 Sätze 1 und 2 UStG geltenden Prinzips der Soll-Besteuerung den der Umsatzsteuer entsprechenden Betrag des Entgelts als Vorsteuerabzugsanspruch geltend machen kann. Mangels Belastung mit der Steuer als Teil des Preises ist eine Aufrechterhaltung in dieser Situation nicht gerechtfertigt.[688]

Die in § 17 Abs. 2 Nr. 1 Satz 1 UStG getroffene Sonderregelung für die Fälle der Uneinbringlichkeit ist nur ein besonders erwähnter Unterfall des § 17 Abs. 1 Satz 1 UStG, der ebenfalls nur den Grundsatz verwirklichen soll, dass sich die Umsatzbesteuerung (letztlich) auf den Umfang des

---

684 Die Norm spricht fälschlicherweise von „Entgelt", zu Funktion und Begriff des Entgelts bei der Umsatzsteuer eingehend *Hummel*, UR 2015, 213 (218 ff.) m.w.N.

685 Vgl. BFH v. 19.8.2008 – VII R 36/07, BStBl. II 2009, 90 (92); *Stadie*, UStG, § 17, Rn. 47.

686 BFH v. 22.4.2002 – V R 72/03, BStBl. II 2004, 684 (685).

687 *Hummel*, UR 2015, 213 (220).

688 *Hummel*, UR 2015, 213 (220).

tatsächlich vereinnahmten Entgelts beschränkt.[689] Unionsrechtlich ergibt sich die Berichtigungspflicht hinsichtlich des Umsatzsteueranspruchs aus Art. 90 Abs. 1 MwStSystRL[690] und hinsichtlich des Vorsteuerabzugs aus Art. 184 f. MwStSystRL.[691]

(bb) Entstehen des Berichtigungsanspruchs nach § 17 Abs. 2 Nr. 1 Satz 1 UStG

Eine ausdrückliche Regelung des Zeitpunkts der Berichtigung besteht auf unionsrechtlicher Ebene (Art. 90 Abs. 1 MwStSystRL) nicht,[692] sodass im Ausgangspunkt das nationale Recht ausschlaggebend ist. Die Berichtigung ist nach § 17 Abs. 1 Satz 7 UStG für den Voranmeldungszeitraum vorzunehmen, in dem die Änderung der Bemessungsgrundlage eingetreten ist. Für den Berichtigungsanspruch des Steuergläubigers ggü. dem Steuerschuldner aus § 17 Abs. 2 Nr. 1 Satz 1 UStG wird vertreten, er entstehe analog § 13 Abs. 1 UStG mit Ablauf des Voranmeldungszeitraums, in den das Ereignis fällt, das die Berichtigung herbeiführt,[693] wobei dies gleichermaßen die Umsatzsteuerberichtigung und die Vorsteuerberichtigung erfasst. Der Wortlaut von § 17 Abs. 1 Satz 7 UStG liefert keinen Hinweis auf den genauen Entstehungszeitpunkt, da er weder auf § 13 Abs. 1 UStG verweist, noch selbst den Zeitpunkt bestimmt. Vielmehr begnügt sich die Vorschrift damit, festzulegen, in welchem Voranmeldungszeitraum die Berichtigung vorzunehmen ist. Nämlich in dem Voranmeldungszeitraum, in dem das Berichtigungsereignis eintritt.

Es ist daher naheliegend, hier wie auch beim Vorsteuerabzugsanspruch[694] in unionsrechtskonformer Weise davon auszugehen, dass der

---

689 BFH v. 22.4.2002 – V R 72/03, BStBl. II 2004, 684 (685); BFH v. 10.3.1983 – V B 46/80, BStBl. II 1983, 389 (391).

690 *Wäger*, in *Sölch/Ringleb*, UStG, § 17, Rn. 3.; vgl. auch BFH v. 13.11.2018 – V B 60/18, ZIP 2019, 184 (184, Rn. 4).

691 Vgl. BFH v. 13.11.2018 – V B 60/18, ZIP 2019, 184 (184, Rn. 4) zum Fall der Uneinbringlichkeitsberichtigung nach § 17 Abs. 2 Nr. 1 Satz 1 i.V.m. Abs. 1 Satz 2 UStG; *Wäger*, in *Sölch/Ringleb*, UStG, § 17, Rn. 62.

692 *Wäger*, in *Sölch/Ringleb*, UStG, § 17, Rn. 11.

693 BFH v. 8.10.1997 – XI R 25/97, BStBl. II 1998, 69 (70); BFH v. 16.7.1987 – V R 80/82, BStBl. II 1987, 691 (693); BFH v. 12.6.1975 – V R 42/72, BStBl. II 1975, 755 (756); *FG Rheinland-Pfalz* v. 25.5.1994 – 7 K 1928/92, ZIP 1995, 665 (666) rkr.; Abschn. 17.1 Abs. 5 Satz 11 UStAE; *Walkenhorst*, in *Küffner/Stöcker/Zugmaier*, UStG, Bd. 3, § 17, Rn. 30.

694 Hierzu unter § 11. B. II.

Berichtigungsanspruch nach § 17 Abs. 2 Nr. 1 Satz 1 i.V.m. Abs. 1 Satz 7 UStG in dem Zeitpunkt entsteht, in dem das Berichtigungsereignis eintritt. Zwar regelt die MwStSystRL dies gerade für die Berichtigungsansprüche nicht ausdrücklich. Eine systematische Betrachtung unter Einbeziehung auch der Entstehung des Umsatzsteueranspruchs nach Art. 63 ff. MwStSystRL ergibt aber, dass der MwStSystRL die allgemeine Vorstellung zugrunde liegt, dass die einzelnen umsatzsteuerrechtlichen Ansprüche sofort entstehen und nicht erst mit Ablauf eines Anmeldezeitraums.[695] Im Falle des § 17 Abs. 2 Nr. 1 Satz 1 UStG bedeutet dies, dass der Berichtigungsanspruch in dem Moment entsteht, in dem Uneinbringlichkeit vorliegt.

(cc) § 17 Abs. 2 Nr. 1 UStG als materiell-rechtliche Berichtigungsvorschrift

Es handelt sich bei § 17 Abs. 2 Nr. 1 UStG um eine Vorschrift, die zu Steuervergütungsansprüchen nach § 37 Abs. 1 Alt. 2 AO führt.[696] Der Eintritt eines Umstandes, der sich nachträglich auf die Bemessungsgrundlage auswirkt, macht die ursprüngliche Steuerfestsetzung nicht rechtswidrig und bedingt daher keinen Erstattungsanspruch. § 17 UStG erfasst ausschließlich Ereignisse und Umstände, die nach der die Besteuerung auslösenden Leistungserbringung eintreten.

Häufig wird § 17 Abs. 2 Nr. 1 UStG als Änderungsnorm bezeichnet, was dadurch zu erklären ist, dass sich nach § 17 Abs. 1 UStG, auf den in Abs. 2 verwiesen wird, die Bemessungsgrundlage „ändert“. Die Fälle des § 17 Abs. 2 UStG gehen allerdings über eine bloße Änderung der Bemessungsgrundlage hinaus, was besonders in Fällen deutlich wird, in denen eine Leistung überhaupt nicht mehr ausgeführt wird, § 17 Abs. 2 Nr. 2 UStG. Ob man nun aber mit *Stadie* von einem Entfallen des Besteuerungstatbestandes und damit der Bemessungsgrundlage sprechen möchte,[697] oder ob man den Wirkmechanismus der Vorschrift als Änderung/Minderung/Be-

695 Zum nationalen Sonderweg in § 13 UStG und dessen Überflüssigkeit *Leipold* in *Sölch/Ringleb*, UStG, § 13, Rn. 11 und oben unter § 11. A. I. 1.

696 Vgl. BFH v. 9.4.2002 – VII R 108/00, BStBl. II 2002, 562 (563); a.A. *Koblenzer*, DB 2002, 1406 (1406).

697 *Stadie*, UStG, § 17, Rn. 2.

richtigung der Bemessungsgrundlage bezeichnet,[698] ist m.E. für die Rechtsfolgenseite unerheblich.

Verbreitet wird § 17 UStG als eine Spezialvorschrift zu den Korrekturvorschriften der AO, insb. ggü. § 164 Abs. 2 AO und § 175 Abs. 1 Satz 1 Nr. 2 AO bezeichnet.[699] Ohne die Sonderbestimmung in § 17 Abs. 1 Satz 7 UStG, die über die Verweisung auch für die Fälle des § 17 Abs. 2 UStG gilt und nach der die Berichtigung im Voranmeldungszeitraum vorzunehmen ist, in dem das die Berichtigung auslösende Ereignis eintritt, läge ein rückwirkendes Ereignis i.S.v. § 175 Abs. 1 Satz 1 Nr. 2 AO vor.[700] Darüber hinaus lege auch der Regelungsstandort von § 17 UStG im Abschnitt „Steuerberechnung" nahe, dass der Gesetzgeber damit deutlich machen wollte, es handele sich weniger um eine materiell-rechtliche, als vielmehr um eine verfahrensrechtliche Vorschrift.[701] Dies werde auch dadurch verdeutlicht, dass sich die Notwendigkeit einer Änderung des Umsatzsteuerbetrags aufgrund nachträglicher Änderung der Bemessungsgrundlage bereits aus § 10 UStG entnehmen lasse.[702]

Gemessen an dessen Normzweck und seiner Funktionsweise kann es sich m.E. bei § 17 UStG nicht um eine Spezialvorschrift zu den Korrekturvorschriften der AO handeln. Richtigerweise handelt es sich bei § 17 UStG um eine rein materiell-rechtliche Berichtigungsvorschrift.[703] Es ist zwar zutreffend, dass § 17 UStG insofern nur deklaratorisch ist, als dass er lediglich die Grundaussage des § 10 Abs. 1 Sätze 2 und 3 UStG konkretisiert.[704] Gerade dies zeigt aber, dass der Regelungsstandort einer Norm

---

698 So z.B. BFH v. 2.9.2010 – V R 34/09, BStBl. II 2011, 991 (991, 1. Leitsatz); BFH v. 8.9.2011 – V R 42/10, BStBl. II 2012, 248 (248 f., 2. Leitsatz); BFH v. 15.9.2011 – V R 36/09, BStBl. II 2012, 365 (367, Rn. 23).

699 BFH v. 22.10.2009 – V R 14/08, BStBl. II 2011, 988 (989, Rn. 26); BFH v. 13.7.2006 – V B 70/06, BStBl. II 2007, 415 (416); BFH v. 13.5.2009 – XI R 84/07, BStBl. II 2009, 868 (870); BFH v. 19.8.2008 – VII R 36/07, BStBl. II 2009, 90 (92); BFH v. 9.4.2002 – VII R 108/00, BStBl. II 2002, 562 (564); FG des Saarlandes v. 13.7.2016 – 1 K 1132/13, EFG 2016, 1744 (1744, Rn. 17); *Seer*, in *Tipke/Lang*, Steuerrecht, § 21, Rn. 445; *v. Groll* in *Hübschmann/Hepp/Spitaler*, AO/FGO, Bd. VI, § 175, Rn. 242; *Fischer, P.*, in *Hübschmann/Hepp/Spitaler*, AO/FGO, Bd. III, § 41, Rn. 58; *Loose*, in *Tipke/Kruse*, AO/FGO, Bd. 2, § 175, Rn. 57; *Knobbe-Keuk*, BB 1977, 757 (761).

700 BFH v. 4.2.2005 – VII R 20/04, BStBl. II 2010, 55 (55 f.).

701 *Hundt-Eßwein*, in *Küffner/Stöcker/Zugmaier*, UStG, Bd. 3, § 17, Rn. 4.

702 *Hundt-Eßwein*, in *Küffner/Stöcker/Zugmaier*, UStG, Bd. 3, § 17, Rn. 4.

703 So auch *Hummel*, UR 2015, 213 (220 f.); *Stadie*, UStG, § 17, Rn. 5; *Korn*, in *Bunjes*, UStG, § 17, Rn. 10.; *Adam, B.*, UR 2020, 492 (493).

704 *Stadie*, UStG, § 17, Rn. 1; BFH v. 9.4.2002 – VII R 108/00, BStBl. II 2002, 562 (564).

ihren materiell-rechtlichen Charakter nicht zwingend beeinflusst. Denn wenn der materiell-rechtliche Inhalt von § 10 UStG unbestritten ist, kann der seinen Inhalt aufnehmende und konkretisierende § 17 UStG nicht minder materiell-rechtlicher Natur sein.

Auch bei Änderungen der Einkommensteuerbemessungsgrundlage bei den Gewinneinkünften ist eine materiell-rechtliche Berichtigung innerhalb eines Besteuerungszeitraums allein aufgrund der Gewinnermittlungsmethode nach § 4 Abs. 1 Satz 1 EStG, und damit einer materiell-rechtlichen Norm, möglich, ohne dass es eines Rückgriffs auf die Verfahrensvorschrift des § 175 Abs. 1 Satz 1 Nr. 2 AO bedürfte.[705] Statt einer Grundnorm wie § 4 Abs. 1 Satz 1 EStG verfügt das Umsatzsteuerrecht über den materiellen Berichtigungsmechanismus in § 17 UStG. Dieser reicht obendrein insofern weiter, als dass materiell-rechtliche Berichtigungen auch voranmeldungszeitraumübergreifend möglich sind, § 17 Abs. 1 Satz 7 UStG, während im Einkommensteuerrecht bei veranlagunszeitraumübergreifenden Änderungsereignissen § 175 Abs. 1 Satz 1 Nr. 2 AO zu bemühen ist.[706]

Ferner spricht gegen eine verfahrensrechtliche Verortung von § 17 UStG, dass er keine Durchbrechung der Bestandskraft eines Verwaltungsakts oder Steuerbescheids normiert.[707] Ausweislich § 17 Abs. 1 S. 7 UStG,[708] wonach die Berichtigung im Besteuerungszeitraum der Änderung der Bemessungsgrundlage vorzunehmen ist,[709] ändert sich nicht eine bereits festgesetzte Steuer, sondern es werden Änderungen nachträglich in der laufenden Festsetzung berücksichtigt.[710] Es liegt mithin kein rückwirkendes Ereignis vor, wie von § 175 Abs. 1 Satz 1 Nr. 2 AO verlangt. Als materiell-rechtliche Norm kann § 17 UStG folgerichtig auch nicht mit einer verfahrensrechtlichen Norm wie § 175 Abs. 1 Satz 1 Nr. 2 AO in Konkurrenz treten und im Verhältnis zu dieser *lex specialis* sein.

---

705 BFH v. 19.7.1993 – GrS 2/92, BStBl. II 1993, 897 (901); *Korn*, in *Bunjes*, UStG, § 17, Rn. 10.

706 BFH v. 19.7.1993 – GrS 2/92, BStBl. II 1993, 897 (901); *Korn*, in *Bunjes*, UStG, § 17, Rn. 10.

707 *Hummel*, UR 2015, 213 (221) überspitzend: „nicht ansatzweise".

708 Zur Normentwicklung *Wäger*, in *Sölch/Ringleb*, UStG, § 17, Rn. 10.

709 Laut *Stadie*, UR 2007, 117 (119) ist dies die einzig interessante Frage, die § 17 hinsichtlich der vorzunehmenden Berichtigungen klärt, was zutrifft, da sich die Notwendigkeit der Berichtigungen bereits aus §§ 10 Abs. 1 und 15 Abs. 1 UStG und dem Prinzip der Belastungsneutralität ergeben.

710 *Hummel*, UR 2015, 213 (221).

(dd) Definition der Uneinbringlichkeit nach § 17 Abs. 2 Nr. 1 Satz 1 UStG

Nachdem Norminhalt und Entstehungszeitpunkt des Berichtigungsanspruchs nach § 17 Abs. 2 Nr. 1 Satz 1 UStG erläutert wurden, ist nunmehr zu bestimmen, wann das zentrale Ereignis dieser Norm, die Uneinbringlichkeit des Entgeltanspruchs, eintritt. Verallgemeinernd ist der Entgeltanspruch i.S.d. § 17 Abs. 2 Nr. 1 Satz 1 UStG uneinbringlich, wenn der Anspruch auf Entrichtung des Entgelts nicht erfüllt wird und bei objektiver Betrachtung damit zu rechnen ist, dass der Leistende den Entgeltanspruch (ganz oder teilweise) jedenfalls auf absehbare Zeit rechtlich oder tatsächlich nicht durchsetzen kann,[711] wobei auf die Verhältnisse des Leistungsempfängers[712] aus der verobjektivierten[713] Perspektive des Leistenden[714] abzustellen ist. Beiden Fallgruppen der Uneinbringlichkeit ist gemein, dass dem Leistenden die zum Forderungseinzug führende Einwirkungsmöglichkeit genommen ist.[715]

In Rechtsprechung und Literatur ist noch immer nicht vollständig geklärt, welche Umstände in der jeweiligen Fallgruppe dazu führen, dass das Entgelt für eine erbrachte Leistung i.S.v. § 17 Abs. 2 Nr. 1 Satz 1 UStG uneinbringlich wird.[716] Die Auslegung muss hierbei anhand des Zweckes von § 17 Abs. 2 Nr. 1 Satz 1 UStG und damit autonom umsatzsteuerrecht-

---

711 St. Rspr., vgl. nur BFH v. 15.12.2016 – V R 26/16, BStBl. II 2017, 735 (737, Rn. 13); BFH v. 1.3.2016 – XI R 21/14, BStBl. II 2016, 756 (756, Rn. 16); BFH v. 24.10.2013 – V R 31/12, BStBl. II 2015, 674 (676, Rn. 19); BFH v. 8.3.2012 – V R 49/10, DB 2012, 1903 (1904, Rn. 22); BFH v. 9.12.2010 – V R 22/10, BStBl. II 2011, 996 (998, Rn. 24); BFH v. 20.7.2006 – V R 13/04, BStBl. II 2007, 22 (23); BFH v. 22.4.2002 – V R 72/03, BStBl. II 2004, 684 (685); BFH v. 31.5.2001 – V R 71/99, BStBl. II 2003, 206 (207 f.) m.w.N.; FG des Saarlandes v. 13.7.2016 – 1 K 1132/13, EFG 2016, 1744 (1745, Rn. 18); FG Sachsen-Anhalt v. 2.3.2016 – 3 K 1301/11, zitiert nach Juris, Rn. 70; *Wäger*, UR 2013, 673 (676, Fn. 16); *Pull*, in *Reiß/Kraeusel/Langer*, UStG, § 17, Rn. 100 m.w.N.; siehe bereits *Weiss*, Insolvenz und Steuern, 73.

712 *Onusseit*, DZWiR 2011, 353 (354).

713 Ausdrücklich *Adam, B.*, UR 2020, 492 (496).

714 FG Berlin-Brandenburg v. 14.1.2015 – 7 K 7250/13, EFG 2015, 865 (867), rkr.

715 BFH v. 10.3.1983 – V B 46/80, BStBl. II 1983, 389 (391).

716 Laut *Hummel*, UR 2015, 213 (221) vermeide es die Rechtsprechung, sich über die Entscheidungsrelevanz hinaus festzulegen, wann Uneinbringlichkeit frühestens eintritt.

lich erfolgen[717] und kann sich nicht nur nach kaufmännischen Gesichtspunkten richten.[718]

§ 17 Abs. 2 Nr. 1 Satz 1 UStG beruht unionsrechtlich auf Art. 90 Abs. 1 MwStSystRL. Dieser ordnet eine Verminderung der Steuerbemessungsgrundlage an für den Fall der Annullierung, der Rückgängigmachung, der Auflösung, der vollständigen oder teilweisen Nichtbezahlung oder des Preisnachlasses nach der Bewirkung des Umsatzes. Die Steuerbemessungsgrundlage soll dann unter Bedingungen entsprechend vermindert werden, die von den Mitgliedstaaten festgelegt werden. Für die Auslegung des Begriffs der Uneinbringlichkeit leiten das BVerfG[719] und der BFH[720] daraus einen Umsetzungsspielraum auf nationaler Ebene ab, innerhalb dessen die Grundrechte des nationalen Verfassungsrechts zu berücksichtigen sind.

Das UStG definiert den Begriff „uneinbringlich" nicht. Es geht aber davon aus, dass trotz Uneinbringlichkeit noch Zahlungen eingehen können.[721] Bei der Auslegung des Uneinbringlichkeitsbegriffs ist aus gesetzessystematischer Sicht zu beachten, dass dem Gesetz die Erwartung zugrunde liegt, bei der Soll-Besteuerung des Leistenden werde der Leistungsempfänger die Forderung des Leistenden befriedigen und damit das betragsmäßige Gleichgewicht von Vorsteuerabzugsanspruch und Umsatzsteueranspruch des Steuergläubigers herstellen.[722] Sobald dieses Gleichgewicht in zeitlicher Hinsicht gestört ist, muss eine Uneinbringlichkeitsberichtigung nach § 17 Abs. 2 Nr. 1 Satz 1 UStG möglich sein. In prozessualer Sicht kann der Gleichlauf durch eine Beiladung des Leistenden bzw. Leistungsempfängers sichergestellt werden.[723]

---

717 BFH v. 22.4.2002 – V R 72/03, BStBl. II 2004, 684 (685); BFH v. 31.5.2001 – V R 71/99, BStBl. II 2003, 206 (207 f.); BFH v. 10.3.1983 – V B 46/80, BStBl. II 1983, 389 (391); FG des Saarlandes v. 13.7.2016 – 1 K 1132/13, EFG 2016, 1744 (1745, Rn. 19); *Hummel*, UR 2015, 213 (221).

718 So aber *Lippross*, Umsatzsteuer, 874.

719 BVerfG v. 20.3.2013 – 1 BvR 3063/10, NZG 2013, 914 (915).

720 BFH v. 24.10.2013 – V R 31/12, BStBl. II 2015, 674 (676, Rn. 18); BFH v. 22.7.2010 – V R 4/09, BStBl. II 2013, 590 (595, Rn. 55); vgl. auch Niedersächsisches FG v. 18.8.2016 – 5 K 288/15, EFG 2016, 1925 (1926, Rn. 61); *Marchal*, MwStR 2017, 84 (84); *Büchter-Hole*, EFG 2016, 1925 (1928).

721 Das ergibt sich aus § 17 Abs. 2 Nr. 1 Satz 2 UStG, vgl. BFH v. 22.4.2002 – V R 72/03, BStBl. II 2004, 684 (685); BFH v. 31.5.2001 – V R 71/99, BStBl. II 2003, 206 (207 f.); *Stadie*, UStG, § 17, Rn. 50.

722 BFH v. 22.4.2002 – V R 72/03, BStBl. II 2004, 684 (685); BFH v. 31.5.2001 – V R 71/99, BStBl. II 2003, 206 (207 f.); BFH v. 15.9.1983 – V R 125/78, BStBl. II 1984, 71 (72).

723 BFH v. 20.7.2006 – V R 13/04, BStBl. II 2007, 22 (23); BFH v. 22.4.2002 – V R 72/03, BStBl. II 2004, 684 (685).

Zudem muss in die Auslegung der Zweck der Berichtigungsvorschrift einfließen.[724] Unabhängig vom Leistungsempfänger soll dem Leistenden, der lediglich als „Steuereinsammler“ fungieren und nicht mit der Umsatzsteuer belastet werden soll, nicht zugemutet werden, die Umsatzsteuer über einen längeren Zeitraum vorzufinanzieren. Die Begrenzung der Vorfinanzierungspflicht ergibt sich hierbei nicht nur aus dem Grundsatz der Belastungsneutralität, sondern auch aus dem Übermaßverbot, denn letztlich stellt die Auferlegung der Steuerpflicht einen Eingriff in die Grundrechte des Leistenden dar.[725] Sofern das Prinzip der Soll-Besteuerung den Leistenden unverhältnismäßig belastet, ist dem durch die Auslegung des Begriffs der Uneinbringlichkeit Rechnung zu tragen.[726]

Schließlich ist auch eine dem Gleichheitsgrundsatz entsprechende Steuererhebung zu verlangen. Mit Blick auf Steuerpflichtige, die der Ist-Besteuerung unterliegen, kann dem Leistenden, der der Soll-Besteuerung unterliegt, die Vorfinanzierung der Umsatzsteuer jedenfalls nicht grenzenlos abverlangt werden.[727] Bei Vorliegen der Uneinbringlichkeitsvoraussetzungen ist nicht nur der Leistende berechtigt, seine Umsatzsteuer ggü. dem Steuergläubiger zu berichtigen, sondern auch der Leistungsempfänger ist verpflichtet, seinen Vorsteuerabzugsanspruch ggü. dem Steuergläubiger zu berichtigen.

---

724 BFH v. 31.5.2001 – V R 71/99, BStBl. II 2003, 206 (207 f.); FG Thüringen v. 1.12.2009 – 3 K 921/07, EFG 2010, 1264 (1264), rkr.; *Adam, B.*, UR 2020, 492 (494).

725 BFH v. 24.10.2013 – V R 31/12, BStBl. II 2015, 674 (675, Rn. 13); *Hummel*, UR 2015, 213 (222); *Adam, B.*, UR 2020, 492 (494 f.), der eine Unverhältnismäßigkeit der Belastung des Leistenden mit Umsatzsteuer erst bei einer „drohenden dauerhaften Belastung“ annimmt, die daraus resultiert, dass die Zahlung des Entgelts für eine gewisse Dauer ausbleibt, der Leistende die Umsatzsteuer aber bereits gezahlt hat oder ihm ihretwegen Vollstreckungsmaßnahmen vonseiten des Steuergläubigers drohen.

726 BFH v. 24.10.2013 – V R 31/12, BStBl. II 2015, 674 (675, Rn. 13). Dies gilt dann, wenn die vorrangig zu prüfenden Voraussetzungen des Art. 64 Abs. 1 MwStSystRL nicht gegeben sind, vgl. EuGH v. 8.5.2019 – C-568/17, zitiert nach Juris, Rn. 24 ff., der damit zugleich die von BFH v. 21.6.2017 – V R 51/16, BFH/NV 2017, 1576 (1580 f., Rn. 71 ff.) gesehene Notwendigkeit der Auslegung der Uneinbringlichkeit eingrenzt.

727 BFH v. 24.10.2013 – V R 31/12, BStBl. II 2015, 674 (676, Rn. 20); BFH v. 8.3.2012 – V R 49/10, DB 2012, 1903 (1904, Rn. 22); BFH v. 22.7.2010 – V R 4/09, BStBl. II 2013, 590 (595, Rn. 55); *Hummel*, UR 2015, 213 (222); *Wäger*, UR 2013, 673 (680).

(ee) Kein automatisches Eintreten der Uneinbringlichkeit

Die Uneinbringlichkeit tritt nach alledem nicht automatisch ein, sondern es bedarf weiterer Umstände, die in der Sphäre des Leistungsempfängers liegen.[728] Die Feststellung dieser Umstände kann wie beim Zeitpunkt der Insolvenzeröffnung über das Vermögen des Leistungsempfängers[729] leicht festzustellen sein, bedarf regelmäßig jedoch der Beurteilung der Umstände des konkreten Einzelfalls.

Demgegenüber wird Uneinbringlichkeit nach § 17 Abs. 2 Nr. 1 Satz 1 UStG z.T. als Nichtvereinnahmung des Entgelts im Zeitpunkt der Fälligkeit der Steuer[730] definiert.[731] Infolge dessen sei die Umsatzsteuer vom Leistenden gar nicht erst abzuführen, wenn zum Zeitpunkt der an sich nach dem Gesetzeswortlaut eintretenden Fälligkeit der Umsatzsteuer das Entgelt noch nicht vereinnahmt worden ist.[732] Denn nach § 18 Abs. 1 Satz 3 UStG sei bei der Steuerberechnung für den Voranmeldungszeitraum neben § 16 Abs. 1 und 2 UStG auch § 17 UStG entsprechend anzuwenden, sodass die Uneinbringlichkeit bereits im Voranmeldungszeitraum der Leistungserbringung berücksichtigt werden könne.[733] Diese weitreichende Auslegung sei wegen der generellen Unverhältnismäßigkeit und damit Verfassungswidrigkeit des Prinzips der Soll-Besteuerung[734] und der damit verbundenen Vorfinanzierung des Umsatzsteuerbetrags durch den Leistenden erforderlich.[735] Das mildere und einfachere, gleich wirksame Mittel sei die Besteuerung des jeweils tatsächlich vereinnahmten Entgelts.[736] Auch halte sich diese Auslegung im Rahmen des möglichen Wortsinns des Uneinbringlichkeitsbegriffs.[737]

---

728 *Onusseit*, DZWiR 2011, 353 (354).

729 Dazu sogleich unter § 11. A. I. 2. (ff) (i).

730 Zehn Tage nach Steuerentstehung, § 18 Abs. 1 Satz 3 UStG.

731 *Hummel*, UR 2015, 213 (222); *Stadie*, UStG, § 17, Rn. 53.

732 *Hummel*, UR 2015, 213 (222); *Stadie*, UStG, § 17, Rn. 53.

733 *Stadie*, UStG, § 17, Rn. 53.

734 Für die Verfassungswidrigkeit der Soll-Besteuerung sprechen sich aus *Hummel*, UR 2015, 213 (222); *Stadie*, in *Rau/Dürrwächter*, UStG, Bd. I, Einführung zum Umsatzsteuergesetz, Rn. 201 ff., 410 ff.; *ders.*, UStG, Vorbem., Rn. 44 ff.; *ders.*, UR 2004, 136 (139 f.); *ders.*, UR 2011, 45 (45 ff.); *Frye*, in *Rau/Dürrwächter*, UStG, Bd. VI, § 20, Rn. 108 ff; für systemwidrig halten die Soll-Besteuerung auch *Seer*, DStR 2016, 1289 (1293); *Kirchhof*, DStR 2008, 1 (8).

735 *Hummel*, UR 2015, 213 (222); *Stadie*, UStG, § 17, Rn. 53.

736 *Hummel*, UR 2015, 213 (222).

737 *Stadie*, UStG, § 17, Rn. 53.

Eine solche Auslegung des Uneinbringlichkeitsbegriffs aus § 17 Abs. 2 Nr. 1 Satz 1 UStG dient jedoch ausschließlich dem Zweck, das an anderer Stelle in § 13 Abs. 1 Nr. 1 Buchst. a) Satz 1 UStG normierte Prinzip der Soll-Besteuerung bereits *de lege lata* vollständig auszuhöhlen. In ihrer Konsequenz führt die dargestellte Auffassung dazu, dass letztlich doch die Ist-Besteuerung die Regel wäre, obwohl sie sowohl in der MwStSystRL als auch im UStG lediglich als die Ausnahme ausgestaltet ist.

Die Frage der Verfassungs- bzw. Europarechtmäßigkeit des Prinzips der Soll-Besteuerung kann an dieser Stelle nicht vertieft erörtert werden. In jüngerer Vergangenheit haben sowohl das BVerfG[738] als auch der BFH[739] die Verfassungsmäßigkeit der Soll-Besteuerung grds. bejaht. Wie bereits erwähnt, sieht auch der BFH die Notwendigkeit der verfassungskonformen Auslegung des Uneinbringlichkeitsbegriffs in § 17 Abs. 2 Nr. 1 Satz 1 UStG.[740] Hierzu ist hinzuzufügen, dass auch der Grundsatz der Belastungsneutralität letztlich eine entsprechende Auslegung fordert. Gleichwohl kann dies aus den nachfolgenden Gründen nicht dazu führen, dass die Umsatzsteuer gar nicht erst abzuführen sei, wenn zum Zeitpunkt der an sich nach dem Gesetzeswortlaut eintretenden Fälligkeit der Umsatzsteuer nach Ablauf eines Voranmeldungszeitraums das Entgelt noch nicht vereinnahmt worden ist.

Zunächst ist zuzugestehen, dass die automatische Annahme der Uneinbringlichkeit bei Nichtzahlung zum Fälligkeitstermin des Umsatzsteueranspruchs des Steuergläubigers ggü. dem Leistenden die Unsicherheit bei der Bestimmung des Zeitpunkts der Uneinbringlichkeit vermeidet, die nach der herkömmlichen, m.E. richtigen Begriffsbestimmung besteht. Der Wortlaut des § 17 Abs. 2 Nr. 1 Satz 1 UStG mag eine Auslegung hin zu einem automatischen Eintreten der Uneinbringlichkeit auch zulassen. Nichtsdestotrotz ordnet § 17 Abs. 1 Satz 7 UStG an, dass Berichtigungen nach § 17 Abs. 1 und 2 UStG stets im Voranmeldungszeitraum vorzunehmen sind, in den das zur Berichtigung führende Ereignis fällt. Eine Rückbeziehung auf den vorherigen Voranmeldungszeitraum verstößt demnach schon gegen den klaren Wortlaut von § 17 Abs. 1 Satz 7 UStG.

---

738 BVerfG v. 20.3.2013 – 1 BvR 3063/10, NZG 2013, 914 (915).

739 BFH v. 24.10.2013 – V R 31/12, BStBl. II 2015, 674 (675, Rn. 13); BFH v. 22.7.2010 – V R 4/09, BStBl. II 2013, 590 (595, Rn. 53 ff.).

740 BFH v. 24.10.2013 – V R 31/12, BStBl. II 2015, 674 (676, Rn. 20); BFH v. 8.3.2012 – V R 49/10, DB 2012, 1903 (1904, Rn. 20, 23); BFH v. 22.7.2010 – V R 4/09, BStBl. II 2013, 590 (595, Rn. 55).

Daneben sprechen gewichtige systematische und teleologische Gründe gegen eine entsprechende Auslegung. Es wäre zum einen nicht mit der Gesetzessystematik vereinbar, ein Besteuerungsprinzip, dass in § 13 Abs. 1 Nr. 1 Buchst. a) Satz 1 UStG eingeführt wird, einige Normen später ohne eindeutig erkennbaren gesetzlichen Hinweis für die absolute Mehrzahl der Fälle wieder rückgängig zu machen.[741] Ein so aufgebautes Gesetz wäre in sich unschlüssig.

Auch der Zweck von § 17 Abs. 2 Nr. 1 Satz 1 UStG kann nicht als so weitreichend erachtet werden. Ausgehend von Art. 90 Abs. 1 MwStSystRL kann weder dem europäischen noch dem nationalen Gesetzgeber unterstellt werden, ein Besteuerungsprinzip zugleich einführen und wieder zurücknehmen zu wollen. Zweck der Uneinbringlichkeitsberichtigung ist die belastungsneutrale Eingrenzung der Soll-Besteuerung, nicht deren Aufhebung. Darüber hinaus wären Art. 90 Abs. 1 MwStSystRL bzw. § 17 Abs. 2 Nr. 1 Satz 1 UStG auch keine geeigneten Ansatzpunkte für eine vollkommene Rücknahme der Soll-Besteuerung. Die Europarechtswidrigkeit bzw. Verfassungswidrigkeit unterstellt, müssten bereits Art. 63 MwStSystRL bzw. § 13 Abs. 1 Nr. 1 Buchst. a) Satz 1 UStG unwirksam sein. Art. 90 Abs. 1 MwStSystRL bzw. § 17 Abs. 2 Nr. 1 Satz 1 UStG wären dann lediglich aufgrund eines fehlenden Anwendungsbereichs[742] mit aufzuheben.

Zudem erscheint die vorgeschlagene Lösung auch auf der Rechtsfolgenseite nicht stimmig. Wenn der Entgeltanspruch des Leistenden nach § 18 Abs. 1 Satz 3 UStG erst am zehnten Tage nach Ablauf der Steuerentstehung (§ 13 Abs. 1 Nr. 1 Buchst. a) Satz 1 UStG) fällig wird, zu diesem Zeitpunkt aber noch relevante Tatsachen für diesen Besteuerungszeitraum eintreten können sollen, werden damit die betroffenen Voranmeldungszeiträume entgegen § 17 Abs. 1 Satz 7 UStG vermischt. Im Voranmeldungszeitraum der Leistungserbringung müssen gem. § 18 Abs. 1 Satz 3 UStG in der Tat Berichtigungsansprüche nach § 17 UStG erfasst werden. Dies betrifft aber nur solche, die ebenfalls in dem betreffenden Voranmeldungszeitraum entstanden sind. Wäre die Uneinbringlichkeit von Entgeltansprüchen des Leistenden noch bis zum Zeitpunkt der Fälligkeit für die Besteuerung des vorangegangenen Voranmeldungszeitraums beachtlich, könnte die geschuldete Steuer entgegen § 18 Abs. 1 Satz 3 UStG weder bis zum Ab-

741 Ausgenommen wären lediglich die Umsatzsteueransprüche, für die der Leistende noch im Monat der Leistungserbringung das Entgelt vereinnahmen kann, was letztlich zu einem Gleichlauf mit der Ist-Besteuerung führt.

742 Soweit es bei Art. 90 Abs. 1 MwStSystRL um die Uneinbringlichkeitsberichtigung geht.

lauf des zehnten Tages nach Ablauf des Voranmeldungszeitraums berechnet noch gem. § 18 Abs. 1 Satz 1 UStG ggü. dem zuständigen Finanzamt erklärt werden, sondern frühestens zu Beginn des elften Tages.

I.E. ist daher eine Auslegung des Uneinbringlichkeitsbegriffs abzulehnen, die die Uneinbringlichkeit automatisch im Fälligkeitszeitpunkt des Umsatzsteueranspruchs des vorherigen Voranmeldungszeitraums eintreten lässt, wenn der Leistungsempfänger bis zu diesem Zeitpunkt bereits seinen Vorsteuerabzugsanspruch ggü. dem Steuergläubiger geltend gemacht, das Entgelt aber noch nicht an den Leistenden entrichtet hat.

(ff) Fallgruppen der Uneinbringlichkeit

(i) Uneinbringlichkeit bei Eröffnung des Insolvenzverfahrens über das Vermögen des Leistungsempfängers und bei Vorliegen materieller Insolvenz

Die Insolvenzeröffnung ist nach der Diktion des BFH ein Fall der rechtlichen Uneinbringlichkeit, da es dem Gläubiger aus Rechtsgründen unmöglich ist, seinen Entgeltanspruch während des Insolvenzverfahrens durchzusetzen, vgl. § 89 Abs. 1 und 2 InsO.[743] Es ist weitestgehend Konsens, dass im Zeitpunkt der Eröffnung des Insolvenzverfahrens (formelle Insolvenz) über das Vermögen des Leistungsempfängers der Anspruch des Leistenden auf Entrichtung des Entgelts uneinbringlich wird.[744] Unbeachtlich ist dabei, ob und wenn ja in welcher Höhe der Leistende bei Fortschreiten des Insolvenzerfahrens eine quotale Befriedigung erhält, d.h. im Zeitpunkt der

743 BFH v. 22.10.2009 – V R 14/08, BStBl. II 2011, 988 (991, Rn. 42) für den Fall des § 103 InsO.

744 So bereits BFH v. 13.11.1986 – V R 59/79, BStBl. II 1987, 226 (228); *Onusseit*, BB 1988, 674 (675 f.) führt aus, damit habe der BFH die Uneinbringlichkeit aus der Einzelfallbetrachtungsebene herausgehoben und zum Rechtsbegriff gemacht, indem er grundsätzlich auf den Zeitpunkt der Konkurseröffnung abstellt; seitdem st. Rspr., vgl. nur BFH v. 9.12.2010 – V R 22/10, BStBl. II 2011, 996 (998, Rn. 26); BFH v. 22.10.2009 – V R 14/08, BStBl. II 2011, 988 (990, Rn. 29) m.w.N.; BFH v. 16.7.1987 – V R 80/82, BStBl. II 1987, 691 (692); a.A. offenbar *Boochs*, in *Wimmer*, FKInsO, § 155, Rn. 450, der auf den Zeitpunkt abstellt, in dem über den Antrag auf Insolvenzeröffnung entschieden wird und der vor Eröffnung des Insolvenzverfahrens liege.

Verfahrenseröffnung wird der Anspruch auf Entrichtung des Entgelts in voller Höhe uneinbringlich.[745]

Uneinbringlichkeit tritt auch dann ein, wenn der Leistende ein bereits vereinnahmtes Entgelt aufgrund insolvenzrechtlicher Anfechtung zurückgewähren muss, was aufseiten des Leistenden zu einer Berichtigung des Umsatzsteueranspruchs des Steuergläubigers nach § 17 Abs. 2 Nr. 2 Satz 1, Abs. 1 Sätze 1 und 2 UStG führt.[746]

Uneinbringlichkeit tritt auch im Falle von bei Insolvenzeröffnung noch nicht oder nicht vollständig erfüllten gegenseitigen Verträgen nach § 103 InsO im Zeitpunkt der Insolvenzeröffnung ein und nicht erst im Zeitpunkt der Erfüllungswahl durch den Insolvenzverwalter.[747] Wählt der Insolvenzverwalter die Erfüllung, so wird der Anspruch des Leistenden auf Entrichtung des Entgelts nachträglich wieder einbringlich, sodass der gegen den Leistenden gerichtete Umsatzsteueranspruch des Steuergläubigers und der Vorsteuerabzugsanspruch des insolventen Leistungsempfängers nachträglich nach § 17 Abs. 2 Satz 2 (i.V.m. § 17 Abs. 1 Satz 2) UStG erneut zu berichtigen sind. Das liegt daran, dass der Insolvenzeröffnung eine universelle Wirkung hinsichtlich der Undurchsetzbarkeit von Gläubigeransprüchen zukommt, die § 103 InsO nicht durchbricht. Vielmehr eröffnet § 103 InsO erst die Möglichkeit, teilweise erfüllten gegenseitigen Verträgen zugunsten der Insolvenzmasse zeitnah vollständig abzuwickeln. Besonders deutlich wird dies, wenn der Insolvenzverwalter nicht die Erfüllung wählt.[748]

Der BGH hat in Übereinstimmung mit dem BFH darüber hinaus entschieden, dass Uneinbringlichkeit des Entgeltanspruchs auch bereits in

745 BFH v. 9.12.2010 – V R 22/10, BStBl. II 2011, 996 (998, Rn. 26); BFH v. 6.6.2002 – V R 22/01, BFH/NV 2002, 1352 (1352); BFH v. 28.6.2000 – V R 45/99, BStBl. II 2000, 703 (704 f.); BFH v. 16.7.1987 – V R 80/82, BStBl. II 1987, 691 (692); BGH v. 19.7.2007 – IX ZR 81/06, ZIP 2007, 1612 (1614, Rn. 20) mit der Einschränkung, dass der Zeitpunkt des Eintritts der Zahlungsunfähigkeit vor der Eröffnung des Insolvenzverfahrens nicht festzustellen ist.

746 Vgl. für die zugleich vorzunehmende Berichtigung des Vorsteuerabzugsanspruch des Leistungsempfängers BFH v. 13.11.2018 – V B 60/18, ZIP 2019, 184 (185, Rn. 6); BFH v. 15.12.2016 – V R 26/16, BStBl. II 2017, 735 (737, Rn. 14); BFH v. 20.5.2010 – V R 5/09, BFH/NV 2011, 77 (78, Rn. 15 f.).

747 Geänderte Rspr. seit BFH v. 22.10.2009 – V R 14/08, BStBl. II 2011, 988 (991, Rn. 41 f.); a.A. noch BFH v. 28.6.2000 – V R 45/99, BStBl. II 2000, 703 (705). BMF v. 27.9.1976 – IV A 2 – S 7333 – 1/76, BStBl. I 1976, 536 (537), jeweils zu § 17 KO unter der Annahme, die Uneinbringlichkeit beruhe erst auf der Erfüllungswahl des Konkursverwalters.

748 Vgl. zum Ganzen bereits *Knobbe-Keuk*, BB 1977, 757 (761).

dem Zeitpunkt angenommen werden kann, in dem die Zahlungseinstellung des Leistungsempfängers – bei der es sich lediglich um die nach außen zum Ausdruck gekommene Zahlungsunfähigkeit handele – oder dessen Zahlungsunfähigkeit festgestellt ist (materielle Insolvenz).[749] Denn ist der Leistungsempfänger zahlungsunfähig, kann er die Lieferantenforderungen, für die er die Vorsteuer abgezogen hat, nicht mehr bedienen.[750] Der BFH sieht das als tatsächlichen Grund für die Uneinbringlichkeit an.[751] Für die nachfolgend noch genauer darzustellende insolvenzrechtliche Einordnung des Vorsteuerberichtigungsanspruchs des Steuergläubigers ggü. dem insolventen Leistungsempfänger wegen Uneinbringlichkeit nach § 17 Abs. 2 Nr. 1 Satz 1 i.V.m. Abs. 1 Satz 2 UStG[752] ist es durchaus von Vorteil, wenn die Uneinbringlichkeit bereits für einen Zeitpunkt der materiellen Insolvenz vor Insolvenzeröffnung nachgewiesen werden kann.[753]

(ii) Keine Uneinbringlichkeit allein aufgrund Insolvenzantragstellung

Nicht ausreichend für das Vorliegen der Uneinbringlichkeit ist hingegen die bloße Insolvenzantragstellung, sei es auch durch den Steuerschuldner selbst.[754] Dieser Anknüpfungspunkt lässt die Zahlungsunfähigkeit des

749 BGH v. 19.7.2007 – IX ZR 81/06, ZIP 2007, 1612 (1614, Rn. 20); BFH v. 8.8.2013 – V R 18/13, BStBl. II 2017, 543 (547, Rn. 40); BFH v. 16.7.1987 – V R 80/82, BStBl. II 1987, 691 (692); BFH v. 10.3.1983 – V B 46/80, BStBl. II 1983, 389 (391); vgl. auch *Schüppen/Schlösser*, in MüKo InsO, Bd. 3, Insolvenzsteuerrecht, Rn. 309. Die Schwierigkeit liegt in diesen Fällen neben der Kenntniserlangung vom Eintritt der materiellen Insolvenz in ihrem Nachweis. Nicht umsonst beauftragt das Insolvenzgericht in aller Regel einen Sachverständigen damit, das Vorliegen von Insolvenzgründen zu begutachten.

750 BGH v. 19.7.2007 – IX ZR 81/06, ZIP 2007, 1612 (1614, Rn. 20).

751 BFH v. 10.3.1983 – V B 46/80, BStBl. II 1983, 389 (391).

752 Und i.Ü. auch für den Berichtigungsanspruch hinsichtlich der Umsatzsteuer des Leistenden nach § 17 Abs. 2 Nr. 1 Satz 1 i.V.m. Abs. 1 Satz 1 UStG.

753 Aufgrund der damit verbundenen Nachweisschwierigkeiten ist die Annahme der Uneinbringlichkeit „spätestens“ im Zeitpunkt der Eröffnung des Insolvenzverfahrens indessen – jedenfalls in den höchstrichterlich entschiedenen Fällen – der Regelfall.

754 Vgl. BGH v. 19.7.2007 – IX ZR 81/06, ZIP 2007, 1612 (1614, Rn. 20); BFH v. 13.2.2019 – XI R 19/16, BFH/NV 2019, 928 (930, Rn. 26); BFH v. 8.8.2013 – V R 18/13, BStBl. II 2017, 543 (547, Rn. 41); offen gelassen noch von BFH v. 22.10.2009 – V R 14/08, BStBl. II 2011, 988 (990, Rn. 29); a.A. *FG Rheinland-Pfalz* v. 25.5.1994 – 7 K 1928/92, ZIP 1995, 665 (666) rkr.; wohl auch

Steuerschuldners zwar vermuten, ist aber kein sicherer Nachweis für ihr Vorliegen. Erst durch das tatsächliche Vorliegen materieller Insolvenz oder aufgrund der Anordnung vorläufiger Maßnahmen durch das Insolvenzgericht nach § 21 Abs. 1 Satz 1 InsO, wie z.B. die Bestellung eines vorläufigen Insolvenzverwalters, der dann insb. die Aufgabe hat, die Insolvenzmasse zu sichern und zu erhalten, kann das Entgelt rechtlich uneinbringlich werden.

(iii) Uneinbringlichkeit bei Bestellung eines vorläufigen Insolvenzverwalters

Für die Uneinbringlichkeit ist ausreichend, wenn der Entgeltanspruch bei objektiver Betrachtung *ex ante* jedenfalls auf absehbare Zeit rechtlich oder tatsächlich nicht durchgesetzt werden kann, was auch für den Zeitraum der vorläufigen Verwaltung der Fall sein kann.

Zutreffender Weise liegt Uneinbringlichkeit dann vor, wenn ein vorläufiger Insolvenzverwalter bestellt und ein allgemeines Verfügungsverbot auferlegt oder allgemein angeordnet wird, dass die Verfügungen des Insolvenzschuldners nur noch mit Zustimmung des vorläufigen Verwalters wirksam sind.[755] Denn „im Hinblick auf die Pflicht des vorläufigen Insolvenzverwalters zur Massesicherung und dem sich hieraus ergebenden Verbot, die Gläubigeransprüche zu erfüllen, die vor seiner Bestellung begründet wurden und die im Insolvenzverfahren lediglich Insolvenzforderungen sind [...],[756] haben beide Arten der Verfügungsbeschränkung nach

---

Schüppen/Schlösser, in MüKo InsO, Bd. 3, Insolvenzsteuerrecht, Rn. 309; auch *Waza*, in *Waza/Uhländer/Schmittmann*, Insolvenzen und Steuern, Rn. 2122 stellt zusätzlich auf das Vorliegen eines der Insolvenzgründe Zahlungsunfähigkeit und/oder Überschuldung ab.

755 BFH v. 3.7.2014 – V R 32/13, BFH/NV 2014, 1867 (1868, Rn. 16); BFH v. 8.8.2013 – V R 18/13, BStBl. II 2017, 543 (547, Rn. 42); FG Berlin-Brandenburg v. 14.1.2015 – 7 K 7250/13, EFG 2015, 865 (866), rkr. Entgegen BGH v. 19.7.2007 – IX ZR 81/06, ZIP 2007, 1612 (1614, Rn. 20) kann die Uneinbringlichkeit nicht durch Abstellen auf die mögliche Ablehnung des Eröffnungsantrags verneint werden.

756 Diese Pflicht ergibt sich aus § 22 Abs. 1 Satz 2 Nr. 1 InsO. Es kommt daher nicht auf eine ggf. zusätzlich angeordnete Untersagung von Zwangsvollstreckungsmaßnahmen durch das Insolvenzgericht nach § 21 Abs. 2 Satz 1 Nr. 3 bzw. Nr. 5 InsO, durch die die Wirkungen des § 89 InsO bereits im Eröffnungsverfahren eingreifen, vgl. nur *Haarmeyer/Schildt*, in MüKo InsO, Bd. 1, § 21, Rn. 71, an; ebenso *Witfeld*, Umsatzsteuerverfahren und Insolvenz, 278 f.

§ 21 Abs. 2 Nr. 2 InsO und damit auch die Anordnung eines allgemeinen Zustimmungsvorbehalts zur Folge, dass der Gläubiger seinen Entgeltanspruch – selbst wenn es nachfolgend zu keiner Eröffnung des Insolvenzverfahrens kommt, sondern diese z.B. mangels Insolvenzmasse unterbleibt – zumindest für die Dauer des Eröffnungsverfahrens und damit im Regelfall über einen längeren Zeitraum von ungewisser Dauer nicht mehr durchsetzen kann".[757] Lediglich in den übrigen Fällen der Bestellung eines vorläufigen Insolvenzverwalters[758] kann der Leistende sich nicht auf die Uneinbringlichkeit seines Entgeltanspruchs berufen.

(iv) Eintreten von Uneinbringlichkeit abseits der Insolvenz

Für Konstellationen abseits der Insolvenz existiert bereits eine reichhaltige Kasuistik, wann nach der Formel des BFH „bei objektiver Betrachtung damit zu rechnen ist, dass der Leistende seinen noch nicht erfüllten Anspruch auf Entrichtung des Entgelts (ganz oder teilweise) jedenfalls auf absehbare Zeit nicht durchsetzen kann".

Uneinbringlichkeit liegt nach der Rechtsprechung des BFH immer dann vor, wenn der Entgeltanspruch einredebehaftet ist dies und den Leistungsempfänger zur Zahlungsverweigerung berechtigt.[759] Das ist z.B. der Fall bei der Vereinbarung eines *pactum de non petendo*.[760] Uneinbringlich ist eine Forderung nach Vorstellung des BFH dagegen nicht schon, wenn der Leistungsempfänger die Zahlung nach Fälligkeit verzögert, also ledig-

---

757 BFH v. 3.7.2014 – V R 32/13, BFH/NV 2014, 1867 (1868, Rn. 16); BFH v. 8.8.2013 – V R 18/13, BStBl. II 2017, 543 (547, Rn. 42); a.A. noch *Wäger*, DB 2012, 1460 (1463); *ders.*, DStR 2011, 1925 (1931). Neuerdings verlangen BFH v. 24.9.2014 – V R 48/13, BStBl. II 2015, 506 (509, Rn. 27) sowie BFH v. 1.3.2016 – XI R 9/15, MwStR 2016, 724 (726, Rn. 19) jedoch zusätzlich die Befugnis des „schwachen" vorläufigen Insolvenzverwalters zum Forderungseinzug; dem folgend Hessisches FG v. 19.11.2019 – 6 K 1571/18, EFG 2020, 396 (397 f., Rn. 32 f.) und insoweit bestätigt durch BFH, v. 28.5.2020 – V R 2/20, DB 2020, 2054 (2055, Rn. 17). Dazu unten unter § 15. B.

758 Zu den möglichen Befugnissen eines vorläufigen Insolvenzverwalters bereits oben unter § 6. B. I. 1.

759 BFH v. 10.3.1983 – V B 46/80, BStBl. II 1983, 389 (391).

760 BFH v. 10.3.1983 – V B 46/80, BStBl. II 1983, 389 (391) in einem Fall, in dem der Gläubiger mit dem Schuldner einen Einforderungsverzicht mit Besserungsklausel vereinbart hatte.

lich zahlungsunwillig ist.[761] Auch die bloße Nichtzahlung ist nicht ausreichend.[762] Das Entgelt ist aber dann uneinbringlich, wenn

- sich der zahlungsunwillige Leistungsempfänger erfolgreich der Zahlungsverpflichtung entzieht,[763]
- der Leistungsempfänger das Bestehen der Forderung selbst oder deren Höhe substanziiert bestreitet und damit erklärt, dass er die Forderung (ganz oder teilweise) nicht bezahlen werde und dadurch die Möglichkeit besteht, dass die Forderung nicht oder nicht in voller Höhe durchsetzbar sein wird,[764] oder
- der Leistungsempfänger zwar nicht die Entgeltforderung selbst bestreitet, sondern mit einer vom Leistenden bestrittenen Gegenforderung aufrechnet.[765]

Sofern der BFH die Substanziiertheit des Bestreitens nicht nur zur Abgrenzung zu einer bloßen Zahlungsverzögerung vonseiten des Leistungsempfängers verlangt, sondern darüber hinaus in Anlehnung an das prozessuale Begriffsverständnis eine gewisse Qualität des Bestreitens erfordert,[766] geht dies zu weit. Es ist unerheblich, inwiefern und wie detailliert der Leistungsempfänger das Bestehen eines Entgeltanspruchs bestreitet, solange nur feststeht, dass er aufgrund dessen den Anspruch des Leistenden nicht erfüllen wird. Noch weitergehend ergibt es aus Sicht des Leistenden auch keinen Unterschied, ob der Leistungsempfänger seine Zahlungsverweigerung überhaupt begründet oder ob er die Zahlung einfach verweigert.[767] In beiden Fällen wird sich der Leistende gerichtlicher Hilfe zur Durchsetzung seines Anspruchs bedienen müssen. Aus diesem Grunde kann dem

761 BFH v. 20.7.2006 – V R 13/04, BStBl. II 2007, 22 (23); BFH v. 22.4.2002 – V R 72/03, BStBl. II 2004, 684 (685); BFH v. 31.5.2001 – V R 71/99, BStBl. II 2003, 206 (207 f.) m.w.N.; FG Thüringen v. 1.12.2009 – 3 K 921/07, EFG 2010, 1264 (1265), rkr.; *Lippross*, Umsatzsteuer, 874.

762 FG Sachsen-Anhalt v. 2.3.2016 – 3 K 1301/11, zitiert nach Juris, Rn. 77.

763 BFH v. 10.3.1983 – V B 46/80, BStBl. II 1983, 389 (391).

764 BFH v. 9.4.2014 – XI B 10/14, BFH/NV 2014, 1099 (1101, Rn. 20); BFH v. 8.3.2012 – V R 49/10, DB 2012, 1903 (1904, Rn. 22); BFH v. 20.7.2006 – V R 13/04, BStBl. II 2007, 22 (23); BFH v. 22.4.2002 – V R 72/03, BStBl. II 2004, 684 (685); BFH v. 31.5.2001 – V R 71/99, BStBl. II 2003, 206 (207 f.); zustimmend Abschn. 17.1 Abs. 5 Satz 4 UStAE; *Lippross*, Umsatzsteuer, 874.

765 BFH v. 20.7.2006 – V R 13/04, BStBl. II 2007, 22 (23); zustimmend Abschn. 17.1 Abs. 5 Satz 5 UStAE; *Lippross*, Umsatzsteuer, 874.

766 So z.B. BFH v. 20.7.2006 – V R 13/04, BStBl. II 2007, 22 (23); BFH v. 22.4.2002 – V R 72/03, BStBl. II 2004, 684 (685); dem folgend FG Thüringen v. 1.12.2009 – 3 K 921/07, EFG 2010, 1264 (1265), rkr.

767 Ebenso *Stadie*, UStG, § 17, Rn. 52.

Leistenden auch kein Klageverfahren abverlangt werden, wenn der Leistungsempfänger seine Zahlungsunwilligkeit bereits hinreichend deutlich gemacht hat.[768]

Ohne Vollstreckungstitel wird der Leistende seinen Anspruch auf Entrichtung des Entgelts in aller Regel nicht – wenigstens vorläufig gegen Sicherheitsleistung – vollstrecken können, sodass er seinen Anspruch für eine ungewisse Dauer, nämlich die Dauer des Erkenntnisverfahrens, nicht durchsetzen können wird. Dies entspricht aber der allgemeinen Definition des BFH zur Uneinbringlichkeit, die dem Zweck der Vermeidung einer ausufernd langen Vorfinanzierung der Umsatzsteuer durch den Leistenden dient. Eine solche Auslegung des Uneinbringlichkeitsbegriffs erscheint auch aus den bereits genannten verfassungsrechtlichen Gründen, insb. dem Verhältnismäßigkeitsgrundsatz, geboten.

Noch weitergehend hat das FG Berlin-Brandenburg unter Berufung auf das FG Brandenburg entschieden, dass das bloße Überschreiten des Zahlungsziels um das Zwei- bis Dreifache der Zahlungsfrist, mindestens um mehr als sechs Monate als Indiz für die Uneinbringlichkeit anzusehen ist.[769] Auch nach Auffassung der Finanzverwaltung hat der Leistungsempfänger seinen Vorsteuerabzugsanspruch bereits dann entsprechend zu berichtigen, wenn sich aus den Gesamtumständen, insb. aus einem längeren Zeitablauf nach Eingehung der Verbindlichkeit ergibt, dass er seiner Zahlungsverpflichtung ggü. seinem Gläubiger nicht mehr nachkommen wird, Abschn. 17.1 Abs. 5 Satz 12 UStAE.[770] Diese Auffassung steht der Rechtsprechung des BFH entgegen, wonach die bloße Zahlungsunwilligkeit bzw. Verzögerung nicht ausreichend ist, um Uneinbringlichkeit zu begründen. Vielmehr muss danach ein tatsächlicher oder rechtlicher Umstand hinzutreten, der sich auf die (zeitweise) Durchsetzbarkeit des Entgel-

---

768 So aber FG Thüringen v. 1.12.2009 – 3 K 921/07, EFG 2010, 1264 (1265), rkr., wonach eine Forderung erst dann rechtlich nicht mehr durchsetzbar ist, wenn sie erfolglos gerichtlich geltend gemacht worden ist oder mit der gerichtlichen Durchsetzbarkeit nicht mehr gerechnet werden kann. Dagegen wie hier BFH v. 8.3.2012 – V R 49/10, DB 2012, 1903 (1904, Rn. 23); BFH v. 22.7.2010 – V R 4/09, BStBl. II 2013, 590 (595, Rn. 55), wonach eine Auslegung des Begriffs der Uneinbringlichkeit erst nach der Einleitung von Zwangsvollstreckungsmaßnahmen oder erst nach Abschluss eines Klageverfahrens in Bezug auf den Entgeltanspruch im Vergleich mit der Ist-Besteuerung unterworfenen Steuerpflichtigen nicht mit dem Gleichbehandlungsgrundsatz vereinbar ist. Ebenso *Stadie,* UStG, § 17, Rn. 52.

769 FG Berlin-Brandenburg v. 14.1.2015 – 7 K 7250/13, EFG 2015, 865 (867), rkr.; FG Brandenburg v. 9.8.2005 – 1 K 2448/02, zitiert nach Juris (Rn. 16), rkr.

770 Zustimmend *Lippross,* Umsatzsteuer, 875.

tanspruchs des Leistenden auswirkt. Auch ob der BFH die Zeitspanne von „mindestens sechs Monaten" billigen würde, ist bisher noch unklar. Zuletzt hatte er die Zeitangabe „auf absehbare Zeit" aus seiner allgemeinen Uneinbringlichkeitsbeschreibung dahingehend konkretisiert, dass der Entgeltanspruch „über einen längeren Zeitraum von gewisser Zeitdauer" nicht durchsetzbar sein dürfe,[771] was (zumindest) bei einem „mehrjährigen Zeitraum" der Fall sei.[772]

Hierbei hat der BFH erstmals auch entschieden, dass ein solcher Umstand nicht erst nachträglich nach Entstehen des Anspruchs des Leistenden auf Entrichtung des Entgelts eintreten kann, sondern dass der Leistende auch bei anfänglicher Uneinbringlichkeit bereits für den Voranmeldungszeitraum der Leistungserbringung zur Steuerberichtigung nach § 17 Abs. 2 Nr. 1 Satz 1 UStG berechtigt sein kann.[773] Im entschiedenen Fall wurde einem der Soll-Besteuerung unterliegenden Unternehmer die Berichtigung wegen Uneinbringlichkeit seines Entgeltanspruchs zugestanden, der aufgrund eines vertraglichen Einbehalts zur Absicherung von Gewährleistungsansprüchen über einen Zeitraum von zwei bis fünf Jahren nicht verwirklicht werden konnte.[774] Der BFH stellte fest, dass aufgrund der langen Zeit, die der Steuerpflichtige zu überbrücken hatte, und dessen bloßer „Steuereinsammler"-Funktion eine gleichheitsrelevante Benachteiligung des Leistenden ggü. der Ist-Besteuerung unterfallender Leistender vorläge, wenn das Prinzip der Soll-Besteuerung nicht über die Definition der Uneinbringlichkeit begrenzt würde.[775]

Offen blieb dagegen, ob die anfängliche Uneinbringlichkeit über den entschiedenen Fall des vertraglichen Einbehalts zur Absicherung von Gewährleistungsbürgschaften hinaus auch auf andere relevante Konstellationen wie Leasing, Mietkauf, Ratenzahlungsgeschäfte anzuwenden ist.[776]

In der finanzgerichtlichen Rechtsprechung wurde anfängliche Uneinbringlichkeit zwischenzeitlich bejaht für das Entgelt für eine Vermittlungs-

---

771 BFH v. 8.8.2013 – V R 18/13, BStBl. II 2017, 543 (547, Rn. 42).

772 BFH v. 24.10.2013 – V R 31/12, BStBl. II 2015, 674 (676, Rn. 20), wobei es sich im entschiedenen Fall um einen Zeitraum von zwei bis fünf Jahren handelte.

773 Vgl. BFH v. 24.10.2013 – V R 31/12, BStBl. II 2015, 674 (676, Rn. 19); *Büchter-Hole*, EFG 2016, 1928 (1928).

774 BFH v. 24.10.2013 – V R 31/12, BStBl. II 2015, 674 (675, Rn. 5, 9); dem folgend FG Sachsen-Anhalt v. 2.3.2016 – 3 K 1301/11, zitiert nach Juris, Rn. 70.

775 Zustimmend Niedersächsisches FG v. 18.8.2016 – 5 K 288/15, EFG 2016, 1925 (1927, Rn. 67); *Sterzinger*, DStRK 2017, 213 (213).

776 Vgl. *Büchter-Hole*, EFG 2016, 1928 (1928); bejahend *Stadie*, UStG, § 17, Rn. 56; zum Stand der Diskussion in der Literatur *Korn*, in *Bunjes*, UStG, § 17, Rn. 61.

leistung, soweit Teilbeträge aus dem auflösend bedingten Entgeltanspruch erst mehr als zwei Jahre nach Erbringung der Vermittlungsleistung fällig ist.[777] Die Besonderheit des Falles lag darin, dass die umsatzsteuerpflichtige Leistung – eine Personalvermittlungsleistung von Profifußballern – bereits erfüllt wurde, das vereinbarte Entgelt aber immer halbjährlich ausgezahlt werden sollte, solange der vermittelte Vertrag bestehen würde. Es lag daher keiner der Teilleistungsfälle des § 13 Abs. 1 Nr. 1 Buchst. a) UStG vor. Auf die Revision des Finanzamts legte der BFH dem EuGH die Fragen vor, ob die einschränkende Auslegung des Art. 63 MwStSystRL in einem solchen Fall geboten wäre, und wenn nicht, ob dann wenigstens eine anfängliche Uneinbringlichkeit anzunehmen sei.[778]

Der EuGH verwies in seiner Entscheidung auf Art. 64 Abs. 1 MwStSystRL, den der BFH offenbar übersehen hatte, und konstatierte, dass in einem solchen Fall der Umsatzsteueranspruch erst mit Ende des Zeitraums entstünde, auf den sich die jeweilige Abrechnung beziehe,[779] einer Entstehungsvariante, die das deutsche UStG so nicht vorsieht. Der BFH hat infolge dessen festgestellt, dass § 13 Abs. 1 Nr. 1 Buchst. a) Satz 3 UstG insoweit nicht unionsrechtskonform ist und zugunsten des Leistenden Art. 64 Abs. 1 MwStSystRL unmittelbare angewandt, sodass der Leistende sich unmittelbar auf die erst spätere Entstehung des Umsatzsteueranspruchs des Steuergläubigers gegen ihn berufen konnte.[780] Es bleibt abzuwarten, ob der deutsche Gesetzgeber den Art. 64 Abs. 1 MwStSystRL in der Folge adäquat im UStG umsetzen wird. Die darunterfallenden Fälle stellen jedenfalls keine Fälle der Uneinbringlichkeit (mehr) dar.

Abzugrenzen davon sind aber Fälligkeitsvereinbarungen, die die Fälligkeit für eine Leistung nur verschieben, ohne dass eine Bedingung dahingehend bestünde, dass das Resultat der Leistung noch für einen bestimmten Zeitraum vorhanden sein muss. Diese sollten im Zeitpunkt ihrer Vereinbarung, bei Vereinbarung vor Leistungserbringung bereits anfänglich, zur Uneinbringlichkeit des Anspruchs auf Entrichtung des Entgelts führen

---

777 Niedersächsisches FG v. 18.8.2016 – 5 K 288/15, EFG 2016, 1925 (1927, Rn. 67). Dazu auch *Heuermann*, BB 2017, 2583 (2587), der eine mehrjährige Vorfinanzierung als einer typisierenden Betrachtungsweise nicht mehr gerecht werdend bezeichnet und – zutreffend – kaum für zu rechtfertigen hält.

778 BFH v. 21.6.2017 – V R 51/16, BFH/NV 2017, 1576 (1576 f.).

779 EuGH v. 29.11.2018 – C-548/17, ECLI:EU:C:2018:970 (Rn. 27 ff.).

780 BFH v. 26.6.2019 – V R 8/19 (V R 51/16), BFH/NV 2019, 1211 (1212, Rn. 13). Vgl. auch die erneute BFH-Vorlage zur Konkretisierung der Ausführungen des EuGH zu Art. 64 Abs. 1 MwStSystRL, BFH v. 7.5.2020 – V R 16/19, DStR 2020, 1617 und das dazu anhängige EuGH-Verfahren C-324/20.

mit der Konsequenz auch der Vorsteuerberichtigung nach § 17 Abs. 2 Nr. 1 Satz 1 i.V.m. Abs. 1 Satz 2 UStG beim Leistungsempfänger. Ob die Fälligkeit hierbei nun um mindestens sechs Monate oder mindestens zwei Jahre verschoben werden muss, kann an dieser Stelle nicht beantwortet werden. Es ist allerdings nicht zu verleugnen, dass die zeitliche Festlegung des Eintritts der Uneinbringlichkeit in diesen Konstellationen wie auch bei bloßer Nichtzahlung durch den Leistungsempfänger sowie bei Stundungsvereinbarungen, die letztlich anhand einer verfassungsrechtlichen Abwägungsentscheidung nach dem Verhältnismäßigkeitsgrundsatz vorzunehmen ist, einer gewissen Willkür nicht entbehrt, was eine Schwachstelle des so verstandenen Uneinbringlichkeitsbegriffs darstellt.

Auch in dem Fall, in dem Leistender und Leistungsempfänger die Steuerbarkeit der Lieferung verkannt haben, stattdessen von einem innergemeinschaftlichen Erwerb des Leistungsempfängers ausgegangen und zunächst auch entsprechend besteuert worden sind, liegt kein Fall der Uneinbringlichkeit vor,[781] weil auch bei einem bloßen Rechtsirrtum über die Steuerbarkeit eines Umsatzes die Umsatzsteuer ebenso wie bei ordnungsgemäß erklärten Umsätzen entsteht.[782]

Dem Zweck der Uneinbringlichkeitsberichtigung[783] nach § 17 Abs. 2 Nr. 1 Satz 1 UStG folgend hat der XI. Senat des BFH jüngst die zutreffende Auffassung des FG des Saarlandes[784] bestätigt, dass es der Uneinbringlichkeit auch nicht entgegensteht, wenn der Leistungserbringer seinen Entgeltanspruch aufgrund einer bestehenden Aufrechnungslage auch durch die Erklärung der Aufrechnung realisieren könnte.[785] Während die erklärte Aufrechnung zum Erlöschen und zur Tilgung der gegenseitigen Ansprüche führt und jedenfalls dann die Uneinbringlichkeit i.S.d. § 17 Abs. 2 Nr. 1 Satz 1 UStG beseitigt, wenn der Aufrechnungsgegner die Gegenforderung des Aufrechnenden nicht bestreitet,[786] kann das bloße Vorliegen einer Aufrechnungslage jedenfalls dann nicht die Uneinbringlichkeit be-

---

781 So aber die Vorinstanz FG Düsseldorf v. 6.11.2015 – 1 K 1983/13 U, EFG 2016, 234 (236, Rn. 36).

782 BFH v. 16.11.2016 – V R 1/16, BStBl. II 2017, 1079 (1081, Rn. 27).

783 Dazu bereits oben unter § 11. A. I. 2. b) (aa).

784 FG des Saarlandes v. 13.7.2016 – 1 K 1132/13, EFG 2016, 1744 (1745, Rn. 21 ff.) in einem Fall der insolvenzeröffnungsbedingten Uneinbringlichkeit.

785 BFH v. 13.2.2019 – XI R 19/16, BFH/NV 2019, 928 (928, 1. Leitsatz und 930, Rn. 23 f.); zustimmend auch *Feldgen*, DStZ 2017, 172 (174).

786 BFH v. 20.7.2006 – V R 13/04, BStBl. II 2007, 22 (23).

seitigen, wenn in absehbarer Zeit nicht mit einer Aufrechnung zu rechnen ist.[787]

(v) Zusammenfassung

Die von der Rechtsprechung verwendete Definition, wonach ein Entgeltanspruch nach § 17 Abs. 2 Nr. 1 Satz 1 UStG uneinbringlich ist, wenn der Anspruch auf Entrichtung des Entgelts nicht erfüllt wird und bei objektiver Betrachtung damit zu rechnen ist, dass der Leistende den Entgeltanspruch (ganz oder teilweise) jedenfalls auf absehbare Zeit rechtlich oder tatsächlich nicht durchsetzen kann, erfasst den Kern der Uneinbringlichkeit und eignet sich sehr gut zur Subsumtion im Einzelfall. Es ist der Offenheit des Uneinbringlichkeitsbegriffs geschuldet, dass er in seinen Randbereichen für bestimmte Einzelfälle noch immer nicht vollständig abgesteckt ist. Als gesichert kann gelten, dass Uneinbringlichkeit im Zeitpunkt der Insolvenzeröffnung über das Vermögen des Leistungsempfängers eintritt.[788] Schwerer tatsächlich feststellbar ist dagegen die Uneinbringlichkeit bereits bei materieller Insolvenz des Leistungsempfängers bereits vor der Insolvenzeröffnung.

Uneinbringlichkeit kann dagegen nicht dahingehend verstanden werden, dass eine Berichtigung automatisch dann zu erfolgen habe, wenn der Leistende sein Entgelt bis zum Tag der Fälligkeit der Umsatzsteuer infolge des Ablaufs eines Voranmeldungszeitraums noch nicht erhalten hat.

(gg) Erneute Berichtigung bei Vereinnahmung des Entgelts, § 17 Abs. 2 Nr. 1 Satz 2 UStG

Vereinnahmt der Leistende nach erfolgter Berichtigung aufgrund der Uneinbringlichkeit im Zusammenhang mit der Insolvenzeröffnung im Verfahren (Erfüllungswahl des Insolvenzverwalters nach § 103 Abs. 1 InsO oder Quotenzahlung bei Schlussverteilung) oder nach einer Aufhebung des Verfahrens (gleich, aus welchem Grund) nachträglich doch noch einen Teil des Entgelts oder das gesamte Entgelt, muss nach § 17 Abs. 2 Nr. 1 Satz 2 UStG eine erneute Berichtigung erfolgen. Dadurch entsteht der

787 FG des Saarlandes v. 13.7.2016 – 1 K 1132/13, EFG 2016, 1744 (1745, Rn. 21 ff.).

788 Eingehend zu „im Zeitpunkt“ der Insolvenzeröffnung noch unten unter § 11. B. IV. 2. b).

ursprünglich berichtigte Umsatzsteueranspruch des Steuergläubigers ggü. dem Leistenden (anteilig) erneut, sodass der Leistende die (anteilig) vereinnahmte Umsatzsteuer i.E. (nachträglich) abzuführen hat.

Unstrittig findet die Uneinbringlichkeitsberichtigung aufseiten des Leistenden nach § 17 Abs. 2 Nr. 1 Satz 1 i.V.m. Abs. 1 Satz 1 UStG statt, wenn erste und zweite Berichtigung innerhalb verschiedener Voranmeldungszeiträume stattfinden. Richtigerweise gilt dies auch für den Fall, in dem erste und zweite Berichtigung des Umsatzsteueranspruchs in einen Voranmeldungszeitraum zusammenfallen.[789] Denn auch wenn man der anzumeldenden Bemessungsgrundlage in Summe beide Berichtigungen i.E. nicht mehr ansieht, darf keine der beiden Berichtigungen einfach entfallen, nur weil wirtschaftlich ein „Nullsummenspiel" vorliegen mag.[790]

II. Auswirkungen der Insolvenz des Leistungsempfängers, wenn der Leistende der Ist-Besteuerung unterliegt

Auf Antrag des Steuerschuldners kann die Umsatzsteuer unter bestimmten Voraussetzungen nach § 20 Satz 1 UStG[791] demgegenüber auch nach vereinnahmten Entgelten berechnet werden, wofür sich die Bezeichnung „Ist-Besteuerung" etabliert hat. Die Insolvenzeröffnung über das Vermögen des Leistungsempfängers hat im Falle der Ist-Besteuerung des Leistenden keine Auswirkungen auf den Umsatzsteueranspruch des Steuergläubigers ggü. dem Leistenden.

1. Entstehung des Umsatzsteueranspruchs des Steuergläubigers ggü. dem Leistenden bei Ist-Besteuerung nach § 13 Abs. 1 Nr. 1 Buchst. b) UStG

Unterliegt der Leistende der Ist-Besteuerung, entsteht der Anspruch des Steuergläubigers auf Abführung der Umsatzsteuer gem. § 13 Abs. 1 Nr. 1 Buchst. b) UStG mit Ablauf des Voranmeldungszeitraums, in dem der

789 Vgl. BFH v. 24.9.2014 – V R 48/13, BStBl. II 2015, 506 (510, Rn. 33); BFH v. 24.10.2013 – V R 31/12, BStBl. II 2015, 674 (676, Rn. 22).

790 A.A. noch BFH v. 9.12.2010 – V R 22/10, BStBl. II 2011, 996 (999, Rn. 34); BFH v. 28.6.2000 – V R 45/99, BStBl. II 2000, 703 (705), der davon ausging, dass zwei Berichtigungen im selben Voranmeldungszeitraum sich (auch rechtlich) aufhöben.

791 Siehe dazu z.B. die Kommentierung von *Frye*, in *Rau/Dürrwächter*, UStG, Bd. VI, § 20, Rn. 134 ff.

Leistende das Entgelt[792] vereinnahmt hat. Diese Vorschrift beruht auf Art. 66 Abs. 1 Buchst. b) MwStSystRL, der allerdings das Entstehen des Umsatzsteueranspruchs „spätestens bei der Vereinnahmung des Preises" anordnet.

2. Keine Auswirkungen der Insolvenz des Leistungsempfängers auf den Umsatzsteueranspruch des Steuergläubigers ggü. dem Leistenden

Wenn der Leistende der Ist-Besteuerung unterliegt, wird das Steuerschuldverhältnis zwischen ihm und dem Steuergläubiger hinsichtlich der auf die Leistung anfallenden Umsatzsteuer nicht direkt beeinflusst. Da die Steuer bei der Ist-Besteuerung erst mit Vereinnahmung des Entgelts entsteht, entstehen dem Leistenden aus der grds. bestehenden Umsatzsteuerpflicht auch ohne eine Berichtigung nach § 17 Abs. 2 Nr. 1 UStG keine Liquiditätsnachteile, wenn der insolvente Leistungsempfänger das Entgelt vor der Eröffnung des Insolvenzverfahrens noch nicht erbracht hat. Wie im Fall der Soll-Besteuerung muss der Leistende auch hier als Insolvenzgläubiger am Insolvenzverfahren teilnehmen. Wenn und sofern die Insolvenzmasse zum Ende des Insolvenzverfahrens verteilt und ein Teil davon an den Leistenden ausgezahlt wird, entsteht schließlich auch der damit zusammenhängende Umsatzsteueranspruch des Steuergläubigers ggü. dem Leistenden.

III. Zusammenfassung

Die Insolvenz des Leistungsempfängers wirkt sich auf den Umsatzsteueranspruch des Steuergläubigers gegen den Leistenden nur im Rahmen der Soll-Besteuerung aus, indem die Insolvenzeröffnung zur Uneinbringlichkeit eines bis dahin vom Leistungsempfänger noch nicht gezahlten Entgelts gem. § 17 Abs. 2 Nr. 1 Satz 1 UStG führt. Unterliegt der Leistende der Ist-Besteuerung, verzögert sich die für die Entstehung des Umsatzsteueranspruchs maßgebliche Vereinnahmung des Entgelts, ohne dass es zu einer umsatzsteuerrechtlichen Berichtigung kommt.

792 Richtigerweise muss es „Gegenleistung" heißen, vgl. *Stadie*, UStG, § 13, Rn. 35.

B. Auswirkungen der Insolvenz des Leistungsempfängers aufseiten des Leistungsempfängers – der Vorsteuerabzugsanspruch des Leistungsempfängers ggü. dem Steuergläubiger

Die Insolvenz des Leistungsempfängers wirkt sich auf seinen Vorsteuerabzugsanspruch ggü. dem Steuergläubiger aus, indem dieser ggf. nach § 17 Abs. 1 Satz 2 i.V.m. Abs. 2 Nr. 1 Sätze 1 und 2 UStG bei Uneinbringlichkeit berichtigt wird. Im Zentrum steht für den Steuergläubiger dabei die Frage, ob er gegen einen Vorsteuerabzugs- oder zweiten Berichtigungsanspruch des insolventen Leistungsempfängers aufrechnen kann. Das ist dann der Fall, wenn die Aufrechnungsvorschriften der §§ 94 ff. InsO dem nicht entgegenstehen. Nach § 96 Abs. 1 Nr. 1 InsO ist dem Steuergläubiger die Aufrechnung gegen einen der vorgenannten Ansprüche untersagt, wenn der Steuergläubiger dem insolventen Leistungsempfänger diese Ansprüche erst nach Insolvenzeröffnung schuldig geworden ist, d.h. wenn die Ansprüche erst nach Insolvenzeröffnung „begründet" waren.[793] Daher werden nachfolgend die Auswirkungen der Insolvenzeröffnung über das Vermögen des Leistungsempfängers aufseiten des Leistungsempfängers untersucht.

I. Der Vorsteuerabzugsanspruch als materiell-rechtlich eigenständiger Anspruch

Empfängt der Leistungsempfänger umsatzsteuerbare Leistungen und enthält das von ihm dafür an den Leistenden zu entrichtende Entgelt Umsatzsteuer, so kann der Leistungsempfänger die ihm belastete Umsatzsteuer nach § 15 Abs. 1 Satz 1 Nr. 1 UStG in Form des Vorsteuerabzugsanspruchs vom Steuergläubiger zurückerlangen. Der Vorsteuerabzug ist integraler Bestandteil des indirekten Besteuerungssystems der Umsatzsteuer, da er dafür sorgt, dass der Leistungsempfänger als Steuerschuldner bei Eingangsleistungen nicht mit Umsatzsteuer belastet wird. Durch den Vorsteuerabzug wird damit der Grundsatz der Belastungsneutralität umgesetzt und zur Verwirklichung des Verbrauchsteuerprinzips beigetragen.

Es ist mittlerweile weitestgehend anerkannt, dass es sich bei dem Vorsteuerabzugsanspruch des Leistungsempfängers um einen Rechtsanspruch

793 Zum Gleichlauf von § 38 InsO und § 96 Abs. 1 Nr. 1 InsO bereits oben unter § 9. C.

und nicht lediglich um einen bloßen Verrechnungsposten handelt.[794] Darüber dürfen auch häufig verwendete Formulierungen wie „besondere übergeordnete Besteuerungsgrundlagen"[795] oder „unselbständige Besteuerungsgrundlage"[796] nicht hinwegtäuschen. Mit ihnen soll die verfahrensrechtliche Unselbständigkeit des Vorsteuerabzugsanspruchs im Besteuerungsverfahren verdeutlicht werden.[797] Die materiell-rechtliche Eigenständigkeit des Vorsteuerabzugsanspruchs zeigt sich darin, dass dem Leistungsempfänger im Falle eines Vorsteuerüberhangs nach der Saldierung von Umsatzsteuer- und Vorsteuerabzugsansprüchen nach § 16 Abs. 2 Satz 1 UStG ein Auszahlungsanspruch gegen den Steuergläubiger unmittelbar zusteht.[798] Auch dass das Entstehen des Vorsteuerabzugsanspruchs in Art. 167 MwStSystRL besonders geregelt ist, spricht für dessen Eigenständigkeit, auch wenn dies im Wortlaut des § 15 Abs. 1 Satz 1 Nr. 1 UStG keinen so ausdrücklichen Niederschlag gefunden hat.

Die Charakterisierung des Vorsteuerabzugsanspruchs als Steuererstattungs- oder Vergütungsanspruch im abgabenrechtlichen Sinne muss differenziert beantwortet werden.[799] Beide Begriffe sind in der Abgabenordnung nicht definiert. Während ein Steuervergütungsanspruch i.S.v. § 37 Abs. 1 Alt. 2 AO die Rückzahlung einer mit Rechtsgrund erhobenen Steuer zum Gegenstand hat,[800] erfasst ein Steuererstattungsanspruch i.S.v. § 37 Abs. 1 Alt. 6 AO die Rückzahlung von Steuern, die ohne Rechtsgrund gezahlt wurden.[801] Der Vorsteuerabzugsanspruch des Leistungsempfängers

---

794 Grundlegend *Weiss*, BB 1968, 784 (784), der die Vorstellung vom Steuerabzug als kassentechnischer Verrechnungsposten als kaum haltbar bezeichnet hat; vgl. auch BFH v. 30.9.1976 – V R 109/73, BStBl. II 1977, 227 (229.); *Kinski*, Aufrechnung, 14 f.; a.A. offenbar *Koblenzer*, DB 2002, 1406 (1406), wonach der Vorsteuerabzugsanspruch weder die Voraussetzung eines Erstattungs- noch eines Vergütungsanspruchs i.S.v. § 37 Abs. 1 AO hat; und *Schuster*, in *Hübschmann/Hepp/Spitaler*, AO/FGO, Bd. III, § 38, Rn. 49, wonach der Vorsteuerabzugsanspruch lediglich als unselbständige Besteuerungsgrundlage in die Berechnung der Umsatzsteuer einfließt und daher eines Entstehungszeitpunktes entbehrt.

795 BFH v. 30.9.1976 – V R 109/73, BStBl. II 1977, 227 (229); *Sinz/Oppermann*, DB 2011, 2185 (2188).

796 *Wäger*, ZInsO 2012, 520 (521) m.w.N.

797 Vgl. nur BFH v. 9.4.2002 – VII R 108/00, BStBl. II 2002, 562 (563); BFH v. 21.5.1981 – VII R 191/82, BStBl. II 1985, 488 (489).

798 BFH v. 30.9.1976 – V R 109/73, BStBl. II 1977, 227 (229) bezeichnete dies noch als „negative Steuerzahlungsschuld".

799 So bereits *Stadie*, in *Rau/Dürrwächter*, UStG, Bd. V, § 15, Rn. 11; *Kinski*, Aufrechnung, 17.

800 Statt vieler *Ratschow*, in *Klein*, AO, § 37, Rn. 5.

801 Statt vieler *Koenig*, in *Koenig*, AO, § 37, Rn. 10.

ist im hier relevanten Fall des § 15 Abs. 1 Satz 1 Nr. 1 UStG ein Steuervergütungsanspruch i.S.d. § 37 Abs. 1 Alt. 2 AO.[802]

II. Entstehung des Vorsteuerabzugsanspruchs nach § 15 Abs. 1 Satz 1 Nr. 1 UStG

§ 15 Abs. 1 Satz 1 Nr. 1 UStG legt die Voraussetzungen fest, unter denen der Leistungsempfänger einen Vorsteuerabzugsanspruch geltend machen kann. Dabei folgt der Vorsteuerabzugsanspruch nach § 15 Abs. 1 Satz 1 Nr. 1 Satz 1 UStG dem Soll-Prinzip. Aufgrund dessen kann und muss der Leistungsempfänger die Vorsteuer aus an ihn erbrachten Leistungen geltend machen, obwohl er selbst den entsprechenden Betrag noch nicht an den Leistenden abgeführt hat.[803] Der Vorsteuerabzugsanspruch setzt

---

802 BFH v. 27.10.2009 – VII R 4/08, BStBl. II 2010, 257 (258, Rn. 10); *Stadie*, in *Rau/Dürrwächter*, UStG, Bd. V, § 15, Rn. 11; *Kinski*, Aufrechnung, 17; anders dagegen BFH v. 19.11.2014 – V R 41/13, BFH/NV 2015, 634 (635, Rn. 15), wo von einem Anspruch auf Vorsteuererstattung die Rede ist.

803 Vgl. die diesbezügliche EuGH-Vorlage des FG Hamburg v. 10.12.2019 – 1 K 337/17, DStR 2020, 226 (227, Rn. 36). Dies wird rechtspolitisch durchaus krit. bewertet. Einen Wechsel zum Vorsteuerabzug nach dem Prinzip der Ist-Besteuerung fordern u.a. *Seer*, DStR 2016, 1289 (1293); *Wäger*, UR 2013, 673 (683); *Frye*, in *Rau/Dürrwächter*, UStG, Bd. VI, § 20, Rn. 103; *ders.*, UR 2013, 561 (564); *Stadie*, UR 2011, 45 (50) m.w.N.; *ders.*, in *Rau/Dürrwächter*, UStG, Bd. V, § 15, Rn. 1034 f.; *ders.*, UR 2004, 136 (137); *Kirchhof*, DStR 2008, 1 (8). Dabei wird betont, dass dies auch Vorteile für die insolvenzrechtliche Abwicklung der Vorsteuerabzugsansprüche des Steuerschuldners habe, da eine Berichtigung des Vorsteuerabzugsanspruchs bei Eintreten der Insolvenz wegen Uneinbringlichkeit des Entgeltanspruchs des Leistenden nicht mehr notwendig wäre, wenn der Leistungsempfänger seinen Vorsteuerabzugsanspruch erst nach Entrichtung des Entgelts ggü. dem Steuergläubiger geltend machen könne. M.E. ist der Vorsteuerabzug nach dem Soll-Prinzip aufgrund des Gebots der Belastungsneutralität sogar grundsätzlich zwingend. Durch die Einführung der Soll-Besteuerung beim Vorsteuerabzug wäre der Steuerschuldner dazu gezwungen, die in Rechnung gestellte Umsatzsteuer vorzufinanzieren, bis er sie beim Steuergläubiger als Vorsteuerabzug geltend machen kann. Diese gesetzliche „Nötigung“ zur Vorfinanzierung ist andererseits einer der Hauptkritikpunkte am Prinzip der Soll-Besteuerung bei den Umsatzsteueransprüchen und wird dort als Argument für deren Abschaffung herangezogen. Lediglich begrenzt auf Missbrauchsfälle wäre ein Wechsel zum Ist-Prinzip beim Vorsteuerabzug denkbar. Demgegenüber zweifelt das FG Hamburg an der Vereinbarkeit des Soll-Prinzips beim Vorsteuerabzug im Fall der Ist-Besteuerung des Leistenden in Fällen, in denen der Vorsteuerabzug bereits geltend gemacht werden kann, die Umsatzsteuer mangels Entrichtung des Entgelts aber noch nicht entsteht,

hiernach voraus, dass der Leistende die Leistung an den Leistungsempfänger erbracht hat. Zusätzlich muss der Leistungsempfänger gem. § 15 Abs. 1 Satz 1 Nr. 1 Satz 2 UStG im Besitz einer Rechnung sein, die den Vorgaben der §§ 14, 14a UStG entspricht. Nach § 15 Abs. 1 Satz 1 Nr. 1 Satz 3 UStG kann der Leistungsempfänger den Vorsteuerabzugsanspruch aber auch schon vor Leistungserbringung geltend machen, wenn er eine Rechnung erhalten und diese bereits vor Leistungserbringung bezahlt hat.[804]

Wann der Vorsteuerabzugsanspruch im Falle des § 15 Abs. 1 Satz 1 Nr. 1 Satz 1 UStG entsteht, lässt das UStG offen.[805] Einigkeit besteht insoweit, dass der Leistungsempfänger die Vorsteuer erst nach Ablauf des Voranmeldungszeitraums in Abzug bringen darf, in dem erstmals sämtliche Voraussetzungen des § 15 Abs. 1 Satz 1 Nr. 1 Satz 1 UStG vorliegen. Die Entstehung des Vorsteuerabzugsanspruchs wurde[806] und wird[807] daher analog § 13 Abs. 1 UStG im Zeitpunkt des Ablaufs des entsprechenden Voranmeldungszeitraums angenommen.

Die Annahme, der Vorsteuerabzugsanspruch entstehe erst im Zeitpunkt des Ablaufs des Voranmeldungszeitraums, in dem sämtliche *Abzugs*voraussetzungen vorliegen, dürfte indessen gegen Art. 167 i.V.m. 63 bzw. 65 MwStSystRL verstoßen.[808] Nach Art. 167 MwStSystRL ist die Entstehung des Vorsteuerabzugsanspruchs an die Entstehung des Steueranspruchs des Steuergläubigers beim Leistenden geknüpft.[809] Danach entsteht der Vorsteuerabzugsanspruch in dem Zeitpunkt, in dem der Anspruch des Steuergläubigers auf die abziehbare Steuer entsteht.[810] Das ist im Falle der Soll-Besteuerung nach Art. 63 MwStSystRL der Zeitpunkt, in dem die Leistung

---

und hat diese Frage mit Beschluss v. 10.12.2019, a.a.O., dem EuGH zur Vorabentscheidung vorgelegt.

804 Es handelt sich dabei um das Pendant zur Mindest-Ist-Besteuerung nach § 13 Abs. 1 Nr. 1 Buchst. a) Satz 4 InsO, dazu unten unter § 12. A. I. 3.

805 Vgl. auch *Leipold*, in *Sölch/Ringleb*, UStG, § 13, Rn. 6, 13 ff.; *Weiß*, BB 1968, 784 (785); *Kinski*, Aufrechnung, 20 f.

806 BFH v. 16.4.1997 – XI R 63/93, BStBl. II 1997, 582 (584); BFH v. 20.10.1994 – V R 84/92, BStBl. II 1995, 233 (234); BFH v. 25.11.1976 – V R 98/71, BStBl. II 1977, 448 (449).

807 *Walkenhorst*, in *Küffner/Stöcker/Zugmaier*, UStG, Bd. 3, § 13, Rn. 28; *Kinski*, Aufrechnung, 21.

808 *Heidner*, in *Bunjes*, UStG, § 15, Rn. 180.

809 Vgl. BFH v. 13.5.2009 – XI R 84/07, BStBl. II 2009, 868 (869).

810 EuGH v. 29.4.2004 – C-152/02, Slg. 2004, I-5597 (I-5609, Rn. 31); *Heidner*, in *Bunjes*, UStG, § 15, Rn. 180; *Stadie*, in *Rau/Dürrwächter*, UStG, Bd. V, § 15, Rn. 79; *Koblenzer*, DB 2002, 1406 (1407).

erbracht wird;[811] im Falle der Mindest-Ist-Besteuerung der Zeitpunkt, in dem das Entgelt für eine noch nicht erbrachte Leistung entrichtet wird.[812]

Nach Art. 178 Buchst. a) MwStSystRL ist der Besitz einer Rechnung dagegen lediglich notwendig, um das Recht auf Vorsteuerabzug „ausüben zu können".[813] Dem entspricht der Wortlaut des § 15 Abs. 1 Satz 1 Nr. 1 Satz 2 UStG, wonach die „Ausübung" des Vorsteuerabzugs voraussetzt, dass der Leistungsempfänger im Besitz einer Rechnung ist. Trotzdem der Vorsteuerabzugsanspruch bereits entstanden ist, kann der Leistungsempfänger ihn erst in dem Besteuerungszeitraum geltend machen, in dem er die Rechnung erhält.[814] Dieser Zeitpunkt ist aber aus praktischer Sicht identisch mit dem, in den nach herkömmlicher Auffassung die Entstehung des Vorsteuerabzugsanspruchs analog § 13 UStG fällt. Auch sonst ergeben sich aus der Annahme der zeitlich früheren Entstehung des Vorsteuerabzugsanspruchs hinsichtlich der tatsächlichen Geltendmachung[815] keine Unterschiede, da der EuGH ausdrücklich ausgeschlossen hat, bei nachträglicher Rechnungserteilung den Vorsteuerabzugsanspruch rückwirkend bereits im Abrechnungszeitraum seines Entstehens geltend zu machen.[816]

Im Falle der Ist-Besteuerung aufseiten des Leistenden kann der Leistungsempfänger seinen Vorsteuerabzugsanspruch nach deutscher Rege-

---

811 EuGH v. 29.4.2004 – C-152/02, Slg. 2004, I-5597 (I-5609, Rn. 31).

812 Vgl. *Leipold*, in *Sölch/Ringleb*, § 13, Rn. 16.

813 Am grundsätzlichen Erfordernis, eine Rechnung zu besitzen, um den Vorsteuerabzugsanspruch geltend machen zu können, hat sich nichts geändert, vgl. BFH v. 15.10.2019 – V R 14/18, (Rn); der Vorsteuerabzug ist nur dann ohne Rechnung möglich, wenn der Unternehmer die materiellen Voraussetzungen des Vorsteuerabzugsanspruchs anhand anderer objektiver Nachweise/Belege belegen kann; vgl. nur EuGH v. 21.11.2018 – C-664/16, ECLI:EU:C:2018:933 (43 ff.); *Höink/Hudasch*, BB 2019, 542 (544); *Hartmann*, DStR 2019, 595 (596).

814 So nunmehr auch ausdrücklich der BFH seit BFH v. 1.7.2004 – V R 33/01, BStBl. II 2004, 861 (862) im Anschluss an EuGH v. 29.4.2004 – C-152/02, Slg. 2004, I-5597 (5609, Rn. 34 f.); vgl. auch BFH v. 13.5.2009 – XI R 84/07, BStBl. II 2009, 868 (869); *Leipold*, in *Sölch/Ringleb*, UStG, § 13, Rn. 15; *Heidner*, in *Bunjes*, UStG, § 15, Rn. 183; *Stadie*, in *Rau/Dürrwächter*, UStG, Bd. V, § 15, Rn. 750 ff.

815 Zur Relevanz bei der Festlegung des Begründetheitszeitpunkts sogleich und unter § 11. B. III. 1.

816 EuGH v. 29.4.2004 – C-152/02, Slg. 2004, I-5597 (5609, Rn. 34 f.); dem folgend BFH v. 1.7.2004 – V R 33/01, BStBl. II 2004, 861 (862); vgl. auch *Stadie*, UStG, § 15, Rn. 15. Dagegen ist nach EuGH v. 15.9.2016 – C-518/14, ECLI:EU:C:2016:691 (Rn. 43) die Ergänzung bzw. Berichtigung einer bereits erteilten, aber inhaltlich nicht den Anforderungen entsprechenden Rechnung rückwirkend möglich.

lung im UStG dagegen bereits vor Entstehung des Umsatzsteueranspruchs geltend machen, die erst im Zeitpunkt der Entgeltvereinnahmung erfolgt. Die MwStSystRL enthält keine Ergänzungsvorschrift für den Vorsteuerabzugsanspruch in den Fällen, in denen ein Mitgliedstaat von seinem Wahlrecht nach Art. 66 Abs. 1 Buchst. b) MwStSystRL Gebrauch macht und die Ist-Besteuerung beim Leistenden einführt. Art. 167a Abs. 1 MwStSystRL erlaubt zwar die punktuelle Einführung des Prinzips der Ist-Besteuerung auch beim Vorsteuerabzug. Das betrifft allerdings lediglich Leistungsempfänger unterhalb eines gewissen Schwellenwerts und kann nicht als allgemeine Ermächtigung zur Einführung der Ist-Besteuerung beim Vorsteuerabzug verstanden werden.[817] Aus Sicht der MwStSystRL kann der Leistungsempfänger seinen Vorsteuerabzugsanspruch daher bereits geltend machen, wenn die Voraussetzungen des Umsatzsteueranspruchs nach der Soll-Besteuerung vorliegen, auch wenn der Leistende tatsächlich nach nationalem Recht der Ist-Besteuerung unterliegt, d.h. wenn der Leistungsempfänger die Rechnung ggü. dem Leistenden noch nicht beglichen hat. Das ergibt sich letztlich auch aus einem Umkehrschluss zu Art. 167a Abs. 1 MwStSystRL.[818]

Da der deutsche Gesetzgeber von der Option der Einführung der Ist-Besteuerung beim Vorsteuerabzug nach Art. 167a Abs. 1 MwStSystRL bisher keinen Gebrauch gemacht hat, kann der Leistungsempfänger auch nach nationalem Recht in jedem Fall seinen Vorsteuerabzugsanspruch nach § 15 Abs. 1 Satz 1 Nr. 1 Sätze 1 und 2 UStG bereits vor Entstehung des korrespondierenden Umsatzsteueranspruchs geltend machen.[819]

Für die vorliegende Arbeit ist besonders die Erkenntnis von Wert, dass nach europarechtlicher – und von den deutschen Gerichten geteilter – Vorstellung das Besitzen einer Rechnung nicht für die Tatbestandsentstehung maßgeblich ist.[820] Der EuGH geht sogar noch weiter und hat in mehreren jüngeren Entscheidungen im Zusammenhang mit der Rückwirkung einer Rechnungsberichtigung klargestellt, dass das Besitzen einer im Einklang mit Art. 226 MwStSystRL ausgestellten Rechnung nicht zu den materiellen Voraussetzungen des Vorsteuerabzugsanspruchs gehört, sondern dass es sich um eine formelle Voraussetzung handelt.[821] Es kann vor-

---

817 Vgl. *Seer,* DStR 2016, 1289 (1294) und oben unter § 5. B. IV. 2.

818 *Stadie,* UStG, § 15, Rn. 16.

819 Vgl. *Leipold,* in *Sölch/Ringleb,* UStG, § 13, Rn. 16.

820 BFH v. 13.5.2009 – XI R 84/07, BStBl. II 2009, 868 (869).

821 EuGH v. 21.11.2018 – C-664/16, ECLI:EU:C:2018:933 (Rn. 40); EuGH v. 15.9.2016 – C-518/14, ECLI:EU:C:2016:691 (Rn. 29); EuGH v. 22.10.2015 – C-277/14, ECLI:EU:C:2015:719 (Rn. 29); EuGH v. 1.3.2012 – C-280/10,

liegend nicht erörtert werden, welche Funktion der Rechnungserteilung hinsichtlich einer möglicherweise rückwirkend geltend zu machenden Rechnungsberichtigung beizumessen ist. Die Diskussion verdeutlicht aber, dass es sich bei der Rechnung keinesfalls um ein Tatbestandsmerkmal der Entstehung des Vorsteuerabzugsanspruchs handelt, sondern allenfalls um ein weiteres materiell-rechtliches Kriterium, das zu dessen Geltendmachung vorliegen muss,[822] oder gar nur um ein formelles Kriterium.[823]

III. Insolvenzrechtliche Einordnung des Vorsteuerabzugsanspruchs des insolventen Leistungsempfängers nach § 15 Abs. 1 Satz 1 Nr. 1 UStG

1. „Schuldigwerden" des Vorsteuerabzugsanspruchs nach § 15 Abs. 1 Satz 1 Nr. 1 Sätze 1 und 2 UStG

Beim Vorsteuerabzugsanspruch handelt es sich um einen Anspruch des insolventen Leistungsempfängers ggü. dem Steuergläubiger. Im Zentrum steht daher nicht die Frage, wann dieser Anspruch i.S.d. § 38 InsO begründet wurde (da nicht der Steuergläubiger, sondern der Leistungsempfänger insolvent ist), sondern die Frage, ob der Vorsteuerabzugsanspruch zum Vermögen der Insolvenzmasse (§ 35 Abs. 1 Satz 1 InsO) gehört. Relevanz hat dies in Konstellationen, in denen der Steuergläubiger, der regelmäßig mit Steuerforderungen gegenüber dem insolventen Leistungsempfänger zugleich Insolvenzgläubiger sein wird, eine Aufrechnung begehrt (vgl. §§ 94 ff. InsO). § 96 Abs. 1 Nr. 1 InsO normiert hier ausdrücklich ein Aufrechnungsverbot für den Fall, dass der Insolvenzgläubiger erst nach der Eröffnung des Insolvenzverfahren etwas zur Insolvenzmasse schuldig geworden ist. Die Abgrenzung („Schuldigwerden" vor oder nach Insolvenzeröffnung) erfolgt hier – wie bereits aufgezeigt – nach denselben Kriterien,

---

ECLI:EU:C:2012:107 (Rn. 41); EuGH v. 15.7.2010 – C-368/09, Slg. 2010, I-7469 (I-7485, Rn. 38 f.); anders dagegen der V. Senat des BFH, der das Vorliegen einer Rechnung bisher als materiell-rechtliche Anspruchsvoraussetzung angesehen hat, vgl. BFH v. 1.7.2004 – V R 33/01, BStBl. II 2004, 861 (862) m.w.N.; unklar bei BFH v. 13.5.2009 – XI R 84/07, BStBl. II 2009, 868 (869); a.A. auch *Stadie*, MwStR 2016, 934 (940).

822 So z.B. *Stadie*, MwStR 2016, 934 (940).

823 So z.B. EuGH v. 21.11.2018 – C-664/16, ECLI:EU:C:2018:933, Rn. 40; EuGH, 15.9.2016 - C-518/14, ECLI:EU:C:2016:691 (Rn. 29).

die auch für eine insolvenzrechtliche Begründetheit i.S.d. § 38 InsO gelten.[824]

Ausgangsfall: Unternehmer S bezieht Waren für seinen Großwarenhandel. Am 4. Juni 2020 erhält er von Vertragspartner A eine Lieferung zum Brutto-Preis von 119,00 Euro und am 5. Juni 2020 die dazugehörige Rechnung.

Am 15. Juni 2020 reicht S wegen Zahlungsunfähigkeit einen Antrag auf Eröffnung des Insolvenzverfahrens beim Insolvenzgericht ein. Dieses eröffnet das Verfahren am 24. Juni 2020 und bestellt den I zum Insolvenzverwalter über das Vermögen des S. In der USt-Erklärung für Juni 2020 macht I ggü. dem Steuergläubiger einen Vorsteuerabzugsanspruch i.H.v. 19,00 Euro geltend.

Abb. 3: Ausgangsfall Begründetheit Vorsteuerabzugsanspruch

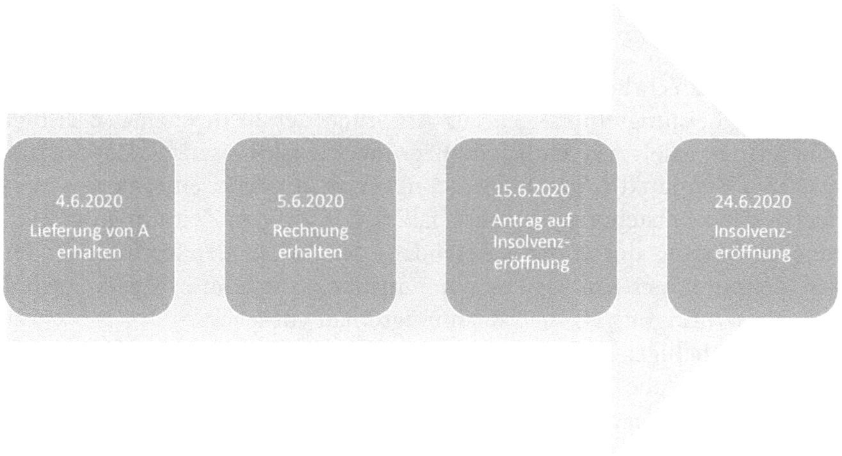

Abwandlung 1: S erhält die Rechnung erst am 29. Juni 2020 und damit nach Insolvenzeröffnung.

Abwandlung 2: S erhält die Rechnung erst am 1. Juli 2020 und damit nach Insolvenzeröffnung und in einem anderen Voranmeldungszeitraum.

---

824 Zum Gleichlauf von § 38 InsO und § 96 Abs. 1 Nr. 1 InsO bereits oben unter § 9. C.

Abb. 4: Abwandlungen 1 und 2 Begründetheit Vorsteuerabzugsanspruch

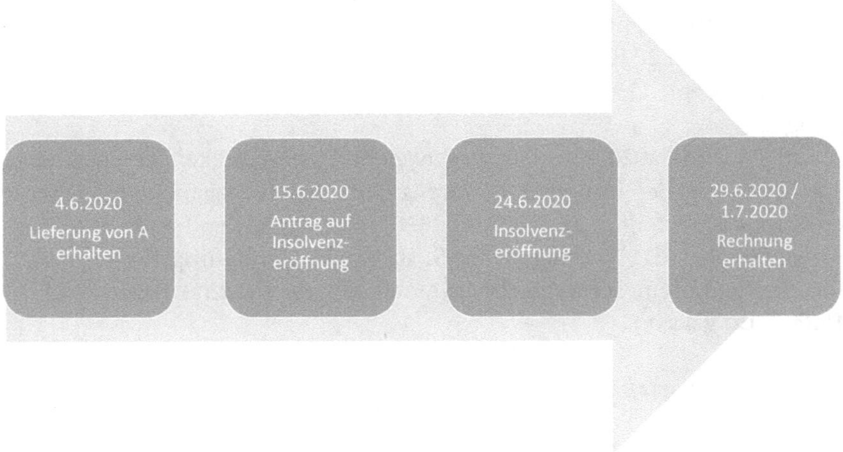

Die insolvenzrechtliche Einordnung des Vorsteuerabzugsanspruchs des insolventen Leistungsempfängers als Anspruch der Insolvenzmasse erfolgt anhand der insolvenzrechtlichen Begründetheitskriterien.[825] Der hierfür relevante Zeitpunkt („Schuldigwerden") kann auf den Zeitpunkt des Vorliegens eines Entstehungsmerkmals fallen, d.h. auf den Zeitpunkt der Leistungserbringung durch den Leistenden, den Erhalt der Rechnung oder den Zeitpunkt des Ablaufs des Voranmeldungszeitraums, in dem sowohl Leistungserbringung als auch Rechnungserhalt vorliegen.

Nach einhelliger Auffassung[826] ist der Ablauf des Voranmeldungszeitraums, in den alle Voraussetzungen fallen, um den Vorsteuerabzugsanspruch geltend machen zu können, nicht maßgeblich. Das ergibt sich bereits daraus, dass der Ablauf des Voranmeldungszeitraums aufgrund europarechtskonformer Auslegung von § 15 Abs. 1 Satz 1 Nr. 1 UStG keine Voraussetzung für die Entstehung des Vorsteuerabzugsanspruchs ist.

Nach verbreiteter und zutreffender Ansicht spielt auch die Erteilung der Rechnung durch den Leistenden keine Rolle für das „Schuldigwerden"

---

825 Vgl. *Rühland*, in *Kahlert/Rühland*, Insolvenzsteuerrecht, Rn. 9.92.

826 St. Rspr., vgl. BFH v. 24.11.2011 – V R 13/11, BStBl. II 2012, 298 (300) m.w.N.; BFH v. 16.11.2004 – VII R 75/03, BStBl. II 2006, 193 (194 f.) m.w.N.; BFH v. 5.10.2004 – VII R 69/03, BStBl. II 2005, 195 (196); BFH v. 1.8.2000 – VII R 31/99 – BStBl. II 2002, 323 (326); BFH v. 17.12.1998 – VII R 47/98, BStBl. II 1999, 423 (424) m.w.N.; *Onusseit*, ZInsO 2006, 516 (518); *Rüsken*, NZI 2006, 330 (332); *Forgách*, DB 1976, 1561 (1562).

des Vorsteuerabzugsanspruchs, sodass der Steuergläubiger diesen ggü. dem insolventen Leistungsempfänger bereits im Zeitpunkt der Leistungserbringung insolvenzrechtlich schuldig geworden ist.[827] Für die Einordnung des Vorsteuerabzugsanspruchs des insolventen Leistungsempfängers als zur Insolvenzmasse i.S.v. § 35 Abs. 1 Satz 1 InsO zugehörig genügt es, dass der Leistende aufgrund der erbrachten Leistung zur Ausstellung der Rechnung mit gesondertem Umsatzsteuerausweis berechtigt und verpflichtet ist.[828]

Dies ist jedoch keinesfalls unbestritten. Der V. Senat des BFH sah bislang – soweit ersichtlich – noch keinen Anlass, sich zur insolvenzrechtlichen Einordnung des Vorsteuerabzugsanspruchs zu äußern.[829] Bezüglich des Umsatzsteueranspruchs des Steuergläubigers ggü. dem Leistenden verlangt er für das Vorliegen der Begründetheit i.S.v. § 38 InsO aber, dass der umsatzsteuerrechtlich relevante Tatbestand bereits vollständig abgeschlossen sein muss und bezieht damit i.E. sämtliche Tatbestandsmerkmale mit Ausnahme des Ablaufs des Voranmeldungszeitraums mit ein. Aufgrund dessen wird im Schrifttum die Vermutung geäußert, dass es dem V. Senat des BFH bei konsequenter Fortführung seiner bisherigen Rechtsprechung für die „Begründetheit“ eines Vorsteuerabzugsanspruchs auch auf das Vorliegen einer Rechnung ankommen würde.[830] Diese Vermutung wird dadurch unterstützt, dass der V. Senat das Merkmal der Rechnungserteilung

827 *Onusseit*, in *Kübler/Prütting/Bork*, InsO, Bd. IV, InsSteuerR II F, Rn. 362 f.; *ders.*, KTS 1994, 3 (28); BFH v. 12.6.2018 – VII R 19/16, BStBl. II 2020, 717 (718, Rn. 14).

828 Vgl. BFH v. 16.11.2004 – VII R 75/03, BStBl. II 2006, 193 (194 f.) m.w.N.; BFH v. 5.10.2004 – VII R 69/03, BStBl. II 2005, 195 (196); BFH v. 1.8.2000 – VII R 31/99 – BStBl. II 2002, 323 (326); BFH v. 17.12.1998 – VII R 47/98, BStBl. II 1999, 423 (424) m.w.N.

829 In BFH v. 29.1.2009 – V R 64/07, BStBl. II 2009, 682 (685) wies der entscheidende V. Senat auf die Auffassung des VII. Senats des BFH hin, wonach bei es bei der Beurteilung des Vorsteuerabzugsanspruchs des Steuerschuldners im Rahmen des Aufrechnungsverbots des § 96 Abs. 1 Nr. 1 InsO nicht auf die Rechnungserteilung ankommt. Er hielt dies allerdings in der vorliegenden Sache für nicht entscheidungserheblich und sah sich deshalb nicht dazu veranlasst, darauf weiter einzugehen. BFH v. 28.6.2000 – V R 45/99, BStBl. II 2000, 703 (705) lässt ebenfalls allenfalls vermuten, dass es dem V. Senat auf die Rechnungserteilung ankommt.

830 *Rühland*, in *Kahlert/Rühland*, Insolvenzsteuerrecht, Rn. 9.61, 9.95; *Onusseit*, in *Kübler/Prütting/Bork*, InsO, Bd. IV, InsSteuerR II F, Rn. 364; *Klenk/Kronthaler*, NZI 2006, 369 (370 f.).

als materiell-rechtliches Kriterium begreift.[831] Z.T. wird die Rechnungserteilung für das „Schuldigwerden" des Vorsteueranspruchs tatsächlich als notwendig angesehen.[832]

Für die Maßgeblichkeit des Zeitpunkts der Leistungserbringung für das insolvenzrechtliche „Schuldigwerden" des Vorsteuerabzugsanspruchs ggü. dem insolventen Leistungsempfänger wird demgegenüber angeführt, dass es ausschließlich darauf ankomme, wann der Rechtsgrund für den Vorsteuerabzugsanspruch gelegt war.[833] Der Rechtsgrund für den Vorsteuerabzugsanspruch des insolventen Leistungsempfängers, die Vorsteuer in Abzug zu bringen, werde dadurch gelegt, dass der Leistende eine Leistung an den insolventen Leistungsempfänger erbringe.[834] Bereits zu diesem Zeitpunkt stehe fest, dass der insolvente Leistungsempfänger seinen Vorsteuerabzugsanspruch bei Vorliegen der weiteren Voraussetzungen ggü. dem Steuergläubiger geltend machen wird.

Zu demselben Ergebnis gelangt man unter Zugrundelegung der hier verwendeten Begründetheitsdefinition. Sobald der insolvente Leistungsempfänger eine den Anforderungen des § 14 UStG entsprechende Rechnung erhalten hat und der Voranmeldungszeitraum abgelaufen ist, in dem er diese erhalten hat, kann er den Vorsteuerabzugsanspruch geltend machen. Da der insolvente Leistungsempfänger ggü. dem Leistenden sogar einen Anspruch auf Erteilung der Rechnung aus § 14 Abs. 2 Satz 1 Nr. 2 Satz 2 UStG innerhalb von sechs Monaten nach Ausführung der Leistung hat,[835] kann der Leistende den Vorsteuerabzug des insolventen Leistungsempfängers lediglich verzögern, nicht aber verhindern. Gleiches gilt ab dem Zeitpunkt der Leistungserbringung für den Steuergläubiger, der nicht mehr einseitig verhindern kann, dass der insolvente Leistungsempfänger den Vorsteuerabzugsanspruch geltend machen können wird,

---

831 So ausdrücklich – auch nach EuGH v. 15.9.2016 – C-518/14, ECLI:EU:C:2016:691 (Rn. 17) – BFH v. 20.10.2016 – V R 26/15, BFH/NV 2017, 252 (253, Rn. 17), was nicht der unionsrechtlichen Systematik widerspreche; vgl. bereits zuvor BFH v. 16.1.2014 – V R 28/13, BStBl. II 2014, 867, (869, Rn. 18); BFH v. 1.7.2004 – V R 33/01, BStBl. II 2004, 861 (862) m.w.N.; unklar bei BFH v. 13.5.2009 – XI R 84/07, BStBl. II 2009, 868 (869).

832 *Wäger*, DB 2012, 1460 (1467).

833 BFH v. 16.11.2004 – VII R 75/03, BStBl. II 2006, 193 (194 f.).

834 BFH v. 16.1.2007 – VII R 7/06, BStBl. II 2007, 745 (746); BFH v. 16.11.2004 – VII R 75/03, BStBl. II 2006, 193 (194 f.); BFH v. 5.10.2004 – VII R 69/03, BStBl. II 2005, 195 (196 f.); *Onusseit*, in *Kübler/Prütting/Bork*, InsO, Bd. IV, InsSteuerR II F, Rn. 362.

835 Vgl. dazu z.B. BGH v. 26.6.2014 – VII ZR 247/13, DB 2014, 1674 (1675, Rn. 12 f.).

sodass ein entsprechender Teil des Vermögens des Steuergläubigers haftungsrechtlich dem insolventen Leistungsempfänger zugeordnet werden kann. Ab dem Zeitpunkt der Leistungserbringung trägt der insolvente Leistungsempfänger seinerseits auch das – wenngleich bei Staaten in den allermeisten Fällen sehr geringe – Zahlungsausfallrisiko hinsichtlich dieses Vorsteuerabzugsanspruchs, sodass die Begründetheitsvoraussetzungen vorliegen und der Steuergläubiger dem insolventen Leistungsempfänger zu diesem Zeitpunkt insolvenzrechtlich etwas i.S.v. § 96 Abs. 1 Nr. 1 InsO schuldig geworden ist.

Darüber hinaus kann der Zeitpunkt der insolvenzrechtlichen Begründetheit wie auch des „Schuldigwerdens“ auch nicht nach der Anspruchsentstehung angesiedelt sein. Da der Vorsteuerabzugsanspruch aber bereits ohne die Rechnungserteilung entsteht,[836] kann es auch aus diesem Grund hinsichtlich des „Schuldigwerdens“ nicht auf deren Vorliegen ankommen.

Ferner spricht entscheidend gegen den Rechnungserhalt als Voraussetzung des insolvenzrechtlichen „Schuldigwerdens“, dass es sich dabei nach Auffassung des EuGH nicht um ein materiell-rechtliches Kriterium, sondern vielmehr um ein formelles Kriterium zur Geltendmachung des Vorsteuerabzugsanspruchs handelt.[837] Danach wäre es in seiner Bedeutung mit dem Ablauf eines Voranmeldungszeitraums gleichzusetzen. Wenn die Rechnungserteilung aber bereits umsatzsteuerrechtlich keinerlei Einfluss auf die Entstehung des Vorsteuerabzugsanspruchs hat, sondern lediglich formelle Abzugsvoraussetzung ist, so kann sie für die insolvenzrechtliche Einordnung nach § 96 Abs. 1 Nr. 1 InsO ebenso wenig von Bedeutung sein.

Der V. Senat des BFH hat infolge der neueren EuGH-Rechtsprechung zwar nicht die Einordnung des Rechnungsbesitzes als materiell-rechtliches Kriterium aufgegeben.[838] Er hat allerdings ausdrücklich klargestellt, dass auch nach seiner Rechtsprechung die unionsrechtliche Systematik eingehalten ist, wonach zwischen Entstehung und Ausübung des Vorsteuerab-

836 Siehe bereits oben unter § 11. B. II.

837 EuGH, 15.9.2016 – C-518/14, ECLI:EU:C:2016:691 (Rn. 29); EuGH v. 22.10.2015 – C-277/14, ECLI:EU:C:2015:719 (Rn. 29); EuGH v. 1.3.2012 – C-280/10, ECLI:EU:C:2012:107 (Rn. 41); EuGH v. 15.7.2010 – C-368/09, Slg. I-7469 (I-7485 f.; Rn. 38 f.); sich dem anschließend FG München vom 29.3.2017 – 3 K 2565/16, EFG 2017, 1037 (1039, Rn. 18); vgl. auch BFH v. 12.6.2018 – VII R 19/16, BStBl. II 2020, 717 (718, Rn. 16); *Schüppen/Schlösser*, in MüKo InsO, Bd. 3, Insolvenzsteuerrecht, Rn. 285.

838 Anders allerdings der VII. Senat des BFH, vgl. BFH v. 12.6.2018 – VII R 19/16, BStBl. II 2020, 717 (718, Rn. 16).

zugsanspruchs zu unterscheiden ist, wobei zu letzterem der Besitz der Rechnung gehört.[839] Selbst wenn man dem folgt und die Rechnungserteilung als materiell-rechtliches Kriterium ansieht,[840] wird deutlich, dass es sich um ein Kriterium für den Vorsteuerabzugsanspruch handelt, das abseits der Anspruchsentstehung liegt und somit für das insolvenzrechtliche „Schuldigwerden“ keinerlei Bedeutung entfalten kann. Es besteht i.E. ein Gleichlauf zwischen Anspruchsentstehung und „Schuldigwerden“.

Sowohl im Ausgangsfall als auch in den beiden Abwandlungen ist der Vorsteuerabzugsanspruch des S bereits vor Insolvenzeröffnung „begründet“ gewesen, d.h. ist der Steuergläubiger dem insolventen Leistungsempfänger insoweit etwas zur Insolvenzmasse schuldig geworden (§ 96 Abs. 1 Nr. 1 InsO). Denn es kommt ausschließlich auf den Zeitpunkt der Leistungserbringung an. Dass in Abwandlung 1 und 2 die Rechnungen jeweils nach Eröffnung des Insolvenzverfahrens erteilt wurden, hat auf das „Schuldigwerden“ keinen Einfluss. Beide Konstellationen werden zudem in der Praxis seltener vorkommen, da typischerweise erst nach Rechnungserhalt gezahlt wird.

2. „Schuldigwerden“ des Vorsteuerabzugsanspruchs nach § 15 Abs. 1 Satz 1 Nr. 1 Satz 3 UStG

Auch im Falle des Vorsteuerabzugsanspruchs nach § 15 Abs. 1 Satz 1 Nr. 1 Satz 3 UStG des insolventen Leistungsempfängers ggü. dem Steuergläubiger hat die insolvenzrechtliche Einordnung Relevanz für ein etwaiges Verbot der Aufrechnung des Steuergläubigers mit anderen Steueransprüchen gegen diesen Vorsteuerabzugsanspruch, § 96 Abs. 1 Nr. 1 InsO.

Abwandlung 3: Unternehmer S bestellt Waren für seinen Großwarenhandel. Am 5. Juni 2020 erhält er von Vertragspartner A eine Rechnung über eine Bestellung zum Brutto-Preis von 119,00 Euro, die S am 8. Juni 2020 im Voraus begleicht.

Am 15. Juni 2020 reicht S wegen Zahlungsunfähigkeit einen Antrag auf Eröffnung des Insolvenzverfahrens beim Insolvenzgericht ein. Dieses

---

839 BFH v. 20.10.2016 – V R 54/14, BFH/NV 2017, 488 (489, Rn. 12 f.); BFH v. 20.10.2016 – V R 64/16, BFH/NV 2017, 490 (490, Rn. 10); BFH v. 20.10.2016 – V R 26/15, BFH/NV 2017, 252 (253, Rn. 17) unter Verweis auf BFH v. 23.10.2014 – V R 23/13, BStBl. II 2015, 313 (315, Rn. 14 f.); ferner bereits BFH v. 1.7.2004 – V R 33/01, BStBl. II 2004, 861 (862).

840 So auch *Stadie*, MwStR 2016, 934 (940); wohl auch *Reiß*, MwStR 2016, 972 (975 f.); zweifelnd *Langer*, MwStR 2017, 76 (77).

eröffnet das Verfahren am 24. Juni 2020 und bestellt den I zum Insolvenzverwalter über das Vermögen des S. In der USt-Erklärung für Juni 2020 macht I ggü. dem Finanzamt einen Vorsteuerabzugsanspruch i.H.v. 19,00 Euro geltend.

Abb. 5: Abwandlung 3 Begründetheit Vorsteuerabzugsanspruch

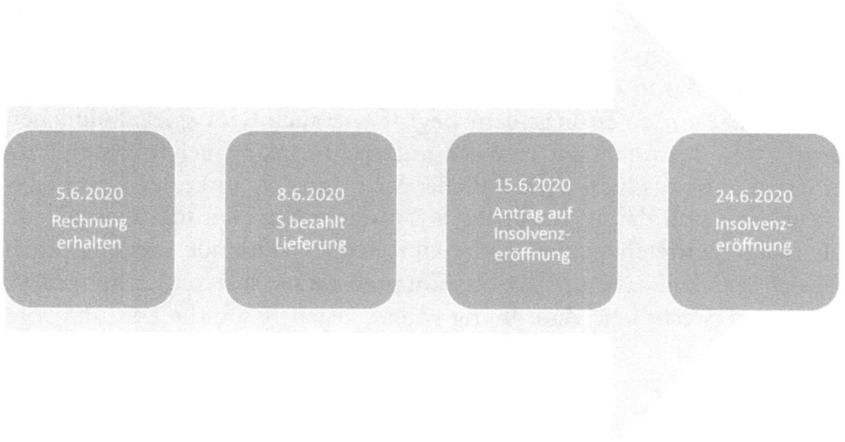

Auch beim Vorsteuerabzug aus Vorauszahlungen bzw. Anzahlungen ist der Vorsteuerabzugsanspruch nach Art. 167 MwStSystRL an den Umsatzsteuer*anspruch* gekoppelt. Er entsteht, sobald der Leistungsempfänger die Vorauszahlung oder Anzahlung an den Leistenden entrichtet hat, Art. 65 MwStSystRL.[841] Diese Verknüpfung nimmt auch § 15 Abs. 1 Satz 1 Nr. 1 Satz 3 UStG auf und erklärt den ausgewiesenen Steuerbetrag als Vorsteuer bereits für abziehbar, wenn die Rechnung vorliegt und die Zahlung geleistet worden ist. Da auch hier die Rechnungserteilung lediglich ein formeller Aspekt ist und zur Anspruchsentstehung nichts beiträgt,[842] liegt

841 Der EuGH und ihm folgend der BFH verlangen zusätzlich für die Anspruchsentstehung, dass die noch zu erbringende Leistung nicht „unsicher“ sein darf, vgl. EuGH v. 13.3.2004 – C-107/13, ECLI:EU:C:2014:151 (Rn. 39); dem für das UStG folgend BFH v. 29.1.2015 – V R 51/13, BFH/NV 2015 708 (709, Rn. 12); siehe auch *Waza*, in *Waza/Uhländer/Schmittmann*, Insolvenzen und Steuern, Rn. 2136.

842 Selbst wenn man dies anders sähe, würde in der Praxis wohl kaum einmal das Entgelt erbracht werden, bevor nicht eine Rechnung vorliegt, die deren konkrete Höhe ausweist.

der Zeitpunkt des „Schuldigwerdens“ bei Voraus- und Anzahlungen[843] im Zeitpunkt der Zahlung des insolventen Leistungsempfängers an den Leistenden.

Die Divergenz zum Vorsteuerabzugsanspruch nach § 15 Abs. 1 Satz 1 Nr. 1 Sätze 1 und 2 UStG, bei dem an den Zeitpunkt der Leistungserbringung anzuknüpfen ist, liegt an den unterschiedlichen tatbestandlichen Anknüpfungen für den Vorsteuerabzugsanspruch. Dass die Leistung im Falle von Voraus- und Anzahlungen noch nicht erbracht wurde und somit noch kein vollständiger Umsatz i.S.v. § 1 Abs. 1 Nr. 1 Satz 1 UStG vorliegt, ist dagegen für das insolvenzrechtliche „Schuldigwerden“ aus zwei Gründen irrelevant: Zum einen liegt dem Begriff wie auch dem spiegelbildlichen Begriff der Begründetheit eine haftungsrechtliche Betrachtungsweise zugrunde. Es ist aus haftungsrechtlicher Sicht im Zeitpunkt der Anspruchsentstehung und damit des sicheren Eintretens der Haftung unerheblich, ob später eintretende oder nicht eintretende Umstände den Anspruch wieder entfallen lassen. Bis zum Eintreten dieser späteren Ereignisse ist die haftungsrechtliche Zuordnung vorerst gegeben. Ob die Leistung vom Leistenden später tatsächlich noch erbracht wird, ist für die Entstehung des Vorsteuerabzugsanspruchs des insolventen Leistungsempfängers mithin zunächst unerheblich.[844] Es wäre demnach verfehlt, als Grund der Entstehung des Vorsteuerabzugsanspruchs auf die (noch nicht erfolgte) Leistungserbringung abzustellen, da das Gesetz den Grund der Haftung ganz klar von ihr unabhängig macht und in der Bezahlung des Rechnungsbetrags sieht.

Zum anderen kommt es wegen der Verweistechnik des Art. 167 MwStSystRL auf sekundärrechtlicher Ebene ebenfalls nicht auf den Zeitpunkt der Leistungserbringung an. Art. 65 MwStSystRL erklärt in diesem Fall die Zahlung zum Steuertatbestand. § 15 Abs. 1 Satz 1 Nr. 1 Satz 3 UStG stellt zwar keine derartige Verknüpfung mit dem korrespondierenden Umsatzsteuertatbestand her. Dafür erklärt die Vorschrift bei richtlinienkonformer Auslegung die Ausführung der Zahlung an den Leistenden als

---

843 Der Vorsteuerabzug aus der später erfolgenden Restzahlung bei Anzahlungen ist nach den zu § 15 Abs. 1 Satz 1 Nr. 1 Sätze 1 und 2 UStG vorgestellten Kriterien gesondert zu betrachten, wenn die Restzahlung nach Leistungserbringung erfolgt.

844 Zur Situation der Berichtigung des Vorsteuerabzugsanspruchs nach § 17 Abs. 2 Nr. 2 UStG, wenn die Leistung später endgültig nicht mehr erbracht wird, unten unter § 14. A. II. 1. a).

einziges materiell-rechtliches Anspruchsentstehungsmerkmal, sodass dieses i.E. auch aus Sicht des nationalen Rechts allein maßgeblich ist.[845]

Im Fall hat S die Rechnung vor Eröffnung des Insolvenzverfahrens erhalten und bezahlt, sodass das Entgelt noch vor Verfahrenseröffnung entrichtet wurde. Da das Entrichten des Entgelts für das „Schuldigwerden" ausschlaggebend ist, ist der Steuergläubiger den später von I geltend gemachten Vorsteuerabzugsanspruch bereits vor Verfahrenseröffnung schuldig geworden.[846]

3. Zwischenergebnis

Während es beim Vorsteuerabzugsanspruch nach § 15 Abs. 1 Satz 1 Nr. 1 Sätze 1 und 2 UStG für das insolvenzrechtliche „Schuldigwerden" auf den Zeitpunkt der Leistungserbringung ankommt, ist beim Vorsteuerabzugsanspruch aus Vorauszahlungen bzw. Anzahlungen nach § 15 Abs. 1 Satz 1 Nr. 1 Satz 3 UStG auf den Zeitpunkt der Zahlung abzustellen. Dementsprechend steht bei vorinsolvenzlicher Leistungserbringung oder Zahlung des Entgelts der Aufrechnung des Steuergläubigers gegen den Vorsteuerabzugsanspruch des Leistungsempfängers in diesen Konstellationen das Aufrechnungsverbot nach § 96 Abs. 1 Nr. 1 InsO nicht entgegen.

IV. Begründetheit des Vorsteuerberichtigungsanspruchs des Steuergläubigers nach § 17 Abs. 2 Nr. 1 Satz 1 UStG (erste Berichtigung)

Für die Geltendmachung des Vorsteuerabzugsanspruchs durch den insolventen Leistungsempfänger ist es nicht erheblich, ob er den in Abzug zu bringenden Betrag auch tatsächlich bereits an den Leistenden gezahlt

---

845 Hieran zeigt sich im Vergleich zum Vorsteuerabzugsanspruch nach § 15 Abs. 1 Satz 1 Nr. 1 Sätze 1 und 2 UStG eindrücklich, dass es sich beim Zeitpunkt der umsatzsteuerrechtlichen Leistungserbringung nicht um ein Universalkriterium zur Bestimmung der insolvenzrechtlichen Begründetheit umsatzsteuerrechtlicher Ansprüche handeln kann. Vielmehr muss jeder einzelne Anspruch daraufhin untersucht werden, welches Tatbestandsmerkmal die Begründetheit des betreffenden Anspruchs herbeiführt.

846 Zur Konstellation, bei der erst der I die Rechnung begleicht, unten unter § 11. B. IV.

hat.[847] Der Zeitpunkt der Entrichtung des Entgelts ist jedoch entscheidend dafür, ob dieser Vorsteuerabzugsanspruch anlässlich der Insolvenzeröffnung über das Vermögen des Leistungsempfängers aber wegen Uneinbringlichkeit nach § 17 Abs. 2 Nr. 1 Satz 1 i.V.m. 17 Abs. 1 Satz 2 UStG zugunsten des Steuergläubigers zu berichtigen ist. Aus insolvenzrechtlicher Sicht ist danach zu unterscheiden, ob der insolvente Leistungsempfänger das Entgelt bereits vor oder erst nach Insolvenzeröffnung[848] an den Leistenden zahlt, sei es im selben Voranmeldungszeitraum, in den die Eröffnung des Insolvenzverfahrens fällt, oder in einem der darauffolgenden Voranmeldungszeiträume.

1. Fehlende Entgeltentrichtung als Anlass der Uneinbringlichkeitsberichtigung

Tritt die formelle Insolvenz des Leistungsempfängers bereits vor der Entrichtung des Entgelts für eine bereits empfangene Leistung ein, wird aufseiten des der Soll-Besteuerung unterliegenden Leistenden eine Uneinbringlichkeitsberichtigung der von ihm geschuldeten Umsatzsteuer vorgenommen, § 17 Abs. 2 Nr. 1 Satz 1 i.V.m. Abs. 1 Satz 1 UStG.[849] Diese Berichtigung zwingt jedoch auch aufseiten des insolventen Leistungsempfängers zu einer Berichtigung des zu seinen Gunsten bereits entstandenen – und insolvenzrechtlich auch vor der Insolvenzeröffnung begründeten – Vorsteuerabzugsanspruchs ggü. dem Steuergläubiger. Denn § 17 Abs. 1 Satz 2 UStG knüpft insoweit das Schicksal der Vorsteuer aus einem Umsatz an die Pflicht zur Zahlung der Umsatzsteuer aus demselben Umsatz, um dem Steuergläubiger eine Situation zu ersparen, in der er die Vorsteuer bereits an den Leistungsempfänger erstatten muss, wegen eines Hindernisses aufseiten des Leistungsempfängers hinsichtlich des Entgelt wie dessen Insolvenz jedoch die Umsatzsteuer beim Leistenden auf absehbare Zeit nicht vereinnahmen können wird. Hierbei ist es anerkanntermaßen unerheblich, ob der Vorsteuerabzugsanspruch aufgrund der Leistungserbringung in denselben Voranmeldungszeitraum wie das Berichtigungsereignis fällt oder ob beide Ereignisse in mehrere aufeinanderfolgende Voranmeldungszeiträume fallen.

---

847 A.A. *Stadie*, in *Rau/Dürrwächter*, Bd. V, § 15, Rn. 1000 f.

848 Dann regelmäßig durch den Insolvenzverwalter in Gestalt einer Quotenzahlung.

849 Ausführlich bereits oben unter § 11. A. I. 2. b).

Unterliegt der Leistende hingegen der Ist-Besteuerung, findet bei ihm mangels Umsatzsteueranspruchs bis zur Entgeltvereinnahmung auch keine Uneinbringlichkeitsberichtigung nach § 17 Abs. 2 Nr. 1 Satz 1 UStG statt.[850] Aufseiten des insolventen Leistungsempfängers bleibt die Interessenlage aber gleich; unabhängig von der auf den Leistenden anzuwendenden Besteuerungsart ist eine Aufrechterhaltung des Vorsteuerabzugsanspruchs mangels Belastung mit der Umsatzsteuer als Teil des Leistungsentgelts infolge der insolvenzeröffnungsbedingten Uneinbringlichkeit nicht gerechtfertigt. In diesem Fall muss daher eine isolierte Berichtigung nur des Vorsteuerabzugsanspruchs aufseiten des Leistenden unabhängig von § 17 Abs. 1 Satz 2 UStG stattfinden.[851]

2. Begründetheit des Vorsteuerberichtigungsanpruchs des Steuergläubigers bei Insolvenzeröffnung vor Entgeltentrichtung nach § 17 Abs. 2 Nr. 1 Satz 1 UStG

Wann der Anspruch des Steuergläubigers ggü. dem insolventen Leistungsempfänger infolge der Uneinbringlichkeitsberichtigung nach § 17 Abs. 2 Nr. 1 Satz 1 UStG aus insolvenzrechtlicher Sicht i.S.v. § 38 InsO begründet ist, gehört zu den umstrittensten Fragen im Zusammenhang mit der Einordnung umsatzsteuerrechtlicher Ansprüche.

Gelangt man zur Begründetheit des Anspruchs des Steuergläubigers aus der Uneinbringlichkeitsberichtigung nach § 17 Abs. 2 Nr. 1 Satz 1 UStG nach Insolvenzeröffnung, handelt es sich um eine in voller Höhe vorrangig zu befriedigende Masseverbindlichkeit nach § 55 Abs. 1 InsO. Im Falle der Einordnung als vorinsolvenzlich begründete Insolvenzforderung nach § 38 InsO muss sich der Steuergläubiger hingegen auf eine quotale Befriedigung verweisen lassen, was schlimmstenfalls den vollständigen Forderungsausfall bedeutet. In diesem Fall verbleibt dem Steuergläubiger aber ggf. noch die Aufrechnung, §§ 94, 95 Abs. 1 Satz 1 InsO, mit dem Berichtigungsanspruch aus § 17 Abs. 2 Nr. 1 Satz 1 UStG gegen Ansprüche des insolventen Leistungsempfängers. Hat der Steuergläubiger den Vorsteuerabzugsanspruch des insolventen Leistungsempfängers, der Grundlage für den hier diskutierten Berichtigungsanspruch aus § 17 Abs. 2 Nr. 1 Satz 1 UStG bildet, noch nicht erfüllt, kommt eine Aufrechnung gegen diesen

850 Vgl. dazu bereits oben unter § 11. A. I. 2.
851 Vgl. *Weymüller*, in BeckOK UStG, § 17, Rn. 62.1 für den Fall einer Herabsetzung des Entgelts.

Vorsteuerabzugsanspruch in Betracht, sodass ursprünglicher und Berichtigungsanspruch sich im Wege der Aufrechnung letztendlich aufheben („Nullsummenspiel"). Andernfalls kann der Steuergläubiger ggf. gegen sonstige Ansprüche des insolventen Leistungsempfängers ggü. dem Steuergläubiger aufrechnen. Wenn dies nicht gelingt, verbleibt der Insolvenzmasse (zunächst) ein Vorteil in Höhe des zur Insolvenzmasse zu zahlenden Vorsteuerabzugsanspruchs.

Es besteht weitestgehend Einigkeit darüber, dass der Berichtigungsanspruch des Steuergläubigers aus § 17 Abs. 2 Nr. 1 Satz 1 UStG hinsichtlich des Vorsteuerabzugsanspruchs des insolventen Leistungsempfängers nicht nach Insolvenzeröffnung begründet und daher der Durchsetzung durch Aufrechnung des Steuergläubigers auch nach Eröffnung des Insolvenzverfahrens zugänglich sein soll. Die Begründungen hierfür unterscheiden sich jedoch z.T. erheblich. Zusammenfassend werden zwei Positionen vertreten. Nach einer Ansicht wird der Berichtigungstatbestand als solcher überhaupt nicht als eigenständiger Anknüpfungspunkt gesehen, sondern vielmehr die Begründetheit des Berichtigungsanspruchs im Tatbestand des zu berichtigenden Vorsteuerabzugsanspruchs gesucht. Nach der gegenteiligen Ansicht stellt § 17 Abs. 2 Nr. 1 Satz 1 UStG durchaus einen für Zwecke der §§ 38, 96 Abs. 1 Nr. 1 InsO eigenständigen Tatbestand dar, der separat von dem zu Grunde liegenden zu berichtigenden Ereignis zu betrachten ist.[852] Folgt man dieser Ansicht, stellt sich die Folgefrage, wann die Uneinbringlichkeit in Bezug auf den Eintritt der formellen Insolvenz genau eintritt und ob man bei Eintritt der formellen Insolvenz auch auf das Vorliegen materieller Insolvenz zurückgreifen kann. Im Einzelnen:

a) Anknüpfung an den zu Grunde liegenden Tatbestand

Insb. der VII. Senat des BFH vertrat lange die Auffassung, bei der Uneinbringlichkeitsberichtigung des Vorsteuerabzugsanspruchs des insolventen Leistungsempfängers komme es für die insolvenzrechtliche Einordnung nicht auf die Tatbestandsverwirklichung des § 17 Abs. 2 Nr. 1 Satz 1 UStG, also auf den Eintritt der Uneinbringlichkeit, an. Vielmehr sei der Rechtsgrund für den Berichtigungsanspruch des Steuergläubigers bereits dann gelegt, wenn die Leistung an den insolventen Leistungsempfänger

852 Hinsichtlich dieser Frage wurde auch innerhalb der Kommission zur Harmonisierung von Insolvenz- und Steuerrecht keine Einigkeit erzielt, vgl. *Seer*, DStR 2014 (Beihefter), 117 (122).

erbracht worden ist. Der Berichtigungsanspruch sei daher bereits aufschiebend bedingt in der Verwirklichung des der Berichtigung zu Grunde liegenden Sachverhalts angelegt.

Auch dass § 17 Abs. 2 Nr. 1 Satz 1 UStG steuerverfahrensrechtlich einen selbständigen Anspruch darstelle, hindere eine solche Verknüpfung mit dem Ausgangsanspruch nicht. Denn § 17 Abs. 2 Nr. 1 Satz 1 UStG habe lediglich kompensatorischen Charakter, indem er die ursprünglich vorgenommene Besteuerung ausgleiche und die damals für ein bestimmtes Ereignis erhobene Steuer aufgrund eines späteren, entgegengesetzten Ereignisses zurückführe. Das rechtfertige es, ihn als bereits mit der Verwirklichung des Besteuerungstatbestands insolvenzrechtlich begründet anzusehen.[853]

Folge dieser Ansicht ist, dass der Berichtigungsanspruch des Steuergläubigers im Insolvenzverfahren über das Vermögen des Leistungsempfängers als Insolvenzforderung nach § 38 InsO einzuordnen ist, auch wenn die Uneinbringlichkeit mit oder nach Insolvenzeröffnung eintritt. Diese Auffassung wird von zahlreichen Literaturstimmen geteilt[854] und hat nur vereinzelt Kritik erfahren.[855]

b) Anknüpfen an Tatbestand des § 17 Abs. 2 Nr. 1 Satz 1 UStG selbst

Nach anderer Auffassung stellt § 17 Abs. 2 Nr. 1 Satz 1 UStG einen auf seine insolvenzrechtliche Begründetheit hin selbständig zu untersuchenden Tatbestand dar.[856] Dieser Auffassung hat sich der VII. Senat des BFH zur Wahrung bzw. Wiederherstellung einer einheitlichen Rechtsprechung

---

853 Zusammenfassend BFH v. 25.7.2012 – VII R 29/11, BStBl. II 2013, 36 (37, Rn. 13); vgl. auch BFH v. 17.4.2007 – VII R 27/06, BStBl. II 2009, 589 (590 f.).

854 Vgl. nur *Heinze*, DZWiR 2013, 45 (46); *ders.*, DZWiR 2011, 276 (279); *Schallehn*, ZIP 1998, 1993 (1996); *Onusseit*, BB 1988, 674 (676 f.); *ders.*, in *Kübler/Prütting/Bork*, InsO, Bd. IV, InsSteuerR II F, Rn. 424 ff.; *Bücheler*, DStR 1980, 70 (72); *Ehricke/Behme*, in MüKo InsO, Bd. 1, § 38, Rn. 120.

855 *Windel*, in *Jäger*, InsO, Bd. 2, § 95, Rn. 19 a.E. plädiert aufgrund der Folgeprobleme dafür, die Aufrechenbarkeit für nach Steuerrecht noch nicht durchsetzbare Forderungen insgesamt abzulehnen; *Frotscher*, Besteuerung bei Insolvenz, 93 verweist auf die Rechtsprechung des IX. Senats des BFH und lehnt eine Aufrechnungsmöglichkeit des Steuergläubigers mit dem Berichtigungsanspruch aus § 17 Abs. 2 Nr. 1 Satz 1 InsO ab.

856 BFH v. 9.12.2010 – V R 22/10, BStBl. II 2011, 996 (999, Rn. 32); FG Berlin v. 9.3.1999 – 5 K 5196/98, EFG 1999, 1110 (1112); *Wäger*, DB 2012, 1460 (1462).

zwischenzeitlich angeschlossen.[857] Da der Berichtigungstatbestand neben dem Eintreten der Uneinbringlichkeit lediglich noch den – für die Begründetheit eines jeden umsatzsteuerrechtlichen Anspruchs unerheblichen[858] – Ablauf des Voranmeldungszeitraums, in den der Eintritt der Uneinbringlichkeit fällt, als Tatbestandsmerkmal aufweist, kann der Berichtigungsanspruch folglich nur im Zeitpunkt der Uneinbringlichkeit selbst insolvenzrechtlich begründet sein.

Es wird jedoch nicht einheitlich beurteilt, wann genau Uneinbringlichkeit im Zusammenhang mit der formellen Insolvenz eintritt. Darauf kommt es allerdings häufig an, da Feststellungen zum Zeitpunkt des Eintritts der materiellen Insolvenz regelmäßig nicht getroffen werden (können).

(aa) Uneinbringlichkeit vor Insolvenzeröffnung

Sofern man annimmt, der Entgeltanspruch des Leistenden ggü. dem insolventen Leistungsempfänger werde noch vor der Eröffnung des Insolvenzverfahrens uneinbringlich, drängt sich der Schluss auf, dass der Berichtigungsanspruch des Steuergläubigers ggü. dem insolventen Leistungsempfänger hinsichtlich seines zu berichtigenden Vorsteuerabzugsanspruchs bereits (in der logischen Sekunde) vor der Verfahrenseröffnung begründet wird und somit als Insolvenzforderung des Steuergläubigers einzuordnen ist.

Zu den Vertretern dieser Ansicht gehört insb. der V. Senat des BFH, der so letztendlich zum selben Ergebnis gelangt, wie der VII. Senat des

---

857 BFH v. 25.7.2012 – VII R 29/11, BStBl. II 2013, 36 (38, Rn. 16). Hierin ist entgegen *Wäger*, UR 2013, 673 (677); *Frotscher*, Besteuerung bei Insolvenz, 213; *Roth*, Insolvenzsteuerrecht, Rn. 4.328 und *Waza*, in *Waza/Uhländer/Schmittmann*, Insolvenzen, Rn. 1964 (1965) kein generelles Einverständnis des VII. Senats mit der unter § 12. A. I. 2. a) (aa) noch zu besprechenden sog. „Doppelberichtigungs"-Rechtsprechung des V. Senats verbunden. Denn zu dieser Frage hatte der VII. Senat ausdrücklich nicht Stellung genommen. Diese Einschätzung teilend *Krüger*, ZInsO 2013, 2200 (2201). Der VII. Senat bezog sich z.B. in BFH v. 18.8.2015 – VII R 29/14, ZIP 2015, 2237 (2237, Rn. 16) ausdrücklich auf seine ältere Rechtprechung und wendete gleichsam seinen neuen Prüfungsmaßstab nicht konsequent an, vgl. *Schmidt*, DB 2015, 2724 (2724). Es ist allerdings zuzugeben, dass der VII. Senat dem V. Senat des BFH das „Feld des USt-Insolvenzrechts [überlassen hat], soweit das Festsetzungsverfahren betroffen ist", vgl. *Kahlert*, DB 2012, 2558 (2558).

858 Vgl. bereits oben unter § 9. B. II.

BFH mit dessen früherer Rechtsprechung, innerhalb derer er jedoch nicht auf den Uneinbringlichkeitstatbestand selbst abstellte. Bereits in älteren Entscheidungen ging der V. Senat des BFH davon aus, dass die Uneinbringlichkeit im Augenblick der Verfahrenseröffnung eintrete.[859] Zwar ist in den Entscheidungen davon die Rede, die Uneinbringlichkeit trete „(spätestens) mit Eröffnung des Insolvenzverfahrens“ ein,[860] seit dem Urteil vom 24. November 2011 konkretisiert der V. Senat des BFH seine Rechtsprechung aber dahingehend, dass der Berichtigungsanspruch „mit und damit eine juristische Sekunde vor der Insolvenzeröffnung“ entstehe.[861]

(bb) Uneinbringlichkeit mit Insolvenzeröffnung

Häufig wird der Zeitpunkt des Eintritts auch genau auf den Zeitpunkt der Insolvenzeröffnung fallend bzw. spätestens zu diesem Zeitpunkt angenommen.[862] Fraglich ist dann, welche Rechtsfolgen eintreten sollen. Vereinzelt wird vertreten, es müsse sich dann bei dem Vorsteuerberichtigungsanspruch des Steuergläubigers um eine Masseverbindlichkeit des leistungsempfangenden Leistungsempfängers handeln.[863]

Der IX. Senat des BGH hat hierzu entschieden, dass der Berichtigungsanspruch des Steuergläubigers in diesem Fall jedenfalls nicht vor Insolvenzeröffnung begründet sei und dass somit eine Aufrechnung nach § 94 InsO ausscheide. Er ordnete den Berichtigungsanspruch gleichwohl nicht

---

859 Grundlegend BFH v. 13.11.1986 – V R 59/79, BStBl. II 1987, 226 (228).

860 BFH v. 9.12.2010 – V R 22/10, BStBl. II 2011, 996 (998, Rn. 25); BFH v. 22.10.2009 – V R 14/08, BStBl. II 2011, 988 (990, Rn. 29); BFH v. 16.7.1987 – V R 80/82, BStBl. II 1987, 691 (692); BFH v. 13.11.1986 – V R 59/79, BStBl. II 1987, 226 (228); zustimmend *Wäger*, DB 2012, 1460 (1462); *Maus*, Steuern im Insolvenzverfahren, Rn. 303; *Weiss*, Insolvenz und Steuern, 74 f.

861 BFH v. 24.11.2011 – V R 13/11, BStBl. II 2012, 298 (304, Rn. 52). Zustimmend *Wäger*, UR 2013, 673 (678); *Pull*, in *Reiß/Kraeusel/Langer*, UStG, § 17, Rn. 121; ablehnend z.B. *Kahlert/Onusseit*, DStR 2012, 334 (336); *ders./Schmidt*, 2012, 197 (201).

862 *Steinberg*, Insolvenzforderung, 98; *Maus*, Steuern im Insolvenzverfahren, Rn. 303; *Onusseit*, BB 1988, 674 (676), nach dessen Auffassung es auf diesen Zeitpunkt für die insolvenzrechtliche Einordnung jedoch nicht ankommt; *Weiss*, Insolvenz und Steuern, 72; *Knobbe-Keuk*, BB 1977, 757 (761); BFH v. 24.11.2011 – V R 13/11, BStBl. II 2012, 298 (304, Rn. 52). Zur insoweit missverständlichen Formulierung des V. Senats des BFH bereits oben unter § 11. B. IV. 2. b) (aa).

863 *Steinberg*, Insolvenzforderung, 98.

automatisch als Masseverbindlichkeit ein, da es an den Voraussetzungen des § 55 InsO insgesamt fehle. Übrig bleibe danach eine Insolvenzforderung des Steuergläubigers, mit der er nicht aufzurechnen vermag.[864] Ebenso ist augenscheinlich die neue Rechtsprechung des VII. Senats des BFH zu verstehen. Denn obwohl der Senat darin die Grundannahme des V. Senats des BFH übernimmt, es sei allein auf den Tatbestand des § 17 Abs. 2 Nr. 1 Satz 1 UStG zu blicken, gelangte er zu der Entscheidung, dass die Aufrechnung mit dem Berichtigungsanspruch durch den Steuergläubiger unzulässig sei, da er nicht bereits vor Insolvenzeröffnung begründet gewesen sei.[865]

(cc) Uneinbringlichkeit nach Insolvenzeröffnung

Geht man schließlich davon aus, dass der Eintritt der Uneinbringlichkeit nur kausale Folge des Eintritts der formellen Insolvenz sein kann, weil sie den Grund für die Uneinbringlichkeit darstellt, so wird man, da die Uneinbringlichkeit dann erst in der logischen Sekunde nach Insolvenzeröffnung eintreten kann, den Berichtigungsanspruch des Steuergläubigers hinsichtlich des Vorsteuerabzugsanspruchs nur als nach Verfahrenseröffnung begründet ansehen können.[866]

c) Stellungnahme

Wie bereits ausgeführt besteht Einigkeit darüber, dass der Berichtigungsanspruch des Steuergläubigers aus § 17 Abs. 2 Nr. 1 Satz 1 UStG hinsichtlich des Vorsteuerabzugsanspruchs des insolventen Leistungsempfängers nicht nach Insolvenzeröffnung begründet und daher der Durchsetzung durch

---

864 Vgl. BGH v. 19.7.2007 – IX ZR 81/06, ZIP 2007, 1612 (1613 f., Rn. 18 ff.).

865 BFH v. 25.7.2012 – VII R 29/11, BStBl. II 2013, 36 (37 ff., Rn. 11, 22). Auch hieran wird deutlich, dass die Rechtsprechung beider Senate sich noch nicht so weit angenähert hat, dass von einer einheitlichen Linie ausgegangen werden könnte.

866 *Witfeld*, Umsatzsteuerverfahren und Insolvenz, 237 f.; *Heinze*, DZWiR 2013, 45 (46), der ebenfalls der früheren Auffassung des VII. Senats des BFH zustimmt; ähnlich *Sinz*, in *Uhlenbruck/Hirte/Vallender*, InsO, § 96, Rn. 24 in Bezug auf Anfechtungsansprüche nach § 143 InsO deren Begründetheit ebenfalls das eröffnete Verfahren voraussetzen und somit zwangsläufig nicht davor begründet sein können.

Aufrechnung des Steuergläubigers auch nach Eröffnung des Insolvenzverfahrens zugänglich sein soll. Der V. Senat des BFH nimmt hierfür – anknüpfend an den Tatbestand des Berichtigungsanspruchs selbst – einige dogmatische Biegungen in Kauf, um zum gewünschten Ergebnis zu gelangen. Denn es spricht wenig dafür, dass die Uneinbringlichkeit des Entgelts für die empfangene Leistung, die über § 17 Abs. 1 Satz 2 UStG auch zur Berichtigung des Vorsteuerabzugsanspruchs führt, bereits vor dem Vorliegen der formellen Insolvenz eintreten sollte. Der V. Senat des BFH vertritt dies im Rahmen seiner sog. „Doppelberichtigungs"-Rechtsprechung für den Fall, dass der Leistende insolvent ist, was aber folgerichtig auf den hier besprochenen Fall übertragen werden kann.[867]

Auch wenn man diese Rechtsprechung heranzieht, fehlt es aber an einem Argument dafür, dass die Uneinbringlichkeit bereits vor dem sie auslösenden Ereignis eintreten soll. Betrachtet man für insolvenzrechtliche Zwecke den Tatbestand des § 17 Abs. 2 Nr. 1 Satz 1 UStG isoliert, wäre es naheliegender anzunehmen, die Uneinbringlichkeit trete erst nach Insolvenzeröffnung oder im selben Augenblick ein. Das führt aber nach der m.E. zutreffenden Auffassung des IX. Senats des BGH[868] dazu, dass die Aufrechnung nach § 94 InsO im Fall der Insolvenz des Leistenden ebenfalls ausgeschlossen ist, weil die Aufrechnungslage nicht schon vor Insolvenzeröffnung bestand, sondern erst im selben Zeitpunkt die Grundlage dafür geschaffen wird. Ist die Insolvenzeröffnung selbst tatbestandliche Voraussetzung für einen Anspruch, unterfällt er dem Aufrechnungsverbot des § 94 InsO.[869] Die Aufrechnung ist auch dann nur unter der Bedingung in die Insolvenzfestigkeit hinüber zu retten, wenn man bei extensiver Auslegung als Bedingung i.S.d. § 95 Abs. 1 Satz 1 InsO auch eine gesetzliche Voraussetzung für das Entstehen einer Forderung als „aufschiebende Bedingung" begreift.[870]

Dem V. Senat des BFH könnte allenfalls darin zugestimmt werden, die Uneinbringlichkeit trete bereits in der logischen Sekunde vor Insolvenzeröffnung ein, wenn mit Eintritt der formellen Insolvenz zugleich das Vorliegen materieller Insolvenz festgestellt wäre. Das ist schon deshalb pro-

---

867 Hierzu ausführlich unten unter § 12. A. I. 2. a) (aa) (ii).

868 BGH v. 19.7.2007 – IX ZR 81/06, ZIP 2007, 1612 (1614, Rn. 23).

869 Zutreffend *Heinze*, DZWiR 2011, 276 (279); *Sinz*, in *Uhlenbruck/Hirte/Vallender*, InsO, § 96, Rn. 24.

870 Im Ergebnis zutreffend BGH v. 19.7.2007 – IX ZR 81/06, ZIP 2007, 1612 (1614, Rn. 23) m.w.N., auch wenn die Begründung für diese weite Auslegung nicht im Vertrauensschutz liegen dürfte, vgl. *Paulus*, ZIP 1997, 569 (569 f.); *Bauer*, Ungleichbehandlung, 95.

blematisch, weil als Insolvenzgrund bei Eigenanträgen neben Zahlungsunfähigkeit und Überschuldung auch die drohende Zahlungsunfähigkeit ausreichend ist, § 18 Abs. 1 InsO. Selbst unter Zugrundelegung der Tatsache, dass in den allermeisten Fällen die Insolvenzeröffnung Zahlungsunfähigkeit und/oder Überschuldung die Gründe für die Verfahrenseröffnung sind, wird man nicht annehmen können, dass der Eröffnungsbeschluss mit der Insolvenzeröffnung auch die materielle Insolvenz vor Insolvenzeröffnung feststellt.

Das Insolvenzgericht entscheidet über den Eröffnungsantrag zwar regelmäßig auf Grundlage eines Sachverständigengutachtens zum Vorliegen der Insolvenzgründe. Dieses muss logischerweise zu einem früheren Zeitpunkt als dem erstellt werden, in dem der Eröffnungsbeschluss ergeht. Der Sachverständige kann den tatsächlichen Eröffnungszeitpunkt auch nicht antizipieren, sodass er seine Einschätzung zwangsläufig auf einen früheren Zeitpunkt als den Eröffnungszeitpunkt bezieht. Es wäre also durchaus möglich, dem Eröffnungsbeschluss die Feststellung zu entnehmen, die materielle Insolvenz habe in der logischen Sekunde vor der Eröffnungsentscheidung des Insolvenzgerichts vorgelegen, die er ja auf seine Überzeugung des Vorliegens der materiellen Insolvenz stützen muss.

Dennoch nimmt der Eröffnungsbeschluss eine solche Feststellung nicht mit in sich auf. Denn aus Sicht der InsO besteht dafür kein verfahrensrechtliches Bedürfnis. Sämtliche Rechtswirkungen der InsO knüpfen an die formelle Insolvenz an, die materielle Insolvenz ist dagegen Anlass des Verfahrens. Der Eröffnungsbeschluss ist zwar mit der sofortigen Beschwerde angreifbar, nach § 34 Abs. 3 Satz 3 InsO hat die erfolgreiche Beschwerde des Insolvenzschuldners aber keinen Einfluss auf die Wirksamkeit der zwischenzeitlichen Handlungen des Insolvenzverwalters. Ebenso verhält es sich, wenn das Insolvenzverfahren nachträglich wegen Wegfalls des Eröffnungsgrunds eingestellt wird, § 212 InsO. § 27 Abs. 2 InsO sieht die Angabe des Eröffnungsgrunds nicht als Mindestinhalt des Eröffnungsbeschlusses an. Selbst wenn man die in der Praxis mittlerweile dennoch üblicherweise erfolgende Nennung des Eröffnungsgrunds im Eröffnungsbeschluss[871] trotz ihres Eingriffscharakters in die Rechte des Insolvenzschuldners als verfassungsrechtlich geboten betrachtet,[872] so böte dies lediglich Anlass, für den Zeitpunkt des Eingriffs selbst, den des Wirksamwerdens des Eröffnungsbeschlusses, entsprechende Angaben zu machen. Es bleibt daher dabei, dass die vorgelagerte materielle Insolvenz ohne eigene Fest-

871 Vgl. *Zipperer*, in *Uhlenbruck/Hirte/Vallender*, InsO, § 27, Rn. 19.

872 So *Smid*, Handbuch Insolvenzrecht, § 29, Rn. 6.

stellungen, die dann grds. von demjenigen darzulegen und zu beweisen sind, der sich auf sie beruft, nicht über eine Hintertür der formellen Insolvenz zur Begründung des Eintritts der Uneinbringlichkeit einer Forderung unmittelbar vor Insolvenzeröffnung herangezogen werden kann.

Nun bedarf es auch eines erheblichen Begründungsaufwands dafür, mit dem VII. Senat des BFH zu der Annahme zu gelangen, das für die Begründetheit des Berichtigungsanspruchs maßgebliche Tatbestandsmerkmal sei die Erbringung der Leistung, die auch für die Begründetheit des Vorsteuerabzugsanspruchs selbst maßgeblich ist. Es ist auf den ersten Blick nämlich nicht zwingend, Vorsteuerabzugs- und Vorsteuerberichtigungsanspruch in der vorgeschlagenen Weise zu verknüpfen. Aus umsatzsteuerrechtlicher Sicht liegen zwei getrennte Tatbestände vor, die auf den ersten Blick haftungs- und verfahrensrechtlich voneinander unabhängig sind.[873] Dieser Eindruck entsteht nicht zuletzt aufgrund der Rechtsfolgenanordnung in § 17 Abs. 1 Satz 7 UStG, wonach gerade keine Rückwirkung der Berichtigung auf den ursprünglichen Leistungszeitpunkt stattfindet, sondern im Voranmeldungszeitraum des Eintritts der Uneinbringlichkeit.

Auch nach der hier entwickelten Begründetheitsdefinition müsste daher vordergründig betrachtet an den Tatbestand des § 17 Abs. 2 Nr. 1 Satz 1 UStG angeknüpft werden, da er eigene haftungsrechtliche Folgen auslöst. Schließlich mutet die Verknüpfung des Berichtigungsanspruchs als aufschiebend bedingt bereits in der Leistung angelegte Forderung eher konstruiert an. Denn die Bedingungen, unter denen die Rechtsfolge eintreten sollen, sind alles andere als bestimmbar, sondern zeitlich vage und auch die Eintrittswahrscheinlichkeit ist im Zeitpunkt der Leistungserbringung kaum abschätzbar.

Dennoch stellt es letztlich den richtigen Ansatz dar, für die Begründetheit des Berichtigungsanspruchs auf die zugrunde liegende Leistung anzuknüpfen. Zum einen besteht zwischen dem ursprünglichen Vorsteuerabzugsanspruch und dem späteren entgegengesetzten Berichtigungsanspruch eine umsatzsteuersystematische Verknüpfung, da es die Berichtigung begriffsnotwendig nicht ohne Bezugspunkt geben kann. Darüber kann auch die haftungsrechtlich separate Ausgestaltung beider Ansprüche nicht hinwegtäuschen. So teilt auch der V. Senat des BFH die Ansicht, dass „der anfänglich nach ‚Soll'-Besteuerungsgrundsätzen vorgenommene Vorsteuerabzug [...] (lediglich) tatbestandliche Voraussetzung der materiellen Re-

873 Dies im Zusammenhang mit § 15a UStG betonend z.B. BFH v. 9.4.1987 – V R 23/80, BStBl. II 1987, 527 (529).

gelung nach § 17 UStG" ist.[874] Letztlich ist die Berichtigung nur Ausfluss der der Umsatzsteuer zugrundeliegenden Belastungsneutralität zugunsten der ihr unterworfenen Unternehmer, sodass ohne eine Norm wie § 17 Abs. 2 Nr. 1 Satz 1 UStG die notwendige Berichtigung unmittelbar aus §§ 10 Abs. 1 und 15 Abs. 1 UStG abzuleiten wären.[875]

Der bisherigen Rechtsprechung des VII. Senats des BFH folgend besteht die Verknüpfung von Vorsteuerabzugsanspruch und Berichtigungsanspruch gerade darin, „dass das Steuerrecht den Steueranspruch entstehen lässt, bevor der eigentliche steuerliche Belastungsgrund eingetreten ist bzw. unabänderlich feststeht, und zum Ausgleich für die Vorverlagerung der Steuerschuldentstehung dem Steuerpflichtigen einen („kompensatorischen") Berichtigungsanspruch für den Fall garantiert, dass der steuerliche Belastungsgrund nicht in der von dem Steuergesetz vorausgesetzten Weise dauerhaft eintritt".[876]

Darüber hinaus stellen Vorsteuerabzug, Berichtigung und zweite Berichtigung aus umsatzsteuerrechtlicher Sicht eine wirtschaftliche Einheit dar. Unter diesen Voraussetzungen ist es zulässig und geboten, einen verknüpften Tatbestand für die Bestimmung der insolvenzrechtlichen Begründetheit des Berichtigungsanspruchs zugrunde zu legen und nicht nur auf dessen Tatbestandsmerkmal der Uneinbringlichkeit zu blicken.

Zum anderen kann den insolvenzrechtlichen Vorschriften ebenfalls eine Wertung dahingehend entnommen werden, dass wirtschaftlich zusammenhängende Vorgänge nicht aufgrund der bloß rechtlichen Getrenntheit in der Ausgestaltung getrennt betrachtet werden müssten. Es ist hierbei zunächst festzustellen, dass die §§ 38, 55 InsO ganz offensichtlich trotz ihres universellen Charakters stark zivilrechtlich geprägt sind und nur schwer dazu geeignet sind, eine derartige Berichtigungssituation zu erfassen, der zudem noch eine zweite Berichtigung folgen kann.[877] Dennoch gibt es durchaus vergleichbare Phänomene, die auch einer Lösung zugeführt werden, die der hier vertretenen Auffassung gleichen.

Im Bereich des öffentlichen Rechts gibt es Parallelen zum Mechanismus bei Rückforderung staatlicher Subventionen. Auch dort wird der Anspruch auf Rückzahlung der Beihilfen bereits als mit Gewährung der

874 BFH v. 22.10.2009 – V R 14/08, BStBl. II 2011, 988 (989, Rn. 26); BFH v. 7.12.2006 – V R 2/05, BStBl. II 2007, 848 (849).

875 *Stadie*, UR 2007, 117 (119).

876 BFH v. 25.7.2012 – VII R 29/11, BStBl. II 2013, 36 (37 f., Rn. 14).

877 Zur Einordnung der Berichtigung nach § 17 Abs. 2 Nr. 1 Satz 2 UStG bei späterer Vereinnahmung des Entgelts unten unter § 11. B. V.

Subvention begründet angesehen.[878] In diesen Fällen besteht eine ähnliche Unsicherheit, ob die Voraussetzungen der Subventionsgewährung eingehalten werden, aber auch eine ebensolche wirtschaftliche Verknüpfung, dass der rechtlich zweigeteilte Sachverhalt als einer betrachtet werden muss.

Auch im Falle einer bereicherungsrechtlichen Rückabwicklung aufgrund fehlenden Rechtsgrunds für die Leistung wegen nachträglich erfolgter Anfechtung des Kausalgeschäfts wird im Zivilrecht für die Begründetheit der bereicherungsrechtlichen Rückabwicklungsansprüche auf den Zeitpunkt der Vornahme des angefochtenen Rechtsgeschäfts abgestellt.[879] Die Begründung fällt in diesem Fall zwar leicht, weil die Anfechtung des Rechtsgeschäft *ex tunc*-Wirkung entfaltet, § 142 Abs. 1 BGB,[880] jedoch müsste auch ohne die zeitliche Rückwirkung dasselbe gelten.

Zusammenfassend ist demnach festzuhalten, dass bei der Uneinbringlichkeitsberichtigung nach § 17 Abs. 2 Nr. 1 Satz 1 UStG nicht erst der Zeitpunkt maßgeblich ist, in dem die Uneinbringlichkeit selbst eintritt, sondern es ist auf den Zeitpunkt abzustellen, in dem der zu berichtigende Vorsteuerabzugsanspruch selbst begründet war, nämlich im Zeitpunkt der Leistungserbringung.

V. Vorsteuerberichtigungsanspruch des Leistungsempfängers nach § 17 Abs 2 Nr. 1 Satz 2 UStG (zweite Berichtigung)

Zahlt der Insolvenzverwalter schließlich nach Insolvenzeröffnung das Entgelt für die vorinsolvenzlich vom insolventen Leistungsempfänger empfangene Leistung (aufgrund Erfüllungswahl nach § 103 Abs. 1 InsO oder anteilig im Rahmen der Schlussverteilung nach §§ 187 ff. InsO[881]), ist aus umsatzsteuerrechtlicher Sicht eine Berichtigung der Berichtigung des Vorsteuerabzugsanspruchs vorzunehmen.[882] Es handelt sich gem. § 17 Abs. 2 Nr. 2 Satz 2 i.V.m. Abs. 1 Satz 2 UStG um eine zweite Berichtigung,

---

878 Vgl. *Büteröwe*, in *K. Schmidt*, InsO, § 38, Rn. 30 m.w.N.; *Ehricke/Behme*, in MüKo InsO, Bd. 1, § 38, Rn. 123 m.w.N.

879 *Ehricke/Behme*, in MüKo InsO, Bd. 1, § 38, Rn. 83.

880 *Ehricke/Behme*, in MüKo InsO, Bd. 1, § 38, Rn. 83.

881 Dies wird der Regelfall sein; vgl. auch *Wäger*, DB 2012, 1460 (1463). Zur Nachtragsverteilungskaskade aufgrund der dann zur Insolvenzmasse gelangenden Zahlungen auf den Berichtigungsanspruch eingehend *Onusseit*, Umsatzsteuer im Konkurs, 227 ff.; vgl. auch *Maus*, Steuern im Insolvenzverfahren, Rn. 307.

882 Vgl. BFH v. 22.10.2009 – V R 14/08, BStBl. II 2011, 988 (991, Rn. 41).

sobald der Leistende das vereinbarte Entgelt nachträglich vereinnahmt hat. Sowie der Leistende schließlich doch die Umsatzsteuer an den Steuergläubiger abzuführen hat, erlangt der insolvente Leistungsempfänger seinen ursprünglichen Vorsteuerabzugsanspruch in Gestalt des zweiten Berichtigungsanspruchs ggü. dem Steuergläubiger zurück. Die zweite Berichtigung stellt somit den Schlusspunkt bei der umsatzsteuerrechtlichen Behandlung eines einzigen steuerpflichtigen Umsatzes dar.

Wie schon beim ursprünglichen Vorsteuerabzugsanspruch geht es beim zweiten Berichtigungsanspruch aus insolvenzrechtlicher Sicht ebenfalls nicht um einen Anspruch ggü. der Insolvenzmasse, sondern um einen Anspruch zur Insolvenzmasse, weshalb auch hier die Frage des Zeitpunkts des „Schuldigwerdens" zur Insolvenzmasse vor dem Hintergrund eines mit dem „Schuldigwerden" nach Insolvenzeröffnung zusammenhängenden Aufrechnungsverbots nach § 96 Abs. 1 Nr. 1 InsO zu stellen.[883] Wird der Steuergläubiger den zweiten Berichtigungsanspruch ggü. dem insolventen Leistenden vorinsolvenzlich schuldig, steht einer Aufrechnung des Steuergläubigers gegen diesen Anspruch § 96 Abs. 1 Nr. 1 InsO nicht entgegen, sondern die Aufrechnung ist nach §§ 94, 95 Abs. 1 Nr. 1 InsO zulässig.

Unstrittig findet die Uneinbringlichkeitsberichtigung aufseiten des insolventen Leistungsempfängers nach § 17 Abs. 2 Nr. 1 Satz 2 i.V.m. Abs. 1 Satz 2 UStG statt, wenn die Leistungserbringung – und damit die Entstehung des Vorsteuerabzugsanspruchs – in einem früheren Voranmeldungszeitraum erfolgt als die Insolvenz über das Vermögen des Leistungsempfängers – und damit der Anlass für die Uneinbringlichkeitsberichtigung. Im ersten Voranmeldungszeitraum würde somit der Vorsteuerabzugsanspruch angemeldet, während im darauffolgenden dieser wirtschaftlich wieder ausgeglichen wird durch Einbeziehung des Berichtigungsanspruchs zugunsten des Steuergläubigers.

Richtigerweise gilt das auch für den Fall, in dem Entstehung und Berichtigung des Vorsteuerabzugsanspruchs des insolventen Leistungsempfängers in ein und denselben Voranmeldungszeitraum fallen, weil Leistungserbringung und Insolvenzeröffnung innerhalb eines Voranmeldungszeitraums eintreten.[884] Es ist zwar offensichtlich, dass sich beide Berichtigungen rechnerisch aufheben und so bei Zusammenfallen in einem

---

883 Vgl. bereits oben unter § 9. C.

884 Vgl. BFH v. 24.9.2014 – V R 48/13, BStBl. II 2015, 506 (510, Rn. 33); BFH v. 24.10.2013 – V R 31/12, BStBl. II 2015, 674 (676, Rn. 22); *Sinz*, in *Uhlenbruck*, InsO, § 55, Rn. 118; a.A. noch BFH v. 9.12.2010 – V R 22/10, BStBl. II 2011, 996 (999, Rn. 34); BFH v. 28.6.2000 – V R 45/99, BStBl. II 2000, 703 (705).

Voranmeldungszeitraum dem in der Steuererklärung gemeldeten Saldo nicht anzusehen ist, dass zwei Berichtigungen angefallen sind. Dennoch sind beide Schritte gesetzlich vorgesehen und müssen im Überprüfungsfall nachvollziehbar dargelegt werden können.

Auf der Basis der Rechtsprechung des V. Senats sowie der neueren Rechtsprechung des VII. Senats des BFH, wonach die Berichtigungstatbestände als eigenständige Tatbestände zu betrachten sind, muss die Entrichtung des Entgelts an den Leistenden durch den Insolvenzverwalter zu einer nachinsolvenzlich schuldig gewordenen und nicht aufrechenbaren Verbindlichkeit des Steuergläubigers ggü. dem insolventen Leistungsempfängers führen.[885] Hierfür wird auch angeführt, die erste Berichtigung aufgrund Uneinbringlichkeit sorge lediglich für die Entstehung des mit Leistungserbringung aufschiebend bedingt entstandenen Berichtigungsforderung und damit für das Entfallen des mit der Leistungserbringung verwirklichten Steuertatbestands. Daneben komme es aber nicht zur Begründung einer weiteren aufschiebend bedingten Forderung, die unter der weiteren Bedingung einer späteren Entgeltentrichtung stehe.[886] Denn dies würde auf einer den tatsächlichen Verhältnissen nicht entsprechenden Fiktion beruhen. Die spätere Entgeltentrichtung führe daher im Rahmen der zweiten Berichtigung ausschließlich zu einer der Ist-Besteuerung entsprechenden Neubegründung des Vorsteuerabzugsanspruchs.[887]

Richtigerweise ist auch bzgl. der zweiten Berichtigung auf die ursprüngliche Leistungserbringung anzuknüpfen mit der Folge, dass der Steuergläubiger den aus ihr resultierenden Berichtigungsanspruch des insolventen Leistungsempfängers bereits vor Insolvenzeröffnung schuldig geworden war.[888] Denn die zweite Berichtigung ist ebenso wirtschaftlich unselbständig und findet ihre Ursache ebenso in dieser Leistungserbringung. Es

---

885 BFH v. 9.12.2010 – V R 22/10, BStBl. II 2011, 996 (998, Rn. 25); BFH v. 25.7.2012 – VII R 29/11, BStBl. II 2013, 36 (38, Rn. 16); FG Berlin-Brandenburg v. 9.3.1999 – 5 K 5196/98, DZWiR 2000, 287 (289); *Wäger*, DB 2012, 1460 (1462); *Witfeld*, Umsatzsteuerverfahren und Insolvenz, 243 f.

886 *Wäger*, DB 2012, 1460 (1464).

887 *Wäger*, DB 2012, 1460 (1464), nach dem dasselbe auch für den Steueranspruch im Fall der Leistungserbringung durch den insolventen Unternehmer gelten soll, dazu unten unter § 12. A. I. 2. a).

888 Ebenso *Onusseit*, in *Kübler/Prütting/Bork*, InsO, Bd. IV, InsSteuerR II F, Rn. 538, 464 ff. Hier werden die Verwerfungen zwischen der Rechtsprechung des V. und der früheren Rechtsprechung des VII. Senat des BFH besonders deutlich. Denn obwohl beide Lösungsansätze auf ihre Weise dazu führ(t)en, dass der Steuergläubiger trotz Insolvenz des Steuerschuldners eine Möglichkeit hat, die Ansprüche gegen ihn werthaltig zu belassen – sei es durch Erhaltung einer

spiegelt die tatsächlichen Verhältnisse eher wider, einen wirtschaftlich einheitlichen Sachverhalt in diesem Fall auch rechtlich als Einheit zu behandeln. Andernfalls, bei Annahme einer der Ist-Besteuerung entsprechenden Neubegründung des Vorsteuerabzugsanspruchs, würde ein wesentlicher Teil des wirtschaftlichen Sachverhalts rechtlich negiert. In diesem Teil des wirtschaftlichen Sachverhalts ist aber bereits die haftungsrechtliche Zuweisung des Schuldnervermögens zugunsten des Steuergläubigers, aber auch die Verlustrisikozuweisung angelegt. Beides verändert sich im Falle beider Berichtigungen, die (nur) eine Verschiebung auf der Zeitachse darstellen, nicht in qualitativer Hinsicht.

VI. Vorsteuerberichtigungsanspruch des Steuergläubigers gem. § 15a UStG

§ 15a UStG enthält ebenfalls die Grundlage für Berichtigungsansprüche des Steuergläubigers ggü. dem Leistungsempfänger hinsichtlich des ursprünglichen Vorsteuerabzugsanspruchs. Jedoch bezieht sich die Berichtigung auf den Wegfall der Grundvoraussetzungen für den Vorsteuerabzugsanpruch, insb. die Verwendung der Eingangsleistung zur Erzielung eigener umsatzsteuerpflichtiger Ausgangsleistungen (§ 15 Abs. 2 UStG), nicht (lediglich) auf eine Berichtigung der Umsatzbesteuerung auf der Zeitschiene zur Verringerung der Wirkungen der Soll-Besteuerung. Besonders relevant wird die Einordnung von Berichtigungsansprüchen aus § 15a UStG im insolvenzrechtlichen Kontext bei Verwertungshandlungen des Insolvenzverwalters.

Die insolvenzrechtliche Bedeutung der Einordnung von Berichtigungsansprüchen des Steuergläubigers ggü. dem insolventen Leistungsempfänger aus § 15a UStG läuft parallel zum ersten Berichtigungsanspruch nach § 17 Abs. 2 Nr. 1 Satz 1 UStG, d.h. es geht um die Frage, ob der Steuergläubiger diesen Anspruch als Massegläubiger nach § 55 Abs. 1 InsO oder lediglich als Insolvenzgläubiger nach § 38 InsO mit quotaler Befriedigung geltend machen kann. Dementsprechend wird auch hier vertreten, es komme ausschließlich auf den Zeitpunkt der Verwirklichung der Tatbestandsmerkmale des § 15a UStG selbst an, sodass bei Verwirklichung nach Insolvenzeröffnung eine Masseverbindlichkeit zugunsten des Steuergläubi-

---

Aufrechnungsmöglichkeit oder durch Einordnung als Masseverbindlichkeit –, sollte klar sein, dass nicht beides auf einmal geht.

gers entsteht.[889] Die Annahme einer Masseverbindlichkeit liegt hier umso näher, weil die Veränderung in der ursprünglichen Vorsteuerberechtigung häufig durch eine Handlung des Insolvenzverwalters eintritt und dadurch die Voraussetzungen des § 55 Abs. 1 Nr. 1 InsO erfüllt wären, beispielsweise durch die Verwertung/Veräußerung eines zur Insolvenzmasse gehörenden Gegenstands, bei dessen Anschaffung der Vorsteuerabzugsanspruch geltend gemacht wurde.[890] Doch auch hier ist nach richtiger Ansicht und aus den genannten Gründen bereits auf den zugrunde liegenden zu berichtigenden Vorsteuerabzugsanspruch abzustellen.[891] Das bedeutet auch in diesem Fall, dass der Berichtigungsanspruch des Steuergläubigers eine Insolvenzforderung nach § 38 InsO ist, die er auf Grundlage von §§ 94, 95 Abs. 1 Nr. 1 InsO als Gegenforderung zur Aufrechnung gegen Forderungen des insolventen Leistungsempfängers nutzen kann.

§ 12. Begründetheit umsatzsteuerrechtlicher Anspruchsgrundlagen bei Insolvenz des Leistenden

A. Auswirkungen der Insolvenz des Leistenden aufseiten des Leistenden – Begründetheit des Umsatzsteueranspruchs des Steuergläubigers

Wird das Insolvenzverfahren über das Vermögen des Leistenden eröffnet, sind zum einen die Umsatzsteueransprüche des Steuergläubigers im Verhältnis zum insolventen Leistenden im Rahmen des Insolvenzverfahrens zu untersuchen, zum anderen die Auswirkungen der Insolvenz des Leistenden auf die steuerrechtlichen Ansprüche in der Beziehung zwischen dem Leistungsempfänger und dem Steuergläubiger. Der insolvente Leistende kann hierbei seine Umsätze nach vereinbarten oder vereinnahmten Entgelten versteuern.

---

889 So BFH v. 8.3.2012 – V R 24/11, BStBl. II 2012, 466 (467, Rn. 13); BFH v. 9.2.2011 – XI R 35/09, BStBl. II 2011, 1000 (1001 f., Rn. 19 ff.); bereits zu § 58 Nr. 2 KO BFH v. 6.6.1991 – V R 115/87, BStBl. II 1991, 817 (817 f.); BFH v. 9.4.1987 – V R 23/80, BStBl. II 1987, 527 (529); vgl. auch *Wäger*, UR 2013, 81 (87); *Waza*, in *Waza/Uhländer/Schmittmann*, Insolvenzen und Steuern, Rn. 2150.

890 So z.B. *Witfeld*, Umsatzsteuerverfahren und Insolvenz, 124 f.

891 Vgl. *Onusseit*, in *Kübler/Prütting/Bork*, InsO, Bd. IV, InsSteuerR II F, Rn. 474; zur Aufrechnung des Steuergläubigers gegen einen Erstattungsanspruch hinsichtlich Grundsteuer bei nachinsolvenzlich ausgeübten Rücktrittsrechts BFH v. 17.4.2007 – VII R 27/06, BStBl. II 2009, 589 (591).

Abb. 6: Dreiecksverhältnis bei Insolvenz des Leistenden

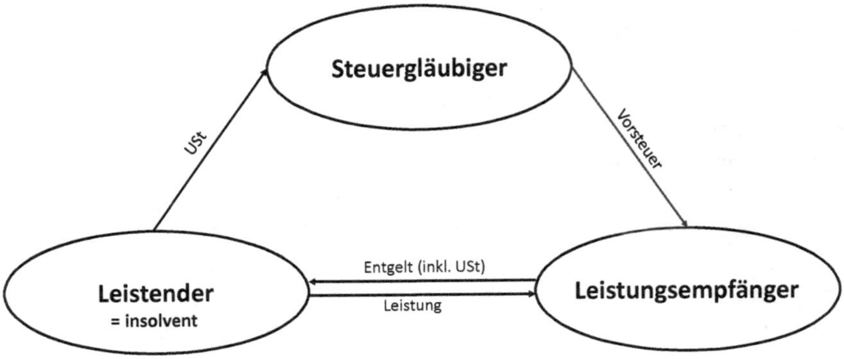

I. Auswirkungen der Insolvenz des Leistenden auf den Leistenden, wenn er der Soll-Besteuerung unterliegt

1. Insolvenzforderung bei Leistungserbringung und Entgeltvereinnahmung vor Insolvenzeröffnung

Es ist allgemein anerkannt, dass die Umsatzsteuer, die ein Leistender, der der Soll-Besteuerung unterliegt, an den Steuergläubiger abzuführen hat, von diesem lediglich als Insolvenzforderung gem. § 38 InsO im Insolvenzverfahren über das Vermögen des Leistenden geltend machen kann, wenn der insolvente Leistende seine Leistung bereits vor Insolvenzeröffnung erbracht und auch das Entgelt für seine Leistung vor diesem Zeitpunkt vereinnahmt hat.[892] Es kommt auch nicht darauf an, ob auch der zugehörige Voranmeldungszeitraum bereits vor oder erst nach der Insolvenzeröffnung abgelaufen ist.

---

892 BFH v. 29.1.2009 – V R 64/07, BStBl. II 2009, 682 (684); *Wäger,* UR 2012, 125 (130), der betont, dass sich hieran auch nach dem Urteil des BFH vom 9.12.2010 – V R 22/10 nichts ändere; *Onusseit,* DZWiR 2011, 353 (354); *Heinze,* DZWiR 2011, 276 (278); BMF v. 17.12.1998 – IV A 4 – S0550-28/98, BStBl. I 1998, 1500 (1501 ff.).

2. Leistungserbringung vor, Entgeltvereinnahmung nach Insolvenzeröffnung

Höchst umstritten ist demgegenüber die insolvenzrechtliche Einordnung des Umsatzsteueranspruchs des Steuergläubigers ggü. dem der Soll-Besteuerung[893] unterliegenden insolventen Leistenden, wenn dieser die Leistung zwar vor Insolvenzeröffnung erbracht, das Entgelt dafür allerdings erst nach Insolvenzeröffnung erhalten hat. Die bisher absolut vorherrschende Auffassung hierzu war, den Umsatzsteueranspruch anknüpfend an den Zeitpunkt der Leistungserbringung als Insolvenzforderung nach § 38 InsO einzuordnen.[894] Dem ist der V. Senat des BFH in einer viel beachteten Entscheidung vom 9. Dezember 2010 entgegengetreten und vertritt seitdem die Ansicht, zur Ermittlung der insolvenzrechtlichen Begründetheit des Umsatzsteueranspruchs ggü. dem insolventen Leistenden sei auf den Zeitpunkt der Vereinnahmung des Entgelts abzustellen.[895] Zur Veranschaulichung der nachfolgenden Untersuchung dieser neueren Auffassung seien die folgenden Beispielsfälle vorangestellt:

Ausgangsfall: Unternehmer S erbringt am 5. Juni 2020 im Rahmen seines Großwarenhandels an Vertragspartner A eine Lieferung zum Brutto-Preis von 119,00 Euro nebst Rechnung. Am 15. Juni 2020 reicht S wegen Zahlungsunfähigkeit einen Antrag auf Eröffnung des Insolvenzverfahrens beim Insolvenzgericht ein. Dieses eröffnet das Verfahren am 24. Juni 2020 und bestellt den I zum Insolvenzverwalter über das Vermögen des S. In seiner Eigenschaft als Insolvenzverwalter vereinnahmt I das Entgelt für die von S erbrachte Leistung am 15. Juli 2020.

Abwandlung 1: I vereinnahmt das Entgelt nach Insolvenzeröffnung am 25. Juni 2020.

Abwandlung 2: S erbringt die umsatzsteuerpflichtige Leistung zwischen Insolvenzantragstellung und Verfahrenseröffnung und vereinnahmt das Entgelt noch vor Verfahrenseröffnung.

Abwandlung 3: S erbringt die umsatzsteuerpflichtige Leistung zwischen Insolvenzantragstellung und Verfahrenseröffnung, das Entgelt wird nach Verfahrenseröffnung von I vereinnahmt.

---

893 Zur Ist-Besteuerung unten unter § 12. A. II.

894 *Waza*, in *Waza/Uhländer/Schmittmann*, Insolvenzen, Rn. 1975; *Schwarz, H.*, NZI 2011, 613 (614); *Onusseit*, DZWiR 2011, 353 (354).

895 BFH v. 9.12.2010 – V R 22/10, BStBl. II 2011, 996 (998 f., Rn. 27, 31 ff.).

a) Begründetheit bei Entgeltvereinnahmung – die „Doppelberichtigungs"-Rechtsprechung des V. Senats des BFH

(aa) Inhalt der „Doppelberichtigungs"-Rechtsprechung

(i) Maßgeblichkeit „vollständiger Tatbestandsverwirklichung" (auch) bei Soll-Besteuerung

Nach ständiger Rechtsprechung des V. Senats des BFH ist eine Umsatzsteuerforderung dann vor Verfahrenseröffnung i.S.v. § 38 InsO begründet, wenn der den Umsatzsteueranspruch begründende Tatbestand vor Verfahrenseröffnung vollständig verwirklicht und damit abgeschlossen ist; auf den Zeitpunkt der Steuerentstehung komme es dagegen nicht an.[896] Der Senat ordnet demnach Umsatzsteueransprüche des Steuergläubigers ggü. dem insolventen Leistenden als Insolvenzforderungen ein, wenn deren anspruchsbegründender Tatbestand bereits vor Insolvenzeröffnung vollständig verwirklicht wurde, unter den weiteren Voraussetzungen des § 55 InsO dagegen als Masseverbindlichkeiten, wenn die vollständige Verwirklichung erst nach Insolvenzeröffnung eintritt.

Im Anschluss an sein Urteil vom 29. Januar 2009 zur Ist-Besteuerung[897] hat der V. Senat des BFH am 9. Dezember 2010[898] erstmals entschieden, dass (auch) bei der Soll-Besteuerung der den Umsatzsteueranspruch begründende Tatbestand verwirklicht und damit abgeschlossen ist, wenn das Entgelt für die umsatzsteuerpflichtige Leistung vereinnahmt wurde.[899] Der V. Senat des BFH ist hierbei der Auffassung, bei einer Leistung, die ein insolventer Leistender vor Insolvenzeröffnung des Insolvenzverfahrens über sein Vermögen erbracht hat, für die erst der Insolvenzverwalter das

896 BFH v. 9.12.2010 – V R 22/10, BStBl. II 2011, 996 (997, Rn. 18); BFH v. 29.1.2009 – V R 64/07, BStBl. II 2009, 682 (683); BFH v. 30.4.2009 – V R 1/06, BStBl. II 2010, 138 (139 f.); BFH v. 21.12.1988 – V R 29/86, BStBl. II 1989, 434 (435); BFH v. 9.4.1987 – V R 23/80, BStBl. II 1987, 527 (529); BFH v. 13.11.1986 – V R 59/79, BStBl. II 1987, 226 (227).

897 BFH v. 29.1.2009 – V R 64/07, BStBl. II 2009, 682 (682 ff.).

898 BFH v. 9.12.2010 – V R 22/10, BStBl. II 2011, 996 (997 f., Rn. 22).

899 *Heinze*, DZWiR 2011, 276 (278) legt die Vermutung nahe, der V. Senat habe seinen mit Urteil vom 29.01.2009 – V R 64/07 eingeschlagenen Weg vor dem Hintergrund der beabsichtigten Gleichbehandlung der Ist- und Soll-Besteuerung mit „Axt und Machete" weitertreiben wollen.

Entgelt vereinnahmt, begründe die Entgeltvereinnahmung eine Masseverbindlichkeit i.S.v. § 55 Abs. 1 Nr. 1 InsO.[900]

Grundlage dafür ist die Annahme des Senats, dass das Unternehmen des insolventen Leistenden in mehrere Unternehmensteile zu gliedern sei. Zwar gelte der umsatzsteuerrechtliche Grundsatz der Unternehmenseinheit[901] auch nach Eröffnung des Insolvenzverfahrens fort.[902] Das Unternehmen bestehe jedoch nach Verfahrenseröffnung aus mehreren Unternehmensteilen, zwischen denen einzelne umsatzsteuerrechtliche Berechtigungen und Verpflichtungen nicht verrechnet werden könnten. Die Unternehmensteilung werde durch die Insolvenzeröffnung hervorgerufen und separiere das Unternehmen des insolventen Leistenden in den vorinsolvenzlichen Unternehmensteil, die vom Insolvenzverwalter verwaltete Insolvenzmasse und daneben ggf. freigegebenes bzw. unpfändbares Vermögen.[903]

(ii) Erste Berichtigung gem. § 17 Abs. 2 Nr. 1 Satz 1 UStG bei Insolvenzeröffnung

Dies zugrunde gelegt und aus dem Umstand, dass mit Eröffnung des Insolvenzverfahrens nach § 80 Abs. 1 InsO die Empfangszuständigkeit für alle Leistungen, die auf die zur Insolvenzmasse gehörenden Forderungen erbracht werden, auf den Insolvenzverwalter übergeht, folgert der V. Senat des BFH sodann, dass es dem vorinsolvenzlichen Unternehmensteil ab der Eröffnung des Insolvenzverfahrens aus Rechtsgründen nicht mehr möglich sei, Entgelte für vor der Insolvenzeröffnung erbrachte Leistungen zu vereinnahmen.[904] Das Entgelt werde mithin uneinbringlich i.S.v. § 17 Abs. 2 Nr. 1 Satz 1 UStG. Der vorinsolvenzliche Unternehmensteil verliere zugunsten der unter der Verwaltungs- und Verfügungsbefugnis des Insolvenzverwalters stehenden Insolvenzmasse das Recht, das Entgelt selbst einzunehmen und somit gleichsam öffentliche Gelder als „Steuereinsammler" für Rechnung des Staates zu vereinnahmen.[905]

---

900 BFH v. 9.12.2010 – V R 22/10, BStBl. II 2011, 996 (997 f., Rn. 22).

901 § 2 Abs. 1 Satz 2 UStG. Allgemein hierzu *Treiber*, in *Sölch/Ringleb*, UStG, § 2, Rn. 311 ff. und unten unter § 11. B. IV. 2 b) (aa).

902 BFH v. 9.12.2010 – V R 22/10, BStBl. II 2011, 996 (998, Rn. 28).

903 BFH v. 9.12.2010 – V R 22/10, BStBl. II 2011, 996 (998, Rn. 28 f.); dem folgend FG Münster v. 26.1.2017 – 5 K 3730/14 U, EFG 2017, 614 (615, Rn. 52).

904 BFH v. 9.12.2010 – V R 22/10, BStBl. II 2011, 996 (998 f., Rn. 30).

905 BFH v. 9.12.2010 – V R 22/10, BStBl. II 2011, 996 (998 f., Rn. 30).

Für das Vorliegen von Uneinbringlichkeit kommt es dem V. Senat des BFH nicht darauf an, ob es sich um ein Entgelt für eine vom Unternehmer bezogene oder erbrachte Leistung handelt.[906] I.S.d. bereits oben erwähnten Uneinbringlichkeitsdefinition des BFH[907] könne sich somit zumindest im Sonderfall der Eröffnung des Insolvenzverfahrens die fehlende Durchsetzbarkeit für den insolventen Leistenden aus Umständen ergeben, die nicht die Person des Leistungsempfängers betreffen,[908] sondern die des insolventen Leistenden.

Aufgrund dieser ersten Uneinbringlichkeitsberichtigung gem. § 17 Abs. 2 Nr. 1 Satz 1 UStG steht dem aus der Leistungserbringung resultierenden Umsatzsteueranspruch des Steuergläubigers ggü. dem insolventen Leistenden als Steuerschuldner ein Berichtigungsanspruch ggü. Diesen Berichtigungsanspruch des Leistenden qualifiziert der V. Senat des BFH als vor der Insolvenzeröffnung begründeten Anspruch,[909] da er „mit und damit eine juristische Sekunde vor der Insolvenzeröffnung" entstehe.[910] Die damit vollzogene Aufteilung des schuldnerischen Unternehmens in mehrere Unternehmensteile verstoße auch nicht gegen den Grundsatz der Unternehmenseinheit. Dieser sei bereits dadurch gewahrt, dass die Summe der für alle Unternehmensteile insgesamt festgesetzten oder angemeldeten Umsatzsteuer der Umsatzsteuer für das ganze Unternehmen entspricht.[911]

(iii) Zweite Berichtigung gem. § 17 Abs. 2 Nr. 1 Satz 2 UStG bei Vereinnahmung des Entgelts

Wird das Entgelt nach Verfahrenseröffnung schließlich doch noch vom Insolvenzverwalter zugunsten der Insolvenzmasse vereinnahmt, muss eine zweite Berichtigung gem. § 17 Abs. 2 Nr. 1 Satz 2 UStG stattfinden, die nach § 17 Abs. 1 Satz 7 UStG erst im Zeitpunkt der Vereinnahmung vorzunehmen ist.[912] Nach Auffassung des V. Senats des BFH ist dieser dem Steu-

---

906 BFH v. 9.12.2010 – V R 22/10, BStBl. II 2011, 996 (998, Rn. 24, 27).

907 Vgl. oben unter § 11. A. I. 2. b) (dd).

908 Dass sich die Uneinbringlichkeit ausschließlich aus Umständen ergibt, die den Leistungsempfänger betreffen, war bisher allgemeine Meinung, siehe dazu bereits oben unter § 11. A. I. 2. b) (dd).

909 BFH v. 9.12.2010 – V R 22/10, BStBl. II 2011, 996 (999, Rn. 31).

910 BFH v. 24.11.2011 – V R 13/11, BStBl. II 2012, 298 (304, Rn. 52); vgl. hierzu bereits oben unter § 11. B. IV. 2. b) (aa).

911 BFH v. 9.12.2010 – V R 22/10, BStBl. II 2011, 996 (998, Rn. 28).

912 BFH v. 9.12.2010 – V R 22/10, BStBl. II 2011, 996 (999, Rn. 31).

ergläubiger zuzuordnende – wiederbelebte – Anspruch auf Entrichtung der vereinnahmten Umsatzsteuer gegen den insolventen Leistenden als Masseverbindlichkeit einzuordnen, sofern auch die Voraussetzungen des § 55 Abs. 1 Nr. 1 UStG erfüllt sind.

Der V. Senat des BFH geht dabei davon aus, dass die Verbindlichkeit des insolventen Leistenden aus § 17 Abs. 2 Nr. 1 Satz 2 UStG bei Vereinnahmung des Entgelts durch den Insolvenzverwalter stets „durch Handlungen des Insolvenzverwalters oder in anderer Weise durch die Verwaltung, Verwertung und Verteilung der Insolvenzmasse begründet" wird, § 55 Abs. 1 Nr. 1 InsO.[913] Der Anspruch des Steuergläubigers sei erst nach Verfahrenseröffnung begründet, da hinsichtlich der vollständigen Tatbestandsverwirklichung ausschließlich auf die Tatbestandsmerkmale des § 17 Abs. 2 Nr. 1 Satz 2 UStG – und damit einzig auf die später erneute Entgeltvereinnahmung – abzustellen sei.[914] Für die Einordnung als Masseverbindlichkeit spreche auch, dass dadurch ein Gleichlauf zwischen der Soll- und Ist-Besteuerung hergestellt werde, da bei der Ist-Besteuerung ebenfalls auf die Entgeltvereinnahmung abzustellen sei.[915]

(bb) Reaktionen auf die „Doppelberichtigungs"-Rechtsprechung

(i) Zustimmung zur „Doppelberichtigungs"-Rechtsprechung

XI. Senat des BFH und Instanzgerichte

Dieser „Doppelberichtigungs"-Rechtsprechung haben sich zwischenzeitlich der XI. Senat des BFH und einige Instanzgerichte[916] angeschlossen. Auch der XI. Senat des BFH stellte schon bisher bei der Abgrenzung von Insolvenzforderungen und Masseverbindlichkeiten darauf ab, wann der den Steueranspruch begründende Tatbestand zum Zeitpunkt der Insolvenzeröffnung vollständig verwirklicht, also abgeschlossen ist.[917] Zwar wies der XI. Senat noch im Februar 2008 eine Nichtzulassungsbeschwerde mit der Begründung zurück, bei einer Lieferung sei der den daraus

913 BFH v. 9.12.2010 – V R 22/10, BStBl. II 2011, 996 (997, 999, Rn. 17, 32).

914 BFH v. 9.12.2010 – V R 22/10, BStBl. II 2011, 996 (999, Rn. 32).

915 BFH v. 9.12.2010 – V R 22/10, BStBl. II 2011, 996 (999, Rn. 32).

916 FG Baden-Württemberg v. 29.5.2015 – 9 K 76/14, ZIP 2015, 1452 (1454); FG Münster v. 12.6.2019 – 5 K 166/19 U, EFG 2019, 1405 (1406, Rn. 25 f.).

917 Zu § 3 Abs. 1 KO BFH v. 26.2.2008 – XI B 169/07, BFH/NV 2008, 830 (831).

resultierenden Umsatzsteueranspruch des Steuergläubigers begründende Tatbestand bereits im Zeitpunkt der Lieferung selbst, also im Zeitpunkt der Verschaffung der Verfügungsmacht, erfüllt.[918] Nachdem der V. Senat jedoch Ende 2009 seine Rechtsprechung geändert hatte, schloss sich der XI. Senat dem V. Senat zunächst dahingehend an, dass auch unter Geltung der InsO für die Unterscheidung zwischen Insolvenzforderung und Masseverbindlichkeit auf die vollständige Tatbestandsverwirklichung und dass bei einer Vorsteuerberichtigung nach § 15a UStG ausschließlich auf den Berichtigungstatbestand abzustellen sei.[919]

Sodann wies der XI. Senat des BFH im Juli 2013 eine Nichtzulassungsbeschwerde wegen eines AdV-Antrags mit der Begründung zurück, hinsichtlich der „Doppelberichtigungs"-Rechtsprechung des V. Senats des BFH bestünden keine ernstlichen Zweifel an der Rechtmäßigkeit des angegriffenen Bescheids nach § 69 Abs. 3 Satz 1, Abs. 2 Satz 2 FGO, weil keine unterschiedliche oder widersprüchliche Rechtsprechung des BFH, nämlich zwischen dem V. und VII. Senat des BFH vorgelegen habe.[920] Der XI. Senat des BFH bestätigte in seinem Beschluss ausdrücklich, dass er sich bis zu diesem Zeitpunkt noch nicht zur „Doppelberichtigungs"-Rechtsprechung des V. Senats habe äußern müssen.[921] Aufgrund dieses Beschluss konnte man allerdings davon ausgehen, dass er sich ihr anschließen würde. Dies tat der XI. Senat des BFH schließlich im März 2016, indem er die „Doppelberichtigungs"-Rechtsprechung auf die vorläufige Verwaltung durch einen „starken" vorläufigen Insolvenzverwalter anwandte.[922] Dabei folgte der XI. Senat der Argumentation des V. Senats uneingeschränkt.

Finanzverwaltung

Früher ging auch die Finanzverwaltung davon aus, dass der Zeitpunkt der Leistungserbringung für die insolvenzrechtliche Einordnung des Umsatz-

918 BFH v. 26.2.2008 – XI B 169/07, BFH/NV 2008, 830 (831).

919 BFH v. 9.2.2011 – XI R 35/09, BStBl. II 2011, 1000 (1001, 1002, Rn. 23); vgl. auch BFH v. 11.7.2013 – XI B 41/13, ZIP 2013, 1680 (1682, Rn. 27); *Schuster*, DStR 2013, 1509 (1510).

920 BFH v. 11.7.2013 – XI B 41/13, ZIP 2013, 1680 (1682, Rn. 31).

921 BFH v. 11.7.2013 – XI B 41/13, ZIP 2013, 1680 (1682, Rn. 28).

922 BFH v. 1.3.2016 – XI R 21/14, BStBl. II 2016, 756 (757 f., Rn. 14, 17 ff.); zur vorläufigen Verwaltung unten unter § 15.

steueranspruchs des Steuergläubigers maßgeblich sei.[923] Mittlerweile hat die Finanzverwaltung ihre Auffassung jedoch geändert und folgt für Insolvenzverfahren, die nach dem 31. Dezember 2011 eröffnet wurden, nunmehr uneingeschränkt der Rechtsprechungslinie des V. Senats des BFH.[924] Bereits zu diesem Zeitpunkt wollte die Finanzverwaltung die Grundsätze der neuen Rechtsprechung auf Fälle anwenden, in denen ein „starker" vorläufiger Insolvenzverwalter bestellt wurde.[925]

Stimmen aus der Literatur

Neben einigen Finanzgerichten[926] hat die sog. „Doppelberichtigungs"-Rechtsprechung des V. Senats des BFH auch in der Literatur von einigen Vertretern Zustimmung erfahren. So ist nach Auffassung *Wägers*[927] an der Rechtsprechung des V. Senats des BFH im Falle der Ist- und der Soll-Besteuerung gleichermaßen festzuhalten.[928] Es bestehe eine unionsrechtliche Verpflichtung zumindest zur ähnlichen Behandlung von Soll- und Ist-Besteuerung, entscheide sich ein Mitgliedstaat einmal, aufgrund Art. 66 Abs. 1 Buchst. b) MwStSystRL die Ist-Besteuerung einzuführen.[929] Diese Verpflichtung entspringe dem europarechtlichen allgemeinen Gleichheitsgrundsatz in seiner speziellen Ausprägung des umsatzsteuerrechtlichen Neutralitätsgrundsatzes.[930] Durch die Auslegung des Begriffs der Uneinbringlichkeit in § 17 Abs. 2 Nr. 1 Satz 1 UStG könne dieser Vorgabe Rechnung getragen werden. Da nach Auffassung *Wägers* bei der Ist-Besteuerung hinsichtlich der insolvenzrechtlichen Begründung an die Entgeltvereinnahmung angeknüpft werden müsse,[931] könne nur durch die vom

---

923 BMF v. 17.12.1998 - IV A 4 - S 0550 - 28/98, BStBl. I 1998, 1500 (1502 bei Beispiel 1); BMF v. 27.9.1976 - IV A 2 - S 7333 - 1/76, BStBl. I 1976, 536 f.; vgl. auch *Sterzinger*, NZI 2012, 63 (63).

924 BMF v. 9. 12.2011, IVD2- S 7330/09/10001 :001, BStBl. I 2011, 1247; siehe auch die Darstellungen bei *Sterzinger*, NZI 2012, 63 (64 ff.) und *Dobler*, ZInsO 2012, 208 (209 ff.); krit. auch *de Weerth*, ZInsO 2012, 212 (213).

925 Zu Fällen mit „starkem" vorläufigen Insolvenzverwalter unten unter § 15. A., mit „schwachem" vorläufigen Insolvenzverwalter unter § 15. B.

926 FG Münster v. 26.1.2017 – 5 K 3370/14 U, EFG 2017, 614 (614 f., Rn. 51 f.); FG Baden-Württemberg v. 29.5.2015 – 9 K 76/14, ZIP 2015, 1452 (1454).

927 *Wäger* ist seit dem 1. August 2007 Mitglied des V. Senats des BFH.

928 *Wäger*, UR 2013, 673 (678); vgl. auch *ders.*, ZInsO 2012, 520 (522).

929 *Wäger*, UR 2013, 673 (675, 682).

930 *Wäger*, UR 2013, 673 (675).

931 *Wäger*, UR 2013, 673 (678), insoweit dem V. Senat des BFH zustimmend.

V. Senat des BFH angenommene Doppelberichtigung die erforderliche Gleichbehandlung von Soll- und Ist-Besteuerung sichergestellt werden.[932] Teleologisch sei die Annahme der Uneinbringlichkeit von Entgelten, die der insolvente Leistende aufgrund erbrachter Leistungen einzunehmen hat, und damit über § 17 Abs. 2 Nr. 1 UStG der Übergang von der Soll- zur Ist-Besteuerung wie folgt zu begründen:

> „*Wird über das Vermögen des der Sollbesteuerung unterliegenden Unternehmers das Insolvenzverfahren eröffnet, steht im Umfang der zu diesem Zeitpunkt noch nicht vereinnahmten Entgelte aus bereits erbrachten Leistungen fest, dass die den Unternehmer im Rahmen der Sollbesteuerung treffende Aufgabe zur Steuerabführung mit Vorfinanzierung nicht mehr verwirklicht werden kann, sodass dem Tatbestand der Sollbesteuerung keine Bedeutung mehr zukommt. Dies rechtfertigt es, unter teleologischen Gesichtspunkten im Hinblick auf die mit der Sollbesteuerung – neben der Typisierung – bezweckte Vorfinanzierung der Steuer bei im Zeitpunkt der Insolvenzeröffnung noch nicht vereinnahmten Entgelten von einem Entfallen des Steuertatbestands aufgrund einer ersten Berichtigung nach § 17 Abs. 2 Nr. 1 UStG auszugehen und die weitere Besteuerung von einer späteren Entgeltvereinnahmung abhängig zu machen, die dann zu einer zweiten Berichtigung nach § 17 Abs. 2 Nr. 1 Satz 2 UStG führt.*“[933]

Zustimmung erfährt die sog. „Doppelberichtigungs“-Rechtsprechung auch von *Widmann*, der meint, „[d]as Urteil verdient [...] keinen Nichtanwendungserlass, vielmehr eine baldige Veröffentlichung im Bundessteuerblatt, denn umsatzsteuerrechtlich gibt es an ihm nichts auszusetzen“.[934] Besonders die Annahme des V. Senats des BFH, dass (allein) die umsatzsteuerrechtliche Tatbestandsverwirklichung maßgebend dafür sei, ob eine Insolvenzforderung oder eine Masseverbindlichkeit vorliege, verdiene Zustimmung, da das Insolvenzrecht zur Klärung dieser Frage nichts beitragen könne und dazu auch nicht berufen sei.[935] Auch verdient nach Auffassung *Widmanns* die Gleichbehandlung von Ist- und Soll-Besteuerung Zuspruch, die durch die sog. „Doppelberichtigungs“-Rechtsprechung hergestellt wird. Auch hier seien die europarechtlich determinierten Wertungen

932 *Wäger*, UR 2013, 673 (680).
933 *Wäger*, UR 2013, 673 (680).
934 *Widmann*, UR 2015, 555 (555).
935 *Widmann*, UR 2015, 555 (555).

der Umsatzsteuer zu beachten, die das „Insolvenzrecht aus dem Feld" schlügen.[936]

Nach *Seer* dient die „‚Doppelberichtigungs'-Rechtsprechung [...] durch ihren ergebnisorientierten Paradigmenwechsel zur Ist-Besteuerung in der Krise [...] dem unionsrechtlichen Grundsatz der Steuerneutralität. Zugleich vermeidet sie eine nach Art. 108 Abs. 3 Satz 3 AEUV unzulässige Beihilfe."[937]

Nach Auffassung *Desens'* stellt die „Doppelberichtigungs"-Rechtsprechung jedenfalls eine Blaupause für den Gesetzgeber zur Schaffung eines „Insolvenzumsatzsteuerrechts" dar,[938] da sie temporäre Verwerfungen zugunsten (Vorsteuervergütung vor Entrichtung des Entgelts) und zulasten des Steuerpflichtigen (Abführen von Umsatzsteuerbeträgen bei Soll-Besteuerung, die noch nicht vereinnahmt wurden, an den Steuergläubiger) beim Zusammenspiel des umsatzsteuerrechtlichen Neutralitätsgrundsatzes und des insolvenzrechtlichen Gläubigergleichbehandlungsgrundsatzes bereinige, indem mit Eröffnung des Insolvenzverfahrens das vorinsolvenzliche Unternehmen ende und alle offenen Umsatzsteuersachverhalte gleichsam „auf null" gestellt würden.[939] Rechtsdogmatisch halte sich die Auslegung und Rechtsfindung des V. Senats des BFH noch innerhalb der Grenzen einer (auch verfassungsrechtlich) zulässigen Auslegung und Rechtsfindung im Umsatzsteuer- und Insolvenzrecht, da er die teleologische Auslegung in den Vordergrund stelle, auch wenn dabei Wortlaut und Systematik bis an ihre Grenzen ausgereizt würden.[940]

VII. Senat des BFH

Nach seinem Urteil vom 25. Juli 2012[941] wurde vielfach die Ansicht geäußert, der VII. Senat des BFH habe sich nunmehr der sog. „Doppelberichtigungs"-Rechtsprechung des V. Senats des BFH angeschlossen und seine eigene Rechtsprechung zur Maßgeblichkeit des Zeitpunkts der Leistungserbringung insgesamt aufgegeben.[942] Im besagten Urteil hat sich der

---

936 *Widmann*, UR 2015, 555 (555 f.).
937 *Seer,* DStR 2016, 1289 (1297).
938 *Desens*, LIT 2012, 58 (72).
939 *Desens,* LIT 2012, 58 (63 ff.).
940 *Desens,* LIT 2012, 58 (62).
941 BFH v. 25.7.2012 – VII R 29/11, BStBl. II 2013, 36.
942 So z.B. BFH v. 11.7.2013 – XI B 41/13, ZIP 2013, 1680 (1682, Rn. 29 ff.); *Wäger,* UR 2013, 673 (677); *Frotscher,* Besteuerung bei Insolvenz, 213, Rn. 4.328;

VII. Senat des BFH tatsächlich der Rechtsprechung des V. Senats des BFH angeschlossen, soweit es darum geht, worauf für die Feststellung der Begründetheit (i.S.v. § 96 Abs. 1 Nr. 1 InsO) eines Berichtigungsanspruchs nach § 17 Abs. 2 Nr. 1 Satz 1 UStG abzustellen ist.

Es darf aber bezweifelt werden, ob damit auch eine Annäherung zur sog. „Doppelberichtigungs"-Rechtsprechung im Allgemeinen bezweckt war. Denn der VII. Senat des BFH hat in besagtem Urteil ausdrücklich offen gelassen, ob er sich der sog. „Doppelberichtigungs"-Rechtsprechung des V. Senats des BFH anschließen will, da es einer Stellungnahme hierzu im entschiedenen Fall nicht bedurfte.[943] Der VII. Senat des BFH betont darüber hinaus deutlich, die Anpassung der Rechtsprechung an die des V. Senats des BFH geschehe zur Vereinheitlichung der Rechtsprechung.[944] Dass der VII. Senat für die Feststellung der Begründetheit des Berichtigungsanspruchs nunmehr auf dessen Tatbestand, mithin auf den Eintritt der Uneinbringlichkeit, abstellt, beantwortet daher in keiner Weise, ob der VII. Senat die Berichtigungsnorm auch anwenden würde, wenn es sich um einen Leistenden handelt, über dessen Vermögen das Insolvenzverfahren eröffnet wird. Darüber kann auch nicht hinwegtäuschen, dass die Berichtigungsnorm § 17 Abs. 2 Nr. 1 UStG zum Kern der „Doppelberichtigungs"-Rechtsprechung des V. Senats des BFH geworden ist.

Beispielhaft ist das Urteil des VII. Senats des BFH aus August 2015[945], in der sich der VII. Senat auf seine alte Rechtsprechungslinie bezieht und gleichsam den „neuen" Prüfungsmaßstab aus dem Urteil vom 25. Februar 2012 nicht konsequent anwendet.[946] Es ist allerdings zuzugeben, dass der VII. Senat dem V. Senat des BFH das „Feld des USt-Insolvenzrechts [überlassen hat], soweit das Festsetzungsverfahren betroffen ist".[947]

---

vgl. auch *Waza*, in *Waza/Uhländer/Schmittmann*, Insolvenzen, Rn. 1964, 1965, der betont, beide Senate kämen nunmehr zu gleichen Ergebnissen, wenn der umsatzsteuerrechtliche Tatbestand zum Zeitpunkt der Insolvenzeröffnung noch nicht vollumfänglich erfüllt ist; a.A. *Krüger*, ZInsO 2013, 2200 (2201).

943 So ausdrücklich BFH v. 25.7.2012 – VII R 29/11, BStBl. II 2013, 36 (39, Rn. 21); diese Einschätzung teilend *Krüger*, ZInsO 2013, 2200 (2201).

944 „Dafür ist vor allem das Bestreben maßgeblich, die Einheitlichkeit der Rechtsprechung zu wahren bzw. wiederherzustellen, [...]", BFH v. 25.7.2012 – VII R 29/11, BStBl. II 2013, 36 (38, Rn. 16).

945 BFH v. 19.11.2014 – V R 29/14, BFH/NV 2015, 706 (706, 1. Leitsatz).

946 So auch *Schmidt*, DB 2015, 2724 (2724).

947 So *Kahlert*, DB 2012, 2558 (2558).

(ii) Kritik an der „Doppelberichtigungs"-Rechtsprechung des BFH

Die „Doppelberichtigungs"-Rechtsprechung des V. Senats des BFH bei der Soll-Besteuerung hat unter den Insolvenzrechtlern Erstaunen und Entsetzen hervorgerufen wie wohl kaum eine andere Entscheidung. Entsprechend deutlich ist auch die Kritik ausgefallen.[948] Die Kritik erstreckt sich hierbei nicht nur auf insolvenzrechtliche sondern auch auf steuerrechtliche Aspekte.[949] Zusammenfassend hält die Mehrheit der Autoren die Argumentation des V. Senats des BFH wohl für sehr formalistisch und gekünstelt, zudem weiche der V. Senat von der notwendigen insolvenzrechtlichen Ausfüllung des Begründetheitsbegriffs zu Unrecht zugunsten umsatzsteuerrechtlicher Tatbestandsmerkmerkmale ab.[950] Im Einzelnen wurden folgende Kritikpunkte angeführt:

Ganz grds. wird angemerkt, die Rechtsprechung des V. Senats des BFH überzeuge deshalb nicht, weil die Frage der Einordnung des Umsatzsteueranspruches in die Kategorien der §§ 38 bzw. 55 InsO nach insolvenzrechtlichen Kriterien zu beurteilen sei.[951] Diese angewendet seien vielmehr

---

948 Zur Illustration seien hier einige der Kritiken angeführt: *Schacht*, ZInsO 2011, 1787 (1787): „[...] schreckte wiederholt eine Entscheidung des BFH Insolvenzverwalter in ganz Deutschland auf."; *Schmittmann*, ZIP 2011, 1125 (1126): „[...] schlug wie ein Blitz in die Insolvenzwelt ein."; ebenso drastisch *Mitlehner*, EWiR 2011, 323 (324): „Die Urteilsgründe sind nicht haltbar."; *Klusmeier*, ZInsO 2011, 1340 (1341): „argumentativer Kunstgriff des BFH"; ähnlich *Weiland*, DZWiR 2011, 224 (232): „dogmatisch kunstvollere Argumentation"; *Heinze*, DZWiR 2011, 276 (278): „Die ganze Konstruktion einer rechtlichen Uneinbringlichkeit ist auf der Aktivseite rechtsdogmatisch ohne Basis."; *ders.*, DZWiR 2013, 45 (45): „Geisterfahrt"; *Onusseit*, DZWiR 2011, 353 (354): „Mit Hang zur Skurrilität mag man dieser Begründung durchaus etwas abgewinnen können, stellt sie doch alles bisher Dagewesene auf den Kopf." sowie (355): „Diese Begründung zieht sich wie einst Münchhausen gleichsam an den eigenen Haaren aus dem Sumpf"; *Olbing*, LIT 2012, 51 (52) „[..] zutreffend in der Fachliteratur auf breite Ablehnung gestoßen."; *Roth*, DStR 2017, 1766 (1766): „begegnet m.E. durchgreifenden verfassungsrechtlichen und europarechtlichen Bedenken.". Zum weiteren Vorgehen, nachdem das Urteil „in der Welt" war, *Dobler*, ZInsO 2011, 1098 (1098 ff.).

949 Anders *Weiland*, DZWiR 2011, 224 (233), der zumindest die steuerrechtliche Argumentation des V. Senats des BFH für überzeugend hält.

950 Vgl. nur *Frotscher*, Besteuerung bei Insolvenz, 217.

951 Vgl. *Kinski*, Aufrechnung, 102 m.w.N.; *Schwarz, H.*, NZI 2011, 613 (614); *Welte/Friedrich-Vache*, UR 2012, 740 (741); *Heinze*, DZWiR 2011, 276 (277); *Onusseit*, DZWiR 2011, 353 (354); ähnlich *Schmittmann*, ZIP 2011, 1125 (1127). *Kahlert*, DStR 2011, 921 (923); *Sämisch*, ZIP 2016, 2459 (2460). Vgl. dazu bereits oben unter § 9. B. I.

„die der Umsatzsteuer zugrundeliegenden Lieferungen und [sonstigen] Leistungen maßgeblich“, denn § 38 InsO habe die Aufgabe, Insolvenzforderungen, für die der Rechtsgrund der Entstehung der Forderung im Augenblick der Verfahrenseröffnung bereits gelegt sein muss, von den vorweg aus der Insolvenzmasse zu befriedigenden Masseverbindlichkeiten abzugrenzen.[952]

Kritik zieht sodann bereits der erste argumentative Schritt der „Doppelberichtigungs“-Rechtsprechung auf sich. Es sei schon aus gesetzessystematischer Sicht abzulehnen, für die Begründetheit des Umsatzsteueranspruchs bei Soll-Besteuerung des insolventen Leistenden auf die Entgeltvereinnahmung abzustellen. Denn selbst bei einer weitgehenden Gleichsetzung von „Begründung“ und „Entstehung“ des Umsatzsteueranspruchs, die der V. Senat des BFH i.E. vornehme, werde die Entgeltvereinnahmung bei der Soll-Besteuerung weder von § 1 Abs. 1 Nr. 1 Satz 1 UStG noch von § 13 Abs. 1 Nr. 1 Buchst. a) Satz 1 UStG gefordert.[953]

Selbst wenn man das Abstellen auf die Entgeltvereinnahmung als richtig unterstellte, würde im Regelfall dadurch, dass der Insolvenzverwalter das Entgelt vereinnahmt, der Umsatzsteueranspruch[954] des Steuergläubigers dennoch nicht als Masseverbindlichkeit nach § 55 Abs. 1 Nr. 1 InsO wiederaufleben.[955] Nach dem eindeutigen Wortlaut des § 55 Abs. 1 Nr. 1 InsO müsse die Verbindlichkeit auf eine – wie auch immer geartete – Verwaltungsmaßnahme des Insolvenzverwalters in Bezug auf die Insolvenzmasse zurückzuführen sein.[956] Zweck des § 55 InsO sei es, die Masseverbindlichkeiten auf einen engen Kreis zu begrenzen[957] und nur solche Forderungen gegen die Insolvenzmasse zu Masseverbindlichkeiten zu erheben, die der Insolvenzverwalter selbst eingehen muss, um die Verwaltung und Verwertung der Insolvenzmasse überhaupt erst zu ermöglichen.[958] Der Insolvenzverwalter müsse somit durch seine Handlung oder in anderer Weise die

952 Vgl. *Kahlert*, DStR 2011, 921 (923).

953 *Frotscher*, Besteuerung bei Insolvenz, 214; *Welte/Friedrich-Vache*, UR 2012, 740 (741); *dies.*, ZIP 2011, 1595 (1599).

954 Der „Doppelberichtigungs“-Rechtsprechung folgend in Gestalt des zweiten Berichtigungsanspruchs nach § 17 Abs. 2 Nr. 1 Satz 2 UStG.

955 *Häsemeyer*, FS Stürner, 769 (774 f.).

956 Gute Zusammenfassung anhand eines Falles des bloßen Haltens eines Anteils FG Düsseldorf v. 21.7.2016 – 11 K 613/13E, EFG 2016, 1906 (1908, Rn. 52 f.) m.w.N.

957 FG Düsseldorf v. 21.7.2016 – 11 K 613/13E, EFG 2016, 1906 (1908 f., Rn. 54).

958 FG Düsseldorf v. 21.7.2016 – 11 K 613/13E, EFG 2016, 1906 (1908 f., Rn. 54); *Heinze*, DZWiR 2011, 276 (278).

Grundlagen der Verbindlichkeit geschaffen haben.[959] Dies könne grds. bei Steuerforderungen der Fall sein, nicht aber durch den bloßen Einzug von Forderungen.[960]

Heftigen Widerspruch hat auch der zweite argumentative Schritt erfahren, die Annahme der Uneinbringlichkeit der Entgeltforderung des insolventen Leistenden. Die Eröffnung des Insolvenzverfahrens führe nicht zu einem rechtlichen Hindernis für den vorinsolvenzlichen Unternehmensteil, das ausstehende Entgelt zu vereinnahmen.[961] Eine solche Auslegung der Uneinbringlichkeit überschreite bereits die Wortlautgrenze des § 17 Abs. 2 Nr. 1 Satz 1 UStG.[962] Die Uneinbringlichkeit richte sich stets nur nach den Verhältnissen des Leistungsempfängers und nicht des insolventen Leistenden.[963] Der Wegfall der Verfügungsbefugnis über die Entgeltforderung ggü. dem Leistungsempfänger im Zeitpunkt der Insolvenzeröffnung über das Vermögen des Leistenden nach § 80 Abs. 1 InsO lasse die Durchsetzbarkeit der Forderungen unberührt. So sei § 17 Abs. 2 Nr. 1 Satz 1 UStG etwa auch nicht bei einer Abtretung anwendbar.[964]

Nach Auffassung *Roths* ist die Annahme des V. Senats des BFH, Forderungen des insolventen Leistenden seien im Zeitpunkt der Insolvenzeröffnung uneinbringlich, sogar verfassungswidrig.[965] Zum einen sei ein Verstoß gegen Art. 3 Abs. 1 GG und das Rechtsstaatsprinzip festzustellen. Dieser liege in der Herausbildung eines richterlichen Rangvorrechts durch die „Umzonung von Insolvenzforderungen in Masseverbindlichkeiten", die aufgrund der Unvereinbarkeit mit dem Wortlaut der zu diesem Zweck bemühten Vorschrift des § 17 Abs. 2 Nr. 1 Satz 1 UStG nicht vereinbar sei

---

959 FG Düsseldorf v. 21.7.2016 – 11 K 613/13E, EFG 2016, 1906 (1908, Rn. 53).

960 *Heinze*, DZWiR 2011, 276 (278); a.A. BFH v. 29.1.2009 – V R 64/07, BStBl. II 2009, 682 (684).

961 Vgl. *Heinze*, DZWiR 2011, 276 (277), der überspitzt formuliert, die Entgeltvereinnahmung durch den vorinsolvenzlichen Teil scheitere an der profanen Möglichkeit einer Zeitreise; *Klusmeier*, ZInsO 2011, 1340 (1341); *Schwarz, H.*, NZI 2011, 613 (614); *Witfeld*, Umsatzsteuerverfahren und Insolvenz, 230 f.

962 *Harder*, ZInsO 2016, 1683 (1684); *Seer*, DStR 2016, 1289 (1295).

963 *Onusseit*, DZWiR 2011, 353 (354); *Kahlert*, DStR 2011, 921 (925); *Frotscher*, Besteuerung bei Insolvenz, 217.

964 *Mitlehner*, EWiR 2011, 323 (324); im Ergebnis ebenso *Heinze*, DZWiR 2011, 276 (277).

965 Ausführlich *Roth*, Insolvenzsteuerrecht, Rn. 4.332; siehe auch *ders.*, ZInsO 2014, 309 (311 f.).

und somit eine unzulässige richterrechtliche Rechtsfortbildung im Wege der Analogie darstelle.[966]

Zum anderen verstoße die Überdehnung des Tatbestandsmerkmals der Uneinbringlichkeit dadurch gegen die genannten Verfassungsschranken, dass jedwedes Berichtigungspotential, das zu einer nach Insolvenzeröffnung liegenden Erstattung führen könnte, abgeschnitten und auf die Zeit vor Eröffnung des Insolvenzverfahrens vorverlagert und somit der Aufrechnung durch das Finanzamt zugänglich gemacht werde.[967]

Darüber hinaus verstoße die Aufteilung des schuldnerischen Unternehmens in einen vor- und nachinsolvenzlichen Unternehmensteil gegen europarechtliche Vorgaben.[968] Zum einen liege ein Verstoß gegen den europarechtlich in der MwStSystRL verankerten Grundsatz der umsatzsteuerrechtlichen Unternehmenseinheit vor, dadurch dass der V. Senat des BFH mit Insolvenzeröffnung von mehreren Unternehmensteilen ausgehe. Zum anderen räume Art. 90 Abs. 1 MwStSystRL den Mitgliedstaaten lediglich einen Gestaltungsspielraum hinsichtlich der Festlegung der Höhe des Minderungsbetrags aufgrund der Uneinbringlichkeit ein, nicht jedoch hinsichtlich der Festlegung der Tatbestandsmerkmale, die das Vorliegen der Uneinbringlichkeit ausmachen. Einen solchen tatbestandlich orientierten Gestaltungsspielraum nehme der V. Senat des BFH jedoch mit seiner Rechtsprechung zu Unrecht für sich in Anspruch.[969] In jedem Fall bestehe aber eine Vorlagepflicht des BFH an den EuGH, da dieser (auch aufgrund abweichender Handhabung dieser Problematik in anderen Mitgliedsstaaten) von der Europarechtskonformität seiner zu § 17 Abs. 2 Nr. 1 Satz 1 UStG gefundenen Auslegung nicht überzeugt sein könne.[970]

Nach anderer Auffassung könnte eine Vorlage an den EuGH ebenso die Vereinbarkeit der Auslegung des BFH mit Unionsrecht herbeiführen.[971] Beide Umsatzsteuersenate des BFH haben zwischenzeitlich jedoch die

---

966 *Roth,* Insolvenzsteuerrecht, Rn. 4.332 unter Bezugnahme auf BVerfG v. 5.11.1982 – 1 BvR 796/81, ZIP 1982, 1457 (1458) und BVerfG – 2 BvR 485/80, 486/80, BVerfGE 65, 182 = ZIP 1984, 78 (80 f.).

967 *Roth,* Insolvenzsteuerrecht, Rn. 4.333; *ders.,* ZInsO 2014, 309 (312).

968 Ausführlich *Roth,* Insolvenzsteuerrecht, Rn. 4.334; siehe auch *ders.,* ZInsO 2014, 309 (312 f.); FG Berlin-Brandenburg v. 2.4.2014, 7 K 7337/12, EFG 2014, 1427 (1430); kritisch auch *Pull,* in *Reiß/Kraeusel/Langer,* UStG, § 17, Rn. 136; a.A. *Wäger,* UR 2013, 673 (681 f.).

969 *Roth,* Insolvenzsteuerrecht, Rn. 4.334; *Witfeld,* Umsatzsteuerverfahren und Insolvenz, 234 f.

970 *Kahlert,* DStR 2015, 1485 (1488 f.).

971 So *Seer,* DStR 2016, 1289 (1295); vgl. bereits oben unter § 12. A. I. 2. a) (bb) (i).

Vereinbarkeit der „Doppelberichtigungs"-Rechtsprechung bejaht und eine Vorlagepflicht verneint.[972]

Die Uneinbringlichkeit des Entgelts trete des Weiteren der Sache nach auch deshalb nicht ein, weil die vom V. Senat des BFH angenommene Unternehmensaufteilung nicht auf diese Weise stattfinde. Zwar finde anlässlich der Insolvenz eine Spaltung des Unternehmens des insolventen Leistenden in unterschiedliche Teile statt. Diese diene jedoch lediglich den Erfordernissen der InsO, mithin zur Abgrenzung der Forderungskategorien (Insolvenzforderungen, Masseverbindlichkeiten und Forderungen gegen das freie Vermögen),[973] der Zuweisung von Aktivposten zur Insolvenzmasse oder zum freien Vermögen[974] und die Zulässigkeit oder Unzulässigkeit von Aufrechnungen nach den §§ 94-96 InsO.[975] Fraglich könne demnach allein sein, welchem Unternehmensteil die umsatzsteuerrechtlichen Folgen zuzurechnen sind, wenn das Unternehmen als Ganzes das Entgelt nicht vereinnahmen kann. Dies wiederum richte sich nach den insolvenzrechtlichen Vorgaben der §§ 38, 55 InsO einerseits und der §§ 35, 94-96 InsO andererseits.[976]

Die vom V. Senat des BFH eingeführte Unternehmensaufteilung müsse konsequenterweise auch dazu führen, dass es drei rechnungsschreibende Unternehmensteile gäbe. Der rechnungsschreibende vorinsolvenzliche Unternehmensteil müsste dann seine noch offenen Rechnungen aus umsatzsteuerrechtlichen Gründen korrigieren, denn für ihn bedeutete die Eröffnung die Uneinbringlichkeit. Dementsprechend müsste der Insolvenzverwalter eine neue Rechnung schreiben, wenn erst mit der Vereinnahmung der Steueranspruch vollständig verwirklicht und damit abgeschlossen ist. Praktischer Unterschied aller Rechnungen wäre lediglich die Steuernummer. Konsequent weitergedacht käme man aber zu dem Ergebnis, dass der derzeit abrechnende Unternehmensteil nicht Leistungserbringer war, was dazu führt, dass der Leistungsempfänger keinen Vorsteuerabzugs-

---

972 BFH v. 27.9.2018 – V R 45/16, BStBl. II 2019, 356 (358, Rn. 21 ff.); BFH v. 1.3.2016 – XI R 21/14, BStBl. II 2016, 756 (759, Rn. 33 f.) unter Bezugnahme auf BFH v. 24.9.2014 – V R 48/13, BStBl. II 2015, 506 (510 f., Rn. 37 f.); bestätigt in BFH v. 6.9.2016 – V B 52/16, BFH/NV 2017, 67 (68, Rn. 9 f.).

973 *Heinze*, DZWiR 2011, 276 (277 f.); *Mitlehner*, EWiR 2011, 323 (324); *Onusseit*, DZWiR 2011, 353 (354).

974 *Onusseit*, DZWiR 2011, 353 (354); a.A. *Heinze*, DZWiR 2011, 276 (278).

975 *Mitlehner*, EWiR 2011, 323 (324); *Onusseit*, DZWiR 2011, 353 (354).

976 *Onusseit*, DZWiR 2011, 353 (354).

anspruch habe, obwohl der Zahlung eine umsatzsteuerpflichtige und zum Vorsteuerabzug berechtigende Leistung zugrunde läge.[977]

Daneben führe die Annahme einer ersten Berichtigung aufseiten des insolventen Leistenden anlässlich der Insolvenzeröffnung auch dazu, dass ihm vom Steuergläubiger eine „Liquiditätsspritze“ in Form eines erheblichen Steuerguthabens zukommen müsse. Dem liegt die Vorstellung zugrunde, der hierauf gerichtete Berichtigungsanspruch des insolventen Leistenden sei erst nach Insolvenzeröffnung begründet, daher zur Insolvenzmasse zu ziehen und nicht mit Insolvenzforderungen des Steuergläubigers aufrechenbar, da die Aufrechnungslage bei Insolvenzeröffnung noch nicht bestanden habe.[978] Dies könne der BFH nicht intendiert haben.[979]

Unter Zugrundelegung der (früheren) Rechtsprechung des VII. Senats des BFH, wonach Berichtigungsansprüche vor Insolvenzeröffnung begründet und daher der Aufrechnung zugänglich sind,[980] könne der Steuergläubiger unter bestimmten Voraussetzungen zweimal die geschuldete Umsatzsteuer aus der Insolvenzmasse fordern.[981]

Auch die Einordnung des zweiten Berichtigungsanspruchs als Masseverbindlichkeit wird angegriffen. Zum einen habe der zweite Berichtigungsanspruch (wie auch der erste) seinen Ursprung in der Ausführung der Leistung vor Insolvenzeröffnung. Er sei somit bereits vor Insolvenzeröffnung begründet und damit auch als Insolvenzforderung einzuordnen.[982] Selbst wenn man aber der Argumentation des V. Senats des BFH folge, wäre die Schlussfolgerung inkonsequent, der zweite Berichtigungsanspruch sei eine Masseverbindlichkeit. Das Problem wird bei der Aufspaltung des Unternehmens des insolventen Leistenden in mehrere Unternehmensteile verortet. Dadurch würden auch die zu verwirklichenden Tatbestandsmerkmale des Umsatzsteuertatbestands auf mehrere Unternehmensteile verteilt, die der V. Senat des BFH unabhängig voneinander behandeln wolle. Damit einher gehe jedoch auch, dass die Verwirklichung eines

---

977 So *Klusmeier,* ZInsO 2011, 1340 (1341).

978 Vgl. *Heinze,* DZWiR 2011, 276 (279); *Onusseit,* DZWiR 2011, 353 (355).

979 Dieses *argumentum ad absurdum* ist darauf zurückzuführen, dass der V. Senat des BFH sich zu diesem Zeitpunkt noch missverständlich dahingehend ausgedrückt hatte, die Uneinbringlichkeit trete „spätestens mit Verfahrenseröffnung“ ein. Später entzog er einer Interpretation, der Berichtigungsanspruch könnte aufgrund des Zeitpunkts der Uneinbringlichkeit nicht der Aufrechnung unterliegen, die Grundlage, vgl. bereits oben unter § 11. B. IV. 2. b) (aa).

980 Vgl. bereits oben unter § 11. B. IV. 2. a).

981 *Heinze,* DZWiR 2011, 276 (279); *Onusseit,* DZWiR 2011, 353 (357).

982 *Heinze,* DZWiR 2011, 276 (278), „unter einer auflösenden Bedingung stehend“.

bestimmten Merkmals des Umsatzsteuertatbestands, wie die Ausführung der Leistung, nicht beliebig einem der Unternehmensteile zugeordnet werden könne. Könne die Ausführung der Leistung aber nicht dem nachinsolvenzlichen Unternehmensteil zugeordnet werden, wäre der Tatbestand des gegen den nachinsolvenzlichen Unternehmensteil gerichteten Umsatzsteueranspruchs (in Gestalt des zweiten Berichtigungsanspruchs) auch nicht von diesem nachinsolvenzlichen Unternehmensteil verwirklicht worden. Der zweifach berichtigte Umsatzsteueranspruch könne sich daher auch unter Zugrundelegung der Ansicht des V. Senats des BFH nur gegen den vorinsolvenzlichen Unternehmensteil richten, da dieser auch die Leistung erbracht hat.[983]

Schließlich schwebt über allem der Vorwurf ggü. dem V. Senat des BFH, seine „Doppelberichtigungs"-Rechtsprechung verletze den Gläubigergleichbehandlungsgrundsatz und führe das Fiskusvorrecht wieder ein.[984]

b) Begründetheit bei Leistungserbringung

Die Mehrheit der Vertreter in der Literatur hält noch immer den Zeitpunkt der Leistungserbringung für den Eintritt der insolvenzrechtlichen Begründetheit für entscheidend.[985] Im Falle der Insolvenz des Leistenden sei die Begründetheit des Umsatzsteueranspruchs aus der getätigten Leistung bereits vor Insolvenzeröffnung gegeben, wenn die Leistung schon vor Insolvenzeröffnung erfolgt sei. Während das Insolvenzrecht den definitorischen Rahmen vorgebe, wann Begründetheit i.S.v. § 38 InsO vorliegt, sei dieser Zeitpunkt anhand des steuerlichen Tatbestands zu ermitteln.[986] Der

---

983 Vgl. *Onusseit,* DZWiR 2011, 353 (355).

984 Beispielhaft *Schwarz, H.,* NZI 2011, 613 (614); *Schmittmann,* ZIP 2011, 1125 (1125).

985 Vgl. *Kahlert,* DStR 2011, 921 (923); *Rühland,* in *Kahlert/Rühland,* Insolvenzsteuerrecht, Rn. 9.67 ff.; *Onusseit,* DZWiR 2011, 353 (354); *ders.,* ZInsO 2006, 516 (518); *ders.,* ZInsO 2005, 638 (640 f.); *ders.,* Umsatzsteuer im Konkurs, 83 ff.; *Frotscher,* Besteuerung bei Insolvenz, 212; *Welte/Friedrich-Vache,* UR 2012, 740 (740, 749 f.); *Heinze,* DZWiR 2011, 276 (277); *Witfeld,* Umsatzsteuerverfahren und Insolvenz, 224 f.; *Knobbe-Keuk,* BB 1977, 757 (758); wohl auch *Schmittmann,* ZIP 2011, 1125 (1125); *Commandeur,* NZG 2011, 618 (618); *Adam, B.,* UR 2020, 492 (493). Zur Auffassung *Stadies,* stattdessen sei ein Aussonderungsrecht des Steuergläubigers anzunehmen, bereits oben unter § 5. B. I.

986 So z.B. *Heinze,* DZWiR 2011, 276 (277); wohl auch *Schüppen/Schlösser,* in MüKo InsO, Bd. 3, Insolvenzsteuerrecht, Rn. 282.

insolvenzrechtlich relevante Kern sei im Falle der Umsatzsteuer der Umsatz, d.h. die nach § 1 Abs. 1 Nr. 1 Satz 1 UStG ausgeführte Lieferung und Leistung.[987] Die Definition des Uneinbringlichkeitsbegriffs unterscheidet sich hierbei zwar graduell,[988] jedoch gelangt die Mehrheit zu demselben Ergebnis.

c) Stellungnahme

Die „Doppelberichtigungs"-Rechtsprechung des V. Senats des BFH im Schulterschluss mit dem XI. und in Teilaspekten auch dem VII. Senat des BFH hat sich zwischenzeitlich verfestigt und ausdifferenziert.[989] Ihre Entwicklung muss vorläufig als abgeschlossen betrachtet werden.[990] Die bereits zahlreich geäußerte Kritik ist dennoch weitgehend zutreffend.

Es wurde bereits dargelegt, dass die Einordnung einer Forderung als Masseverbindlichkeit nach § 55 InsO oder als Insolvenzforderung nach § 38 InsO anhand insolvenzrechtlicher, nicht aber steuerlicher Maßstäbe erfolgen muss.[991] Darüber hinaus sprechen weitere entscheidende Gesichtspunkte gegen die „Doppelberichtigungs"-Rechtsprechung des V. Senats des BFH, wonach bei Insolvenz des Leistenden der Umsatzsteueranspruch des Steuergläubigers aus einer vor Insolvenzeröffnung erbrachten Leistung erst mit der Entgeltvereinnahmung begründet sein soll.

(aa) Entgeltvereinnahmung bei Soll-Besteuerung nicht maßgeblich

Die Annahme, für die Begründetheit des Umsatzsteueranspruchs sei (auch) bei der Soll-Besteuerung der Zeitpunkt der Entgeltvereinnahmung maßgeblich, verstößt gegen den Wortlaut von § 1 Abs. 1 Nr. 1 Satz 1 UStG sowie § 13 Abs. 1 Nr. 1 Buchst. a) Satz 1 UStG und die Gesetzessystematik der Soll-Besteuerung, denn selbst für die Entstehung eines der Soll-

---

987 *Heinze*, DZWiR 276 (277).

988 Vgl. dazu bereits die ausführliche Darstellung unter § 11. A. I. 2. b) (dd).

989 Zu den Konsequenzen der „Doppelberichtigungs"-Rechtsprechung insbesondere für Fälle der vorläufigen Insolvenzverwaltung unten unter § 15.

990 So auch *Harder*, ZInsO 2016, 1683 (1684), der insbesondere die fehlende Auseinandersetzungsbereitschaft des V. Senats des BFH mit den gegen seine Rechtsprechung vorgebrachten Argumenten kritisiert; ferner *Schmittmann*, EWiR 2016, 439 (439) und bereits *ders.*, ZIP 2012, 249 (252).

991 Oben unter § 9. B. I.

Besteuerung unterfallenden Umsatzsteueranspruchs wird die Leistungserbringung vom Gesetz nicht gefordert.[992] § 1 Abs. 1 Nr. 1 Satz 1 UStG verlangt lediglich die Vereinbarung eines Entgelts.[993] Ein Umstand, der nicht Tatbestandsmerkmal eines Anspruchs ist, kann auch zur Frage der Haftungsverteilung im Rahmen der insolvenzrechtlichen Begründetheit nichts beitragen.

Die für eine Gleichbehandlung der Soll- mit der Ist-Besteuerung vorgebrachten teleologischen Argumente[994] überzeugen ebenfalls nicht als Begründung dafür, bei der Soll-Besteuerung wie bei der Ist-Besteuerung[995] i.S.e. Besteuerungsgleichheit[996] auf den Zeitpunkt der Entgeltvereinnahmung abzustellen. Es ist bereits fraglich, ob aus einem solchen Gebot der Besteuerungsgleichheit zu folgern ist, dass zwischen Soll- und Ist-Besteuerung nicht nur im Regelfall, sondern auch in Ausnahmesituationen wie der Insolvenz einer der am Umsatzsteuerdreieck beteiligten Personen Ergebnisgleichheit herrschen muss.[997] Gemeint ist mit Besteuerungsgleichheit offenbar eine Durchsetzbarkeitsgleichheit, denn die Belastungswirkung der Umsatzsteuer tritt ohnehin nicht beim insolventen Leistenden ein und kann unabhängig von der Befriedigungsquote des Steuergläubigers beim Träger der Umsatzsteuer vollständig erzielt werden.[998]

Dass auch im Falle der Insolvenz Besteuerungsgleichheit bestehen muss, darf insb. deshalb bezweifelt werden, weil die Festlegung des Übergangs der haftungsrechtlichen Vermögenszuweisung im Rahmen eines Rechtsverhältnisses aus Gründen der Rechtssicherheit vorab abstrakt generell feststehen muss und nicht im Nachhinein – bei Eintreten des Insolvenzrisikos – einem favorisierten Modell angepasst werden sollte. Nicht der Wunsch nach Besteuerungsgleichheit taugt daher als Begründung für einen Gleichlauf zwischen Soll- und Ist-Besteuerung, sondern allenfalls der

992 Vgl. *Frotscher*, Besteuerung bei Insolvenz, 214; *Welte/Friedrich-Vache*, UR 2012, 740 (741); *dies.*, ZIP 2011, 1595 (1599); *Adam, B.*, UR 2020, 492 (493).

993 So auch *Onusseit*, ZInsO 2006, 516 (518).

994 Vgl. BFH v. 9.12.2020 – V R 22/10, BStBl. II 2011, 996 (999, Rn. 32); *Wäger*, UR 2013, 673 (680 ff.).

995 Vgl. BFH v. 29.1.2009 – V R 64/07, BStBl. II 2009, 682 (682 ff.), der entschieden hat, dass die Entgeltvereinnahmung maßgeblich für die Begründetheit sei; dazu unten unter § 12. A. II. 2. a).

996 Gegen das Erfordernis einer Besteuerungsgleichheit zwischen Soll- und Ist-Besteuerung z.B. auch *Schwarz, H.*, NZI 2011, 613 (614).

997 Ähnlich *Heinze*, DZWiR 2011, 276 (277), dem zufolge vollständige Besteuerungsgleichheit in der Gesamtvollstreckung nie zu erzielen ist, jedenfalls solange auch der Steuergläubiger als Insolvenzgläubiger ausfallen könne.

998 Vgl. auch *Mitlehner*, EWiR 2011, 323 (324).

Umstand, dass die haftungsrechtliche Risikoverteilung tatsächlich gleichlaufend geregelt ist. Wie unten dargelegt wird, besteht der Gleichlauf zwischen Soll- und Ist-Besteuerung indessen darin, dass in beiden Fällen die Leistungserbringung das maßgebliche Kriterium ist.[999]

(bb) Keine Uneinbringlichkeit durch Insolvenz des Leistenden

Die Insolvenz des Leistenden führt auch weder zur wirtschaftlichen noch rechtlichen Uneinbringlichkeit seines Entgeltanspruchs ggü. dem Leistungsempfänger.[1000] Wie bereits dargestellt,[1001] führt lediglich die Insolvenz aufseiten des Leistungsempfängers nach § 17 Abs. 2 Nr. 1 Satz 1 UStG zur Uneinbringlichkeit.[1002]

Zwar geht mit der Insolvenzeröffnung über das Vermögen des Leistenden die Verwaltungs- und Verfügungsbefugnis über sein Vermögen – und damit auch über den Entgeltanspruch – nach § 80 Abs. 1 InsO auf den Insolvenzverwalter über. Der Insolvenzverwalter zieht das Entgelt aber für Rechnung der Insolvenzmasse ein.[1003] Am Bestand des Entgeltanspruchs und an ihrer Durchsetzbarkeit ggü. dem Leistungsempfänger ändert sich dadurch nichts. Sie ist auch weiterhin dem Vermögen des insolventen Leistenden zuzurechnen.

Soweit angeführt wird, die Annahme von Uneinbringlichkeit sei in diesem Fall aufgrund teleologischer Gesichtspunkte dennoch gerechtfertigt, da im Zeitpunkt der Insolvenz des Leistenden feststehe, dass die ihn im Rahmen der Soll-Besteuerung treffende Aufgabe zur Steuerabführung mit Vorfinanzierung nicht mehr verwirklicht werden kann, sodass dem Tatbestand der Soll-Besteuerung keine Bedeutung mehr zukomme,[1004] greift ebenfalls nicht durch. Der Gesetzgeber hat sich mit der Anordnung der Soll-Besteuerung nicht nur dafür entschieden, den Zugriffszeitpunkt auf das Vermögen des Leistenden vorzuverlegen, sondern muss spiegelbildlich auch eher das Ausfallrisiko tragen. Es gliche einem „Rosinenpicken“, käme

---

999 Ebenso *Adam, B.*, UR 2020, 492 (503); vgl. unten unter § 12. A. I. 2. c) (ee) sowie unter § 12. A. II. 2. b).

1000 Ebenso *Onusseit*, DZWiR 2011, 353 (354); *Witfeld*, Umsatzsteuerverfahren und Insolvenz, 230 f.; *Adam, B.*, UR 2020, 492 (495).

1001 Vgl. bereits oben unter § 11. A. I. 2. b) (dd).

1002 *Onusseit*, DZWiR 2011, 353 (354).

1003 Vgl. zum Theorienstreit um die Stellung des Insolvenzverwalters und dessen Auftreten nach außen *Sternal*, in *K. Schmidt*, InsO, § 80, Rn. 17 ff. m.w.N.

1004 *Wäger*, UR 2013, 673 (680).

der Steuergläubiger im Regelfall in den Genuss des Vorfinanzierungseffekts der Soll-Besteuerung, nähme er im Fall der Realisierung des Ausfallrisikos aber durch eine Verschiebung des insolvenzrechtlichen Begründetheitszeitpunkts durch die Einordnung seines Umsatzsteueranspruchs als Masseverbindlichkeit wiederum die vorteilhaftere Position ein. Das lässt sich unter der Prämisse, dass der Steuergläubiger zur Teilnahme am Insolvenzverfahren verpflichtet ist, auch nicht mit dem Finanzierungszweck der Umsatzsteuer begründen.

Man könnte allenfalls in Betracht ziehen, dass der Umsatzsteueranspruch des Steuergläubigers gegen den insolventen Leistenden selbst uneinbringlich wird. Denn durch das Insolvenzverfahren wird der Steuergläubiger auf unbestimmte Zeit an der Durchsetzung seines Steueranspruchs i.S.e. Uneinbringlichkeit gehindert. Weder die MwStSystRL noch das UStG sehen hierfür jedoch eine Rechtsgrundlage vor.

Zudem dürfte in der Annahme von Uneinbringlichkeit bei Insolvenz des Leistenden ein Verstoß gegen Art. 90 Abs. 1 MwStSystRL vorliegen, der diese Konstellation nicht umfasst.[1005] Jedenfalls ist eine Vorlage dieser Frage vor den EuGH angezeigt.[1006]

Die Annahme von Uneinbringlichkeit bei Insolvenz des Leistenden lässt sich jedenfalls nicht mit einem Verweis auf Art. 273 Abs. 1 MwStSystRL rechtfertigen, wonach die Mitgliedstaaten unter bestimmten Voraussetzungen weitere Pflichten vorsehen können, die sie für erforderlich erachten, um die genaue Erhebung der Umsatzsteuer sicherzustellen.[1007] Art. 273 Abs. 1 MwStSystRL erlaubt den Mitgliedstaaten, vorbehaltlich der Gleichbehandlung der von Steuerschuldner bewirkten Inlandsumsätze und innergemeinschaftlichen Umsätze weitere Pflichten vorzusehen, die sie für erforderlich erachten, um eine genaue Erhebung der Steuer sicherzustellen und um Steuerhinterziehung zu vermeiden, sofern diese

1005 Ebenso FG Berlin-Brandenburg v. 2.4.2014 – 7 K 7337/12, EFG 2014, 1427 (1430); ebenso bzgl. des Wortlauts *Seer*, DStR 2016, 1289 (1295).

1006 Ebenso *Seer*, DStR 2016, 1289 (1295); *Kahlert*, DStR 2015, 1485 (1488 f.) unter Bezugnahme auf die abweichende Handhabung in Österreich und England.

1007 So aber BFH v. 24.9.2014 – V R 48/13, BStBl. II 2015, 506 (510 f., Rn. 38) unter Bezugnahme auf EuGH v. 3.9.2014 – C-589/12, ECLI:EU:C:2014:2131 (Rn. 32) und Art. 273 Abs. 1 MwStSystRL sowie BFH v. 6.9.2016 – V B 52/16, BFH/NV 2017, 67 (68, Rn. 10), der sich in dieser Auffassung durch EuGH v. 7.4.2016 – C-546/14, ECLI:EU:C:2016:206 bestätigt sieht. Dem hat sich der XI. Senat des BFH zwischenzeitlich angeschlossen, vgl. BFH v. 1.3.2016 – XI R 21/14, BStBl. II 2016, 756 (759, Rn. 33).

Pflichten im Handelsverkehr zwischen den Mitgliedstaaten nicht zu Formalitäten beim Grenzübertritt führen.

Die Grenzen dieser Pflicht der Mitgliedstaaten hat der EuGH jüngst in zwei Entscheidungen verdeutlicht. Das Unvermögen der Durchsetzung eines Umsatzsteueranspruchs ggü. einem Steuerschuldner widerspreche jedenfalls dann nicht der Verpflichtung der Mitgliedstaaten zur Gewährleistung der in ihrem Hoheitsgebiet geschuldeten Mehrwertsteuer, wenn dieses Verfahren strengen Anwendungsvoraussetzungen unterliegt, die Garantien hinsichtlich der Erhebung von Mehrwertsteuerforderungen bieten und keinen allgemeinen und undifferenzierten Verzicht auf die Erhebung der Mehrwertsteuer darstellt.[1008] Dem ist zuzustimmen. Denn die Pflicht zur Erhebung der Umsatzsteuer findet im Unionsrecht wie im nationalen Recht ihre Grenze dort, wo der Steuergläubiger ungewollt daran gehindert ist, die Durchsetzung seiner Ansprüche zu betreiben.

Soweit die Rechtsprechung annimmt, Art. 90 Abs. 1 MwStSystRL lasse den Mitgliedstaaten hinreichenden Umsetzungsspielraum, auch im Falle der Insolvenz des Leistenden von Uneinbringlichkeit des Entgelts ausgehen zu können,[1009] kann dem ebenfalls nicht zugestimmt werden. Der eingeräumte Spielraum bezieht sich lediglich auf die Verminderung der Steuerbemessungsgrundlage infolge der Uneinbringlichkeit, nicht aber auf das Vorliegen der Uneinbringlichkeit selbst.[1010]

(cc) Keine Tatbestandsverwirklichung von § 55 Abs. 1 Nr. 1 InsO

Berechtigt ist auch die Kritik an der Auffassung der Rechtsprechung, die spätere Entgeltvereinnahmung durch den Insolvenzverwalter führe zu einer Masseverbindlichkeit zugunsten des Steuergläubigers in Ansehung seines zweiten Berichtigungsanspruchs nach § 17 Abs. 2 Nr. 1 Satz 2 UStG.

Nicht alle nach Insolvenzeröffnung begründeten Forderungen sind zwangsläufig Masseverbindlichkeiten. Nur dann, wenn die Forderung unter den Voraussetzungen einer Norm entstehen, die sie als Masseverbind-

---

1008 EuGH v. 16.3.2017 – C-493/15, ECLI:EU:C:2017:219 (Rn. 24); Verfahren EuGH v. 7.4.2016 – C-546/14, ECLI:EU:C:2016:206 (Rn. 28); zustimmend *Matyschok*, NZI 2017, 408 (409); *Grube*, MwStR 2016, 381 (382).

1009 So BFH v. 11.3.2014 – V B 61/13, ZIP 2014, 1237 (1237 f., Rn. 12); ebenso BFH v. 1.3.2016 – XI R 21/14, BStBl. II 2016, 756 (759, Rn. 33 f.) unter ausdrücklicher Ablehnung einer Vorlagepflicht trotz einer im österreichischen Recht möglicherweise abweichenden insolvenzrechtlichen Behandlung.

1010 *Roth*, Insolvenzsteuerrecht, Rn. 4.334.

lichkeit qualifiziert, handelt es sich auch um eine Masseverbindlichkeit.[1011] Daran sollte es im Falle der Vereinnahmung des Entgelts durch den Insolvenzverwalter jedoch fehlen.

Zahlt der Leistungsempfänger ohne das Zutun – oder Wissen – des Insolvenzverwalters nach Insolvenzeröffnung, liegt die Annahme nahe, dass der Insolvenzverwalter keine Verwaltungshandlung vorgenommen hat, die zu einer Masseverbindlichkeit bzgl. des Umsatzsteueranspruchs des Steuergläubigers nach § 55 Abs. 1 Nr. 1 Alt. 1 InsO[1012] führt.[1013] Jedenfalls die aktive Einziehung von Forderungen durch den Insolvenzverwalter (durch Anhalten des Leistungsempfängers zur Zahlung und weitere Beitreibungshandlungen bis hin zur gerichtlichen Durchsetzung und Zwangsvollstreckung) stellt dagegen eine Verwaltungshandlung des Insolvenzverwalters dar.[1014]

Unabhängig davon, ob man Steuerforderungen einschließlich Forderungen aus dem Umsatzsteuerverhältnis als durch Verwalterhandeln nach § 55 Abs. 1 Nr. 1 Alt. 1 InsO begründbar[1015] oder als Hauptanwendungsfall der Begründung in sonstiger Weise durch die Verwaltung, Verwertung und Verteilung der Insolvenzmasse nach § 55 Abs. 1 Nr. 1 Alt. 2 InsO ansieht,[1016] sollte es aber jedenfalls an der Kausalität zwischen Begründet-

---

1011 Vgl. bereits oben unter § 8. A.

1012 Zur Erfüllung gegenseitiger Verträge nach § 55 Abs. 1 Nr. 2 InsO noch unten unter § 14. B. Dass keine ungerechtfertigte Bereicherung i.S.v. § 55 Abs. 1 Nr. 3 InsO vorliegt, wurde bereits oben unter § 5 B. I. 2. d) erörtert.

1013 *Adam, B.*, UR 2020, 492 (502); so wohl auch *Widmann*, UR 2011, 555 (556).

1014 Vgl. *Adam, B.*, UR 2020, 492 (502); *Andres*, in *Andres/Leithaus*, InsO, § 159, Rn. 2; *Balthasar*, in *Nerlich/Römermann*, InsO, § 159, Rn. 15; *Jungmann*, in *K. Schmidt*, InsO, § 159, Rn. 13; *Schmittmann*, ZIP 2011, 1125 (1130) für den Fall des vorläufigen Insolvenzverwalters.

1015 Das wird man wohl im Umkehrschluss aus der Vorstellung des Gesetzgebers folgern können, wonach sogar durch Handlungen des „starken" vorläufigen Insolvenzverwalters nach § 55 Abs. 2 InsO gesetzliche Ansprüche zu Masseverbindlichkeiten erhoben werden können, vgl. BT-Drs. 12/2443, 126; *Witfeld*, Umsatzsteuerverfahren und Insolvenz, 196 (Fn. 781). Auch die als gesichert zu betrachtende Erkenntnis, wonach die Begründung von Umsatzsteueransprüchen auch als anfechtbare Rechtshandlung des Schuldners i.S.v. § 129 Abs. 1 und 2 InsO anzusehen ist, vgl. z.B. BGH v. 22.10.2009 – IX ZR 147/06, ZIP 2010, 90 (92, Rn. 19) m.w.N., lässt die Parallelwertung zu, dass die Umsatzsteuer im Rahmen von § 55 Abs. 1 Nr. 1 Alt. 1 InsO ebenfalls durch eine Handlung des Insolvenzverwalters begründet werden kann.

1016 Z.B. *Kahlert*, DStR 2011, 1973 (1974); *ders.*, in *Kahlert/Rühland*, Insolvenzsteuerrecht, Rn. 8.73; *Frotscher*, Besteuerung bei Insolvenz, 75; *ders.*, in *Gottwald*, HB InsO, § 60, Rn. 1 f.; *Onusseit*, in *Kübler/Prütting/Bork*, InsO, Bd. IV, InsSteuerR II F, Rn. 199; *Thole*, in *K. Schmidt*, InsO, § 55, Rn. 19. Explizit für die

heit des zweiten Umsatzsteuerberichtigungsanspruchs des Steuergläubigers und der Verwaltung/Verwertung fehlen. Masseverbindlichkeiten sind mit der Tätigkeit des Insolvenzverwalters verknüpft. Es soll ihm ermöglicht werden, die Insolvenzmasse zu verwalten und zu verwerten, *obwohl* sich das Insolvenzausfallsrisiko des Insolvenzschuldners bereits verwirklicht hat. Ohne die Einordnung als Masseverbindlichkeiten könnte der Insolvenzverwalter ggü. Dritten keine Verbindlichkeiten eingehen.[1017] Daher sind nur solche Forderungen gegen die Insolvenzmasse zu Masseverbindlichkeiten zu erheben, die der Insolvenzverwalter selbst ggü. Dritten eingehen muss, um die Verwaltung und Verwertung der Insolvenzmasse überhaupt erst zu ermöglichen.[1018] Dagegen können Insolvenzgläubiger nicht bessergestellt werden, nur weil der Insolvenzverwalter in ein bereits bestehendes Rechtsgeschäft – z.B. durch Entgeltvereinnahmung – eingreift und somit zu Massegläubigern aufgewertet werden.[1019] Das sollte auch für den Steuergläubiger gelten, sofern das Einwirken des Insolvenzverwalters auf dieses Rechtsgeschäft mittelbar auch den Steueranspruch berührt.

Der aus der zweiten Berichtigung bei Entgeltvereinnahmung folgende Umsatzsteueranspruch des Steuergläubigers ist nicht kausal auf die Entgeltvereinnahmung zurückzuführen, sondern bereits auf die Erbringung der Leistung durch den Leistenden.[1020] Es käme einer Besserstellung des Steuergläubigers gleich, wenn sein Anspruch lediglich durch das Eingreifen des Insolvenzverwalters in ein bereits bestehendes Rechtsverhältnis zu einer Masseverbindlichkeit erhoben würde.

Die Einziehung einer Forderung ist schließlich auch nicht vergleichbar mit der Verwertung von Mobilien und Immobilien der Insolvenzmasse,

---

Anwendbarkeit von § 55 Abs. 1 Nr. 1 Alt. 2 InsO bei Entgeltvereinnahmung durch den Insolvenzverwalter z.B. *Wäger*, DStR 2011, 1925 (1927); differenzierend zwischen latenten Steuern (dann Alt. 2) und Steuern, die durch Verwalterhandeln entstehen, *Homann*, in *Ahrens/Gehrlein/Ringstmeier*, InsO, § 55, Rn. 14. Diese Fragestellung kann an dieser Stelle unentschieden bleiben, vgl. zu § 55 Abs. 2 InsO unten unter § 15. A. I.

1017 Vgl. nur *Hefermehl*, in MüKo InsO, Bd. 1, § 55, Rn. 1 ff.

1018 FG Düsseldorf v. 21.7.2016 – 11 K 613/13E, EFG 2016, 1906 (1908 f., Rn. 54); *Heinze*, DZWiR 2011, 276 (278); *Witfeld*, Umsatzsteuerverfahren und Insolvenz, 196 f.; zur KO bereits *Knobbe-Keuk*, BB 1977, 757 (758).

1019 So zu § 59 KO bereits *Knobbe-Keuk*, BB 1977, 757 (758); ebenso *Adam, B.*, UR 2020, 492 (501 f.); *Steinberg*, Insolvenzforderung, 13 f.; *Witfeld*, Umsatzsteuerverfahren und Insolvenz, 244; a.A. BFH v. 6.6.1991 – V R 115/87, BStBl. II 1991, 817 (818).

1020 Vgl. bereits oben unter § 11. B. V. bzgl. dem korrespondierenden Vorsteuerabzugsanspruch und unten unter § 12. A. I. 2. c) (ee).

deren Verwertung selbst umsatzsteuerpflichtig ist und zu einer Masseverbindlichkeit führt.[1021] Denn die Einziehung einer Forderung stellt keine eigenständige umsatzsteuerbare Leistung des Insolvenzverwalters dar.[1022]

(dd) Keine umsatzsteuerrechtlichen Unternehmensteile

Eine wesentliche Grundannahme der „Doppelberichtigungs"-Rechtsprechung für die Uneinbringlichkeit des Umsatzsteueranspruchs des Steuergläubigers ggü. dem Leistenden durch die Eröffnung des Insolvenzverfahrens über sein Vermögen ist die Aufteilung des schuldnerischen Unternehmens in mehrere Unternehmensteile. Erst durch sie werde es dem vorinsolvenzlichen Unternehmensteil rechtlich unmöglich, nach Insolvenzeröffnung das Entgelt für die bereits vorinsolvenzlich erbrachte Leistung zu vereinnahmen.[1023] Die Teilung des schuldnerischen Unternehmens soll demnach auf der Zeitachse erfolgen. Der anerkannte umsatzsteuerrechtliche Grundsatz der Unternehmenseinheit bleibe davon aber unberührt,[1024] da die Summe der für alle Unternehmensteile insgesamt festgesetzten oder angemeldeten Umsatzsteuer der Umsatzsteuer für das ganze Unternehmen entspreche.[1025]

Im Insolvenzverfahren gilt der althergebrachte Grundsatz: „Eine Person, ein Vermögen, ein Insolvenzverfahren".[1026] Das Insolvenzrecht kennt jedoch eine funktionale Aufteilung des schuldnerischen Vermögens in das insolvenzfreie Vermögen sowie das insolvenzverhaftete Vermögen zum Zweck der Verteilung des Vermögens entsprechend den Gläubigerkatego-

---

1021 Die Veräußerung der jeweiligen Sache durch den Verwalter stellt eine neue Leistung dar (sog. „Einfachumsatz" bei Verwertung bei Gebrauchmachen von Verwertungsrecht, ggf. sog. „Doppelumsatz" bei Veräußerung von Sicherungsgut durch Insolvenzverwalter im eigenen Namen für Rechnung des Sicherungsgebers); vgl. nur *Ganter*, in *Schimansky u.a.*, Bankrechts-Handbuch, § 95, Rn. 183 ff.; *Andres*, in *Andres/Leithaus*, InsO, § 159, Rn. 21.

1022 So wohl auch *Heinze*, DZWiR 2011, 276 (278).

1023 Vgl. bereits oben unter § 12. A. I. 2. a) (ii).

1024 So bereits BFH v. 28.6.2000 – V R 45/99, BStBl. II 2000, 703 (705); ebenso *Onusseit*, DZWiR 2011, 353 (354); *Witfeld*, Umsatzsteuerverfahren und Insolvenz, 226 f.

1025 BFH v. 9.12.2010 – V R 22/10, BStBl. II 2011, 996 (998, Rn. 28).

1026 *Henckel*, in *Jäger*, InsO, Bd. 1, § 35, Rn. 131; *Hirte/Praß*, in *Uhlenbruck/Hirte/Vallender*, InsO, § 35, Rn. 53 ff. mit Hinweis auf die begrenzten Fälle von Sonderinsolvenzverfahren über Sondervermögensmassen.

rien der InsO.[1027] Die Bestimmung der Insolvenzmasse ist dabei einzelgegenständlich konzipiert,[1028] d.h. die Zugehörigkeit einer Forderung oder Sache zu einer dieser Vermögenssphären muss jeweils individuell festgestellt werden.

Zum insolvenzfreien Vermögen gehören neben den unpfändbaren Gegenständen des Schuldnervermögens, vgl. § 36 Abs. 1 InsO, der Person des Insolvenzschuldners selbst und den höchstpersönlichen Rechten des Insolvenzschuldners[1029] auch diejenigen Vermögensgegenstände, die der Insolvenzverwalter gem. § 35 Abs. 2 InsO aus der Insolvenzmasse freigegeben hat.[1030] Die Freigabe von Vermögensgegenständen wurde zwar erst mit Wirkung zum 1. Juli 2007 durch das Gesetz zur Vereinfachung des Insolvenzverfahrens vom 13. April 2007[1031] in § 35 Abs. 2 und 3 InsO eingefügt, ist aber bereits seit Geltung der KO als gewohnheitsrechtliches Rechtsinstitut anerkannt.[1032] Die wirtschaftliche Bedeutung des insolvenzfreien Vermögens hat allerdings abgenommen, seit der Neuerwerb des Insolvenzschuldners nicht mehr dem insolvenzfreien Vermögen, sondern der Insolvenzmasse zugeordnet wird, dazu sogleich.

Die Insolvenzmasse umfasst dagegen das übrige Vermögen, das dem Insolvenzschuldner zur Zeit der Eröffnung des Verfahrens gehört und das er während des Insolvenzverfahrens erlangt, § 35 Abs. 1 InsO. Nicht dem Insolvenzschuldner gehören Vermögensgegenstände, die der Aussonderung an einen Gläubiger unterliegen. Die Insolvenzmasse unterliegt dem durch das Insolvenzverfahren geordneten Zugriff der verfahrensbeteiligten Gläubiger. Dazu gehören neben den Insolvenz- und Massegläubigern auch die absonderungsberechtigten Gläubiger. Sie werden hierbei zunächst aus dem Sicherungsgut abgesondert befriedigt (§§ 49-51 InsO) und nehmen nur als Insolvenzgläubiger am Insolvenzverfahren teil, wenn ihnen der Insolvenzschuldner auch persönlich haftet und nur soweit sie auf eine

---

1027 Vgl. *Ries*, in *Kayser/Thole*, InsO, § 35, Rn. 1.

1028 *Maus*, Steuern im Insolvenzverfahren, Rn. 52.

1029 Siehe dazu z.B. *Hirte*, in *Uhlenbruck/Hirte/Vallender*, InsO, § 35, Rn. 14 ff.

1030 *Ries*, in *Kayser/Thole*, InsO, § 35, Rn. 3, 51 ff.; *Hirte/Praß*, in *Uhlenbruck/Hirte/Vallendar*, InsO, § 35, Rn. 71 ff., *Heinze*, DZWiR 2011, 276 (277).

1031 BGBl. I 2007, 509; zur Entstehungsgeschichte z.B. *Hirte/Praß*, in *Uhlenbruck/Hirte/Vallender*, InsO, § 35, Rn. 90.

1032 Vgl. nur die zahlreichen Nachweise bei *Hirte/Praß*, in *Uhlenbruck/Hirte/Vallender*, InsO, § 35, Rn. 71, die bis in das Jahr 1912 zurückgehen.

abgesonderte Befriedigung verzichten oder bei ihr ausgefallen sind, § 52 InsO.[1033]

Entgegen dem Ansatz der „Doppelberichtigungs"-Rechtsprechung wird innerhalb der Insolvenzmasse keine vermögensrechtliche Trennung zwischen dem vorinsolvenzlichen Unternehmensteil, dessen Vermögen den Insolvenzschuldnern zustünde, und dem nachinsolvenzlichen Unternehmensteil, dessen Vermögen den Massegläubigern zustünde, vorgenommen.[1034] Vielmehr ordnet die InsO innerhalb dieser einen Vermögensmasse eine Befriedigungsreihenfolge unter den Gläubigergruppen an, nach der die Insolvenzmasse verteilt wird.

Diese insolvenzrechtliche Zweiteilung der Vermögenssphären wird auch nicht dadurch berührt, dass innerhalb der Insolvenzmasse oder dem insolvenzfreien Vermögen weitere Teilvermögen abgegrenzt werden können. So kann es innerhalb der Insolvenzmasse sog. Sondermassen geben, die nur zur Befriedigung bestimmter Gläubiger zur Verfügung stehen,[1035] wie z.B. ein zwangsverwaltetes Grundstück des Insolvenzschuldners, dessen Zugehörigkeit zur Insolvenzmasse oder zum insolvenzfreien Vermögen durch die Zwangsverwaltung nicht aufgehoben wird.[1036]

Eine Unternehmensteilung i.S.e. Vermögensaufteilung anhand der Gläubigerkategorien, wie sie die „Doppelberichtigungs"-Rechtsprechung beinhaltet, findet aus insolvenzrechtlicher Sicht nicht statt. Eine solche Teilung findet weder eine Stütze im Wortlaut der InsO noch fügt es sich in die vorgefundene Systematik ein. Die angedachte Unternehmensteilung bedeutete eine weitere Teilung Insolvenzmasse, die systematisch in Konkurrenz zur vorgesehenen Befriedigungsreihenfolge träte. Sie findet überdies auch keine Stütze im Umsatzsteuerrecht. Auch § 17 Abs. 2 Nr. 1 UStG geht vom Grundsatz der Unternehmenseinheit aus und bezieht die Uneinbringlichkeitssituation demnach auf den steuerpflichtigen Unternehmer als solchen.

Eine rechtsbeachtliche Teilung des Unternehmens kann nur insolvenzrechtlichen Zwecken dienen und daher auch nicht weiter reichen als diese Zweckbestimmung, d.h. zur Abgrenzung der Forderungskategorien (Insolvenzforderungen, Masseverbindlichkeiten und Forderungen gegen das

---

1033 Es handelt sich somit um „insolvenzfeste Vorzugsrechte an haftungsrechtlich der Insolvenzmasse zugeordneten Gegenständen", *Brinkmann*, in *Uhlenbruck*, InsO, § 39, Rn. 1 m.w.N.

1034 Vgl. auch *Adam, B.*, UR 2020, 492 (495).

1035 Beispiele bei *Henckel*, in *Jäger*, InsO, Bd. 1, § 35, Rn. 141 f.

1036 *Brinkmann*, in *Uhlenbruck/Hirte/Vallender*, InsO, § 165, Rn. 31.

freie Vermögen),[1037] der Zuweisung von Aktivposten zur Insolvenzmasse oder zum freien Vermögen[1038] und die Zulässigkeit oder Unzulässigkeit von Aufrechnungen nach den §§ 94-96 InsO.[1039] Insb. die Unterscheidung zwischen Insolvenzforderungen und Masseverbindlichkeiten regelt die InsO aber ohne eine Vermögensabgrenzung mithilfe des Begründetheitskriteriums und einer Befriedigungsrangfolge.

(ee) Zeitpunkt der Leistungserbringung als Begründetheitskriterium

Zutreffenderweise ist ein Umsatzsteueranspruch des Steuergläubigers bereits in dem Zeitpunkt vor Insolvenzeröffnung begründet, in dem der insolvente Leistende seine Leistung an den Leistungsempfänger erbringt.[1040] Anders als im Fall der Insolvenz des Leistungsempfängers stellt sich nicht die Frage, ob zur Ermittlung der insolvenzrechtlichen Begründetheit ggf. auf den Zeitpunkt der ersten oder zweiten Berichtigung des Umsatzsteueranspruchs des Steuergläubigers abzustellen ist.[1041] Denn eine solche Uneinbringlichkeitsberichtigung findet richtigerweise im Falle der Insolvenz des Leistenden nicht statt.

Da der Ablauf des Voranmeldungszeitraums für die insolvenzrechtliche Begründetheit keinen Ausschlag gibt, verbleibt als einziges Kriterium des Umsatzsteueranspruchs nach § 13 Abs. 1 Nr. 1 Buchst. a) Satz 1 UStG die Ausführung der Leistung.

In diesem Zeitpunkt hat die Verwirklichung des Steuertatbestands die Schwelle überschritten, nach der dem Steuergläubiger das Vermögen des insolventen Leistenden haftungsrechtlich zugewiesen werden kann und er im Gegenzug das Risiko des Ausfalls des Vermögensanspruchs zu tragen hat.

1037 *Heinze,* DZWiR 2011, 276 (277 f.); *Mitlehner,* EWiR 2011, 323 (324); *Onusseit,* DZWiR 2011, 353 (354).

1038 *Onusseit,* DZWiR 2011, 353 (354); a.A. *Heinze,* DZWiR 2011, 276 (278).

1039 *Mitlehner,* EWiR 2011, 323 (324); *Onusseit,* DZWiR 2011, 353 (354).

1040 Ebenso *Kahlert,* DStR 2011, 921 (923); *Rühland,* in *Kahlert/Rühland,* Insolvenzsteuerrecht, Rn. 9.67 ff.; *Onusseit,* DZWiR 2011, 353 (354); *Onusseit,* ZInsO 2006, 516 (518); *Onusseit,* ZInsO 2005, 638 (640 f.); *Onusseit,* Umsatzsteuer im Konkurs, 83 ff.; *Frotscher,* Besteuerung bei Insolvenz, 212; *Welte/Friedrich-Vache,* UR 2012, 740 (740, 749 f.); *Heinze,* DZWiR 2011, 276 (277); *Knobbe-Keuk,* BB 1977, 757 (758); *Adam, B.,* UR 2020, 492 (493); wohl auch *Schmittmann,* ZIP 2011, 1125 (1125); *Commandeur,* NZG 2011, 618 (618).

1041 Dazu bereits oben unter § 11. B. IV. 2. c) und § 11. B. V.

(ff) Zusammenfassung

Die „Doppelberichtigungs"-Rechtsprechung ist abzulehnen. Stattdessen ist bei vorinsolvenzlicher Leistungserbringung der aus dem Umsatz resultierende Umsatzsteueranspruch des Steuergläubigers bereits im Zeitpunkt der Erbringung dieser Leistung insolvenzrechtlich begründet.

Im Ausgangsfall kommt es daher nicht auf die Entgeltvereinnahmung durch I am 15. Juli 2020 an, sondern bereits auf die Erbringung der Lieferung durch S am 6. Juni 2020 vor Insolvenzeröffnung. Damit ist der Umsatzsteueranspruch des Steuergläubigers aus diesem Umsatz bereits vor Insolvenzeröffnung begründet und somit als Insolvenzforderung nach § 38 InsO einzuordnen.

Dasselbe gilt für Abwandlung 1, denn es kommt nicht darauf an, ob das Entgelt im selben Voranmeldungszeitraum oder erst im darauffolgenden vereinnahmt wurde. Ausschlaggebend ist auch in diesem Fall die Leistungsvereinnahmung vor Insolvenzeröffnung.

Schließlich ist der Umsatzsteueranspruch des Steuergläubigers auch in den Abwandlungen 2 und 3 als Insolvenzforderung nach § 38 InsO einzuordnen, da aufgrund des Insolvenzantrags des S keine vorläufige Insolvenzverwaltung angeordnet wurde.

3. Entgeltvereinnahmung vor, Leistungserbringung nach Insolvenzeröffnung – Mindest-Ist-Besteuerung

Eine Sonderstellung nimmt die sog. Mindest-Ist-Besteuerung nach § 13 Abs. 1 Nr. 1 Buchst. a) Satz 4 UStG ein. Sie durchbricht im Rahmen der Soll-Besteuerung den Grundsatz, wonach die Umsatzsteuer immer erst dann zu entrichten ist, wenn die Leistung erbracht wurde.[1042] Die Mindest-Ist-Besteuerung enthält einen selbständigen und abschließenden Steuerentstehungstatbestand[1043] und beruht unionsrechtlich auf Art. 65 MwStSystRL.[1044] Wird bereits vor der Leistungserbringung das Entgelt[1045] vom Leistungsempfänger gezahlt, entsteht der Umsatzsteueranspruch des Steu-

---

1042 *Leonard/Korn*, in *Bunjes*, UStG, § 13, Rn. 20.

1043 BFH v. 30.4.2009 – V R 1/06, BStBl. II 2010, 138 (141); BFH v. 21.6.2001 – V R 68/00, BStBl. II 2002, 255 (256); *Onusseit*, in *Kübler/Prütting/Bork*, InsO, Bd. IV, InsSteuerR II F, Rn. 343.

1044 *Leonard/Korn*, in *Bunjes*, UStG, § 13, Rn. 20; *Wäger*, UR 2013, 673 (674).

1045 Zur Behandlung von Teilentgelten nach § 13 Abs. 1 Nr. 1 Buchst. a) Satz 2 UStG siehe unten unter § 14. A. II. 1. (cc) und § 14. B. II. 1. a).

ergläubigers ggü. dem insolventen Leistenden im Rahmen der Mindest-Ist-Besteuerung mit Ablauf des entsprechenden Voranmeldungszeitraums, vgl. § 13 Abs. 1 Nr. 1 Buchst. a) Satz 4 UStG.

Fällt zwischen die Entgeltvereinnahmung und die Leistungserbringung die Insolvenzeröffnung, läge die tatbestandliche Entstehung des Umsatzsteueranspruchs vor der insolvenzrechtlichen Begründetheit dieses Anspruchs, der nach den obigen Ausführungen auf den Zeitpunkt der Leistungserbringung anzusetzen wäre. Dasselbe Ergebnis ergibt sich in den Fällen der Ist-Besteuerung nach § 13 Abs. 1 Nr. 1 Buchst. b) UStG, in denen das Entgelt bereits (vollständig)[1046] vor Leistungserbringung vereinnahmt wird. Auch hier ist der umsatzsteuerrechtliche Tatbestand bereits erfüllt, ohne dass der insolvente Leistende den Umsatz ausgeführt hätte, sodass die insolvenzrechtliche Begründetheit nach der Entstehung des Anspruchs eintreten müsste.

a) Maßgeblichkeit der Leistungserbringung auch bei Mindest-Ist-Besteuerung?

Es wird z.T. vertreten, dass auch in den Fällen der Mindest-Ist-Besteuerung und der Ist-Besteuerung bei Entgeltvereinnahmung vor Leistungserbringung auf den Zeitpunkt der Leistungserbringung abzustellen sei, wenn die insolvenzrechtliche Begründetheit dieser Umsatzsteueransprüche ermittelt werden soll.[1047] Während *Frotscher* schlicht an der Maßgeblichkeit der Leistungserbringung festhält und in den hier behandelten Fällen lediglich eine „ungewöhnliche Konstellation" erblickt, führt *Stadie* die Maßgeblichkeit (auch) der Leistungserbringung darauf zurück, dass – wenn man kein Aussonderungsrecht annehme – der für § 38 InsO relevante Umsatzsteuertatbestand auch im Falle der Mindest-Ist-Besteuerung und der leistungsvorgelagerten Entgeltvereinnahmung wie bei der Ist-Besteuerung

---

1046 Nachfolgend wird zunächst die Konstellation betrachtet, in der der Leistungsempfänger bereits das gesamte Entgelt vor Leistungserbringung und vor Insolvenzeröffnung erbringt. Bei einer solchen Vorleistung handelt es sich nicht um einen Fall des § 103 InsO; vgl. nur *Berberich*, in BeckOK InsO, § 103, Rn. 45; *Huber*, in MüKo InsO, Bd. 2, § 103, Rn. 2; BGH v. 10.08.2006 – IX ZR 28/05, ZIP 2006, 1736 (1738, Rn. 13). Zu den Anwendungsfällen des § 103 InsO nachfolgend unter § 14.

1047 *Stadie*, in *Rau/Dürrwächter*, UStG, Bd. VI, § 18 Anhang 2, Rn. 66, 76 f.; *Frotscher*, Besteuerung bei Insolvenz, 219 f.

erst mit Zahlung und Ausführung der Leistung verwirklicht sei.[1048] Dementsprechend seien Umsatzsteueransprüche des Steuergläubigers aus vor Insolvenzeröffnung vereinnahmten Entgelten für nach Insolvenzeröffnung erbrachte Leistungen als Masseverbindlichkeiten nach § 55 Abs. 1 Satz 1 InsO einzuordnen, da die Leistung vom Insolvenzverwalter erbracht werde.[1049]

Folgt man dieser Auffassung, eröffnet sich Gestaltungspotenzial für den insolventen Leistenden, der die Umsatzsteueransprüche des Steuergläubigers ggü. ihm zu Insolvenzforderungen nach § 38 InsO qualifizieren kann, indem er für seine Leistungen im insolvenznahen Bereich keine Vorleistungen mehr annimmt.[1050]

b) V. Senat des BFH: Abstellen auf Zeitpunkt der Vorauszahlung

Demgegenüber vertritt der V. Senat des BFH die Auffassung, vor Insolvenzeröffnung vereinnahmte Entgelte seien als Insolvenzforderung nach § 38 InsO einzuordnen.[1051] Die Behandlung der vorinsolvenzlich vereinnahmten Entgelte als Masseverbindlichkeiten führe dagegen zu einem nicht gerechtfertigten Fiskusvorrecht.[1052] Angesichts dessen, dass der erkennende Senat zur Rechtfertigung seiner neueren Rechtsprechung erst drei Monate vor der zitierten Entscheidung anführte, dass der Umsatzsteuerbetrag „[...] dem Insolvenzverwalter und der Insolvenzmasse zur allgemeinen Befriedigung nicht zu[steht]“,[1053] mag die Einordnung vor Verfahrenseröffnung vereinnahmter Entgelte auf noch nicht erbrachte Leistungen als Insolvenzforderungen nach § 38 InsO zunächst überraschen. Indessen ist dieses Ergebnis keineswegs verwunderlich,[1054] sondern die Konsequenz der Argumentationslinie des V. Senats des BFH.

1048 *Stadie*, in *Rau/Dürrwächter*, UStG, Bd. VI, § 18 Anhang 2, Rn. 66, 77.

1049 Zur Kritik an der pauschalen Anknüpfung an das Verwalterhandeln bei der Ermittlung des Begründetheitszeitpunkts bereits oben unter § 8. B., § 12. A. I. 2. a) (bb) (ii) sowie § 12. A. I. 2. c) (cc).

1050 Ob dieses Vorgehen für einen Unternehmer in Insolvenznähe wirtschaftlich sinnvoll oder mit Blick auf Liquiditätserwägungen auch nur möglich ist, kann für die rechtliche Betrachtung außer Acht bleiben.

1051 BFH v. 30.4.2009 – V R 1/06, BStBl. II 2010, 138 (141 f.).

1052 BFH v. 30.4.2009 – V R 1/06, BStBl. II 2010, 138 (141 f.).

1053 So BFH v. 29.1.2009 – V R 64/07, BStBl. II 2009, 682 (684) im Rahmen seines Urteils zur Neuausrichtung der insolvenzrechtlichen Beurteilung von Umsatzsteueransprüchen bei Ist-Besteuerung.

1054 So aber *Stadie*, in *Rau/Dürrwächter*, UStG, Bd. VI, § 18 Anhang 2, Rn. 77.

Indem er die Entgeltvereinnahmung bei der Ist-Besteuerung auf die Vereinnahmung des Entgelts als entscheidendes Tatbestandsmerkmal für die Begründetheit abstellt, muss sich der V. Senat des BFH – seiner Argumentationslinie folgend – auch für die Fälle vorvereinnahmter Entgelte auf diesen Zeitpunkt festlegen. Allerdings wendet der V. Senat des BFH sein gefundenes Abgrenzungskriterium für die Ermittlung des Begründetheitszeitpunkts bei der Ist-Besteuerung ebenso gleichförmig auf die Fälle vorgelagerter Entgeltzahlung an, wie es einige Vertreter der Auffassung tun, nach der es stets auf die Leistungserbringung ankommt. Dadurch erzielt auch die Rechtsprechung ein undifferenziertes Ergebnis, das nicht auf die insolvenzrechtlichen Wertungen bei der Beurteilung der umsatzsteuerrechtlichen Sonderfälle der Mindest-Ist-Besteuerung sowie der vorvereinnahmten Entgelte bei der Ist-Besteuerung eingeht.

Dem insolventen Leistenden eröffnet sich auch nach dieser Auffassung Gestaltungspotenzial. Eine Herabstufung der Umsatzsteueransprüche des Steuergläubigers zu bloßen Insolvenzforderungen nach § 38 InsO kann dadurch erreicht werden, dass er möglichst oft mit seinen Leistungsempfängern vereinbart, das Entgelt für seine Leistung vor Leistungserbringung zu erhalten.

c) Stellungnahme

Dennoch ist dem V. Senat des BFH im Fall der Mindest-Ist-Besteuerung im Ergebnis zuzustimmen.[1055] Wird das Entgelt bereits vor der Leistungserbringung und vor der Insolvenzeröffnung vereinnahmt, handelt es sich um eine Insolvenzforderung, weil der Teil des maßgeblichen Umsatzsteuertatbestands, der die insolvenzrechtliche Begründetheit bestimmt, bereits vor Insolvenzeröffnung erfüllt ist. Der BFH hat bereits entschieden, dass § 13 Abs. 1 Nr. 1 Buchst. a) Satz 4 UStG einen selbständigen und abschließenden Steuerentstehungstatbestand enthält.[1056]

Sowohl bei der Ist- als auch bei der Mindest-Ist-Besteuerung ist der maßgebliche Teil des Umsatzsteuertatbestands die Entgeltvereinnahmung.

1055 Ebenso *Waza*, in *Waza/Uhländer/Schmittmann*, Insolvenzen und Steuern, Rn. 1981; *Welzel*, Umsatzsteuer als Masseverbindlichkeit, 72.

1056 BFH v. 21.6.2001 – V R 68/00, BStBl. II 2002, 255 (256); BFH v. 30.4.2009 – V R 1/06, BStBl. II 2010, 138 (141); *Onusseit*, in *Kübler/Prütting/Bork*, InsO, Bd. IV, InsSteuerR II F, Rn. 343; *Waza*, in *Waza/Uhländer/Schmittmann*, Insolvenzen und Steuern, Rn 1981; a.A. *Stadie*, UR 2013, 158 (168).

Dagegen kann auch nicht angeführt werden, durch das Umschwenken vom Zeitpunkt der Leistungserbringung auf den Zeitpunkt der Entgeltvereinnahmung würden willkürliche Ergebnisse erzielt.[1057]

Es wurde bereits herausgearbeitet, dass sich die Frage, wann ein Vermögensanspruch ggü. dem Insolvenzschuldner „begründet" i.S.v. § 38 InsO ist, nicht ohne Wertungen beantworten lässt.[1058] Da § 38 InsO auf eine Vielzahl von Vermögensansprüchen unterschiedlichster Rechtsgebiete anwendbar sein muss, ist eine gewisse tatbestandliche Unbestimmtheit zwingend erforderlich. Daher kann und soll § 38 InsO nicht im Einzelnen klarstellen, wann ein Vermögensanspruch begründet ist.[1059] Entsprechend der in § 38 InsO enthaltenen Wertungen sind von Rechtsprechung und Literatur Definitionen zu entwickeln, die die Subsumtion unter den Gesetzestatbestand erleichtern, hierbei aber stets nur als Auslegungshilfen dienen können.[1060]

§ 38 InsO verfolgt mit dem Kriterium der Begründetheit eines Vermögensanspruchs den Zweck, diejenigen Gläubiger zu bestimmen, denen ein Teil der Insolvenzmasse als haftendes Vermögen des Insolvenzschuldners bereits vor Insolvenzeröffnung zuzuordnen war.[1061] Dies spiegelt sich in einer Rechtsposition wider, die dem Gläubiger den Zugriff auf die Haftungsmasse des Insolvenzschuldners bereits erlaubt oder zumindest so nahe in Aussicht stellt, dass der Zugriff ohne weiteres Zutun des Gläubigers eintreten wird. Hiermit verbunden ist auch, dass der Gläubiger das Insolvenzrisiko hinsichtlich seines Vermögensanspruchs ab diesem Zeitpunkt trägt und somit Teil der Gläubigergemeinschaft wird. So verwundert es nicht, dass die Begründetheit eines vertraglichen Anspruchs allgemein auf den Zeitpunkt des Vertragsschlusses gelegt wird, sofern der Anspruch in diesem Augenblick entsteht (Fälligkeit wird nicht vorausgesetzt). In diesem Beispiel fallen insolvenzrechtliche Begründetheit und Entstehung des Anspruchs zeitlich zusammen.

Hält man sich das Abgrenzungskriterium der Haftungszuweisung vor Augen, wird auch deutlich, dass der Zeitpunkt der insolvenzrechtlichen Begründetheit auf der Zeitachse nie hinter dem Zeitpunkt des Eintretens

---

1057 So aber *Schwarz, J.*, Umsatzsteuer in der Insolvenz, 54 f.

1058 Eingehend bereits oben unter § 9. A.

1059 So auch *Onusseit*, in *Kübler/Prütting/Bork*, InsO, Bd. IV, InsSteuerR II F, Rn. 341.

1060 *Onusseit*, in *Kübler/Prütting/Bork*, InsO, Bd. IV, InsSteuerR II F, Rn. 341.

1061 Hierzu bereits oben unter § 8. B.

der vollständigen Erfüllung des Tatbestands liegen kann.[1062] Anders ausgedrückt: Wenn ein Anspruch tatbestandlich entstanden ist, muss er auch insolvenzrechtlich begründet sein, da spätestens in diesem Zeitpunkt eine Haftungszuweisung des schuldnerischen Vermögens an den Gläubiger stattfindet. Tatbestandsmäßige Anspruchsentstehung und insolvenzrechtliche Begründetheit können hingegen dann zeitlich auseinanderfallen, wenn der Tatbestand des Vermögensanspruchs auf der Zeitachse eine mehraktige Struktur aufweist, die eine Haftungszuweisung des schuldnerischen Vermögens an den Gläubiger bereits vor der Erfüllung des kompletten Entstehungstatbestands zulässt.

Dies vorangestellt sind Umsatzsteueransprüche des Steuergläubigers aus § 13 Abs. 1 Nr. 1 Buchst. a) Satz 4 und Buchst. b) UStG, bei denen die Entgeltzahlung vor Leistungserbringung erfolgt und auch der Voranmeldungszeitraum vor Insolvenzeröffnung abgelaufen ist, mithin der gesetzliche Entstehungstatbestand der Vermögensansprüche vollständig erfüllt ist, als Insolvenzforderungen gem. § 38 InsO einzuordnen. Schon deshalb, weil die Begründetheit dieser Vermögensansprüche nicht erst nach deren tatbestandlicher Entstehung eintreten kann, muss es sich um Insolvenzforderungen handeln.

Darüber hinaus knüpft eine vor Verfahrenseröffnung entstandene Forderung haftungsrechtlich an das vorinsolvenzliche Vermögen an und ist deshalb Insolvenzforderung, da sich an der Haftungszuordnung durch die Verfahrenseröffnung nichts ändert.[1063] Aber auch aus einem weiteren Grund muss es sich um Insolvenzforderungen handeln. Deutlich wird dieser anhand folgenden Beispiels:

Ausgangsfall: Unternehmer S verkauft Waren innerhalb seines Großwarenhandelsgeschäfts. Am 5. Juni 2020 (Entgelt für Leistung A) und am 6. Juli 2020 (Entgelt für Leistung B) erhält er Vorauszahlungen auf noch zu erbringende Leistungen von Vertragspartner G i.H.v. jeweils 119,00 Euro brutto. Am 7. Juli 2020 reicht S wegen Zahlungsunfähigkeit einen Antrag auf Eröffnung des Insolvenzverfahrens beim Insolvenzgericht ein. Dieses eröffnet das Verfahren am 15. Juli 2020 und bestellt den I zum Insolvenzverwalter über das Vermögen des S. In seiner Eigenschaft als Insolvenzverwalter erbringt I die noch offenen Leistungen ggü. G, für die S das Entgelt bereits vorinsolvenzlich vereinnahmt hatte.

1062 So auch *Wäger,* UR 2013, 673 (680); Finanzgericht des Landes Sachsen-Anhalt v. 12.7.2007 – 1 K 806/06, EFG 2007, 1737 (1738).

1063 *Onusseit,* in *Kübler/Prütting/Bork,* InsO, Bd. IV, InsSteuerR II F, Rn. 342.

Der Steuergläubiger kann weder die Umsatzsteuer aus dem Entgelt für Leistung A noch für Leistung B als Masseverbindlichkeit geltend machen.[1064] Anders als bei Leistung A[1065] ist der Voranmeldungszeitraum für Leistung B vor Insolvenzeröffnung noch nicht abgelaufen, der Vermögensanspruch des Steuergläubigers demnach noch nicht vor Insolvenzeröffnung gem. § 13 Abs. 1 Nr. 1 Buchst. a) Satz 4 bzw. Buchst. b) UStG entstanden. Daraus schließt *Onusseit*, der hinsichtlich der Steuer aus dem Entgelt für Leistung A auf das vollständige tatbestandsmäßige Entstehen der Steuerforderung einschließlich des Ablaufs des Voranmeldungszeitraums abstellt, um diese als Insolvenzforderung nach § 38 InsO einzuordnen, dass es sich bei der Umsatzsteuer aus dem Entgelt für Leistung B nicht um eine Insolvenzforderung handele.[1066] Als vorinsolvenzlicher Bezugspunkt käme weder die Ausführung des Umsatzes als Erfüllung des Umsatzsteuertatbestands noch das Entstehen der Forderung, also des Steueranspruchs in Betracht. Darüber hinaus könne auch keine Masseverbindlichkeit nach § 55 Abs. 1 InsO angenommen werden, da durch die Ausführung des Umsatzes durch den Insolvenzverwalter kein neuer, sondern der ursprüngliche Steueranspruch ausgelöst worden sei.[1067] Daher müsse sich die Steuerforderung des Steuergläubigers letztlich gegen das freie Vermögen des insolventen Leistenden richten.[1068]

Onusseit rechtfertigt die unterschiedliche Behandlung zweier scheinbar gleicher Sachverhalte mit der unterschiedlichen durch § 13 UStG geschaffenen Haftungszuordnung.[1069] Auch das Urteil des V. Senats des BFH vom 30. April 2009[1070] lässt vermuten, dass dieser den Ablauf des Voranmeldungszeitraums voraussetzt, damit eine Insolvenzforderung nach § 38 InsO vorliegen kann, wenn er ausführt, der Insolvenzschuldner müsse die

---

1064 So auch *Onusseit*, in *Kübler/Prütting/Bork*, InsO, Bd. IV, InsSteuerR II F, Rn. 344 f.

1065 Ob sich der Voranmeldungszeitraum für S nach dem Regelfall des § 18 Abs. 2 Satz 1 UStG richtet (Kalendervierteljahr), oder nach § 18 Abs. 2 Satz 1 UStG (Kalendermonat), ist im hier gebildeten Beispielsfall unerheblich.

1066 *Onusseit*, in *Kübler/Prütting/Bork*, InsO, Bd. IV, InsSteuerR II F, Rn. 345.

1067 Was zutreffend ist, vgl. dazu bereits oben unter § 8. B., § 12. A. I. 2. a) (bb) (ii) sowie § 12. A. I. 2. c); a.A. BFH v. 29.1.2009 – V R 64/07, BStBl. II 2009, 682 (683 f.).

1068 *Onusseit*, in *Kübler/Prütting/Bork*, InsO, Bd. IV, InsSteuerR II F, Rn. 345.

1069 *Onusseit*, in *Kübler/Prütting/Bork*, InsO, Bd. IV, InsSteuerR II F, Rn. 346.

1070 BFH v. 30.4.2009 – V R 1/06, BStBl. II 2010, 138 (141).

Steuer aus dem vereinnahmten Entgelt bei Insolvenzeröffnung zu „versteuern" gehabt haben.[1071]

Zutreffend ist, dass aufgrund der Leistungserbringung durch den Insolvenzverwalter keine Masseverbindlichkeit entstehen kann, denn es fehlt gerade an der Begründung des Vermögensanspruchs *durch* den Insolvenzverwalter. Entgegenzuhalten ist der Auffassung *Onusseits* allerdings, dass der Ablauf des Voranmeldungszeitraums in den übrigen Abgrenzungsfällen nach wohl einhelliger Auffassung nicht relevant ist. Es ist nicht ersichtlich, warum dies im Falle der Vorleistung vor Insolvenzeröffnung anders sein soll. Verlangt man für die vorinsolvenzliche Begründetheit aber, dass auch der Voranmeldungszeitraum abgelaufen sein muss, gibt dieser letztlich den Ausschlag darüber, ob eine Insolvenzforderung vorliegt.

Zugunsten des Steuergläubigers hat der Gesetzgeber bei der Mindest-Ist-Besteuerung den Zugriffszeitpunkt auf das Vermögen des Leistenden nach vorn verlagert. Es entspricht auch eher dem Gedanken, der Leistende sei nur „Steuereinsammler", wenn dem Steuergläubiger möglichst frühzeitig der der Steuer entsprechende Teil des schuldnerischen Vermögens haftungsrechtlich zugewiesen wird, ohne zugleich die Vermögenssphäre des insolventen Leistenden durch Aussonderungsrechte zu überwinden. Es hilft daher nicht weiter, Parallelen zur „regulären" Steuerentstehung nach § 13 Abs. 1 Nr. 1 Buchst. a) Satz 1 UStG zu suchen. Vielmehr bedarf es einer eigenständigen Betrachtung des Tatbestands der Mindest-Ist-Besteuerung nach § 13 Abs. 1 Nr. 1 Buchst. a) Satz 4 UStG.

Richtigerweise und unter Anwendung der hier entwickelten Begründetheitsdefinition[1072] muss daher der Ablauf des Voranmeldungszeitraums außer Acht bleiben.[1073] Die haftungsrechtliche Zuordnung ergibt sich bereits aus der Entgeltvereinnahmung selbst, sodass diese für die Behandlung der Umsatzsteueransprüche als Insolvenzforderungen maßgeblich ist. Die positive Wirkung der tatbestandlichen Voranknüpfung führt im Falle der Insolvenz des Leistenden i.E. zur entsprechenden Folge, der Einordnung der Steuerforderung als Insolvenzforderung.

1071 So *Onusseit*, in *Kübler/Prütting/Bork*, InsO, Bd. IV, InsSteuerR II F, Rn. 346, der vermutet, der BFH würde in dieser bisher nicht ausgeurteilten Konstellation aufgrund der Leistungsausführung durch den Insolvenzverwalter eine Masseverbindlichkeit nach § 55 Abs. 1 InsO annehmen.

1072 Oben unter § 9. B. II. 2.

1073 Im Ergebnis ebenso wohl *Waza*, in *Waza/Uhländer/Schmittmann*, Insolvenzen und Steuern, Rn. 1981.

Somit kommt es auch im Falle der Lieferung A gar nicht auf die vollständige Tatbestandsverwirklichung an, da auch dort die Haftungszuweisung bereits mit Vereinnahmung des Entgelts durch den S erfolgt.

II. Auswirkungen der Insolvenz des Leistenden, wenn er der Ist-Besteuerung unterliegt

Aufbauend auf den für die Soll-Besteuerung gewonnenen Erkenntnissen ist auch für die Ist-Besteuerung zu untersuchen, welche Auswirkungen die Insolvenz des Leistenden auf Umsatzsteueransprüche des Steuergläubigers gegen ihn hat.

1. Leistung und Entgelt werden vor Insolvenzeröffnung erbracht bzw. entrichtet

Die Konstellation der vorinsolvenzlichen Leistungserbringung und Entgeltentrichtung birgt nach den bisherigen Ausführungen keine Schwierigkeiten. Da es auf den Ablauf des Voranmeldungszeitraums nicht ankommt, handelt es sich beim Umsatzsteueranspruch des Steuergläubigers, der aus einer vor Insolvenzeröffnung im Rahmen der Ist-Besteuerung nach § 13 Abs. 1 Nr. 1 Buchst. b) UStG erbrachten Leistung, für die auch das Entgelt bereits vor Insolvenzeröffnung entrichtet wurde, in jedem Fall um eine Insolvenzforderung i.S.v. § 38 InsO.[1074]

1074 BFH v. 29.1.2009 – V R 64/07, BStBl. II 2009, 682 (684); *Heinze*, DZWiR 2011, 276 (277).

Abb. 7: Insolventer Leistender erbringt Leistung und vereinnahmt Entgelt vor Insolvenzeröffnung

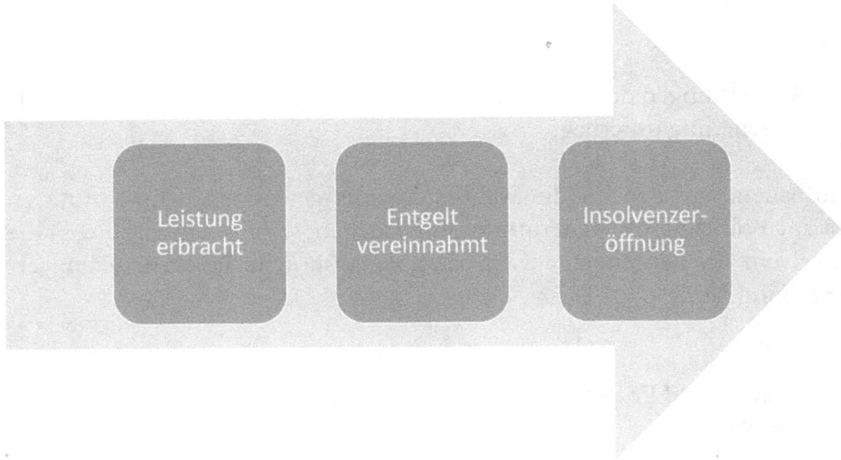

2. Die Leistung wird vor Insolvenzeröffnung erbracht, das Entgelt nach Insolvenzeröffnung entrichtet

Die Konstellation der vorinsolvenzlichen Leistungserbringung durch den später insolventen Leistenden gefolgt vom nachinsolvenzlich entrichteten Entgelt durch den Leistungsempfänger an den Insolvenzverwalter wird hingegen uneinheitlich beurteilt.

Abb. 8: Insolventer Leistender erbringt Leistung vor, aber vereinnahmt Entgelt nach Insolvenzeröffnung

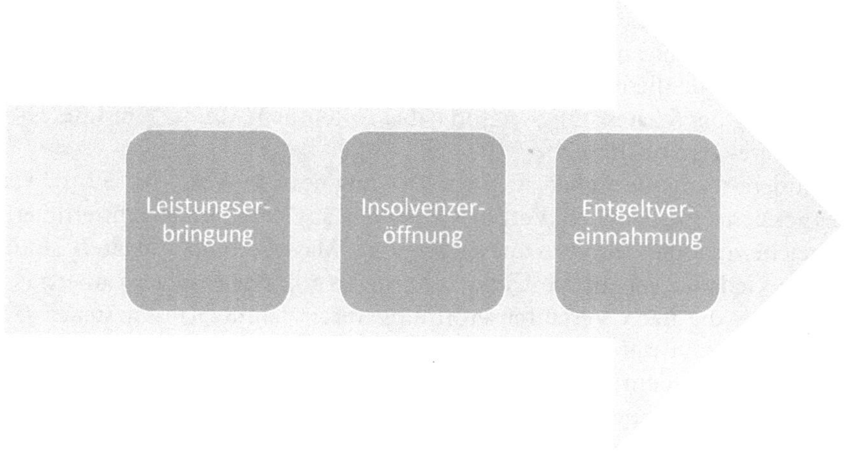

a) Maßgeblichkeit der Entgeltvereinnahmung

In seinem Grundsatzurteil vom 29. Januar 2009 entschied der V. Senat des BFH in einem Fall, in dem über das Vermögen eines Leistenden das Insolvenzverfahren eröffnet wurde, der seine Umsätze nach vereinnahmten Entgelten gem. § 13 Abs. 1 Nr. 1 Buchst. b) UStG versteuerte, dass die Umsatzsteueransprüche des Steuergläubigers, die aus vor Insolvenzeröffnung vom insolventen Leistenden erbrachten Leistungen resultieren, dann Masseverbindlichkeiten des insolventen Leistenden darstellten, wenn erst der Insolvenzverwalter nach Eröffnung des Insolvenzverfahrens das dafür geschuldete Entgelt vereinnahme. Denn die für die Abgrenzung zwischen Insolvenzforderungen und Masseverbindlichkeiten maßgebliche Tatbestandsvoraussetzung sei die Vereinnahmung des Entgelts.[1075]

Der Senat verdeutlicht, dass es entgegen der Auffassung der Vorinstanz für die Abgrenzung von Insolvenzforderung und Masseverbindlichkeit

---

1075 BFH v. 29.1.2009 – V R 64/07, BStBl. II 2009, 682 (683); zustimmend *Wäger*, UR 2012, 673 (678 ff.); *Widmann*, UR 2011, 555 (555); i.E. auch *de Weerth*, NZI 2009, 449 (449), jedoch mit abweichender Begründung; a.A. noch die Vorinstanz, Finanzgericht des Landes Sachsen-Anhalt v. 12.7.2007 – 1 K 806/06, EFG 2007, 1737 (1738).

nicht entscheidend sei, wann die Leistung erbracht wurde.[1076] Bestätigt werde die Maßgeblichkeit des Vereinnahmungszeitpunkts durch die bei der Umsatzbesteuerung bestehenden Besonderheiten, die diese von anderen Steueransprüchen dadurch unterscheidet, dass der Unternehmer – und damit nach Eröffnung des Insolvenzverfahrens über das Vermögen des Leistenden für diesen der Insolvenzverwalter – als „Steuereinnehmer für Rechnung des Staates" tätig sei und dabei „öffentliche Gelder" im Interesse des Staates vereinnahme.[1077]

Zudem sei diesbezüglich auch die Wertung des § 55 Abs. 1 Nr. 3 InsO zu berücksichtigen, wonach Verbindlichkeiten aus einer ungerechtfertigten Bereicherung der Insolvenzmasse sonstige Masseverbindlichkeiten sind. Dieser Gedanke sei auf die Umsatzbesteuerung in der Insolvenz übertragbar, denn die nach Verfahrenseröffnung vereinnahmte Umsatzsteuer sei von vornherein nur zur Weiterleitung an den Steuergläubiger bestimmt, daher stehe sie dem Insolvenzschuldner und der Insolvenzmasse zur allgemeinen Befriedigung der Insolvenzgläubiger nicht zu.[1078] Zudem sei es Aufgabe des Insolvenzverwalters, der mit Verfahrenseröffnung in die dem insolventen Leistenden zugewiesene Aufgabe des „Steuereinsammlers" eintrete, die nach Verfahrenseröffnung vereinnahmten Entgelte vollständig zu versteuern.[1079]

Schließlich würde der Steuergläubiger durch diese Rechtsauffassung nicht ungerechtfertigt privilegiert.[1080] Aus dem Fehlen eines Fiskusvorrechts, wie es die KO vorsah, folge nicht, dass der Steuergläubiger auch insoweit das Insolvenzrisiko zu tragen habe, als der Insolvenzverwalter eine Gegenleistung bestehend aus Entgelt und Umsatzsteuerbetrag nach Verfahrenseröffnung vereinnahmt.[1081] Liege der Zeitpunkt, der für die Begründetheit eines Vermögensanspruchs maßgeblich sein soll, zeitlich hinter der Insolvenzeröffnung, bedürfe es der Erfüllung der Voraussetzungen des § 55 InsO, damit eine Masseverbindlichkeit bejaht werden könne. Anderenfalls richte sich der Anspruch des Gläubigers gegen das freie Vermögen des insolventen Leistenden.

1076 BFH v. 29.1.2009 – V R 64/07, BStBl. II 2009, 682 (683 f.).

1077 Unter Bezugnahme der einschlägigen Rechtsprechung des EuGH BFH v. 29.1.2009 – V R 64/07, BStBl. II 2009, 682 (684).

1078 BFH v. 29.1.2009 – V R 64/07, BStBl. II 2009, 682 (684).

1079 BFH v. 29.1.2009 – V R 64/07, BStBl. II 2009, 682 (684).

1080 BFH v. 29.1.2009 – V R 64/07, BStBl. II 2009, 682 (684); a.A. Finanzgericht des Landes Sachsen-Anhalt v. 12.7.2007 – 1 K 806/06, EFG 2007, 1737 (1738).

1081 BFH v. 29.1.2009 – V R 64/07, BStBl. II 2009, 682 (684).

Dementsprechend führte der V. Senat des BFH in seiner Entscheidung aus, dass auch die (weiteren) Voraussetzungen einer Masseverbindlichkeit nach § 55 Abs. 1 Nr. 1 InsO vorlägen, da die Umsatzsteuer durch die Verwaltung und Verwertung der Insolvenzmasse entstanden sei. Denn die Einziehung von Forderungen der Insolvenzmasse gehöre zur Verwertung der Masse.[1082] Dementsprechend müsse auch der aus diesem Verwertungshandeln des Insolvenzverwalters resultierende Umsatzsteueranspruch des Steuergläubigers eine Masseverbindlichkeit darstellen.

b) Maßgeblichkeit der Leistungserbringung

Die Gegenauffassung stellt auch bei der Ist-Besteuerung i.E. darauf ab, ob die umsatzsteuerpflichtige Leistung bereits vor oder erst nach der Insolvenzeröffnung erbracht wurde.[1083] Die Begründungen sind z.T. jedoch unterschiedlich.

Während *Frotscher* sowohl bei der Soll- als auch bei der Ist-Besteuerung den Umsatzsteueranspruch des Steuergläubigers für begründet hält, sobald die schuldrechtliche Beziehung geschaffen wurde, aus der später die Steuerforderung resultiert, mithin in dem Zeitpunkt, in dem die Leistung ausgeführt wurde,[1084] stellt die Mehrheit der Vertreter auf den Zeitpunkt der Leistungserbringung ab, weil der maßgebliche Steuertatbestand nur dasjenige tatsächliche Geschehen sei, das nach dem Steuerrecht der Besteuerung unterliegen soll; im Falle der Umsatzsteuer sei das der Umsatz, d.h. nach § 1 Abs. 1 Nr. 1 UStG die ausgeführte Lieferung und Leistung, nicht aber die Entgeltzahlung.[1085]

Soweit bei Ist-Besteuerung erst die Entgeltvereinnahmung zur Steuerentstehung führt, liege nur ein technisches Element in Form einer Bedingung der Besteuerung gleich dem Ablauf des Voranmeldungszeitraums vor, was

---

1082 BFH v. 29.1.2009 – V R 64/07, BStBl. II 2009, 682 (684) m.w.N.

1083 Finanzgericht des Landes Sachsen-Anhalt v. 12.7.2007 – 1 K 806/06, EFG 2007, 1737 (1738 f.); *Onusseit*, ZInsO 2009, 1740 (1743); *ders.*, in *Kübler/Prütting/Bork*, InsO, Bd. IV, InsSteuerR II F, Rn. 288 ff.; *Witfeld*, Umsatzsteuerverfahren und Insolvenz, 198; *Bücheler*, DStR 1980, 70 (73); *Forgách*, DB 1976, 1561 (1562); *Frotscher*, Besteuerung bei Insolvenz, 212; *Sämisch*, ZIP 2016, 2459 (2460); *Adam, B.*, UR 2020, 492 (502 f.); *Steinberg*, Insolvenzforderung, 81.

1084 *Frotscher*, Besteuerung bei Insolvenz, 212.

1085 *Heinze*, DZWiR 2011, 276 (277); *Onusseit*, ZInsO 2009, 1740 (1742); *ders.*, in *Kübler/Prütting/Bork*, InsO, Bd. IV, InsSteuerR II F, Rn. 288 ff.; *Knobbe-Keuk*, BB 1977, 757 (758).

für insolvenzrechtliche Zeitpunktbestimmungen aber unbeachtlich sei.[1086] Der Steuertatbestand, wie ihn auch der V. Senat des BFH verstehe, sei nicht in § 13 Abs. 1 Nr. 1 Buchst. b) UStG enthalten, sondern ausschließlich in § 1 Abs. 1 Nr. 1 Satz 1 UStG.[1087] Dies stehe im Einklang mit dem Begriff des Steuertatbestands i.S.d. MwStSystRL. Art. 62 Abs. 1 MwStSystRL definiere den Steuertatbestand als Tatbestand, durch den die gesetzlichen Voraussetzungen für den Steueranspruch erfüllt werden, und sieht diesen als den Anspruch auf Zahlung der Umsatzsteuer an, den der Steuergläubiger grds. im Zeitpunkt der Erfüllung des Steuertatbestands durch Erbringung der Leistung an geltend machen könne, vgl. Art. 63 MwStSystRL. Art. 66 Abs. 1 Buchst. b) MwStSystRL lasse bei der Ist-Besteuerung eine Abweichung von Art. 63 MwStSystRL nur im Hinblick auf den Steueranspruch, nicht auf den Steuertatbestand zu.[1088]

c) Stellungnahme

Die Begründung des V. Senats des BFH für die Maßgeblichkeit der Entgeltvereinnahmung kann nicht überzeugen.[1089] Es wurde bereits dargelegt, dass auch der Umsatzsteuergläubiger am Insolvenzverfahren des Steuerschuldners teilnehmen muss, ohne sich auf dessen bloße „Steuereinsammler"-Funktion berufen zu können.[1090] *Onusseit* führt treffend aus, aus „solchen gleichermaßen schillernden wie unkonkreten und nur vordergründig rechtstechnischen Begriffen [wie „Steuereinnehmer" oder „Steuereinsammler" lasse sich] nichts [ableiten], was man nicht zuvor selbst hineingelegt hat".[1091] Es liegt auch keine ungerechtfertigte Bereicherung der Insolvenzmasse nach § 55 Abs. 1 Nr. 3 InsO vor. Die Insolvenzmasse erhält durch die Vereinnahmung des Entgelts nicht etwas „auf Kosten" des Steuergläubigers, denn erst durch diese Vereinnahmung kann der Umsatzsteueranspruch des Steuergläubigers entstehen.[1092]

Zutreffenderweise ist für die insolvenzrechtliche Begründetheit eines Umsatzsteueranspruchs, dem eine vor Insolvenzeröffnung erbrachte Leis-

---

1086 *Heinze*, DZWiR 2011, 276 (277); *Onusseit*, ZInsO 2009, 1740 (1742).
1087 *Onusseit*, ZInsO 2009, 1740 (1742).
1088 *Onusseit*, ZInsO 2009, 1740 (1743).
1089 Ebenso *de Weerth*, NZI 2009, 449 (449); *Onusseit*, ZInsO 2009, 1740 (1743); *Witfeld*, Umsatzsteuerverfahren und Insolvenz, 198 ff.
1090 Oben unter § 5. B. II. 2. a).
1091 *Onusseit*, ZInsO 2009, 1740 (1743).
1092 *Onusseit*, ZInsO 2009, 1740 (1743); dazu bereits oben unter § 5. B. I. 2. d).

tung zugrunde liegt, bei Ist-Besteuerung auf den Zeitpunkt dieser Leistungserbringung abzustellen. Denn in diesem Zeitpunkt wird eine hinreichende haftungsrechtliche Vermögenszuweisung und Ausfallrisikoüberwälzung auf den Steuergläubiger vermittelt. Zwar setzt der Steuertatbestand in § 13 Abs. 1 Nr. 1 Buchst. b) UStG neben dem Ablauf des Voranmeldungszeitraums einzig die Vereinnahmung des Entgelts voraus. Die Entstehung des Steueranspruchs ist also nicht in gleicher Weise mit der Leistungserbringung verknüpft wie bei der Soll-Besteuerung. M.a.W. erfasst § 13 Abs. 1 Nr. 1 Buchst. b) UStG sowohl den Fall der Leistungserbringung vor Entgeltvereinnahmung als auch den umgekehrten Fall.

Erfolgt die Leistung aber tatsächlich vor der Entgeltvereinnahmung, ist auch für den Fall der Ist-Besteuerung des Leistenden festzustellen, dass der Steuergläubiger in diesem Fall wie bei der Soll-Besteuerung dem Vermögen des Leistenden derart angenähert ist, dass es gerechtfertigt ist, ihm die Last des Insolvenzrisikos überzubürden. Denn die Erbringung der Leistung ist die Grundlage für die Entgeltvereinnahmung, vgl. § 1 Abs. 1 Nr. 1 Satz 1 UStG.[1093] Anders als bei einer Entgeltvereinnahmung vor Leistungserbringung muss der Steuergläubiger nicht befürchten, bei später endgültig ausbleibender Leistung den ihm bereits zuzurechnenden Umsatzsteueranspruch nachträglich wieder zu verlieren, § 17 Abs. 2 Nr. 2 i.V.m. Abs. 1 UStG.[1094]

3. Das Entgelt wird vor Insolvenzeröffnung vereinnahmt, die Leistung aber nach Insolvenzeröffnung erbracht

Für den Fall, dass der später insolvente Leistende das Entgelt bereits (vollständig)[1095] vor Insolvenzeröffnung vereinnahmt, seine Leistung aber erst (durch den Insolvenzverwalter) nach Insolvenzeröffnung erbringt, wird z.T. für die insolvenzrechtliche Begründetheit auf nach Insolvenzeröffnung erfolgende Leistungserbringung abgestellt und konsequenterweise

1093 Vgl. auch *Heinze*, DZWiR 2011, 276 (277); *Onusseit*, ZInsO 2009, 1740 (1742); *ders.*, in *Kübler/Prütting/Bork*, InsO, Bd. IV, InsSteuerR II F, Rn. 288 ff.; *Knobbe-Keuk*, BB 1977, 757 (758); *Forgách*, DB 1976, 1561 (1562).

1094 *Stadie*, in *Rau/Dürrwächter*, UStG, Bd. V, § 17, Rn. 434. Zum Fall der Entgeltvereinnahmung vor Leistungserbringung, sogleich unter § 12. A. II. 3.

1095 Zur teilweisen Vorauszahlung und der Anwendung von § 103 InsO unten unter § 14.

eine Masseverbindlichkeit angenommen.[1096] Dem ist nicht zuzustimmen. Konsequenz dieser Auffassung, wäre, dass die Begründetheit erst nach der Anspruchsentstehung einträte. Dass dies nicht möglich ist, wurde bereits dargelegt.[1097]

Ist nicht nur das Entgelt bereits vor Insolvenzeröffnung bereits vereinnahmt worden, sondern auch der Voranmeldungszeitraum vor Insolvenzeröffnung abgelaufen, so ist der Umsatzsteueranspruch des Steuergläubigers gem. § 13 Abs. 1 Nr. 1 Buchst. b) UStG bereits vor Insolvenzeröffnung zur Entstehung gelangt und dementsprechend insolvenzrechtlich begründet.[1098]

Abb. 9: Insolventer Leistender vereinnahmt Entgelt, Voranmeldungszeitraum endet vor Insolvenzeröffnung

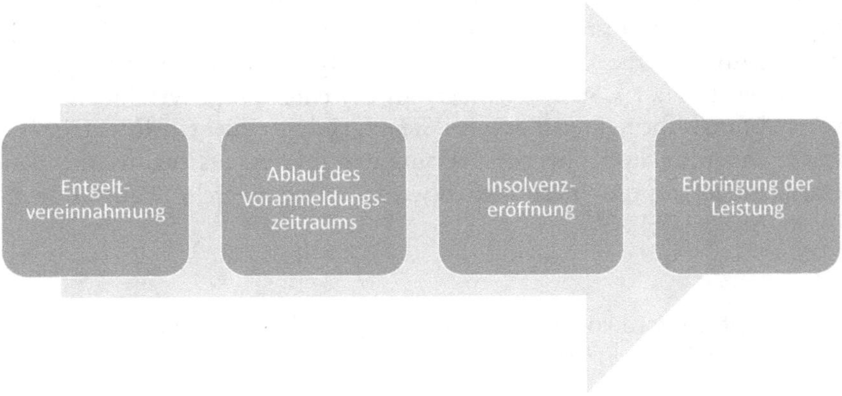

Aber auch für den Fall, dass der Voranmeldungszeitraum erst nach Insolvenzeröffnung abläuft,[1099] kommt es – wie bei der Mindest-Ist-Besteuerung[1100] – auf den Zeitpunkt der Entgeltvereinnahmung und nicht auf

1096 So explizit *Forgách*, DB 1976, 1561 (1562); *Frotscher*, Besteuerung bei Insolvenz, 219 f.; wohl auch *Stadie*, UR 2013, 158 (168); vgl. auch *Netzer*, UR 1977, 65 (66), der selbst aber die Entgeltvereinnahmung als maßgeblich erachtet.

1097 Oben unter § 12. A. I. 3. c).

1098 Ebenso *Onusseit*, in *Kübler/Prütting/Bork*, InsO, Bd. IV, InsSteuerR II F, Rn. 345; dahingehend sollte auch BFH v. 30.4.2009 – V R 1/06, BStBl. II 2010, 138 (140) zu verstehen sein.

1099 Hierbei ist es unerheblich, ob der Voranmeldungszeitraum nach Insolvenzeröffnung vor oder nach Vereinnahmung des Entgelts abläuft.

1100 Bereits oben unter § 12. A. I. 3. c).

den Zeitpunkt der Leistungserbringung an.[1101] Denn der Voranmeldungszeitraum ist als bloßes Formalkriterium unbeachtlich. In beiden Fällen ist hingegen mit Entgeltvereinnahmung die erforderliche Haftungsnähe zum Vermögen des insolventen Leistenden hergestellt.

Abb. 10: Insolventer Leistender vereinnahmt Entgelt vor Insolvenzeröffnung, Voranmeldungszeitraum endet danach

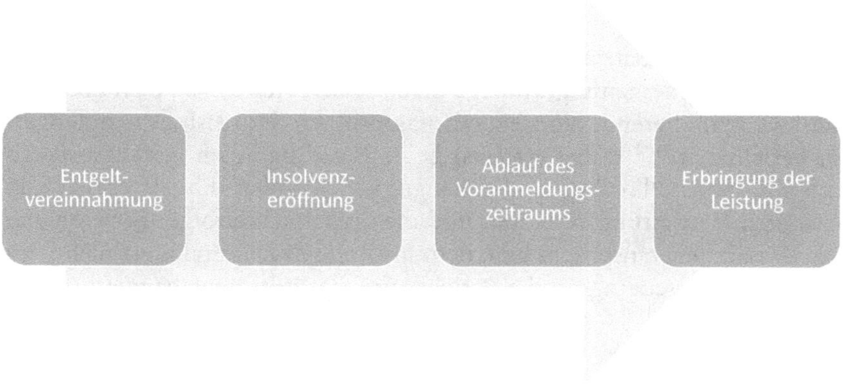

III. Zusammenfassung

Sowohl bei der Soll- als auch bei der Ist-Besteuerung ist der Zeitpunkt der Erbringung der Leistung der grds. maßgebliche Umstand für die insolvenzrechtliche Begründetheit. Demgegenüber ist in den Fällen der sog. Mindest-Ist-Besteuerung auf den Zeitpunkt der Entgeltvereinnahmung abzustellen, da in diesem Fall bereits vor der Leistungserbringung die haftungsrechtliche Zuweisung des Vermögens des Leistenden zugunsten des Steuergläubigers erfolgt. Gleiches gilt für Fälle der Ist-Besteuerung, in denen das Entgelt vereinnahmt wird, bevor die Leistung erbracht wird.

Weder die Entgeltvereinnahmung[1102] noch die Leistungserbringung[1103] können als Universalkriterium für das Vorliegen insolvenzrechtlicher Begründetheit in sämtlichen Konstellationen herangezogen werden. Damit

1101 A.A. *Onusseit*, in *Kübler/Prütting/Bork*, InsO, Bd. IV, InsSteuerR II F, Rn. 345.

1102 Dahingehend sollte BFH v. 9.12.2010 – V R 22/10, BStBl. II 2011, 996 (999, Rn. 32) zu verstehen sein.

1103 So aber *Onusseit*, ZInsO 2009, 1740 (1743).

würden die z.T. unterschiedlichen Haftungszurechnungszeitpunkte, die in den einzelnen gesetzlichen Umsatzsteuertatbeständen angelegt sind, nicht vollständig abgebildet.

B. Auswirkungen der Insolvenz des Leistenden aufseiten des Leistungsempfängers – der Vorsteuerabzugsanspruch des Leistungsempfängers

Nach § 17 Abs. 1 Satz 2 i.V.m. Abs. 2 Nr. 1 UStG ist im Falle einer Berichtigung der Bemesssungsgrundlage beim insolventen Leistenden ebenfalls der korrespondierende Vorsteuerabzugsanspruch des Leistungsempfängers zu berichtigen.[1104] Dabei erfolgen beide Berichtigungen verfahrensrechtlich wie materiell-rechtlich unabhängig voneinander; d.h. sie erfolgen in separaten Verwaltungsverfahren und die tatsächlich erfolgte Berichtigung des Umsatzsteueranspruchs ggü. dem insolventen Leistenden ist nicht Tatbestandsvoraussetzung für die Berichtigung des Vorsteuerabzugsanspruchs und umgekehrt.[1105]

Folgt man der hier vertretenen Auffassung, hat die Insolvenz des Leistenden auf den Vorsteuerabzugsanspruch des Leistungsempfängers keinerlei Auswirkungen. Denn es kommt nicht zu einer insolvenzbedingten ersten Berichtigung beim insolventen Leistenden, die eine Berichtigung auch des Vorsteuerabzugsanspruchs beim Leistungsempfänger gem. § 17 Abs. 1 Satz 2 UStG notwendig machen würde.

Folgt man dagegen der sog. „Doppelberichtigungs"-Rechtsprechung, scheint eine Berichtigung des Vorsteuerabzugsanspruchs des Leistungsempfängers anlässlich der ersten Berichtigung beim Leistenden infolge (vermeintlicher) Uneinbringlichkeit durch Insolvenzeröffnung über das Vermögen des Leistenden zwingend.[1106] In seiner Entscheidung vom 9. Dezember 2010 hat der V. Senat des BFH diesen Punkt mangels Entscheidungsrelevanz offen gelassen.[1107] Selbst wenn eine derartige Berichtigungspflicht des Vorsteuerabzugsanspruchs bestünde, würde der Leistungsempfänger hierdurch nicht beschwert, da er im Hinblick auf die von ihm noch zu leistenden Zahlungen ohnehin prüfen müsse, ob über das Vermögen seiner Gläubiger das Insolvenzverfahren eröffnet wird, um

1104 *Stadie*, in *Rau/Dürrwächter*, UStG, Bd. V, § 17, Rn. 88.
1105 Vgl. *Stadie*, in *Rau/Dürrwächter*, UStG, Bd. V, § 17, Rn. 89.
1106 Ebenso *Heinze*, DZWiR 2011, 276 (278).
1107 BFH v. 9.12.2010 – V R 22/10, BStBl. II 2011, 996 (999, Rn. 33).

sicherzustellen, dass er Zahlungen nur an den Insolvenzverwalter leistet, da eine Zahlung an den Insolvenzschuldner selbst keine schuldbefreiende Wirkung hat.[1108] Diese Annahme ist jedoch unzutreffend. Denn wer gutgläubig in Unkenntnis der Insolvenzeröffnung noch an den (nicht mehr verfügungsbefugten) Insolvenzschuldner leistet, wird nach § 82 Satz 1 InsO von seiner Zahlungspflicht frei; eine Obliegenheit zur aktiven Überprüfung des Gläubigers vor einer Zahlung besteht nicht.[1109]

Befürworter der Rechtsprechung des V. Senats des BFH heben hervor, dass sich für den Leistungsempfänger einer durch den insolventen Leistenden erbrachten Leistung nichts ändern soll, m.a.W. sei keine korrespondierende Berichtigung des Vorsteuerabzugsanspruchs nötig.[1110] Auch die Finanzverwaltung teilt diese Auffassung, vgl. Abschn. 17.1 Abs. 14 UStAE. Denn Zahlungsverpflichtung und Zahlungsbereitschaft des Leistungsempfängers bestünden fort und seien unabhängig von der Uneinbringlichkeit des Entgelts im vorinsolvenzlichen Unternehmensteil des insolventen Leistenden zu beurteilen. Diese Abweichung von § 17 Abs. 1 Satz 2 UStG findet jedoch keine Stütze im Gesetz.

Die praktische Umsetzung der nach der „Doppelberichtigungs"-Rechtsprechung konsequent zu fordernden Berichtigung auch des Vorsteuerabzugsanspruchs bringt jedoch Probleme mit sich.[1111] Der Vorsteuerabzugsanspruch des Leistungsempfängers setzt gem. § 15 Abs. 1 Satz 1 Nr. 1 Satz 2 UStG den Besitz einer Rechnung voraus, die den Leistenden zutreffend enthalten muss, § 14 Abs. 4 Nr. 1 UStG.[1112] Der „Doppelberichtigungs"-Rechtsprechung folgend müsste es aufgrund der Teilung des schuldnerischen Unternehmens drei rechnungsschreibende Teile geben, wobei diese sich praktisch anhand der Steuernummer unterschieden.[1113] Wurde die Leistung vor Insolvenzeröffnung erbracht und auch die Rechnung ausgestellt, weist diese den vorinsolvenzlichen Unternehmensteil als Aussteller aus. Aufgrund der Insolvenzeröffnung müsste dieser Unternehmensteil wegen Uneinbringlichkeit des Entgelts diese noch offene Rechnung berichtigen.[1114] Folgerichtig müsste auch der Leistungsempfänger seinen Vorsteuerabzugsanspruch erstmalig berichtigen.[1115]

1108 BFH v. 9.12.2010 – V R 22/10, BStBl. II 2011, 996 (999, Rn. 33).
1109 *Heinze,* DZWiR 2011, 276 (279).
1110 Vgl. *Wäger,* UR 2012, 125 (130); *ders.*, DB 2012, 1460 (1463).
1111 So wörtlich *Heinze,* DZWiR 2011, 276 (278).
1112 *Onusseit,* DZWiR 2011, 353 (356).
1113 *Klusmeier,* ZInsO 2011, 1340 (1341).
1114 *Klusmeier,* ZInsO 2011, 1340 (1341).
1115 *Onusseit,* DZWiR 2011, 353 (356).

Vereinnahmt der Insolvenzverwalter sodann nach Insolvenzeröffnung das Entgelt für den nachinsolvenzlichen Unternehmensteil, müsste der Insolvenzverwalter auch eine auf diesen Unternehmensteil lautende Rechnung ausstellen.[1116] Allerdings war der jetzt abrechnende nachinsolvenzliche Unternehmensteil nicht Leistender, weshalb der Leistungsempfänger i.E. keinen Vorsteuerabzugsanspruch hätte, obwohl der Zahlung eine umsatzsteuerpflichtige und zum Vorsteuerabzug berechtigende Leistung zugrunde lag.[1117] Zur Berichtigung wäre daher nötig, dem nachinsolvenzlichen Unternehmensteil eine fiktive Leistung zu unterstellen.[1118] Auch dies zeigt, dass die „Doppelberichtigungs"-Rechtsprechung nicht haltbar ist.

§ 13. Zusammenfassung des Dritten Kapitels

- Die insolvenzrechtliche Begründetheit von Vermögensansprüchen, die aus dem Umsatzsteuerschuldverhältnis resultieren, lässt sich aufgrund der uneinheitlichen Entstehungstatbestände nicht auf einen einheitlichen Zeitpunkt festlegen.
- Die Insolvenz des Leistungsempfängers wirkt sich auf den Umsatzsteueranspruch des Steuergläubigers gegen den Leistenden nur im Rahmen der Soll-Besteuerung aus, indem die Insolvenzeröffnung zur Uneinbringlichkeit eines bis dahin vom Leistungsempfänger noch nicht gezahlten Entgelts gem. § 17 Abs. 2 Nr. 1 Satz 1 UStG führt. Unterliegt der Leistende der Ist-Besteuerung, verschiebt sich die für die Entstehung des Umsatzsteueranspruchs maßgebliche Vereinnahmung des Entgelts, ohne dass es zu einer umsatzsteuerrechtlichen Berichtigung kommt.
- Den Vorsteuerabzugsanspruch des insolventen Leistungsempfängers nach § 15 Abs. 1 Satz 1 Nr. 1 Sätze 1 und 2 UStG wird der Steuergläubiger aus insolvenzrechtlicher Sicht bereits im Zeitpunkt der Leistungserbringung durch den Leistenden i.S.v. § 96 Abs. 1 Nr. 1 InsO schuldig; auf die Entrichtung des Entgelts, die Erteilung einer Rechnung als lediglich formelle Vorsteuerabzugsvoraussetzung oder die Entrichtung des Entgelts kommt es nicht an. Den Vorsteuerabzugsanspruch des insolventen Leistungsempfängers nach § 15 Abs. 1 Satz 1 Nr. 1 Satz 3

1116 *Onusseit,* DZWiR 2011, 353 (356).
1117 *Klusmeier,* ZInsO 2011, 1340 (1341).
1118 Vgl. *Onusseit,* DZWiR 2011, 353 (356).

UStG wird der Steuergläubiger hingegen bereits mit Entrichtung des Entgelts schuldig; auf das Vorliegen eines „vollständigen" Umsatzes nach § 1 Abs. 1 Nr. 1 Satz 1 UStG kommt es dagegen nicht an. Dementsprechend steht bei vorinsolvenzlicher Leistungserbringung oder Zahlung des Entgelts der Aufrechnung des Steuergläubigers gegen den Vorsteuerabzugsanspruch des Leistungsempfängers in diesen Konstellationen das Aufrechnungsverbot nach § 96 Abs. 1 Nr. 1 InsO nicht entgegen.

- Kommt es aufseiten des insolventen Leistungsempfängers zugunsten des Steuergläubigers zu einer Vorsteuerberichtigung nach § 17 Abs. 2 Nr. 1 Satz 1 UStG, weil der Entgeltanspruch des Leistenden mit Insolvenzeröffnung uneinbringlich geworden ist, ist für die Begründetheit i.S.v. § 38 InsO auf den Zeitpunkt abzustellen, in dem der zu berichtigende Vorsteuerabzugsanspruch selbst begründet wurde. Bzgl. des zweiten Berichtigungsanspruchs nach § 17 Abs. 2 Nr. 1 Satz 2 UStG bei Entgeltentrichtung ist ebenfalls auf die ursprüngliche Leistungserbringung abzustellen. Einer Aufrechnung des Steuergläubigers mit dem ersten Berichtigungsanspruch nach § 17 Abs. 2 Nr. 1 Satz 1 UStG oder gegen den zweiten Berichtigungsanspruch nach § 17 Abs. 2 Nr. 1 Satz 2 UStG steht § 96 Abs. 1 Nr. 1 InsO nicht entgegen.
- Die sog. „Doppelberichtigungs"-Rechtsprechung des BFH im Fall der Insolvenz des der Soll-Besteuerung unterliegenden Leistenden für den Fall, dass das Entgelt für eine erbrachte Leistung bis zur Insolvenzeröffnung nicht erbracht wurde, ist abzulehnen. Stattdessen ist der Umsatzsteueranspruch des Steuergläubigers bei vorinsolvenzlicher Leistungserbringung bereits im Zeitpunkt der Leistungserbringung begründet. Der Zeitpunkt der Leistungserbringung ist ebenfalls für die Begründetheit des Umsatzsteueranspruchs des Steuergläubigers ggü. dem der Ist-Besteuerung unterliegenden Leistenden maßgeblich.
- Im Falle der sog. Mindest-Ist-Besteuerung aufgrund einer vorinsolvenzlichen Vorauszahlung an den insolventen Leistenden ist der Umsatzsteueranspruch des Steuergläubigers unabhängig davon, ob der Voranmeldungszeitraum vor oder nach Eröffnung der Insolvenz abläuft, mit Erhalt der Vorauszahlung begründet. Dies gilt auch im Falle der Ist-Besteuerung des insolventen Leistenden, wenn dieser das Entgelt vor Insolvenzeröffnung erhält, die Leistung aber erst nach Insolvenzeröffnung erbringt.

Viertes Kapitel: Ausgewählte insolvenzrechtliche Konstellationen aus umsatzsteuerrechtlicher Sicht

Die im dritten Kapitel gewonnenen Erkenntnisse sollen im Folgenden auf typischerweise auftretende Anwendungsfälle übertragen werden. Diese können ihren Ursprung sowohl im Insolvenzrecht (z.B. Ausübung des Erfüllungswahlrechts durch den Insolvenzverwalter nach § 103 Abs. 1 InsO) oder aber im Umsatzsteuerrecht haben. Im Rahmen dieser Arbeit kann aufgrund ihrer Vielzahl lediglich auf einen kleinen Teil der problematischen Konstellationen eingegangen werden.

§ 14. Auswirkungen der Ausübung des Wahlrechts durch den Insolvenzverwalter nach § 103 InsO auf den Umsatzsteueranspruch des Steuergläubigers ggü. dem Leistenden

Ist ein gegenseitiger Vertrag zur Zeit der Eröffnung des Insolvenzverfahrens vom Insolvenzschuldner und vom anderen Teil nicht oder nicht vollständig erfüllt, so kann der Insolvenzverwalter anstelle des Insolvenzschuldners den Vertrag erfüllen und die Erfüllung vom anderen Teil verlangen, § 103 Abs. 1 InsO.[1119] Das Wahlrecht bezieht sich dabei stets – und insb. bei Teilleistungen – auf den noch nicht erfüllten Teil des Vertrags.[1120]

Kann der Vertragspartner des Insolvenzschuldners seinen Vertragsanspruch nur als Insolvenzforderung ggü. dem Insolvenzverwalter geltend machen, d.h. zur Tabelle anmelden, wird sich der Vertragspartner regelmäßig mit der Einrede des nicht erfüllten Vertrags (nach §§ 320 Abs. 1 Satz 1 bzw. 321 Abs. 1 Satz 1 BGB bei Vorleistungspflicht) dagegen wehren, seine

1119 Eingehend zur Historie der Auslegung von § 103 Abs. 1 InsO bzw. §§ 17 ff. KO, § 9 GesO *Onusseit*, in *Kübler/Prütting/Bork*, InsO, Bd. IV, InsSteuerR II F, Rn. 577 ff.; *Huber*, in MüKo InsO, Bd. 2, § 103, Rn. 5 ff.

1120 Seit BGH v. 25.4.2002 – IX ZR 313/99, BGHZ 150, 353 (359 f.) st. Rspr.; vgl. auch *Wegener*, in *Uhlenbruck/Hirte/Vallender*, InsO, § 103, Rn. 156 ff., 164; *Onusseit*, in *Kübler/Prütting/Bork*, InsO, Bd. IV, InsSteuerR II F, Rn. 580 m.w.N.; ausführlich *Jacoby*, in *Jäger*, InsO, Bd. 3, § 103, Rn. 40 ff.

noch offene Vertragsschuld zur Insolvenzmasse zu leisten. Der Insolvenzverwalter könnte eine Leistung des Vertragspartners daher nur dann zur Insolvenzmasse verlangen, wenn die Verpflichtung des Insolvenzschuldners nach Insolvenzeröffnung neu begründet und dadurch zur Masseverbindlichkeit nach § 55 Abs. 1 Nr. 1 InsO wird. Da dies jedoch nur im Einvernehmen mit dem Vertragspartner gelingt, befugt § 103 Abs. 1 InsO den Insolvenzverwalter, die Abwicklungsentscheidung bei gegenseitigen Verträgen allein zu treffen.[1121]

§ 103 Abs. 1 InsO betrifft nur solche Verträge, die bei Eröffnung des Insolvenzverfahrens noch von keiner Vertragspartei vollständig erfüllt sind.[1122] Erfasst sind dagegen Konstellationen, in denen bisher keine der Vertragsparteien geleistet hat und in denen eine oder beide Vertragsparteien jeweils einen Teil ihrer Leistungen erbracht haben.

Nachfolgend wird der Umsatzsteueranspruch des Steuergläubigers ggü. dem Leistenden in den Blick genommen, sowohl im Falle der Soll- und Ist-Besteuerung als auch im Fall der Insolvenz des Leistenden oder des Leistungsempfängers.

A. Ablehnung der Erfüllung durch den Insolvenzverwalter

I. Auswirkungen der Erfüllungsablehnung auf das zivilrechtliche Schuldverhältnis

Lehnt der Insolvenzverwalter die Erfüllung des Vertrags ab, verliert er das Recht, nach § 103 Abs. 1 InsO die Erfüllung zu verlangen, das weitere Schicksal des Vertrags richtet sich ausschließlich nach den allgemeinen zivilrechtlichen Vorschriften.[1123] Dasselbe gilt, wenn der Insolvenzverwalter auf die Aufforderung des Vertragspartners hin, § 103 Abs. 2 Sätze 2 und 3 InsO, oder ohne eine solche Aufforderung die Wahlrechtsausübung unterlässt.[1124] Sofern der Vertragspartner ausdrücklich oder konkludent vom Vertrag zurücktritt und/oder Schadenersatz verlangt, kann er hinsichtlich

---

1121 Vgl. *Ringstmeier*, in *K. Schmidt*, InsO, § 103, Rn. 1; *Wegener*, in *Uhlenbruck/Hirte/Vallender*, InsO, § 103, Rn. 2.

1122 Vgl. nur *Huber*, in MüKo InsO, Bd. 2, § 103, Rn. 2; *Berberich*, in BeckOK InsO, § 103, Rn. 45; BGH v. 10.08.2006 – IX ZR 28/05, ZIP 2ßß6, 1736 (1738, Rn. 13).

1123 *Wegener*, in *Uhlenbruck/Hirte/Vallender*, InsO, § 103, Rn. 157; *Ringstmeier*, in *K. Schmidt*, InsO, § 103, Rn. 52.

1124 Vgl. *Onusseit*, in *Kübler/Prütting/Bork*, InsO, Bd. IV, InsSteuerR II F, Rn. 607.

der daraus resultierenden Ansprüche am Insolvenzverfahren als Insolvenzgläubiger nach § 38 InsO teilnehmen.[1125]

Ist der Leistende insolvent, nimmt der Leistungsempfänger mit seinen Ansprüchen in Ansehung der vorinsolvenzlich noch nicht erfüllten Leistung am Insolvenzverfahren als Insolvenzgläubiger nach § 38 InsO teil. Gleiches gilt für den Leistenden in der Insolvenz des Leistungsempfängers hinsichtlich des Entgeltanspruchs des Leistenden für seine Leistung.[1126]

II. Auswirkungen der Erfüllungsablehnung auf das Umsatzsteuerschuldverhältnis

Bei der Betrachtung der Auswirkungen der Erfüllungsablehnung durch den Insolvenzverwalter auf die zusammenhängenden umsatzsteuerrechtlichen Ansprüche sind neben den Konstellationen der Insolvenz des Leistenden und des Leistungsempfängers auch die Konstellationen der umgekehrten Steuerschuldnerschaft nach § 13b Abs. 2 und 5 UStG zu berücksichtigen.

1. Auswirkungen der Erfüllungsablehnung bei Insolvenz des Leistenden

a) Regelinsolvenzverfahren

Im Falle der Insolvenz des Leistenden ohne umgekehrte Steuerschuldnerschaft nach § 13b Abs. 2 und 5 UStG stellen sich die Konsequenzen der Erfüllungsablehnung durch den Insolvenzverwalter auf die umsatzsteuerrechtlichen Ansprüche zwischen insolventem Leistenden und Steuergläubiger einerseits sowie Leistungsempfänger und Steuergläubiger andererseits wie folgt dar.

1125 Die Primärforderung des Vertragspartners wird nicht zur Tabelle festgestellt, da ihr ebenfalls die Einrede des nicht erfüllten Vertrags entgegenzuhalten ist, *Ringstmeier*, in *K. Schmidt*, InsO, § 103, Rn. 54; *Wegener*, in *Uhlenbruck/Hirte/Vallender*, InsO, § 103, Rn. 158.

1126 Vgl. *Onusseit*, in *Kübler/Prütting/Bork*, InsO, Bd. IV, InsSteuerR II F, Rn. 581.

(aa) Keine vorinsolvenzlichen teilweisen Leistungen

Haben weder der insolvente Leistende noch der Leistungsempfänger vorinsolvenzlich vorgeleistet, führt die Erfüllungsablehnung durch den Insolvenzverwalter im Falle der Soll- und Ist-Besteuerung dazu, dass weder ein Vorsteuerabzugsanspruch des Leistungsempfängers noch ein Umsatzsteueranspruch des Steuergläubigers vor oder nach Insolvenzeröffnung begründet wird.[1127]

(bb) Vorinsolvenzliche Anzahlung des Leistungsempfängers

Hat der Leistungsempfänger einen Teil des Entgelts vorinsolvenzlich erbracht, d.h. angezahlt, und erfolgte diese Anzahlung auch für eine abgrenzbare Teilleistung i.S.v. § 13 Abs. 1 Nr. 1 Buchst. a) Satz 3 UStG,[1128] liegt im Falle der Soll-Besteuerung des insolventen Leistenden ein der Mindest-Ist-Besteuerung nach § 13 Abs. 1 Nr. 1 Buchst. a) Satz 4 UStG unterfallender Umsatzsteueranspruch des Steuergläubigers ggü. dem insolventen Leistenden vor.[1129] Dieser ist nach der hier vertretenen Auffassung unabhängig von der Rechnungserteilung jedenfalls vorinsolvenzlich begründet.[1130] Sofern die noch zu erbringende Leistung aus Sicht des Leistungsempfängers im Zeitpunkt der Anzahlung nicht „unsicher" war und auch die Rechnung vorliegt, resultiert aus der Anzahlung zudem ein Vorsteuerabzugsanspruch des Leistungsempfängers nach § 15 Abs. 1 Satz 1 Nr. 1 Satz 3 UStG.[1131]

Beide Ansprüche sind jedoch umsatzsteuerrechtlich nach § 17 Abs. 2 Nr. 2 UStG zu berichtigen, sobald der Insolvenzverwalter die Erfüllung

---

1127 Vgl. *Onusseit*, in *Kübler/Prütting/Bork*, InsO, Bd. IV, InsSteuerR II F, Rn. 594.

1128 Vgl. dazu z.B. *Leonard/Korn*, in *Bunjes*, UStG, § 13, Rn. 16 f.; *Leipold*, in *Sölch/Ringleb*, UStG, § 13, Rn. 35 f.; *Maus* ZIP 2004, 1580 (1583).

1129 Zur umsatzsteuerrechtlichen Behandlung der Anzahlung, wenn kein Bezug zu einer Teilleistung besteht, *Leonard/Korn*, in *Bunjes*, UStG, Rn. 21 m.w.N. Aufseiten des Leistenden kommt es bei einer solchen Anzahlung jedenfalls nicht zur Entstehung eines gegen ihn gerichteten Umsatzsteueranspruchs.

1130 Ebenso *Steinberg*, Insolvenzforderung, 89.

1131 Zum Erfordernis, dass die noch ausstehende Leistung nicht „unsicher" sein darf, z.B. *Waza*, in *Waza/Uhländer/Schmittmann*, Insolvenzen und Steuern, Rn. 2136 unter Bezugnahme auf EuGH v. 13.3.2004 – C-107/13, ECLI:EU:C:2014:151 (Rn. 39); dem für das UStG folgend BFH v. 29.1.2015 – V R 51/13, BFH/NV 2015 708 (709, Rn. 13); BFH v. 27.03.2019 – V R 11/19, BFH/NV 2020, 104 (105 f., Rn. 13 ff.).

ablehnt.[1132] Denn dann steht fest, dass die Leistung jedenfalls für die Dauer des Insolvenzverfahrens nicht erbracht werden wird.[1133] Für die Berichtigung nach § 17 Abs. 2 Nr. 2 UStG ist es ausreichend, dass die Leistung für längere Zeit nicht ausgeführt wird,[1134] was bereits ab Insolvenzeröffnung bis zur Erfüllungsverweigerung,[1135] spätestens aber im Falle der Erfüllungsverweigerung zu bejahen ist. Die Berichtigung beider Ansprüche setzt jedoch voraus, dass die Anzahlung tatsächlich zurückgezahlt wurde.[1136] Der Berichtigungsanspruch des insolventen Leistenden ggü. dem Steuergläubiger hinsichtlich der bereits angefallenen Umsatzsteuer ist der Aufrechnung durch den Steuergläubiger nach § 96 Abs. 1 Nr. 1 InsO zugänglich, da er bereits vor Insolvenzeröffnung begründet wurde.[1137]

Zu diesem Ergebnis müsste man *Onusseit* folgend auch unter Anwendung der Auffassung gelangen, für die Begründetheit sei § 17 Abs. 2 Nr. 1 Satz 1 UStG als eigenständiger Tatbestand zu betrachten. Denn die fehlende Durchsetzbarkeit der gegenseitigen Ansprüche tritt spätestens mit Insol-

---

1132 Ebenso *Onusseit*, in *Kübler/Prütting/Bork*, InsO, Bd. IV, InsSteuerR II F, Rn. 581; wohl auch *Waza*, in *Waza/Uhländer/Schmittmann*, Insolvenzen und Steuern, Rn. 2135 ff.; für den Fall der Mindest-Ist-Besteuerung auch Abschn. 17.1 Abs. 7 Satz 1 UStAE.

1133 Dem Leistungsempfänger steht ein Wahlrecht zu, ob er das Erfüllungsverlangen nach Beendigung des Insolvenzverfahrens weiterverfolgen will oder ob er zur Geltendmachung des Sekundäranspruchs durch Anmeldung zur Insolvenztabelle nach §§ 103 Abs. 2 Satz 1, 174 Abs. 1 Satz 1 InsO übergehen will; im letzteren Fall wird die Leistung endgültig nicht erbracht werden; vgl. *Wegener*, in *Uhlenbruck/Hirte/Vallender*, InsO, § 103, Rn. 158 f. m.w.N.

1134 *Onusseit*, in *Kübler/Prütting/Bork*, InsO, Bd. IV, InsSteuerR II F, Rn. 543 m.w.N.

1135 *Onusseit*, in *Kübler/Prütting/Bork*, InsO, Bd. IV, InsSteuerR II F, Rn. 546.

1136 BFH v. 2.9.2010 – V R 34/09, BStBl. II 2011, 991 (993, Rn. 18); BFH v. 15.9.2011 – V R 36/09, BStBl. II 2012, 365 (366, Rn. 21); so auch Abschn. 17.1 Abs. 7 Satz 3 UStAE; OFD Niedersachsen v. 24.8.2015 – S 70 – 25 – St 181, DStR 2015, 2288 (2289); *Korn*, in *Bunjes*, UStG, § 17, Rn. 76; *Wäger*, in *Sölch/Ringleb*, UStG, § 17, Rn. 147, 151. Das Erfordernis der tatsächlichen Rückzahlung ist zwar unionsrechtlich nicht geboten, verstößt aber auch nicht dagegen, EuGH v. – C-107/13, ECLI:EU:C:2014:151 (Rn. 56 ff.). Es erspart dem Leistungsempfänger in diesen Konstellationen jedenfalls, seinen Vorsteuerabzug rückgängig zu machen, obwohl der Rückzahlungsanspruch ggü. dem Leistenden aufgrund seiner Insolvenz nicht durchsetzbar ist; dazu *Waza*, in *Waza/Uhländer/Schmittmann*, Insolvenzen und Steuern, Rn. 2136.

1137 Ebenso *Onusseit*, in *Kübler/Prütting/Bork*, InsO, Bd. IV, InsSteuerR II F, Rn. 544; a.A. *Waza*, in *Waza/Uhländer/Schmittmann*, Insolvenzen und Steuern, Rn. 2134.

venzeröffnung (bis zur Erfüllungswahl des Insolvenzverwalters) ein, sodass der relevante Tatbestand nicht nach Insolvenzeröffnung erfüllt ist.[1138]

Für die vorinsolvenzlich noch nicht erbrachten Teile der Leistung und des Entgelts gilt das oben Gesagte, d.h. es wird jeweils kein Umsatzsteuer- und Vorsteuerabzugsanspruch begründet.

Unterliegt der insolvente Leistende im Falle einer vorinsolvenzlichen Anzahlung des Leistungsempfängers der Ist-Besteuerung, gelten die Ausführungen zur Soll-Besteuerung entsprechend mit dem Unterschied, dass es für die Anwendbarkeit von § 13 Abs. 1 Nr. 1 Buchst. b) UStG nicht darauf ankommt, ob sich die Anzahlung auf eine abgrenzbare Teilleistung nach § 13 Abs. 1 Nr. 1 Buchst. a) Sätze 2 und 3 UStG bezieht.[1139]

(cc) Vorinsolvenzliche teilweise Leistung des insolventen Leistenden

Hat der insolvente Leistende vorinsolvenzlich einen Teil der ihm obliegenden Leistung erbracht und stellt dieser Teil eine Teilleistung i.S.v. § 13 Abs. 1 Nr. 1 Buchst. a) Sätze 2 und 3 UStG dar, so ist der darauf beruhende Umsatzsteueranspruch des Steuergläubigers ggü. dem insolventen Leistenden im Fall der Soll-Besteuerung vor Insolvenzeröffnung begründet. Der Leistungsempfänger kann in Ansehung der Teilleistung ebenfalls den anteiligen Vorsteuerabzug geltend machen.[1140] Da sich die Erfüllungswahl des Insolvenzverwalters lediglich auf den noch nicht erfüllten Teil des Vertrags erstreckt,[1141] findet bei Ablehnung der Erfüllung des noch offenen Vertragsteils keine Berichtigung des Umsatzsteuer- und Vorsteuerabzugsanspruchs anlässlich der vorinsolvenzlichen Teilleistung nach § 17 Abs. 2 Nr. 2 InsO statt. Ebenso wenig findet in Ansehung des für die Teilleistung noch nicht entrichteten Teils des Entgelts eine Uneinbringlichkeitsberichtigung nach § 17 Abs. 2 Nr. 1 Satz 1 InsO statt, da das Entgelt im Falle der Insolvenz des Leistenden nicht uneinbringlich wird.[1142]

1138 Eingehend *Onusseit*, in *Kübler/Prütting/Bork*, InsO, Bd. IV, InsSteuerR II F, Rn. 546 ff.; vgl. zur Annahme des BFH v. 24.11.2011 – V R 13/11, BStBl. II 2012, 298 (304, Rn. 52) der Uneinbringlichkeit „mit und damit eine juristische Sekunde vor“ Verfahrenseröffnung bereits oben unter § 11. B. IV. 2. b) (aa).

1139 *Leipold*, in *Sölch/Ringleb*, UStG, § 13, Rn. 50.

1140 *Oelmaier*, in *Sölch/Ringleb*, UStG, § 15, Rn. 323.

1141 Oben unter § 14.

1142 Vgl. dazu bereits oben unter § 12. A. I. 2. c) (bb).

Für die vorinsolvenzlich noch nicht erbrachten Teile der Leistung und des Entgelts wird jeweils kein Umsatzsteuer- und Vorsteuerabzugsanspruch begründet.

Zu demselben Ergebnis sollte man bei teilweise erbrachten Leistungen gelangen, die keine Teilleistungen i.S.v. § 13 Abs. 1 Nr. 1 Buchst. a) Sätze 2 und 3 UStG darstellen.[1143] Die Problematik der insolvenzrechtlichen Aufteilung von Umsatzsteueransprüchen ggü. dem insolventen Leistenden für Leistungen, die dieser teilweise vor-, teilweise nachinsolvenzlich (durch den Insolvenzverwalter) erbringt, bei denen vorinsolvenzlich aber noch kein Umsatzsteuertatbestand in Gestalt der Besteuerung einer Teilleistung verwirklicht wurde, wird insb. am Beispiel von Werkleistungen an einem Bauwerk diskutiert.[1144] Für eine solche Lieferung i.S.v. § 3 Abs. 4 Satz 1 i.V.m. Abs. 1 UStG wird zutreffender Weise im Zeitpunkt der Insolvenzeröffnung ein Übergang der Verfügungsmacht am „Bautorso" angenommen.[1145] Die auf diesen „Bautorso" zu entrichtende Umsatzsteuer bemisst sich dann nach § 10 Abs. 1 UStG; im Falle der Nichterfüllungswahl demnach nach dem Wert des „Bautorsos", der bei objektiver Wertlosigkeit des auch den Wert null annehmen kann.[1146]

Das sollte entsprechend auch für sonstige Leistungen gelten. Für deren Erbringung wird nicht die Verfügungsmacht des Leistungsempfängers nach § 3 Abs. 1 UStG verlangt, sondern lediglich, dass der Leistungsempfänger in die Lage versetzt wird, die sonstige Leistung in Anspruch zu nehmen.[1147] Des Weiteren sollte die insolvenzrechtliche Aufteilung von vorinsolvenzlich teilweise erbrachten Leistungen des insolventen Leisten-

1143 A.A. *Welzel*, Umsatzsteuer als Masseverbindlichkeit, 232; *Steinberg*, Insolvenzforderung, 86 f.

1144 Eingehend z.B. *Onusseit*, in *Kübler/Prütting/Bork*, InsO, Bd. IV, InsSteuerR II F, Rn. 594 ff. unter Bezugnahme auf die Rechtsprechungsentwicklung von BGH und BFH. Aus zivilrechtlicher Sicht hat der BGH bereits klargestellt, die aufgrund gegenseitiger Verträge geschuldeten Leistungen regelmäßig teilbar sind, wenn sich die vor und nach Eröffnung des Insolvenzverfahrens erbrachten Leistungen feststellen und bewerten lassen, BGH v. 25.4.2002 – IX ZR 313/99, ZIP 2002 1093 (1094).

1145 *Onusseit*, in *Kübler/Prütting/Bork*, InsO, Bd. IV, InsSteuerR II F, Rn. 601; *ders.*, ZIP 2009, 2180 (2183 f.); *Maus*, ZIP 2004, 1580 (1583); *Knobbe-Keuk*, BB 1977, 757 (759); *Forgách*, DB 1976, 1561 (1562); a.A. BFH v. 30.4.2009 – V R 1/06, BStBl. II 2010, 138 (139).

1146 So zutreffend *Onusseit*, in *Kübler/Prütting/Bork*, InsO, Bd. IV, InsSteuerR II F, Rn. 605.

1147 Vgl. *Martin*, in *Sölch/Ringleb*, UStG, § 3, Rn. 551.

den auch gelten, wenn sie der Ist-Besteuerung unterliegen und über sie eine separate Rechnung erteilt wird.[1148]

(dd) Beiderseitige vorinsolvenzliche teilweise Leistungen

Haben sowohl der insolvente Leistende als auch der Leistungsempfänger vorinsolvenzlich teilweise geleistet, gilt das soeben Gesagte im Falle der Soll- und Ist-Besteuerung ebenfalls. Sollte der Wert der Anzahlung des Leistungsempfängers den Wert der teilweisen Leistung des insolventen Leistenden übersteigen, muss bei Erfüllungsablehnung durch den Insolvenzverwalter nur insoweit eine Berichtigung nach § 17 Abs. 2 Nr. 2 UStG stattfinden.

Erbringt der Leistende schließlich Leistungen, die gem. § 13b Abs. 2 und 5 UStG zur umgekehrten Steuerschuldnerschaft beim Leistungsempfänger führen, stellen sich die oben beschriebenen Fragen nicht.[1149]

b) Vorläufiges Insolvenzverfahren

Wird über das Vermögen des Leistenden ein vorläufiges Insolvenzverfahren eröffnet, gilt im Falle von Teilleistungen und Anzahlungen vor dem Zeitpunkt der Eröffnung des vorläufigen Insolvenzverfahrens für Soll- und Ist-Besteuerung das oben Gesagte.[1150] Werden der vorläufige Insolvenzverwalter oder der insolvente Leistende mit dessen Zustimmung hinsichtlich der offenen Leistung nicht mehr tätig, kommt es zu keiner Verwirklichung eines Umsatzsteueranspruchs oder eines Vorsteuerabzugsanspruchs des Leistungsempfängers.

1148 Ebenso *Onusseit*, in *Kübler/Prütting/Bork*, InsO, Bd. IV, InsSteuerR II F, Rn. 604.

1149 Vgl. *Waza*, in *Waza/Uhländer/Schmittmann*, Insolvenzen und Steuern, Rn. 2178; für den Fall der Insolvenz des Leistenden wohl auch *Onusseit*, in *Kübler/Prütting/Bork*, InsO, Bd. IV, InsSteuerR II F, Rn. 621.

1150 § 14. A. II. 1. a).

2. Auswirkungen der Erfüllungsablehnung bei Insolvenz des Leistungsempfängers

a) Regelinsolvenzverfahren – Keine umgekehrte Steuerschuldnerschaft

Im Falle der Insolvenz des Leistungsempfängers ohne umgekehrte Steuerschuldnerschaft nach § 13b Abs. 2 und 5 UStG stellen sich die Konsequenzen der Erfüllungsablehnung durch den Insolvenzverwalter auf die umsatzsteuerrechtlichen Ansprüche zwischen insolventem Leistungsempfänger und Steuergläubiger einerseits sowie Leistendem und Steuergläubiger andererseits wie folgt dar.

(aa) Keine vorinsolvenzlichen teilweisen Leistungen

Haben weder der Leistende noch der insolvente Leistungsempfänger vorinsolvenzlich vorgeleistet, führt die Erfüllungsablehnung durch den Insolvenzverwalter auch im Fall der Insolvenz des Leistungsempfängers bei Soll- und Ist-Besteuerung dazu, dass weder ein Vorsteuerabzugsanspruch des Leistungsempfängers noch ein Umsatzsteueranspruch des Steuergläubigers vor oder nach Insolvenzeröffnung begründet wird.

(bb) Vorinsolvenzliche Anzahlung des Leistungsempfängers

Hat der Leistungsempfänger vorinsolvenzlich eine Anzahlung geleistet, die ihn nach § 15 Abs. 1 Satz 1 Nr. 1 Satz 3 UStG zum Vorsteuerabzug berechtigt, ist der daraus resultierende Vorsteuerabzugsanspruch vor Insolvenzeröffnung im Zeitpunkt der Leistung der Anzahlung begründet. Der infolge dessen entstehende Vorsteuerabzugsanspruch ist jedoch gem. § 17 Abs. 2 Nr. 2 i.V.m. Abs. 1 Satz 2 UStG zu berichtigen, wenn der Insolvenzverwalter die Erfüllung später nach § 103 Abs. 1 InsO ablehnt. Dieser Berichtigungsanspruch des Steuergläubigers ggü. dem insolventen Leistungsempfänger ist als Insolvenzforderung nach § 38 InsO einzuordnen, da er bereits vor Insolvenzeröffnung begründet war.[1151] I.Ü. wird infolge der

1151 Vgl. *Onusseit*, in *Kübler/Prütting/Bork*, InsO, Bd. IV, InsSteuerR II F, Rn. 543, 624; a.A. *Waza*, in *Waza/Uhländer/Schmittmann*, Insolvenzen und Steuern, Rn. 2134, der bei vom Insolvenzverwalter veranlasster Vertragsbeendigung

Erfüllungsablehnung kein Umsatzsteuer- oder Vorsteuerabzugsanspruch begründet.

(cc) Vorinsolvenzliche teilweise Leistung des Leistenden

Erbringt der Leistende vorinsolvenzlich eine teilweise Leistung, über die auch eine Rechnung ausgestellt wird, kann der Steuergläubiger gegen den daraus resultierenden Vorsteuerabzugsanspruch des insolventen Leistungsempfängers aufgrund vorinsolvenzlicher Begründetheit aufrechnen, § 96 Abs. 1 Nr. 1 InsO.

Mit der Eröffnung des Insolvenzverfahrens über das Vermögen des Leistungsempfängers wird das Entgelt für den Leistenden hinsichtlich des bereits erbrachten Leistungsteils im Falle der Soll-Besteuerung nach § 13 Abs. 1 Nr. 1 Buchst. a) Sätze 1 bis 3 UStG ggü. dem insolventen Leistungsempfänger jedoch uneinbringlich, sodass neben dem Umsatzsteueranspruch des Steuergläubigers ggü. dem Leistenden im Falle der Soll-Besteuerung in jedem Fall auch der Vorsteuerabzugsanspruch des Leistungsempfängers nach § 15 Abs. 1 Satz 1 Nr. 1 Satz 3 UStG ggü. dem Steuergläubiger gem. § 17 Abs. 2 Nr. 1 Satz 1 i.V.m. Abs. 1 Satz 2 UStG in Höhe des Rechnungsbetrags für die Teilleistung zu berichtigen ist. Dieser Vorsteuerberichtigungsanspruch des Steuergläubigers ggü. dem insolventen Leistungsempfänger stellt eine Insolvenzforderung nach § 38 InsO dar, da dieser Anspruch ebenfalls vor Insolvenzeröffnung begründet wurde.[1152]

Die Erfüllungsablehnung des Insolvenzverwalters erlangt daneben keine eigenständige umsatzsteuerrechtliche Bedeutung. Insb. löst eine nach Insolvenzeröffnung erfolgende Rückgewähr der bereits erbrachten teilweisen Leistung keine eigenständige Berichtigung nach § 17 Abs. 2 Nr. 3 UStG mehr aus, da die Uneinbringlichkeit bereits zeitlich vorher eingetreten ist.[1153]

Im Falle der Ist-Besteuerung des Leistenden sowie bei Soll-Besteuerung und lediglich teilweiser vorinsolvenzlicher Leistung, die keine Teilleistung i.S.v. § 13 Abs. 1 Nr. 1 Buchst. a) Sätze 2 und 3 UStG darstellt, kommt es zu einer isolierten Berichtigung des Vorsteuerabzugsanspruchs des insolven-

---

eine Masseverbindlichkeit nach § 55 Abs. 1 Nr. 1 InsO annimmt. Dazu bereits oben unter § 14. A. II. 1. a) (bb).

1152 Vgl. bereits oben unter § 11. B. IV. 2. c).

1153 Ebenso *Onusseit*, in *Kübler/Prütting/Bork*, InsO, Bd. IV, InsSteuerR II F, Rn. 506; a.A. *Farr*, Besteuerung der Insolvenz, Rn. 395.

ten Leistungsempfängers gem. § 17 Abs. 2 Nr. 1 Satz 1 i.V.m. Abs. 1 Satz 2 UStG in Höhe des Rechnungsbetrags für die teilweise Leistung.

I.Ü. wird infolge der Erfüllungsablehnung kein Umsatzsteuer- oder Vorsteuerabzugsanspruch begründet.

(dd) Beiderseitige vorinsolvenzliche teilweise Leistungen

Haben sowohl der Leistende vorinsolvenzlich teilweise geleistet und der insolvente Leistungsempfänger dafür einen Teil des Entgelts erbracht (insofern kommt es beim Leistenden sowohl bei Soll- als auch bei Ist-Besteuerung zum Entstehen eines Umsatzsteueranspruchs), sind die umsatzsteuerrechtlichen Sachverhalte insoweit vorinsolvenzlich begründet und die Erfüllungsablehnung des Insolvenzverwalters hat keinen unmittelbaren Einfluss auf diesen Teil der gegenseitigen Leistungen. Sofern der erbrachte Teil des Entgelts den erbrachten Wert der Leistung übersteigt oder umgekehrt, ist wie oben beschrieben zu verfahren, wenn lediglich eine der beiden Vertragsparteien vorinsolvenzlich teilgeleistet hätte.[1154]

Die Ablehnung der (weiteren) Erfüllung durch den Insolvenzverwalter kann jedoch mittelbar zu einer Rückgängigmachung der vorinsolvenzlich vom Leistenden erbrachten teilweisen Leistung führen, z.B. im Fall des Kaufs von Waren unter Eigentumsvorbehalt, bei denen dem insolventen Leistungsempfänger bereits der Besitz und aufschiebend bedingt auch das Eigentum eingeräumt wurde.[1155] Denn verweigert der Insolvenzverwalter das übrige Entgelt, dessen Entrichtung erst zur Erstarkung zum Vollrecht beim insolventen Leistungsempfänger führt, erfasst die Rückabwicklung auch den bereits geleisteten Besitz und das Anwartschaftsrecht an der Vorbehaltsware.[1156] In diesem Fall führt die Erfüllungsablehnung des Insolvenzverwalters hinsichtlich der vorinsolvenzlichen Leistung zu einer Berichtigung nach § 17 Abs. 2 Nr. 3 i.V.m. Abs. 1 Satz 2 UStG zugunsten des

---

1154 Vgl. bzgl. Überzahlung des Leistenden *Onusseit*, in *Kübler/Prütting/Bork*, InsO, Bd. IV, InsSteuerR II F, Rn. 624.

1155 Das ist für die Verschaffung der Verfügungsmacht nach § 3 Abs. 1 UStG ausreichend, vgl. nur *Martin*, in *Sölch/Ringleb*, UStG, § 3, Rn. 95 m.w.N.; *Waza*, in *Waza/Uhländer/Schmittmann*, Insolvenzen und Steuern, Rn. 2138.

1156 Vgl. auch *Onusseit*, in *Kübler/Prütting/Bork*, InsO, Bd. IV, InsSteuerR II F, Rn. 556.

Steuergläubigers.[1157] Der Anspruch des Steuergläubigers auf Rückzahlung der bereits an den insolventen Leistungsempfänger ausgekehrten Vorsteuer ist ebenfalls bereits vor Insolvenzeröffnung begründet und stellt daher eine Insolvenzforderung nach § 38 InsO dar.[1158]

I.Ü. wird infolge der Erfüllungsablehnung kein Umsatzsteuer- oder Vorsteuerabzugsanspruch begründet.

b) Regelinsolvenzverfahren – Umgekehrte Steuerschuldnerschaft nach § 13b Abs. 2 und 5 UStG

Im Falle umgekehrter Steuerschuldnerschaft nach § 13b Abs. 2 und 5 UStG gilt im Grundsatz das bereits zur regulären Umsatzbesteuerung Gesagte entsprechend. Soweit §§ 13b Abs. 2 und 4 sowie 15 Abs. 1 Satz 1 Nr. 1 Satz 4 UStG Umsatzsteuer- und Vorsteuerabzugsanspruch bereits vor Leistungserbringung zum Entstehen bringen, ist für deren insolvenzrechtliche Begründetheit bereits auf diesen früheren Zeitpunkt abzustellen.[1159]

c) Vorläufiges Insolvenzverfahren

In der Insolvenz des Leistungsempfängers finden § 55 Abs. 2 und 4 InsO aus den bereits genannten Gründen[1160] keine Anwendung.[1161]

1157 BFH v. 8.5.2003 – V R 20/02, BStBl. II 2003, 953 (954); *Waza,* in *Waza/Uhländer/Schmittmann,* Insolvenzen und Steuern, Rn. 2140 ff.; *Maus,* Steuern im Insolvenzverfahren, Rn. 305, 325.

1158 Ebenso *Waza,* in *Waza/Uhländer/Schmittmann,* Insolvenzen und Steuern, Rn. 2142; *Maus,* Steuern im Insolvenzverfahren, Rn. 305, 325.

1159 Vgl. dazu bereits § 12. A. I. 3. c); weitere Einzelheiten bei *Onusseit,* in *Kübler/Prütting/Bork,* InsO, Bd. IV, InsSteuerR II F, Rn. 625 ff.

1160 Oben unter § 14. A. II. 1. b).

1161 Vgl. *Onusseit,* in *Kübler/Prütting/Bork,* InsO, Bd. IV, InsSteuerR II F, Rn. 622.

B. Erfüllungsverlangen des Insolvenzverwalters

I. Auswirkungen des Erfüllungsverlangens auf das zivilrechtliche Leistungsverhältnis

Unter Zugrundelegung der aktuellen BGH-Rechtsprechung, wonach die Insolvenzeröffnung nur die Durchsetzbarkeit der Erfüllungsansprüche des Vertragspartners hindert, werden die gegenseitigen Erfüllungsansprüche bei Erfüllungswahl des Insolvenzverwalters nach § 103 Abs. 1 InsO lediglich so behandelt, als wären sie nach Insolvenzeröffnung neu begründet worden.[1162] Dadurch wird dem Erfüllungsanspruch des Vertragspartners der Rang einer Masseverbindlichkeit nach § 55 Abs. 1 Nr. 2 Alt. 1 InsO zuteil. Das gilt allerdings nur, soweit die Erfüllungswahl des Insolvenzverwalters reicht; bei teilbaren Leistungen bleibt die Begründetheit der vorinsolvenzlich erbrachten Leistungsteile mithin unberührt, § 105 Satz 1 InsO.[1163]

II. Auswirkungen des Erfüllungsverlangens auf das Umsatzsteuerschuldverhältnis

1. Auswirkungen des Erfüllungsverlangens bei Insolvenz des Leistenden

a) Regelinsolvenzverfahren – Keine umgekehrte Steuerschuldnerschaft

Haben weder der Leistungsempfänger noch der insolvente Leistende vorinsolvenzlich vorgeleistet, liegen infolge der Erfüllungswahl des Insolvenzverwalters erstmals nach Insolvenzeröffnung die Leistung durch den Insolvenzverwalter und die Entgeltzahlung durch den Leistungsempfänger vor. Der daraus resultierende Umsatzsteueranspruch des Steuergläubigers ggü. dem Leistenden ist sowohl bei Soll- als auch bei Ist-Besteuerung aus den bereits genannten Gründen nachinsolvenzlich begründet und somit Masseverbindlichkeit gem. § 55 Abs. 1 Nr. 1 InsO.[1164] Der Vorsteuerabzugsanspruch des Leistungsempfängers ggü. dem Steuergläubiger bleibt

1162 *Wegener*, in *Uhlenbruck/Hirte/Vallender*, InsO, § 103, Rn. 133 f.
1163 Vgl. *Wegener*, in *Uhlenbruck/Hirte/Vallender*, InsO, § 103, Rn. 21, 143.
1164 Ebenso BFH v. 30.4.2009 – V R 1/06, BStBl. II 2010, 138 (140); *Onusseit*, in *Kübler/Prütting/Bork*, InsO, Bd. IV, InsSteuerR II F, Rn. 549.

in diesem Fall von der Insolvenz des Leistenden unberührt und seine Abwicklung richtet sich nach den allgemeinen Vorschriften.

Hat der Leistungsempfänger vorinsolvenzlich eine Anzahlung getätigt, unterliegt der daraus resultierende Vorsteuerabzugsanspruch nach § 15 Abs. 1 Satz 1 Nr. 1 Satz 3 UStG als vorinsolvenzlich begründeter Anspruch der Aufrechnung durch den Steuergläubiger nach § 96 Abs. 1 Nr. 1 InsO. Aufseiten des insolventen Leistenden wird im Falle der Ist-Besteuerung ein Umsatzsteueranspruch des Steuergläubigers begründet; im Falle der Soll-Besteuerung, soweit eine Anzahlung auf eine konkret abgrenzbare Teilleistung erfolgt.[1165] Das sollte auch für Anzahlungen gelten, die im Falle der Soll-Besteuerung des insolventen Leistenden nicht auf eine abgrenzbare Teilleistung erfolgen.[1166] Die Erfüllungswahl des Insolvenzverwalters führt i.Ü. zu nach der Insolvenzeröffnung begründeten Ansprüchen, sodass der Umsatzsteueranspruch des Steuergläubigers hinsichtlich des verbliebenen Leistungsteils eine Masseverbindlichkeit nach § 55 Abs. 1 Nr. 2 Alt. 1 InsO darstellt.

Dasselbe gilt im Fall der vorinsolvenzlichen teilweisen bzw. Teilleistung des Leistenden sowie im Fall beiderseitiger vorinsolvenzlicher teilweisen bzw. Teilleistung. Der Insolvenzverwalter kann lediglich den noch offenen Leistungsteil beeinflussen; bei Soll-Besteuerung ist die Umsatzsteuer auf nicht als Teilleistung einzuordnende teilweise Leistungen vorinsolvenzlich begründet.

Erbringt der Leistende schließlich Leistungen, die gem. § 13b Abs. 2 und 5 UStG zur umgekehrten Steuerschuldnerschaft beim Leistungsempfänger führen, stellen sich die oben beschriebenen Fragen nicht.[1167]

b) Vorläufiges Insolvenzverfahren

Wird über das Vermögen des Leistenden ein vorläufiges Insolvenzverfahren eröffnet, gilt im Falle von Teilleistungen und Anzahlungen vor dem

---

1165 Vgl. *Onusseit*, in *Kübler/Prütting/Bork*, InsO, Bd. IV, InsSteuerR II F, Rn. 608 ff.

1166 Dazu bereits oben unter § 14. A. II. 1. a) (cc); ebenso *Onusseit*, in *Kübler/Prütting/Bork*, InsO, Bd. IV, InsSteuerR II F, Rn. 608 ff.; a.A. BFH v. 30.4.2009 – V R 1/04, BStBl. II 2010, 138 (140), dem zufolge der Insolvenzverwalter im Rahmen der Erfüllungswahl nach § 103 Abs. 1 InsO nur berechtigt sei, den Vertrag insgesamt zu erfüllen oder dessen (weitere) Erfüllung abzulehnen.

1167 Vgl. *Waza*, in *Waza/Uhländer/Schmittmann*, Insolvenzen und Steuern, Rn. 2178; für den Fall der Insolvenz des Leistenden wohl auch *Onusseit*, in *Kübler/Prütting/Bork*, InsO, Bd. IV, InsSteuerR II F, Rn. 621.

Zeitpunkt der Eröffnung des vorläufigen Insolvenzverfahrens für Soll- und Ist-Besteuerung das oben Gesagte.[1168] Wurden bei Ist-Besteuerung vorinsolvenzlich teilweise Leistungen erbracht, bei Soll-Besteuerung solche, die keine Teilleistung i.S.v. § 13 Abs. 1 Nr. 1 Buchst. a) Sätze 2 und 3 UStG darstellen, die nach Anordnung der vorläufigen Insolvenzverwaltung vom vorläufigen Insolvenzverwalter oder vom insolventen Leistenden mit dessen Zustimmung fertiggestellt werden, stellt der später entstehende Umsatzsteueranspruch des Steuergläubigers ggü. dem insolventen Leistenden in Ansehung der gesamten Leistung eine Masseverbindlichkeit nach § 55 Abs. 2 InsO bzw. § 55 Abs. 4 Satz 1 InsO dar.[1169] Denn eine Aufteilung in einen vorinsolvenzlich und einen nachinsolvenzlich begründeten Teil scheidet mangels Erfüllungswahlrecht des vorläufigen Insolvenzverwalters nach § 103 Abs. 1 InsO aus.[1170]

2. Auswirkungen des Erfüllungsverlangens bei Insolvenz des Leistungsempfängers

a) Regelinsolvenzverfahren – Keine umgekehrte Steuerschuldnerschaft

Auch bei Insolvenz des Leistungsempfängers fallen in der Konstellation, dass weder Leistender noch insolventer Leistungsempfänger vorinsolvenzlich teilweise geleistet haben, ausschließlich nach Insolvenzeröffnung begründete Ansprüche an, wenn der Insolvenzverwalter über das Vermögen des Leistungsempfängers nach § 103 Abs. 1 InsO die Erfüllung wählt. Der Vorsteuerabzugsanspruch des insolventen Leistungsempfängers ist in diesem Fall aufrechnungsfest, § 96 Abs. 1 Nr. 1 InsO.

Hat der insolvente Leistungsempfänger vorinsolvenzlich eine Anzahlung getätigt, unterliegt der daraus resultierende Vorsteuerabzugsanspruch als vorinsolvenzlich begründeter Anspruch der Aufrechnung durch den Steuergläubiger nach § 96 Abs. 1 Nr. 1 InsO. Unabhängig davon, ob der Leistende der Ist- oder Soll-Besteuerung unterliegt und ob die Anzahlung des insolventen Leistungsempfängers im Fall der Soll-Besteuerung des Leistenden einer Teilleistung zuzuordnen ist, kann der die Erfüllung wählende Insolvenzverwalter über das Vermögen des Leistungsempfängers diese vorinsolvenzliche Anzahlung dadurch nicht beeinflussen, sodass

1168 § 14. B. II. 1. a).
1169 *Onusseit*, in *Kübler/Prütting/Bork*, InsO, Bd. IV, InsSteuerR II F, Rn. 593.
1170 *Onusseit*, in *Kübler/Prütting/Bork*, InsO, Bd. IV, InsSteuerR II F, Rn. 593.

sie nicht nachträglich nach Insolvenzeröffnung begründet werden kann. Der Vorsteuerabzugsanspruch aus dem die Anzahlung übersteigenden Leistungsteil wird bei Erfüllungswahl des Insolvenzverwalters nach § 103 Abs. 1 InsO nachinsolvenzlich und damit aufrechnungsfest begründet.

Im Fall der vorinsolvenzlichen Teilleistung des der Soll-Besteuerung unterliegenden Leistenden wird dessen Entgeltanspruch hinsichtlich der Teilleistung mit Insolvenzeröffnung uneinbringlich, was auch beim insolventen Leistungsempfänger zu einer vorinsolvenzlich begründeten Vorsteuerberichtigung nach § 17 Abs. 2 Nr. 1 Satz 1 i.V.m. Abs. 1 Satz 2 UStG führt. Die Erfüllungswahl des Insolvenzverwalters führt selbst zwar noch nicht zur Auslösung der zweiten Berichtigung nach § 17 Abs. 2 Nr. 1 Satz 2 UStG, ermöglicht dem Leistenden aber, das Entgelt noch zu vereinnahmen. Mit der Vereinnahmung ist die zweite Berichtigung sodann vorzunehmen.

Haben beide Vertragsparteien vorinsolvenzlich vorgeleistet, finden das Gesagte nur insoweit Anwendung, wie die Leistung des einen Teils die des anderen übersteigt.

b) Regelinsolvenzverfahren – Umgekehrte Steuerschuldnerschaft nach § 13b Abs. 2 und 5 UStG

Im Fall der umgekehrten Steuerschuldnerschaft nach § 13b Abs. 2 und 5 UStG ergeben sich im Grunde keine Besonderheiten. Jedoch sind die Abweichungen von der Regelbesteuerung hinsichtlich der Entstehung der Steuer nach § 13b Abs. 2 und 4 UStG sowie dem Vorsteuerabzugsanspruch nach § 15 Abs. 1 Satz 1 Nr. 4 UStG zu berücksichtigen.[1171]

c) Vorläufiges Insolvenzverfahren

Im Fall der Anordnung eines vorläufigen Insolvenzverfahrens über das Vermögen des Leistungsempfängers gilt für Teilleistungen und Anzahlungen vor dem Zeitpunkt der Eröffnung des vorläufigen Verfahrens für Soll- und Ist-Besteuerung das oben Gesagte.[1172] Der Vorsteuerabzugsanspruch unterfällt lediglich dann vollständig § 55 Abs. 2 oder Abs. 4 InsO, wenn

1171 Ausführlich dazu *Onusseit*, in *Kübler/Prütting/Bork*, InsO, Bd. IV, InsSteuerR II F, Rn. 625 ff.

1172 § 14. B. II. 2. a).

der vorläufige Insolvenzverwalter einen Einfluss auf das Entstehen des Vorsteuerabzugsanspruchs haben kann. Das kommt aber überhaupt nur im Fall der umgekehrten Steuerschuld nach § 13b Abs. 4 UStG in Betracht, wenn der vorläufige Insolvenzverwalter die Erbringung der Leistung hätte verhindern können.[1173]

§ 15. *Fälle vorläufiger Insolvenzverwaltung*

Nachfolgend sollen einige Konstellationen der vorläufigen Insolvenzverwaltung untersucht werden, wobei auch die Frage der Anwendbarkeit von § 55 Abs. 2 InsO im Falle der Bestellung eines „starken" vorläufigen Insolvenzverwalters bzw. von § 55 Abs. 4 Satz 1 InsO im Falle der Bestellung eines „schwachen" vorläufigen Insolvenzverwalters zu beantworten ist.

A. Regelinsolvenzverfahren mit „starkem" vorläufigen Insolvenzverwalter

I. Leistungen des insolventen Leistenden vor Einsetzung des „starken" vorläufigen Insolvenzverwalters

Liegen Leistungserbringung und Entgeltvereinnahmung durch den insolventen Leistenden vor Einsetzung eines „starken" vorläufigen Insolvenzverwalters nach § 21 Abs. 2 Satz 1 Nr. 2 Alt. 1 InsO[1174] durch das Insolvenzgericht, besteht Einigkeit, dass die daraus resultierende Umsatzsteuerschuld des insolventen Leistenden sowohl bei Soll- als auch bei Ist-Besteuerung eine Insolvenzforderung nach § 38 InsO darstellt.[1175]

Wird das Entgelt für die vor Anordnung der vorläufigen Insolvenzverwaltung vom insolventen Leistenden erbrachte Leistung im Insolvenz-

1173 So *Onusseit*, in *Kübler/Prütting/Bork*, InsO, Bd. IV, InsSteuerR II F, Rn. 622, 241.

1174 Zum „starken" vorläufigen Insolvenzverwalter bereits oben unter § 6. B. I. 1. a). Nach hier vertretener Auffassung fallen unter § 55 Abs. 2 InsO auch Umsatzsteueransprüche des Steuergläubigers aufgrund Einzelermächtigung eines „schwachen" vorläufigen Insolvenzverwalters durch das Insolvenzgericht, vgl. oben unter § 6. B. I. 1. b). Dies wird im Folgenden sprachlich nicht weiter hervorgehoben, sondern lediglich vom „starken" vorläufigen Insolvenzverwalter gesprochen.

1175 Vgl. *Onusseit*, in *Kübler/Prütting/Bork*, InsO, Bd. IV, InsSteuerR II F, Rn. 324, 335.

eröffnungsverfahren vom „starken" vorläufigen Insolvenzverwalter eingenommen, soll der hieraus resultierende Umsatzsteueranspruch des Steuergläubigers ggü. dem insolventen Leistenden sowohl bei Soll- als auch bei Ist-Besteuerung als Masseverbindlichkeit nach § 55 Abs. 2 InsO einzuordnen sein. Für die Ist-Besteuerung resultiert dies aus der Anwendung der BFH-Rechtsprechung, wonach der Umsatzsteueranspruch erst mit Vereinnahmung des Entgelts begründet sein soll.[1176] Für die Soll-Besteuerung wird dies damit begründet, dass auch mit Anordnung der vorläufigen Insolvenzverwaltung durch einen „starken" vorläufigen Insolvenzverwalter hinsichtlich des Entgelts für eine bereits erbrachte Leistung i.S.d. „Doppelberichtigungs"-Rechtsprechung Uneinbringlichkeit i.S.v. § 17 Abs. 2 Nr. 1 Satz 1 UStG eintrete.[1177] Vereinnahmt der „starke" vorläufige Insolvenzverwalter im Eröffnungsverfahren das Entgelt, sei die zweite Berichtigung nach § 17 Abs. 2 Nr. 1 Satz 2 UStG vorzunehmen; der daraus resultierende Berichtigungsanspruch des Steuergläubigers ggü. dem insolventen Leistenden als Masseverbindlichkeit nach § 55 Abs. 2 InsO anzusehen.[1178] Dasselbe gelte für den Fall, dass erst der spätere Insolvenzverwalter im eröffneten Insolvenzverfahren das Entgelt vereinnahme. Der zweite Berichtigungsanspruch sei dann als Masseverbindlichkeit nach § 55 Abs. 1 Nr. 1 InsO einzuordnen.[1179]

Zuzugeben ist dieser Auffassung, dass die Annahme von Uneinbringlichkeit im Zeitpunkt der Einsetzung des „starken" vorläufigen Insolvenzverwalters insoweit konsequent ist, als seine Kompetenzen mit denen eines Insolvenzverwalters vergleichbar sind.[1180] Zutreffend ist auch, dass § 55 Abs. 2 InsO auch Steuerverbindlichkeiten erfasst, soweit sie vom vorläufigen Insolvenzverwalter begründet werden.[1181] Richtigerweise findet allerdings bei Soll-Besteuerung des insolventen Leistenden weder bei Insolvenzeröffnung[1182] noch bei Einsetzung eines „starken" vorläufigen

---

1176 Dazu bereits oben unter § 12. A. II. 2. a).

1177 Für den Fall der Soll-Besteuerung ausdrücklich BFH v. 1.3.2016 – XI R 21/14, BStBl. II 2016, 756 (758 f., Rn. 25 ff. (27)); Abschn. 17.1 Abs. 12 Satz 2 UStAE; a.A. noch die Vorinstanz FG Berlin-Brandenburg v. 2.4.2014 – 7 K 7337/12, EFG 2014, 1427 (1429); *Onusseit*, in *Kübler/Prütting/Bork*, InsO, Bd. IV, InsSteuerR II F, Rn. 324, 335.

1178 BFH v. 1.3.2016 – XI R 21/14, BStBl. II 2016, 756 (758 f., Rn. 27); Abschn. 17.1 Abs. 12 Satz 4 UStAE.

1179 BFH v. 1.3.2016 – XI R 21/14, BStBl. II 2016, 756 (758 f., Rn. 27); Abschn. 17.1 Abs. 12 Satz 4 UStAE.

1180 Vgl. bereits oben unter § 15.

1181 Vgl. bereits oben unter § 6. B. I. 1. b) (Fn. 471).

1182 Dazu bereits oben unter § 12. A. I. 2. c) (bb).

Insolvenzverwalters[1183] eine Uneinbringlichkeitsberichtigung bzgl. vom insolventen Leistenden noch nicht vereinnahmter Entgelte statt.

Darüber hinaus, und entscheidend für den Fall der Ist-Besteuerung des insolventen Leistenden, ist für die insolvenzrechtliche Begründetheit gerade nicht auf die Entgeltvereinnahmung, sondern auf die Leistungserbringung abzustellen. Da diese in der vorliegend besprochenen Konstellation noch vor Einsetzung des „starken" vorläufigen Insolvenzverwalters durch den insolventen Leistenden erfolgte, stellt der daraus nach § 13 Abs. 1 Nr. 1 Buchst. a) Satz 1 UStG bzw. nach § 13 Abs. 1 Nr. 1 Buchst. b) UStG resultierende Umsatzsteueranspruch des Steuergläubigers ggü. dem insolventen Leistenden eine Insolvenzforderung nach § 38 InsO dar.[1184]

II. Leistungen im Eröffnungsverfahren durch den „starken" vorläufigen Insolvenzverwalter

Erfolgen die Leistungserbringung und die Entgeltvereinnahmung durch den „starken" vorläufigen Insolvenzverwalter, stellt der daraus resultierende Umsatzsteueranspruch des Steuergläubigers bei Soll- und Ist-Besteuerung des insolventen Leistenden eine Masseverbindlichkeit nach § 55 Abs. 2 InsO dar.[1185] Zu diesem Ergebnis gelangt man erst Recht unter der „Doppelberichtigungs"-Rechtsprechung, wonach bereits die alleinige Entgeltvereinnahmung durch den „starken" vorläufigen Insolvenzverwalter führen würde. Ausschlaggebend ist aber richtigerweise, dass der „starke" vorläufige Insolvenzverwalter die Leistung selbst erbringt und damit der Umsatzsteueranspruch selbst insolvenzrechtlich begründet.

Dasselbe gilt für Fälle, in denen der „starke" vorläufige Insolvenzverwalter die Leistung erbringt, das Entgelt aber erst vom Insolvenzverwalter nach Verfahrenseröffnung vereinnahmt wird. Die Finanzverwaltung nimmt an, in dieser Konstellation sei im Zeitpunkt der Insolvenzeröffnung keine Berichtigung nach § 17 Abs. 2 Nr. 1 Satz 1 InsO vorzunehmen, da die Berichtigung der Unterscheidung zwischen Insolvenzforderungen und Masseverbindlichkeiten diene und die vom Insolvenzverwalter verein-

1183 FG Berlin-Brandenburg v. 2.4.2014 – 7 K 7337/12, EFG 2014, 1427 (1429); *Onusseit,* in *Kübler/Prütting/Bork,* InsO, Bd. IV, InsSteuerR II F, Rn. 324; ebenso noch *Wäger,* DB 2012, 1460 (1463); *ders.,* DStR 2011, 1925 (1931).

1184 *Onusseit,* in *Kübler/Prütting/Bork,* InsO, Bd. IV, InsSteuerR II F, Rn. 324, 335.

1185 Ebenso *Onusseit,* in *Kübler/Prütting/Bork,* InsO, Bd. IV, InsSteuerR II F, Rn. 326, 337.

nahmten Entgelte zu Masseverbindlichkeiten nach § 55 Abs. 2 InsO führten.[1186] Der Logik der „Doppelberichtigungs"-Rechtsprechung folgend muss in diesen Fällen aber eine Masseverbindlichkeit nach § 55 Abs. 1 Nr. 1 InsO in Form eines zweiten Berichtigungsanspruchs des Steuergläubigers ggü. dem insolventen Leistenden vorliegen, wenn man auf die Vereinnahmung des Entgelts abstellt.[1187]

III. Vorsteuerberichtigung beim insolventen Leistungsempfänger

Hinsichtlich vor Anordnung der vorläufigen Insolvenzverwaltung vom insolventen Leistungsempfänger bezogener Leistungen bei Soll-Besteuerung des Leistenden ist unstrittig, dass der Vorsteuerabzugsanspruch des insolventen Leistungsempfängers nach § 15 Abs. 1 Satz 1 Nr. 1 Satz 1 UStG wegen Uneinbringlichkeit nach § 17 Abs. 2 Nr. 1 Satz 1 i.V.m. Abs. 1 Satz 2 UStG zu berichtigen ist, sofern der insolvente Leistungsempfänger bis dahin das Entgelt noch nicht entrichtet hat.[1188] Dieser Berichtigungsanspruch des Steuergläubigers ggü. dem insolventen Leistungsempfänger ist nach wohl einhelliger Auffassung als Insolvenzforderung einzuordnen.[1189]

Sollte der „starke" vorläufige Insolvenzverwalter – gleich aus welchem Grund – bereits im Eröffnungsverfahren das Entgelt (teilweise) entrichten,[1190] steht dem Berichtigungsanspruch des insolventen Leistungsempfängers ggü. dem Steuergläubiger nicht das Aufrechnungsverbot des § 96 Abs. 1 Nr. 1 InsO entgegen. Denn auch wenn § 55 Abs. 2 InsO hinsichtlich der vom „starken" vorläufigen Insolvenzverwalter begründeten Verbindlichkeiten – wie vom Gesetzgeber beabsichtigt[1191] – die Wirkungen der

---

1186 Abschn. 17.1 Abs. 12 Satz 6 und 7 UStAE; so zu einer Konstellation mit „schwachem" vorläufigen Insolvenzverwalter unter Geltung von § 55 Abs. 4 InsO (a.F.) auch *Wäger,* DB 2012, 1460 (1464); *ders.,* DStR 2011, 1925 (1930).

1187 So BFH v. 1.3.2016 – XI R 21/14, BStBl. II 2016, 756 (758 f., Rn. 27); BFH v. 24.9.2014 – V R 48/13, BStBl. II 2015, 506 (511, Rn. 46) in einem *obiter dictum* zu § 55 Abs. 4 InsO a.F., die eine Uneinbringlichkeit unabhängig davon annehmen, ob die Leistung vor oder nach Bestellung des vorläufigen Verwalters erbracht wurde.

1188 Siehe oben unter § 11. B. IV. 1.

1189 Siehe oben unter § 11. B. IV. 2. c).

1190 Dies sollte eine Ausnahme darstellen, da der „starke" vorläufige Insolvenzverwalter zur Sicherung der Insolvenzmasse verpflichtet ist und ihre Verteilung innerhalb des Insolvenzverfahrens nicht zugunsten einzelner Gläubiger vorwegnehmen darf.

1191 BT-Drs. 12/2443, 126; vgl. auch *Heinze,* ZInsO 2011, 603 (609).

Verfahrenseröffnung in das Eröffnungsverfahren vorverlegt, so gilt dies nur für „Verbindlichkeiten" des insolventen Leistungsempfängers. Auf Ansprüche des insolventen Leistungsempfängers aus dem Steuerschuldverhältnis ggü. dem Steuergläubiger hat § 55 Abs. 2 InsO keine Auswirkungen.[1192] § 96 Abs. 1 Nr. 1 InsO ist demgegenüber seinem klaren Wortlaut nach nicht auf die vorläufige Insolvenzverwaltung anwendbar.[1193] Sofern die Aufrechnung nicht bereits vor Insolvenzeröffnung erklärt wird, steht ihr aber wohl das Aufrechnungsverbot des § 96 Abs. 1 Nr. 3 InsO entgegen, wenn die der Steuergläubiger die Möglichkeit der Aufrechnung in anfechtbarer Weise erlangt hat.[1194]

Für den Fall, dass erst der Insolvenzverwalter das Entgelt entrichtet, gilt für den erneuten Berichtigungsanspruch zugunsten des insolventen Leistungsempfängers das bereits zum Regelinsolvenzverfahren ohne vorläufige Insolvenzverwaltung Gesagte, d.h. es handelt sich um einen Anspruch, den der Steuergläubiger bereits vorinsolvenzlich schuldig geworden ist.[1195]

B. Regelinsolvenzverfahren mit „schwachem" vorläufigen Insolvenzverwalter

Die Bestellung eines „schwachen" vorläufigen Insolvenzverwalters mit Zustimmungsvorbehalt nach § 21 Abs. 2 Satz 1 Nr. 2 Alt. 2 InsO stellt den Regelfall in der insolvenzgerichtlichen Praxis dar.[1196] Dementsprechend

1192 Vgl. zur Parallelproblematik bei § 55 Abs. 4 Satz 1 InsO bereits oben unter § 6. B. I. 3. und unten unter § 15. B. III.

1193 BGH v. 15.3.2012 – IX ZR 249/09, ZIP 2012, 737 (740, Rn. 24 ff.); BGH v. 11.11.2004 – IX ZR 237/03, ZIP 2005, 181 (181 f.); BGH v. 29.6.2004 – IX ZR 195/03, ZIP 2004, 1558 (1558); *Sinz*, in *Uhlenbruck/Hirte/Vallender*, InsO, § 96, Rn. 5; *Fischer, G.*, WM 2008, 1 (1); a.A. *Heinze*, ZInsO 2011, 603 (609), dem zufolge Sicherung der Insolvenzmasse auf der Aktivseite und Haftung der Insolvenzmasse auf der Passivseite auch bei Forderungen und Verbindlichkeiten aus dem Steuerschuldverhältnis in der Zeit des Eröffnungsverfahren parallel verlaufen müssen.

1194 Dazu *Schmidt*, NZI 2017, 384 (386 f.).

1195 Oben unter § 11. B. V.; a.A. als *obiter dictum* jeweils in Fällen der Einsetzung eines „schwachen" vorläufigen Insolvenzverwalters BFH v. 24.9.2014 – V R 48/13, BStBl. II 2015, 506 (511, Rn. 44); BFH v. 1.3.2016 – XI R 9/15, MwStR 2016, 724 (728, Rn. 40).

1196 *Kahlert/Schmidt*, DB 2012, 197 (197); *Wäger*, UR 2013, 673 (681); *Heinze*, ZInsO 2011, 693 (603); BT-Drs. 17/3030, 42; *Jungclaus/Keller*, NZI 2010, 808 (809) nennen als Grund hierfür als Hauptgrund das regelmäßige Fehlen kostendeckender Massen. Auf die obigen Ausführungen zur Anwendbarkeit von

hatte der BFH bereits mehrfach Gelegenheit, sich zur Einordnung der Umsatzsteuer im Fall des vorläufigen Insolvenzverfahrens mit „schwachem" vorläufigem Insolvenzverwalter zu äußern.[1197] Der BFH hat dabei den Versuch unternommen, seine „Doppelberichtigungs"-Rechtsprechung mit § 55 Abs. 4 InsO (a.F.) in Einklang zu bringen und stellt als entscheidendes Merkmal für die Annahme eines unter § 55 Abs. 4 InsO (a.F.) fallenden Umsatzsteueranspruchs zugunsten des Steuergläubigers wiederum auf die Entgeltvereinnahmung durch den „schwachen" vorläufigen Insolvenzverwalter ab, jedenfalls wenn diesem hierfür vom Insolvenzgericht die Befugnis zum Forderungseinzug übertragen wurde, §§ 22 Abs. 2, 23 Abs. 1 Satz 3 InsO.[1198]

I. Leistungen des insolventen Leistenden vor Einsetzung des „schwachen" vorläufigen Insolvenzverwalters

Auch angesichts der Einsetzung eines vorläufigen schwachen Insolvenzverwalters durch das Insolvenzgericht besteht Einigkeit, dass der aus vor der Einsetzung des „schwachen" vorläufigen Insolvenzverwalters liegender Leistungserbringung und Entgeltvereinnahmung resultierende Umsatzsteueranspruch des Steuergläubigers ggü. dem insolventen Leistenden sowohl bei Soll- als auch bei Ist-Besteuerung eine Insolvenzforderung nach § 38 InsO darstellt.[1199]

---

§ 55 Abs. 4 Satz 1 InsO auf die verschiedenen Typen „schwacher" vorläufiger Insolvenzverwalter unter § 6. B. I. 1. b) wird Bezug genommen.

1197 BFH v. 24.9.2014 – V R 48/13, BStBl. II 2015, 506; darin nimmt er auf frühere Entscheidungen Bezug, in denen es um den Zeitpunkt der Beendigung der organisatorischen Eingliederung und damit der umsatzsteuerrechtlichen Organschaft anlässlich der Einsetzung eines „schwachen" vorläufigen Insolvenzverwalters ging, BFH v. 3.7.2014 – V R 32/13, BFH/NV 2014, 1867; BFH v. 8.8.2013 – V R 18/13, BStBl. II 2017, 543.

1198 BFH v. 24.9.2014 – V R 48/13, BStBl. II 2015, 506 (508 ff., Rn. 13 ff.); BFH v. 1.3.2016 – XI R 9/15, MwStR 2016, 724 (726, Rn. 19 ff.); dem folgend Hessisches FG v. 18.11.2019 – 6 K 1571/18, EFG 2020, 396 (398, Rn. 37 ff. und insoweit bestätigt durch BFH, v. 28.5.2020 – V R 2/20, DB 2020, 2054 (2055, Rn. 17). *Feldgen*, DStZ 2017, 172 (176) spricht sich aus Gründen des vollständigen „Gleichlaufs" dafür aus, die Rechtsprechungsgrundsätze auch auf Fälle zu erstrecken, in denen dem vorläufigen Insolvenzverwalter lediglich ein allgemeiner Zustimmungsvorbehalt ohne Recht auf Forderungseinzug zusteht.

1199 Vgl. *Onusseit*, in *Kübler/Prütting/Bork*, InsO, Bd. IV, InsSteuerR II F, Rn. 324, 335.

Wird die Leistung vom insolventen Leistenden vor Anordnung der vorläufigen Verwaltung erbracht, das Entgelt sodann während der vorläufigen Verwaltung vereinnahmt, wenden der V. und XI. Senat des BFH die „Doppelberichtigungs"-Rechtsprechung jedenfalls dann an, wenn dem „schwachen" vorläufigen Insolvenzverwalter neben dem Zustimmungsrecht auch das Recht zum Forderungseinzug übertragen wurde. Ist er zum Forderungseinzug ermächtigt, findet die erste Berichtigung mit Bestellung des „schwachen" vorläufigen Insolvenzverwalters statt und die zweite Berichtigung, die dann zu einer Masseverbindlichkeit nach § 55 Abs. 4 Satz 1 InsO führt, sobald der „schwache" vorläufige Insolvenzverwalter das Entgelt vereinnahmt hat.[1200] Dasselbe gelte für den Fall, dass erst der spätere Insolvenzverwalter im eröffneten Insolvenzverfahren das Entgelt vereinnahme. Der zweite Berichtigungsanspruch sei dann als Masseverbindlichkeit nach § 55 Abs. 1 Nr. 1 InsO einzuordnen.[1201] Bei Ist-Besteuerung müsste nach der Rechtsprechung ebenfalls bei Entgeltvereinnahmung durch den „schwachen" vorläufigen Insolvenzverwalter ein Umsatzsteueranspruch des Steuergläubigers nach § 55 Abs. 4 InsO (a.F.) entstehen.[1202]

Die Finanzverwaltung geht davon aus, dass die „Doppelberichtigungs"-Rechtsprechung auch dann Anwendung findet, wenn das Insolvenzgericht die Berechtigung zum Forderungseinzug nicht ausdrücklich ausgesprochen hat. Denn der Leistungsempfänger könne bereits aufgrund des Zustimmungsvorbehalts nach §§ 22 Abs. 2 Satz 1 Nr. 2 Alt. 2, 24 Abs. 1 i.V.m. § 82 Satz 1 InsO nur noch mit Zustimmung des „schwachen" vorläufigen Insolvenzverwalters an den insolventen Leistenden mit schuldbefreiender Wirkung leisten.[1203] Das ist insoweit zutreffend, als der Leistungsempfänger Kenntnis von der Anordnung des Zustimmungsvorbehalts als Verfügungsbeschränkung hat.[1204]

1200 BFH v. 24.9.2014 – V R 48/13, BStBl. II 2015, 506 (508 ff., Rn. 13 ff.); BFH v. 1.3.2016 – XI R 9/15, MwStR 2016, 724 (726, Rn. 19 ff.), jeweils zu § 55 Abs. 4 InsO a.F.

1201 BFH v. 24.9.2014 – V R 48/13, BStBl. II 2015, 506 (511, Rn. 46); wobei der Senat davon ausgeht, dass sämtliche Entgeltansprüche für vom insolventen Leistenden vor und nach Bestellung des „schwachen" vorläufigen Insolvenzverwalters erbrachten Leistungen zunächst uneinbringlich werden; BFH v. 1.3.2016 – XI R 21/14, BStBl. II 2016, 756 (758 f., Rn. 27); Abschn. 17.1 Abs. 12 Satz 4 UStAE.

1202 BMF v. 20.5.2015, BStBl. I 2015, 476 (478, Rn. 19).

1203 BMF v. 20.5.2015, BStBl. I 2015, 476 (477, Rn. 10); Abschn. 17.1 Abs. 13 Satz 2 UStAE; ebenso *Feldgen*, DStZ 2017, 172 (176).

1204 Vgl. *Vallender*, in *Uhlenbruck/Hirte/Vallender*, InsO, § 24, Rn. 12 ff.; *Haarmeyer/Schildt*, MüKo InsO, Bd. 1, § 22, Rn. 14.

Richtigerweise findet jedoch auch in dieser Konstellation keine Uneinbringlichkeitsberichtigung statt, § 55 Abs. 4 Satz 1 InsO ist unanwendbar und es liegt ausschließlich eine Insolvenzforderung des Steuergläubigers vor, die im Zeitpunkt der Leistungserbringung begründet wurde.[1205] Das gilt auch für die Vereinnahmung des Entgelts erst durch den Insolvenzverwalter im eröffneten Insolvenzverfahren und erst recht, wenn der Leistende der Ist-Besteuerung unterliegt, da es insoweit nicht zu einer Berichtigung kommt, aber ebenfalls die Leistungserbringung maßgeblich ist.[1206]

II. Leistungen im Eröffnungsverfahren durch den „schwachen" vorläufigen Insolvenzverwalter oder mit dessen Zustimmung

Erfolgen Leistungserbringung und Entgeltvereinnahmung durch den „schwachen" vorläufigen Insolvenzverwalter oder mit dessen Zustimmung, stellt der daraus resultierende Umsatzsteueranspruch des Steuergläubigers wie schon beim „starken" vorläufigen Insolvenzverwalter[1207] bei Soll- und Ist-Besteuerung des insolventen Leistenden eine Masseverbindlichkeit nach § 55 Abs. 4 Satz 1 InsO dar.[1208] Die Rechtsprechung gelangt zu demselben Ergebnis, allerdings mit der Maßgabe das selbst solche Ansprüche des insolventen Leistenden auf das Entgelt uneinbringlich werden sollen, für die der insolvente Leistende erst nach Bestellung des „schwachen" vorläufigen Insolvenzverwalters mit dessen Zustimmung geleistet hat.[1209]

Dasselbe gilt für Fälle, in denen der „schwache" vorläufige Insolvenzverwalter die Leistung erbringt, das Entgelt aber erst vom Insolvenzverwalter nach Verfahrenseröffnung vereinnahmt wird.[1210] Da die Rechtsprechung im Falle des „schwachen" vorläufigen Insolvenzverwalters auch bei Um-

---

1205 Ebenso *Onusseit,* in *Kübler/Prütting/Bork,* InsO, Bd. IV, InsSteuerR II F, Rn. 324; *Heinze,* DZWiR 2011, 276 (279).

1206 Ebenso *Onusseit,* in *Kübler/Prütting/Bork,* InsO, Bd. IV, InsSteuerR II F, Rn. 335; a.A. BMF v. 20.5.2015, BStBl. I 2015, 476 (478, Rn. 19), das unter Verweis auf BFH v. 29.1.2009 – V R 64/07, BStBl. II 2009, 682 zu Masseverbindlichkeiten nach § 55 Abs. 4 InsO (a.F.) gelangt.

1207 Oben unter § 15 A. II.

1208 Ebenso *Onusseit,* in *Kübler/Prütting/Bork,* InsO, Bd. IV, InsSteuerR II F, Rn. 325, 336; wohl auch *Wäger,* UR 2013, 676 (680).

1209 BFH v. 24.9.2014 – V R 48/13, BStBl. II 2015, 506 (510, Rn. 31).

1210 Ebenso *Onusseit,* in *Kübler/Prütting/Bork,* InsO, Bd. IV, InsSteuerR II F, Rn. 325, 336; *Wäger,* DB 2012, 1460 (1463 f.).

sätzen Uneinbringlichkeit annimmt, bei denen die Leistung bereits mit Zustimmung des „schwachen" vorläufigen Insolvenzverwalters erfolgt ist, soll es demgegenüber zu Masseverbindlichkeiten nach § 55 Abs. 1 Nr. 1 InsO kommen.[1211]

III. Vorsteuerberichtigung beim insolventen Leistungsempfänger

Auch mit Bestellung des „schwachen" vorläufigen Insolvenzverwalters mit Zustimmungsvorbehalt tritt aufgrund seines insolvenzrechtlichen Pflichtenprogramms zur Massesicherung und -erhaltung Uneinbringlichkeit der Entgeltansprüche des der Soll-Besteuerung unterliegenden Leistenden ggü. dem insolventen Leistungsempfänger nach § 17 Abs. 2 Nr. 1 Satz 1 UStG ein, was gleichsam zu einer Berichtigung des Vorsteuerabzugsanspruchs des insolventen Leistungsempfängers führt, § 17 Abs. 1 Satz 2 UStG.[1212] Dieser Berichtigungsanspruch des Steuergläubigers ggü. dem insolventen Leistungsempfänger ist nach wohl einhelliger Auffassung als Insolvenzforderung einzuordnen.[1213]

Erfolgt eine weitere Berichtigung aufseiten des insolventen Leistungsempfängers zu seinen Gunsten, weil das Entgelt bereits im Eröffnungsverfahren (teilweise) entrichtet wird, unterfällt die daraus resultierende Bemessungsgrundlage zugunsten des insolventen Leistungsempfängers zulasten des Steuergläubigers nicht dem Anwendungsbereich von § 55 Abs. 4 Satz 1 InsO. Es wurde bereits ausgeführt, dass § 55 Abs. 4 Satz 1 InsO im Grundsatz keine Umsatzsteuerbemessungsgrundlagen zugunsten des Insolvenzschuldners ggü. dem Steuerschuldner, wie z.B. Vorsteuerabzugs-

1211 BFH v. 24.9.2014 – V R 48/13, BStBl. II 2015, 506 (511, Rn. 46). Anders als für den Fall des „starken" vorläufigen Insolvenzverwalters ist die Finanzverwaltung dem Ansatz der Uneinbringlichkeitsberichtigung auch für Leistungen mit Zustimmung des „schwachen" vorläufigen Insolvenzverwalters gefolgt, vgl. Abschn. 17.1 Abs. 13 Satz 4 UStAE.

1212 BFH v. 3.7.2014 – V R 32/13, BFH/NV 2014, 1867 (1868, Rn. 16); BFH v. 8.8.2013 – V R 18/13, BStBl. II 2017, 543 (547, Rn. 42); allerdings verlangen BFH v. 24.9.2014 – V R 48/13, BStBl. II 201, 506 (509 f., Rn. 24; 31) sowie BFH v. 1.3.2016 – XI R 9/15, MwStR 2016, 724 (726, Rn. 19) mittlerweile zusätzlich die Befugnis des „schwachen" vorläufigen Insolvenzverwalters zum Forderungseinzug; dem folgend Hessisches FG v. 19.11.2019 – 6 K 1571/18, EFG 2020, 396 (397 f., Rn. 32 f.) und insoweit bestätigt durch BFH, v. 28.5.2020 – V R 2/20, DB 2020, 2054 (2055, Rn. 17).

1213 Siehe oben unter § 11. B. IV. 2. c).

ansprüche, erfasst, sondern allenfalls im Rahmen der Zwangssaldierung (teilweise) masseverbindlichkeitsmindernd zu berücksichtigen sind.[1214]

Für den Fall, dass erst der Insolvenzverwalter das Entgelt entrichtet, gilt für den erneuten Berichtigungsanspruch zugunsten des insolventen Leistungsempfängers das bereits zum Regelinsolvenzverfahren ohne vorläufige Insolvenzverwaltung Gesagte, d.h. der Steuergläubiger ist die erneute Rückzahlung des Vorsteuerabzugsbetrags bereits vorinsolvenzlich schuldig geworden, § 96 Abs. 1 Nr. 1 InsO.[1215]

§ 16. Zusammenfassung des Vierten Kapitels

- Die Anwendung des hier verwendeten Begründetheitsbegriffs führt in einer Reihe von Fällen zu von der derzeitigen Rechtsprechung des V. und XI. Senats des BFH abweichenden Ergebnissen.
- Wird das Entgelt für die vor Anordnung der vorläufigen Insolvenzverwaltung vom insolventen Leistenden erbrachte Leistung im Insolvenzeröffnungsverfahren vom „starken" vorläufigen Insolvenzverwalter eingenommen, findet bei Soll-Besteuerung des insolventen Leistenden weder bei Insolvenzeröffnung noch bei Einsetzung des „starken" vorläufigen Insolvenzverwalters eine Uneinbringlichkeitsberichtigung bzgl. vom insolventen Leistenden noch nicht vereinnahmter Entgelte statt. Denn maßgeblich für die Einordnung des Umsatzsteueranspruchs des Steuergläubigers ist bereits der Zeitpunkt der Leistungserbringung. Dies gilt ebenso für den Fall, dass der insolvente Leistende der Ist-Besteuerung unterliegt. Dasselbe gilt, wenn stattdessen ein „schwacher" vorläufiger Insolvenzverwalter bestellt wurde.
- Erfolgen die Leistungserbringung und die Entgeltvereinnahmung durch den „starken" vorläufigen Insolvenzverwalter, stellt der daraus resultierende Umsatzsteueranspruch des Steuergläubigers bei Soll- und Ist-Besteuerung des insolventen Leistenden eine Masseverbindlichkeit nach § 55 Abs. 2 InsO dar. Dementsprechend stellt der Umsatzsteueranspruch des Steuergläubigers bei Soll- und Ist-Besteuerung des insolventen Leistenden eine Masseverbindlichkeit nach § 55 Abs. 4 Satz 1 InsO dar, wenn Leistungserbringung und Entgeltvereinnahmung durch den

1214 Vgl. bereits oben unter § 6. B. I. 3.

1215 Oben unter § 11. B. V.; a.A. als *obiter dictum* BFH v. 24.9.2014 – V R 48/13, BStBl. II 2015, 506 (511, Rn. 44); BFH v. 1.3.2016 – XI R 9/15, MwStR 2016, 724 (728, Rn. 40).

„schwachen“ vorläufigen Insolvenzverwalter oder mit dessen Zustimmung erfolgen.

- Dasselbe gilt für Fälle, in denen der „starke“ bzw. „schwache“ vorläufige Insolvenzverwalter oder der insolvente Leistende mit Zustimmung des „schwachen“ vorläufigen Insolvenzverwalters die Leistung erbringt, das Entgelt aber erst vom Insolvenzverwalter nach Verfahrenseröffnung vereinnahmt wird.

Zusammenfassung der Ergebnisse

Zum Ersten Kapitel:

- Die Schwierigkeiten der Verzahnung des Umsatzsteuerrechts mit dem Insolvenzrecht sind auf die Ausgestaltung des Umsatzsteuerschuldverhältnisses durch das UStG zurückzuführen. Problemlösungsansätze sollten daher in erster Linie im Umsatzsteuerrecht ansetzen; das Insolvenzrecht ist dagegen nicht dazu bestimmt, zur „Reparatur" umsatzsteuerrechtlicher Vorschriften für den Fall der Insolvenz herangezogen zu werden.
- Der Steuergläubiger ist dazu verpflichtet, an einem Insolvenzverfahren über das Vermögen des Steuerschuldners teilzunehmen. Ihm ist zwar nicht bereits aufgrund seiner Zwangsgläubigerstellung ein Vorrecht einzuräumen, der Gesetzgeber hat aber die Möglichkeit, neue Fiskusvorrechte einzuführen, solange diese so ausgestaltet sind, dass sie nicht zur Ineffektivität des gesamten insolvenzrechtlichen Haftungssystems führen. Darüber hinaus steht es dem Gesetzgeber offen, die Besteuerungstatbestände dergestalt zu modifizieren, dass er seltener an Insolvenzverfahren teilnehmen muss.
- Ein Fiskusvorrecht speziell in Bezug auf Umsatzsteueransprüche ist nicht wegen des Grundsatzes der Neutralität der Umsatzsteuer geboten. Es ist weder zur Durchsetzung des EU-Beihilfeverbots (mangels Beihilfequalität der InsO, soweit sie dem Steuergläubiger den Rang eines Insolvenzgläubigers zuordnet) noch aufgrund des europarechtlichen Effektivitätsgebots erforderlich. Der EuGH erkennt an, dass die effektive Durchsetzbarkeit eines Umsatzsteueranspruchs ihre Grenze in den Bestimmungen eines Gesamtvollstreckungsverfahrens (wie dem der InsO) findet, das strengen Anwendungsvoraussetzungen unterliegt, Garantien hinsichtlich der Erhebung von Mehrwertsteuerforderungen bietet und keinen allgemeinen und undifferenzierten Verzicht auf die Erhebung der Mehrwertsteuer darstellt.
- Trotz der finalen Bestimmung zur Weiterleitung vereinnahmter Umsatzsteuerbeträge an den Steuergläubiger nach der derzeitigen Gesetzeslage liegt keine strikte Trennung der Umsatzsteuerbeträge vom Vermögen des Steuerschuldners vor. Jedenfalls zeitweise kommt es im Regelfall zur Vermischung der Umsatzsteuerbeträge mit dem Vermögen des Steuerschuldners. Daher steht dem Steuergläubiger *de lege lata*

aufgrund der derzeitigen Ausgestaltung des UStG und der InsO kein Aussonderungsrecht bezüglich der vom Steuerschuldner vereinnahmten Umsatzsteuerbeträge zu.

- *De lege ferenda* kommt dagegen ein Aussonderungsrecht des Steuergläubigers in Betracht. Dies könnte dadurch erreicht werden, dass dem Steuergläubiger unter Anpassung von § 47 InsO hinsichtlich der Umsatzsteuer ein (Ersatz-) Aussonderungsrecht zugestanden wird. Hierfür müssten zugleich die Vorschriften des Erhebungsverfahrens, v.a. diejenigen, die die Entgeltvereinnahmung durch den Steuerschuldner betreffen, dahingehend angepasst werden, dass auf Ebene des Steuerschuldners eine Vermögenstrennung zwischen Umsatzsteuerbetrag einerseits und dem Netto-Entgelt andererseits erfolgt. Hierbei wäre gleichsam die mittlerweile gefestigte These zu überdenken, dass der Umsatzsteuerbetrag stets ein untrennbarer Teil des Entgelts ist.
- § 55 Abs. 4 Satz 1 InsO stellt ein Fiskusvorrecht dar, das sich aber noch innerhalb des verfassungsrechtlich zulässigen Rahmens bewegen sollte.

<u>Zum Zweiten Kapitel:</u>

- Jeder Steueranspruch muss als eigenständiger Vermögensanspruch begriffen werden, auch wenn er stets an einen zugrundeliegenden Lebenssachverhalt geknüpft ist. Ein Steueranspruch ist nicht erst dann begründet, wenn sämtliche Teile des besteuerungswürdigen Lebenssachverhalts erfüllt sind. Er sollte vielmehr (bereits) dann begründet sein, wenn die Verwirklichung des Steuertatbestands die Schwelle überschritten hat, nach der dem Steuergläubiger das Vermögen des Schuldners haftungsrechtlich zugewiesen werden kann und er im Gegenzug das Risiko des Ausfalls des Vermögensanspruchs zu tragen hat. Technische Elemente des Steuertatbestands können nicht Teil eines die insolvenzrechtliche Begründetheit umfassenden Tatbestandsteils sein.
- Das Kriterium der Begründetheit kommt gleichermaßen bei §§ 38, 55 InsO wie bei § 35 InsO und § 96 Abs. 1 Nr. 1 InsO zur Anwendung.

<u>Zum Dritten Kapitel:</u>

- Die insolvenzrechtliche Begründetheit von Vermögensansprüchen, die aus dem Umsatzsteuerschuldverhältnis resultieren, lässt sich aufgrund der uneinheitlichen Entstehungstatbestände nicht auf einen einheitlichen Zeitpunkt festlegen.
- Die Insolvenz des Leistungsempfängers wirkt sich auf den Umsatzsteueranspruch des Steuergläubigers gegen den Leistenden nur im Rahmen der Soll-Besteuerung aus, indem die Insolvenzeröffnung zur Uneinbringlichkeit eines bis dahin vom Leistungsempfänger noch nicht gezahlten Entgelts gem. § 17 Abs. 2 Nr. 1 Satz 1 UStG führt. Unterliegt

der Leistende der Ist-Besteuerung, verschiebt sich die für die Entstehung des Umsatzsteueranspruchs maßgebliche Vereinnahmung des Entgelts, ohne dass es zu einer umsatzsteuerrechtlichen Berichtigung kommt.

- Den Vorsteuerabzugsanspruch des insolventen Leistungsempfängers nach § 15 Abs. 1 Satz 1 Nr. 1 Sätze 1 und 2 UStG wird der Steuergläubiger aus insolvenzrechtlicher Sicht bereits im Zeitpunkt der Leistungserbringung durch den Leistenden i.S.v. § 96 Abs. 1 Nr. 1 InsO schuldig; auf die Entrichtung des Entgelts, die Erteilung einer Rechnung als lediglich formelle Vorsteuerabzugsvoraussetzung oder die Entrichtung des Entgelts kommt es nicht an. Den Vorsteuerabzugsanspruch des insolventen Leistungsempfängers nach § 15 Abs. 1 Satz 1 Nr. 1 Satz 3 UStG wird der Steuergläubiger hingegen bereits mit Entrichtung des Entgelts schuldig; auf das Vorliegen eines „vollständigen" Umsatzes nach § 1 Abs. 1 Nr. 1 Satz 1 UStG kommt es dagegen nicht an. Dementsprechend steht bei vorinsolvenzlicher Leistungserbringung oder Zahlung des Entgelts der Aufrechnung des Steuergläubigers gegen den Vorsteuerabzugsanspruch des Leistungsempfängers in diesen Konstellationen das Aufrechnungsverbot nach § 96 Abs. 1 Nr. 1 InsO nicht entgegen.
- Kommt es aufseiten des insolventen Leistungsempfängers zugunsten des Steuergläubigers zu einer Vorsteuerberichtigung nach § 17 Abs. 2 Nr. 1 Satz 1 UStG, weil der Entgeltanspruch des Leistenden mit Insolvenzeröffnung uneinbringlich geworden ist, ist für die Begründetheit i.S.v. § 38 InsO auf den Zeitpunkt abzustellen, in dem der zu berichtigende Vorsteuerabzugsanspruch selbst begründet wurde. Bzgl. des zweiten Berichtigungsanspruchs nach § 17 Abs. 2 Nr. 1 Satz 2 UStG bei Entgeltentrichtung ist ebenfalls auf die ursprüngliche Leistungserbringung abzustellen. Einer Aufrechnung des Steuergläubigers mit dem ersten Berichtigungsanspruch nach § 17 Abs. 2 Nr. 1 Satz 1 UStG oder gegen den zweiten Berichtigungsanspruch nach § 17 Abs. 2 Nr. 1 Satz 2 UStG steht § 96 Abs. 1 Nr. 1 InsO nicht entgegen.
- Die sog. „Doppelberichtigungs"-Rechtsprechung des BFH im Fall der Insolvenz des der Soll-Besteuerung unterliegenden Leistenden für den Fall, dass das Entgelt für eine erbrachte Leistung bis zur Insolvenzeröffnung nicht erbracht wurde, ist abzulehnen. Stattdessen ist der Umsatzsteueranspruch des Steuergläubigers bei vorinsolvenzlicher Leistungserbringung bereits im Zeitpunkt der Leistungserbringung begründet. Der Zeitpunkt der Leistungserbringung ist ebenfalls für die Begrün-

detheit des Umsatzsteueranspruchs des Steuergläubigers ggü. dem der Ist-Besteuerung unterliegenden Leistenden maßgeblich.

- Im Falle der sog. Mindest-Ist-Besteuerung aufgrund einer vorinsolvenzlichen Vorauszahlung an den insolventen Leistenden ist der Umsatzsteueranspruch des Steuergläubigers unabhängig davon, ob der Voranmeldungszeitraum vor oder nach Eröffnung der Insolvenz abläuft, mit Erhalt der Vorauszahlung begründet. Dies gilt auch im Falle der Ist-Besteuerung des insolventen Leistenden, wenn dieser das Entgelt vor Insolvenzeröffnung erhält, die Leistung aber erst nach Insolvenzeröffnung erbringt.

Zum Vierten Kapitel:

- Die Anwendung des in dieser Arbeit verwendeten Begründetheitsbegriffs führt in einer Reihe von Fällen zu von der derzeitigen Rechtsprechung des V. und XI. Senats des BFH abweichenden Ergebnissen.
- Wird das Entgelt für die vor Anordnung der vorläufigen Insolvenzverwaltung vom insolventen Leistenden erbrachte Leistung im Insolvenzeröffnungsverfahren vom „starken" vorläufigen Insolvenzverwalter eingenommen, findet bei Soll-Besteuerung des insolventen Leistenden weder bei Insolvenzeröffnung noch bei Einsetzung des „starken" vorläufigen Insolvenzverwalters eine Uneinbringlichkeitsberichtigung bzgl. vom insolventen Leistenden noch nicht vereinnahmter Entgelte statt. Denn maßgeblich für die Einordnung des Umsatzsteueranspruchs des Steuergläubigers ist bereits der Zeitpunkt der Leistungserbringung. Dies gilt ebenso für den Fall, dass der insolvente Leistende der Ist-Besteuerung unterliegt. Dasselbe gilt, wenn stattdessen ein „schwacher" vorläufiger Insolvenzverwalter bestellt wurde.
- Erfolgen die Leistungserbringung und die Entgeltvereinnahmung durch den „starken" vorläufigen Insolvenzverwalter, stellt der daraus resultierende Umsatzsteueranspruch des Steuergläubigers bei Soll- und Ist-Besteuerung des insolventen Leistenden eine Masseverbindlichkeit nach § 55 Abs. 2 InsO dar. Dementsprechend stellt der Umsatzsteueranspruch des Steuergläubigers bei Soll- und Ist-Besteuerung des insolventen Leistenden eine Masseverbindlichkeit nach § 55 Abs. 4 Satz 1 InsO dar, wenn Leistungserbringung und Entgeltvereinnahmung durch den „schwachen" vorläufigen Insolvenzverwalter oder mit dessen Zustimmung erfolgen.
- Dasselbe gilt für Fälle, in denen der „starke" bzw. „schwache" vorläufige Insolvenzverwalter oder der insolvente Leistende mit Zustimmung des „schwachen" vorläufigen Insolvenzverwalters die Leistung erbringt,

das Entgelt aber erst vom Insolvenzverwalter nach Verfahrenseröffnung vereinnahmt wird.

Literaturverzeichnis

A

Adam, Benjamin, Die doppelte Berichtigung der Umsatzsteuer bei Eröffnung des Insolvenzverfahrens, UR 2020, 492-503 (zit.: *Adam, B.*, UR 2020, 492).

Adam, Roman, Die Aufrechnung im Rahmen der Insolvenzordnung – Zur neuen Rechtslage und zu alten Problemen –, WM 1998, 801-807 (zit.: *Adam, R.*, WM 1998, 801).

Ahrens, Martin/Gehrlein, Markus/Ringstmeier, Andreas, (Hrsg.), Fachanwaltskommentar Insolvenzrecht, Köln 2012 (zit.: *Bearbeiter,* in *Ahrens/Gehrlein/Ringstmeier,* InsO).

Albrecht, Achim, Die EU-Kommission ebnet den Einstieg in die vorinsolvenzliche Sanierung, ZInsO 2016, 2415-2420 (zit.: *Albrecht,* ZInsO 2016, 2415).

Andres, Dirk/Leithaus, Rolf, (Hrsg.), Insolvenzordnung Kommentar, 4. Auflage, München 2018 (zit.: *Bearbeiter,* in *Andres/Leithaus*, InsO).

App, Michael, Zu den Gründen für die Beibehaltung des Konkursvorrechts des Fiskus, BB 1984, 668-669 (zit.: *App,* BB 1984, 668).

Arbeitskreis für Insolvenzwesen Köln e.V., (Hrsg.), Kölner Schrift zur Insolvenzordnung, 3. Auflage, Münster 2009 (zit.: *Bearbeiter, in* Kölner Schrift).

B

Bartosch, Andreas, Nationale Steuersysteme im Fadenkreuz des EU-Beihilferechts – wer bestimmt künftig den Maßstab?, BB 2017, 2199-2202 (zit.: *Bartosch,* BB 2017, 2202).

Bauer, Joachim, Ungleichbehandlung der Gläubiger im geltenden Insolvenzrecht, Diss., Berlin 2007 (zit.: *Bauer,* Ungleichbehandlung).

ders., Insolvenzgläubiger als Einnahmequelle des Fiskus und der Sozialversicherungen?, 1917-1921 (zit.: *Bauer,* ZInsO 2010, 1917).

ders., Unzulässigkeit der Wiedereinführung eines Fiskusvorrechts im Insolvenzverfahren, ZInsO 2010, 1432-1437 (zit.: *Bauer,* ZInsO 2010, 1432).

ders., Die schleichende Wiedereinführung von Insolvenzvorrechten zugunsten des Fiskus und der Sozialkassen, ZInsO 2008, 119-125 (zit.: *Bauer,* ZInsO 2008, 119).

ders., Ungleichbehandlung der Gläubiger im geltenden Insolvenzrecht, DZWiR 2007, 188-192 (zit.: *Bauer,* DZWiR 2007, 188-192).

Beck, Rainer, Ertragsteuerliches Fiskusprivileg im vorläufigen Insolvenzverfahren – mögliche Auswirkungen des neuen § 55 Abs. 4 InsO, ZIP 2011, 551-556 (zit.: *Beck,* ZIP 2011, 551).

Berger, Christian, Unternehmenssanierung unter der EU-Restrukturierungs-Richtlinie, ZInsO 2016, 2413-2415 (zit.: *Berger,* ZInsO 2016, 2413).

Bernsau, Georg, Steuerrechtliche Fragen in der vorläufigen Eigenverwaltung, BB 2019, 2393-2401 (zit.: *Bernsau,* BB 2019, 2393).

Birk, Andreas, Umsatzsteuer im Insolvenzverfahren, ZInsO 2007, 743-750 (zit.: *Birk, A.,* ZInsO 2007, 743).

Birk, Dieter/Desens, Marc/Tappe, Henning, (Hrsg.) Steuerrecht, 22. Auflage, Heidelberg 2019 (zit.: *Birk/Desens/Tappe,* Steuerrecht).

Blank, Michael J.W./Blank, Dennis B., Die „persönliche" Beitragspflicht im Abgabenschuldverhältnis und ihre Qualifizierung im Insolvenzverfahren (§ 38 vs. § 55 InsO) Anmerkung zu VG Weimar, Beschl. V. 3.5.2016 – 7 E 66/16 We, ZInsO 2016, 1327, ZInsO 2016, 1721-1726 (zit.: *Blank/Blank,* ZInsO 2016, 1721).

Blankenburg, Daniel, Umsetzungsbedarf aufgrund des Entwurfs zur Restrukturierungsrichtlinie, ZInsO 2017, 241-255 (zit.: *Blankenburg,* ZInsO 2017, 241).

Braun, Eberhard, (Hrsg.), Insolvenzordnung Kommentar, 8. Auflage, München 2020 (zit.: *Bearbeiter,* in *Braun,* InsO).

Bredow/Christiansen, Zur Reformbedürftigkeit der Konkursvorrechte, KTS 1959, 21-24 (zit.: *Bredow/Christiansen,* KTS 1959, 21).

Bücheler, Friedrich, Umsatzsteuer in Sequestration und Konkurs – Kritische Anmerkungen zu ausgewählten Problemen aus Sicht des Konkursverwalters, DStR 1980, 70-73 (zit.: *Bücheler,* DStR 1980, 70).

Büchter-Hole, Claudia, Anmerkung zu Niedersächsisches FG, Urt. v. 18.8.2016, 5 K 288/15, EFG 2016, 1928-1928 (zit.: *Büchter-Hole,* EFG 2016, 1928).

Bunjes, Johann, (Hrsg.) Umsatzsteuergesetz Kommentar, 19. Auflage, München 2020 (zit.: *Bearbeiter,* in *Bunjes,* UStG).

Bundesrechnungshof, Bericht nach § 99 BHO, Steuerausfälle bei der Umsatzsteuer durch Steuerbetrug und Steuervermeidung – Vorschläge an den Gesetzgeber, 3.9.2003, abrufbar unter https://www.bundesrechnungshof.de/de/veroeffentlichungen/produkte/sonderberichte/langfassungen/2003-sonderbericht-steuerausfaelle-bei-der-umsatzsteuer-durch-steuerbetrug-und-steuervermeidung-vorschlaege-an-den-gesetzgeber, zuletzt abgerufen am 26.1.2021 (zit.: Bundesrechnungshof, Steuerausfälle bei der Umsatzsteuer).

C

Canaris, Claus-Wilhelm, Systemdenken und Systembegriff in der Jurisprudenz – entwickelt am Beispiel des deutschen Privatrechts, 2. Auflage, Berlin 1983 (zit.: *Canaris,* Systemdenken).

ders./Habersack, Mathias/Schäfer, Carsten, (Hrsg.), Handelsgesetzbuch Großkommentar, Bd. IX, 5. Auflage, Berlin/Boston 2013 (zit.: *Bearbeiter* in *Staub,* HGB, Bd. IX).

Commandeur, Anja, Umsatzsteuer als Masseverbindlichkeit bei Vereinnahmung von Forderungen aus der Zeit vor Insolvenzeröffnung, NZG 2011, 618-618 (zit.: *Commandeur,* NZG 2011, 618).

Cranshaw, Friedrich L./Paulus, Christoph G./Michel, Nicole, (Hrsg.), Bankenkommentar zum Insolvenzrecht, Bd. 1, 2. Auflage, Heidelberg 2012 (zit.: *Bearbeiter,* in *Cranshaw/Paulus/Michel,* InsO, Bd. 1).

D

Debus, Stefan/Schartl, Oliver, Masseschonende Handhabung des § 55 Abs. 4 InsO bei der Umsatzsteuer, ZIP 2013, 350-353 (zit.: *Debus/Schartl,* ZIP 2013, 350).

Demleitner, Andreas, Beihilferecht: Deutsche Steuernoemen im Fokus des europäischen Beihilferechts, ISR 2016, 328-336 (zit.: *Demleitner,* ISR 2016, 328).

Desens, Marc, Das Halbeinkünfteverfahren – eine theoretische, historische, systematische und verfassungsrechtliche Würdigung, Diss, Münster 2004, (zit.: *Desens,* Halbeinkünfteverfahren).

ders., Zur Neutralität der Umsatzsteuer in der Insolvenz, in: *Berger, Christian/Bähr, Rainer M. u.a.,* (Hrsg.), 13. Leipziger Insolvenzrechtstag – Dokumentation des Symposiums vom 20.02.2012, Berlin 2012, 58-72 (zit.: *Desens,* LIT 2012, 58).

Dewein, Hermann, Die Mehrwertsteuer bei Zahlungsschwierigkeiten – Eine Erwiderung, DB 1970, 1708-1710 (zit.: *Dewein,* DB 1970, 1708).

de Weerth, Jan, Bericht vom EuGH: Mündliche Verhandlung zur Sanierungsklausel als staatliche Beihilfe, DB 2017, 2575-2576 (zit.: *de Weerth,* DB 2017, 2575).

ders., Anmerkung zu EuGH, Urt. v. 7.4.2016 – C-546/14, ZInsO 2016, 865-865 (zit.: *de Weerth,* ZInsO 2016, 865).

ders., Anmerkung zu BFH, Urt. v. 29.1.2009 – V R 64/07, NZI 2009, 449-449 (zit.: *de Weerth,* NZI 2009, 449).

ders., Restschuldbefreiung in der Insolvenz keine „staatliche Beihilfe" im Sinne des EU-Beihilferechts – Zugleich Anmerkung zu EuGH, Urt. v. 16.3.2017 – C-493/15 – Identi, ZInsO 2017, 701, ZInsO 2017, 760-761 (zit.: *de Weerth,* ZInsO 2017, 701).

ders., Neues zur Besteuerung in der Insolvenz – Die BMF-Schreiben vom 9.12.2011 und vom 17.1.2012, ZInsO 2012, 212-213 (zit.: *de Weerth,* ZInsO 2012, 212).

Dobler, Thomas, Masseverbindlichkeit aus Forderungseinzug – Sorgt das BMF-Schreiben vom 9.12.2011 für Klarheit?, ZInsO 2012, 208-212 (zit.: *Dobler,* ZInsO 2012, 208).

ders., Was nun? Handlungsmöglichkeiten beim Umgang mit dem Urteil des BFH v. 9.12.2010 – V R 22/10, ZInsO 2011, 823, ZInsO 2011, 1098-1100 (zit.: *Dobler,* ZInsO 2011, 1098).

Dziadkowski, Dieter, Das Neutralitätsprinzip als Basis der Mehrwertbesteuerung in Europa – Zugleich Anmerkung zu den Neuregelungen zwecks Vorsteuerkappungen, DStZ 1999, 625-629 (zit.: *Dziadkowski,* DStZ 1999, 625).

E

Ehrke-Rabel, Tina, Umsatzsteuer als Verbrauchsteuer in der Rechtsprechung, in *Drüen, Klaus-Dieter/Hey, Johanna/Mellinghof, Rudolf,* (Hrsg.), 100 Jahre Steuerrechtsprechung in Deutschland 1918-2018 – Festschrift für den Bundesfinanzhof, 1529-1549 (zit.: *Ehrke-Rabel,* in *Drüen/Hey/Mellinghof,* FS BFH, Bd. II).

Eisendle, David, Anmerkung zu EuGH v. 21.12.2016, C-20/15 P, C-21/15 O, ISR 2017, 50-54 (zit.: *Eisendle,* ISR 2017, 50).

F

Farr, Carsten, Die Besteuerung in der Insolvenz, 1. Auflage, München 2005 (zit.: *Farr,* Besteuerung in der Insolvenz).

Feldgen, René, Insolvenzrechtliche Besonderheiten des § 17 UStG – dargestellt am Beispiel jüngerer Finanzrechtsprechung sowie zur Geltendmachung des Vorsteuerabzugs aus der Rechnung des Insolvenzverwalters –, DStZ 2017, 172-180 (zit.: *Feldgen,* DStZ 2017, 172).

Fischer, Gero, Aufrechnung und Verrechnung in der Insolvenz, WM 2008 1-7 (zit.: *Fischer, G.*, WM 2008, 1).

Fischer, Michael, Verbindlichkeiten des Insolvenzschuldners aus dem Steuerschuldverhältnis – Der Anwendungsbereich des § 55 Abs. 4 InsO im Licht des BMF-Schreibens vom 17.1.2012, DB 2012, 885-890 (zit.: *Fischer, M.*, DB 2012, 885).

Fischer, Thomas, Strafgesetzbuch Kommentar, 64. Auflage, München 2017 (zit.: *Fischer, Th.*, StGB).

Flies, Rolf, Die Mehrwertsteuer bei Zahlungsschwierigkeiten, DB 1970, 559-563 (zit.: *Flies,* DB 1970, 559).

Forgách, Andreas, Lohn- und umsatzsteuerrechtliche Abgrenzungsfragen im Konkurs – Verhältnis von Sozialplan- und Steueransprüchen, DB 1976, 1561-1567 (zit.: *Forgách,* DB 1976, 1561).

Fridgen, Alexander/Geiwitz, Arndt/Göpfert, Burkard, Beck'scher Online-Kommentar InsO, 20. Edition, Stand 15.7.2020, München 2020 (zit.: *Bearbeiter,* in BeckOK InsO).

Frotscher, Gerrit, Besteuerung bei Insolvenz, 8. Auflage, Frankfurt am Main 2014 (zit.: *Frotscher,* Besteuerung bei Insolvenz).

Frye, Bernhard, Soll-Besteuerung gehört auf den verfassungsrechtlichen Prüfstand – Nichtannahmebeschluss des BVerfG bringt keine grundsätzliche Klärung –, UR 2013, 561-569 (zit.: *Frye,* UR 2013, 561).

G

Gehrlein, Markus, BB-Rechtsprechungsreport zur Unternehmensinsolvenz 2016/2017, BB 2017, 2370-2385 (zit.: *Gehrlein,* BB 2017, 2370).

Geiger, Rudolf/Khan, Daniel-Erasmus/Kotzur, Markus, (Hrsg.), EUV/AEUV Kommentar, 6. Auflage, München 2017 (zit.: *Bearbeiter,* in *Geiger/Khan/Kotzur,* EUV/AEUV).

Geist, Günter, Insolvenzen und Steuern – Konkurs, Vergleich, Sanierung im Steuerrecht, 3. Auflage, Berlin 1980 (zit.: *Geist,* Insolvenzen und Steuern).

Gottwald, Peter, (Hrsg.), Insolvenzrechts-Handbuch, 4. Auflage, München 2010 (zit.: *Bearbeiter,* in *Gottwald,* HB InsO).

Grottel, Bernd/ Schmidt, Stefan/ Schubert, Wolfgang J./ Störk, Ulrich, (Hrsg.), Beck'scher Bilanzkommentar – Handels- und Steuerbilanz, 12. Auflage, München 2020 (zit.: *Bearbeiter,* in Beck'scher Bilanzkommentar).

Großmann, Rainer, Konkursrechtliche Stellung von Umsatzsteuerforderungen am Beispiel der Verwertung von Sicherungsgut, DStR 1989, 22-25 (zit.: *Großmann,* DStR 1989, 22).

Grube, Friederike, Anmerkung zu EuGH, Urt. v. 7.4.2016 – C-546/14, MwStR 2016, 381-386 (zit.: *Grube,* MwStR 2016, 281).

Gundlach, Ulf/Rautmann, Heiko, Änderungen der Insolvenzordnung durch das Haushaltsbegleitgesetz 2011, DStR 2011, 82-85 (zit.: *Gundlach/Rautmann,* DStR 2011, 82).

H

Harder, Phillip-Boie, Die Umsatzsteuer im Insolvenzverfahren – ist das Ende der Rechtsprechungsentwicklung des BFH erreicht? – Zugleich Anmerkungen zu BFH, Urt. v. 1.3.2016 – XI R 21/14, ZInsO 2016, 1486, ZInsO 2016, 1683-1685 (zit.: *Harder,* ZInsO 2016, 1683).

Hartmann, Timo, Aktuelle EuGH-Rechtsprechung zum Mehrwertsteuerrecht, DStR 2019, 595-600 (zit.: *Hartmann,* DStR 2019, 595).

Häsemeyer, Ludwig, Das Rätsel Umsatzsteuer im Insolvenzverfahren, in *Bruns, Alexander/Kern, Christoph/Münch, Joachim/Piekenbrock, Andreas/Stadler, Astrid/Tsikikas, Dimitrios,* (Hrsg.), Festschrift für Rolf Stürner zum 70. Geburtstag, 1. Teilband – Deutsches Recht, Tübingen 2013, 769-780 (zit.: *Häsemeyer,* FS Stürner, 769).

ders., Die Gleichbehandlung der Konkursgläubiger, KTS 1982, 507-575 (zit.: *Häsemeyer,* KTS 1982, 507).

Heinze, Harald, Umsatzsteuern, ihre Entstehung und Aufrechnung im Insolvenzverfahren, DZWiR 2013, 45-49 (zit.: *Heinze,* DZWiR 2013, 45).

ders., Umsatzsteuern aus schwacher vorläufiger Verwaltung als Masseverbindlichkeiten nach § 55 Abs. 4 InsO, ZInsO 2011, 603-609 (zit.: *Heinze,* ZInsO 2011, 603).

ders., Umsatzsteuern aus dem Forderungseinzug des Insolvenzverwalters – Zugleich eine Besprechung des BFH-Urteils vom 9.12.2010 – V R 22/10, DZWiR 2011, 276-279 (zit.: *Heinze,* DZWiR 2011, 276).

Henckel, Wolfram/Gerhardt, Walther, (Hrsg.), Insolvenzordnung – Großkommentar, Bd. 1, Berlin 2004 (zit.: *Bearbeiter,* in *Jäger,* InsO, Bd. 1).

dies., Insolvenzordnung – Großkommentar, Bd. 2, Berlin 2007 (zit.: *Bearbeiter,* in *Jäger,* InsO, Bd. 2).

dies., Insolvenzordnung – Großkommentar, Bd. 3, Berlin 2014 (zit.: *Bearbeiter,* in *Jäger,* InsO, Bd. 3).

Heuermann, Bernd, Unternehmensgröße in der Umsatzsteuer, BB 2017, 2583-2589 (zit.: *Heuermann,* BB 2017, 2583).

Hiebert, Olaf, Die Insolvenzanfechtung als notwendiges Korrektiv des faktischen Fiskus- und Krankenkassenprivilegs im Rahmen der Eigenverwaltung – Zugleich Erwiderung auf *Brückl/Bellmann,* ZInsO 2015, 1173 ff., ZInsO 2015, 1242-1250 (zit.: *Hiebert,* ZInsO 2015, 1242).

Hobelsberger, Alexander, Umsatzsteuerpflicht und -haftung in der vorläufigen Eigenverwaltung, DStR 2013, 2546-2550 (zit.: *Hobelsberger,* DStR 2013, 2546).

Höink, Carsten/Hudasch, Claudia, Vorsteuerabzug ohne Rechnung?!, BB 2019, 542-545 (zit.: *Höink/Hudasch,* BB 2019, 542).

Hölzle, Gerrit, Konkurrenz von Steuerrecht und Insolvenzrecht – oder: Ist Steuern zahlen systemwidrig? Zum Versuch einer dogmatischen Grundlegung, BB 2012, 1571-1579 (zit.: *Hölzle,* BB 2012, 1571).

Hübschmann, Walter/Hepp, Ernst/Spitaler, Armin, (Hrsg.), Abgabenordnung Finanzgerichtsordnung Kommentar, Bd. III, 257. Ergänzungslieferung, Mai 2020, Köln 2020 (zit.: *Bearbeiter,* in *Hübschmann/Hepp/Spitaler,* AO/FGO, Bd. III).

dies., (Hrsg.), Abgabenordnung Finanzgerichtsordnung Kommentar, Bd. VI, 257. Ergänzungslieferung, Mai 2020, Köln 2020 (zit.: *Bearbeiter,* in *Hübschmann/Hepp/Spitaler,* AO/FGO, Bd. VI).

Hummel, David, Entgelt als Bemessungsgrundlage im Umsatzsteuerrecht – Dogmatische Grundlagen, UR 2015, 213-223 (zit.: *Hummel,* UR 2015, 213).

ders., Die verfassungsrechtliche Alleinentscheidungsbefugnis der Finanzbehörden bei indirekten Verbrauchsteuern – Grundlagen, Folgen und Rechtsschutz gegen Nichtfinanzgerichte, AöR 135 (2010), 573-612 (zit.: *Hummel,* AöR 135 (2010), 573).

ders., Anmerkung zu BFH XI R 21/14, MwStR 2016, 724-724 (zit.: *Hummel,* MwStR 2016, 724).

J

Jacobi, Florian/Madaus, Stephan/Sack, Detlef/Schmidt, Heinz/Thole, Christoph, Evaluierungsbericht zum Gesetz zur weiteren Erleichterung der Sanierung von Unternehmen (ESUG) vom 7. Dezember 2011, abrufbar unter https://www.bmjv.de/SharedDocs/Artikel/DE/2018/101018_Bericht_ESUG.html, zuletzt abgerufen am 26.1.2021 (zit.: ESUG-Evaluationsbericht).

Jaffé, Michael/Friedrich-Vache, Heidi, Blick ins „Insolvenzumsatzsteuerrecht“: Umsatzsteuer als Masseverbindlichkeit in der vorläufigen Eigenverwaltung?, MwStR 2014, 86-91 (zit.: *Jaffé/Friedrich-Vache,* MwStR 2014, 86).

Jungclaus, Martin/Keller, Christoph, Die Änderungen der InsO durch das Haushaltsbegleitgesetz 2011, NZI 2010, 808-810 (zit.: *Jungclaus/Keller,* NZI 2010, 808).

K

Kahlert, Günter, Erhebung der Umsatzsteuer im Insolvenzverfahren – Rechtsvergleich und Vorlagepflicht, DStR 2015, 1485-1489 (zit.: *Kahlert,* DStR 2015, 1485).

ders., Insolvenzrecht und Steuerrecht – Gemeinsam für ein wettbewerbsfähiges Insolvenzrecht, ZIP 2014, 1101-1112 (zit.: *Kahlert,* ZIP 2014, 1101).

ders., Anmerkung zu den BFH-Urteilen vom 25.7.2012 – VII R 29/11 und VII R 44/10, DB 2012, 2558-2559 (zit.: *Kahlert,* DB 2012, 2558).

ders., Zur Dogmatik der Umsatzsteuer im Insolvenzverfahren, DStR 2011, 1973-1981 (zit.: *Kahlert*, DStR 2011, 1973).

ders., Fiktive Masseverbindlichkeiten im Insolvenzverfahren: Wie funktioniert § 55 Abs. 4 InsO?, ZIP 2011, 401-407 (zit.: *Kahlert*, ZIP 2011, 401).

ders., Der V. Senat des BFH als Schöpfer von Fiskusvorrechten im Umsatzsteuerrecht – Zugleich Besprechung des Urteils des V. Senats des BFH vom 9.12.2010, V R 22/10, DStR 2011, 720, DStR 2011, 921-926 (zit.: *Kahlert*, DStR 2011, 921).

ders., Die Neugeburt eines Fiskusprivilegs im Insolvenzverfahren nach Art. 3 Nr. 2 und 3 des HBeglG-E 2011, ZIP 2010, 1887-1889 (zit.: *Kahlert*, ZIP 2010, 1887).

ders., „Wiedereinführung" des Fiskusvorrechts im Insolvenzverfahren? – Die Fiskusvorrechte sind schon lange da!, ZIP 2010, 1274-1282 (zit.: *Kahlert*, ZIP 2010, 1274).

ders./Schmidt, Arne, Umsatzsteuerinsolvenzrecht im Lichte des BMF-Schreibens vom 9.12.2011, DB 2012, 197-203 (zit.: *Kahlert/Schmidt*, DB 2012, 197).

ders./Rühland, Bernd, (Hrsg.), Sanierungs- und Insolvenzsteuerrecht, 2. Auflage, Köln 2011 (zit.: *Bearbeiter*, in *Kahlert/Rühland*, Insolvenzsteuerrecht).

ders./Onusseit, Dietmar, Der V. Senat des BFH legt nach – Neue Entwicklungen im Umsatzsteuerinsolvenzrecht – Zugleich Besprechung des Urteils des V. Senats des BFH vom 24.11.2011, V R 13/11, BeckRS 2011, 96933, DStR 2012, 334-340 (zit.: *Kahlert/Onusseit*, DStR 2012, 334).

Kayser, Godehard/Thole, Christoph, (Hrsg.), Heidelberger Kommentar zur Insolvenzordnung, 8. Auflage, Heidelberg 2016 (zit.: *Bearbeiter*, in *Kayser/Thole*, InsO).

Kinski, Enno, Aufrechnung durch das Finanzamt in der Insolvenz des Steuerpflichtigen, Diss., Köln/Berlin/München 2006 (zit.: *Kinski*, Aufrechnung).

Kirchhof, Hans-Peter/Eidenmüller, Horst/Stürner, Rolf, Münchener Kommentar zur Insolvenzordnung, Bd. 1, 3. Auflage, München 2019 (zit.: *Bearbeiter*, in MüKo InsO, Bd. 1).

dies., Münchener Kommentar zur Insolvenzordnung, Bd. 2, 4. Auflage, München 2019 (zit.: *Bearbeiter*, in MüKo InsO, Bd. 2).

dies., Münchener Kommentar zur Insolvenzordnung, Bd. 3, 4. Auflage, München 2020 (zit.: *Bearbeiter*, in MüKo InsO, Bd. 3).

Kirchhof, Paul, 40 Jahre Umsatzsteuergesetz – Eine Steuer im Umbruch, DStR 2008, 1-8 (zit.: *Kirchhof*, DStR 2008, 1).

Klein, Franz, (Hrsg.), Abgabenordnung Kommentar, 14. Auflage, München 2018 (zit.: *Bearbeiter*, in *Klein*, AO).

Klenk, Friedrich/Kronthaler, Ludwig, Die Rechtsprechung des V. (Umsatzsteuer-)Senats des Bundesfinanzhofs, NZI 2006, 369-375 (zit.: *Klenk/Kronthaler*, NZI 2006, 369).

Klünemann, Martin, § 55 Abs. 4 InsO – Wiederherstellung eines systemwidrigen Fiskusprivilegs oder notwendige Korrektur?, in: *Berger, Christian/Bähr, Rainer M. u.a.*, (Hrsg.), 12. Leipziger Insolvenzrechtstag – Dokumentation des Symposiums vom 07.03.2011, Berlin 2011, 90-93 (zit.: *Klünemann*, LIT 2011, 90).

Klusmeier, Stefan, Der Umsatzsteuer-Anspruch im Insolvenzfall, ZInsO 2011, 1340-1342 (zit.: *Klusmeier,* ZInsO 2011, 1340).

Knobbe-Keuk, Brigitte, Konkurs und Umsatzsteuer, BB 1977, 757-765 (zit.: *Knobbe-Keuk,* BB 1977, 757).

Koblenzer, Thomas, Entstehung, Fälligkeit und Verzinsung des Anspruchs auf Vorsteuerabzug – Systematische Grundlagen und europarechtskonforme Einordnung, DB 2002, 1406-1408 (zit.: *Koblenzer,* DB 2002, 1406).

Koenig, Ulrich, (Hrsg.), Abgabenordnung Kommentar, 3. Auflage, München 2014 (zit.: *Bearbeiter,* in *Koenig,* AO).

Kokott, Juliane, Das Steuerrecht der Europäischen Union, München 2018 (zit.: *Kokott,* Steuerrecht der EU).

Kreft, Gerhart, (Hrsg.), Heidelberger Kommentar zur Insolvenzordnung, 6. Auflage, Heidelberg u.a. 2011 (zit.: *Bearbeiter,* in *Kreft,* InsO).

Kroth, Harald, „Steuerrecht versus Insolvenzrecht“ oder: „(Wider) die Auferstehung des Fiskalprivilegs“?, NZI 2004, 345-354 (zit.: *Kroth,* NZI 2004, 345).

Krüger, Frank, Insolvenzsteuerrecht Update 2016, ZInsO 2016, 561-571 (zit.: *Krüger,* ZInsO 2016, 561).

ders.; Umsatzsteuerkorrektur bei Verfahrenseröffnung oder Korrektur der Rechtsprechung? – Zugleich Anmerkung zu BFH, Beschl. v. 11.7.2013 – XI B 41/13, ZInsO 2013, 1739, ZInsO 2013, 2200-2203 (zit.: *Krüger,* ZInsO 2013, 2200).

ders., Insolvenzsteuerrecht Update 2012, ZInsO 2012, 149-157 (zit.: *Krüger,* ZInsO 2012, 149).

Krumm, Marcel, Steuervollzug und formelle Insolvenz, Diss., Frankfurt a.M., 2009 (zit.: *Krumm,* Steuervollzug und formelle Insolvenz).

Kube, Hanno, Der Grundsatz der steuerlichen Neutralität in der Umsatzsteuer – Tragende Strukturen und ein aktueller Fall, UR 2020, 590-595 (zit.: *Kube,* UR 2020, 595).

Kübler, Bruno/Prütting, Hanns/Bork, Reinhard, (Hrsg.), Kommentar zur Insolvenzordnung, Bd. I, 83. Ergänzungslieferung, Februar 2020, Köln 2020 (zit.: *Bearbeiter,* in *Kübler/Prütting/Bork,* InsO, Bd. I).

dies., Kommentar zur Insolvenzordnung, Bd. IV, 83. Ergänzungslieferung, Februar 2020, Köln 2020 (zit.: *Bearbeiter,* in *Kübler/Prütting/Bork,* InsO, Bd. IV).

Küffner, Thomas/Stöcker, Ernst-Erhard/Zugmaier, Oliver, (Hrsg.), Umsatzsteuer-Kommentar, Bd. 3, 5. Auflage, 109. Ergänzungslieferung, März 2014, Herne 2014 (zit.: *Bearbeiter,* in *Küffner/Stöcker/Zugmaier,* UStG, Bd. 3).

Kühn, Rolf/Wedelstädt, Alexander von, (Hrsg.), Abgabenordnung und Finanzgerichtsordnung Kommentar, 21. Auflage, Stuttgart 2015 (zit.: *Bearbeiter,* in *Kühn/Wedelstädt,* AO/FGO).

L

Langer, Ronny, Anmerkung zu BFH, Urt. v. 20.10.2016, V R 26/15, MwStR 2017, 76-77 (zit.: *Langer,* MwStR 2017, 76).

Laroche, Peter, Einzelermächtigung zur Begründung von Masseverbindlichkeiten durch den „schwachen" vorläufigen Insolvenzverwalter, NZI 2010, 965-973 (zit.: *Laroche,* NZI 2010, 965).

Leithaus, Rolf, Anmerkungen zum Regierungsentwurf eines Gesetzes zum Pfändungsschutz der Altersvorsorge und zur Anpassung des Rechts der Insolvenzanfechtung, NZI 2005, 436-439 (zit.: *Leithaus,* NZI 2005, 436).

Lippross, Otto-Gerd, Umsatzsteuer, 23. Auflage, Achim 2012 (zit.: *Lippross,* Umsatzsteuer).

Lubitz, Manfred, Die Steuerbefreiungen kultur- und bildungspolitischer Art im System des Umsatzsteuerrechts, Diss., Köln 1975 (zit.: *Lubitz,* Steuerbefreiungen).

Löhr, Kerstin, Das umsatzsteuerliche Optionsrecht für Vermietungsumsätze – Zugleich eine Untersuchung zur Bedeutung des steuerlichen Leistungsfähigkeitsprinzips im Umsatzsteuerrecht, Diss., Berlin 2003 (zit.: *Löhr,* Leistungsfähigkeitsprinzip im Umsatzsteuerrecht).

Lüdicke, Jochen/Oppel, Florian, Kommissions-Entwurf einer Anti-BEPS-Richtlinie: Grundlegende Änderungen und Verschärfungen des deutschen Rechts, DB 2016, 549-555 (zit.: *Lüdicke/Oppel,* DB 2016, 549).

M

Marchal, Hendrik, Anmerkung zu Niedersächsisches FG v. 18.8.2016, 5 K 288/15, MwStR 2017, 84-85 (zit.: *Marchal,* MwStR 2017, 84).

Marotzke, Wolfgang, Sinn und Unsinn einer insolvenzrechtlichen Privilegierung des Fiskus – Zugleich eine Stellungnahme zu Art. 3 des Haushaltsbegleitgesetzes 2011 i.d.F. des Gesetzes des Deutschen Bundestages v. 28.10.2010, ZInsO 2010, 2163-2180 (zit.: *Marotzke,* ZInsO 2010, 2163).

ders., Masseschuldbegründung im Eröffnungsverfahren – zum Reformvorschlag der Bundesregierung, ZIP 2005, 2144-2148 (zit.: *Marotzke,* ZIP 2005, 2144).

ders., Das Unternehmen in der Insolvenz – Fortführung und Veräußerung zwischen Eröffnungsantrag und Berichtstermin, Diss., Neuwied; Kriftel (Taunus) 2000 (zit.: *Marotzke,* Unternehmen in der Insolvenz).

Matyschok, Delia Maria, Anmerkung zu EuGH, Urt. v. 16.03.2017 – C-493/15, NZI 2017, 408-410 (zit.: *Matyschok,* NZI 2017, 408).

Maunz/Dürig, (Begr.), Grundgesetz-Kommentar, 90. Ergänzungslieferung, Februar 2020, München 2020 (zit.: *Bearbeiter,* in *Maunz/Dürig,* GG)

Maus, Karl Heinz, Wechsel der Steuerschuldnerschaft und verschärfte Steuerhaftung als Ausgleich für den Fortfall des Fiskalvorrechts gem. § 61 Abs. 1 Nr. 2 KO – Umsatzsteuerliche Auswirkungen des Haushaltsbegleitgesetzes 2004 vom 29.12.2003 und des Steueränderungsgesetzes 2003 vom 15.12.2003 auf die Insolvenzabwicklung, ZIP 2004, 1580-1586 (zit.: *Maus,* ZIP 2004, 1580).

ders., Steuern im Insolvenzverfahren, Recklinghausen 2004 (zit.: *Maus,* Steuern im Insolvenzverfahren).

Menner, Stefan, Die Umsatzsteuer-Harmonisierung in der Europäischen Gemeinschaft – Entwicklung und Zukunft unter besonderer Berücksichtigung der freien Berufe, Diss., Köln 1992 (zit.: *Menner,* Umsatzsteuer-Harmonisierung).

Mitlehner, Stephan, Anm. zu BFH, Urt. v. 9.12.2010, V R 22/10, EWiR 2011, 323-324 (zit.: *Mitlehner,* EWiR 2011, 323).

N

Nachtmann, Andrea, Das Fiskusvorrecht im deutschen Insolvenzrecht, Diss., Frankfurt a.M., 2014 (zit.: *Nachtmann,* Fiskusvorrecht).

Nawroth, Mario, Der neue § 55 Abs. 4 InsO – die Gedanken sind frei..., ZInsO 2011, 107-109 (zit.: *Nawroth,* ZInsO 2011, 107).

Nerlich, Jörg/Römermann, Volker, (Hrsg.), Insolvenzordnung Kommentar, 39. Ergänzungslieferung, Juli 2019, München 2019 (zit.: *Bearbeiter,* in *Nerlich/Römermann,* InsO).

Netzer, Helmut, Umsatzsteuerrechtliche Fragen im Konkurs, UR 1977, 65-69 (zit.: *Netzer,* UR 1977, 65).

Nieuwenhuis, Helmut, Grundsatz der Neutralität der Umsatzsteuer in der Rechtsprechung des EuGH – Eine Bestandsaufnahme, UR 2013, 663-672 (zit.: *Nieuwenhuis,* UR 2013, 663).

Nowak, Kai, BMF Schreiben v. 20.5.2015 zu § 55 Abs. 4 InsO – zur Istversteuerung in vier Akten, ZInsO 2015, 1185-1191 (zit.: *Nowak,* ZInsO 2015, 1185).

O

Olbing, Klaus, Neue Unerfreulichkeiten aus dem Insolvenzsteuerrecht, in: *Berger, Christian/Bähr, Rainer M. u.a.,* (Hrsg.), 13. Leipziger Insolvenzrechtstag – Dokumentation des Symposiums vom 20.02.2012, Berlin 2012, 51-57 (zit.: *Olbing,* LIT 2012, 51).

Onusseit, Dietmar, Aktuelle Entwicklungen des Steuerrechts in der Insolvenz, insbesondere die Neuregelung des § 55 InsO, in: *Berger, Christian/Bähr, Rainer M. u.a.,* (Hrsg.), 12. Leipziger Insolvenzrechtstag – Dokumentation des Symposiums vom 07.03.2011, Berlin 2011, 70-89 (zit.: *Onusseit,* Aktuelle Entwicklungen).

ders., Das Urteil des BFH vom 9.12.2010 – V R 22/10, DZWiR 2011, 239 – Kritik und Folgen, DZWiR 2011, 353-358 (zit.: *Onusseit,* DZWiR 2011, 353).

ders., Zur Neuregelung des § 55 Abs. 4 InsO, ZInsO 2011, 641-650 (zit.: *Onusseit,* ZInsO 2011, 641).

ders., Aktuelle Entwicklungen des Steuerrechts in der Insolvenz, insbesondere die Neuregelung des § 55 InsO, in: *Berger, Christian/Bähr, Rainer M. u.a.,* (Hrsg.), 12. Leipziger Insolvenzrechtstag – Dokumentation des Symposiums vom 07.03.2011, Berlin 2011, 70-89 (zit.: *Onusseit,* LIT 2011, 70).

ders., Die umsatzsteuerlichen Folgen des in der Insolvenz steckengebliebenen Bauvorhabens – Besprechung BFH v. 30.04.2009 – V R 1/06, ZIP 2009, 1677, 2180-2184 (zit.: *Onusseit,* ZIP 2009, 2180).

ders., Was lange währt ... wird nur manchmal gut – Überlegungen zu zwei neueren Entwicklungen im Umsatzsteuerrecht bei Insolvenz, ZInsO 2009, 1740-1743 (zit.: *Onusseit,* ZInsO 2009, 1740).

ders., Wehret den Anfängen! – Überlegungen zum insolvenzrechtlichen Begründetsein von Umsatzsteuerforderungen, ZInsO 2006, 516-519 (zit.: *Onusseit*, ZInsO 2006, 516).

ders., Aufrechnung des Finanzamts in der Insolvenz – Anmerkung zu den Urteilen des BFH v. 5.10.2004 – VII R 69/03 (ZInsO 2005, 542), v. 16.11.2004 – VII R 62/03 (ZInsO 2005, 495) und 16.11.2004 – VII R 75/03, ZInsO 2005, 638-643 (zit.: *Onusseit*, ZInsO 2005, 638).

ders., Umsatzsteuerrechtliche Aufrechnungslagen und Vorsteuer in der Insolvenz, ZIP 2002, 22-31 (zit.: *Onusseit*, ZIP 2002, 22).

ders., Die Umsatzsteuer – ein Dauerthema in der Insolvenz, KTS 1994, 3-32 (zit.: *Onusseit*, *KTS* 1994, 3).

ders., Umsatzsteuer im Konkurs, Diss., Köln 1988 (zit.: *Onusseit*, Umsatzsteuer im Konkurs).

ders., Vorsteuerrückforderungsansprüche im Konkurs – Einige Anmerkungen zu den Urteilen des Bundesfinanzhofs vom 13.11.1986 – V R 59/70 und vom 9.4.1987 – V R 23/80, BB 1988, 674-679 (zit.: *Onusseit*, BB 1988, 674).

P

Pape, Gerhard/Uhländer, Christoph, (Hrsg.), NWB Kommentar zum Insolvenzrecht, Herne 2013 (zit.: *Bearbeiter*, in *Pape/Uhländer*, InsO).

ders., Erleichterung der Sanierung von Unternehmen durch Insolvenzverfahren bei gleichzeitiger Abschaffung der Gläubigergleichbehandlung?, ZInsO 2010, 2155-2162 (zit.: *Pape*, ZInsO 2010, 2155).

ders./Uhlenbruck, Wilhelm, 30 Jahre Insolvenzrechtsreform für die Katz?, ZIP 2005, 417-423 (zit.: *Pape/Uhlenbruck*, ZIP 2005, 417).

Paulus, Christoph G., Zum Verhältnis von Aufrechnung und Insolvenzanfechtung, ZIP 1997, 569-577 (*Paulus*, ZIP 1997, 569).

Pflaum, Ulrich, Der Steuereinnehmer in der Insolvenz, UR 2019, 401-407 (zit.: *Pflaum*, UR 2019, 401).

Piltz, Detlev, Steuerlicher Zinsabzug – Chaos oder System?, in *Herzig, Norbert/Günkel, Manfred/Niemann, Ursula*, Steuerberater-Jahrbuch 2001/02, 73-116 (zit.: *Piltz*, StBJb 2001/02, 73).

Popitz, Johannes, (Hrsg.), Kommentar zum UStG v. 24.12.1919, 3. Auflage, Berlin 1928 (zit.: *Popitz*, UStG).

R

Rau, Günter/Dürrwächter, Erich, (Hrsg.), Kommentar zum Umsatzsteuergesetz, Bd. I, 187. Ergänzungslieferung., Mai 2020, Köln 2020 (zit.: *Bearbeiter*, in *Rau/Dürrwächter, UStG*, Bd. I).

dies., (Hrsg.), Kommentar zum Umsatzsteuergesetz, Bd. V, 187. Ergänzungslieferung., Mai 2020, Köln 2020 (zit.: *Bearbeiter*, in *Rau/Dürrwächter, UStG*, Bd. V).

dies., (Hrsg.), Kommentar zum Umsatzsteuergesetz, Bd. VI, 187. Ergänzungslieferung., Mai 2020, Köln 2020 (zit.: *Bearbeiter*, in *Rau/Dürrwächter, UStG*, Bd. VI).

Rauscher, Markus/Leichtle, Holger/Mucha, Martin/Schäffler, Frank/Wagner, Martin, Das vorinsolvenzliche Sanierungsverfahren – Eckpunkte für eine gesetzliche Regelung, ZInsO 2016, 2420-2424 (zit.: *Rauscher u.a.*, ZInsO 2016, 2420).

Reiß, Wolfram, Rückwirkung des Vorsteuerabzugs nach/bei Berichtigung/Ergänzung von unzureichenden Rechnungsangaben – Senatex und seine Folgen, MwStR 2016, 972-989 (zit.: *Reiß,* MwStR 2016, 972).

ders./Kraeusel, Jörg/Langer, Michael/Wäger, Christoph, (Hrsg.), Umsatzsteuergesetz Kommentar, 159. Ergänzungslieferung, 1. April 2020, Bonn 2020 (zit.: *Bearbeiter,* in *Reiß/Kraeusel/Langer,* UStG).

Rennert,-Bergenthal, Corinne/Ute Dähling, Die Handhabung des § 55 Abs. 4 InsO in der Praxis, ZInsO 2011, 1922-1926 (zit.: *Rennert-Bergenthal/Dähling,* ZInsO 2011, 1922).

Roth, Jan, Insolvenzeröffnungsbedingte Berichtigungen und Aufrechnungsfragen, DStR 2017, 1766-1769 (zit.: *Roth,* DStR 2017, 1766).

ders., Die Vereinbarkeit des Sanierungserlasses mit dem unionsrechtlichen Beihilfe-recht, ZInsO 2016, 1877-1884 (zit.: *Roth,* ZInsO 2016, 1877).

ders., Insolvenzsteuerrecht, 2. Auflage, Köln 2016 (zit.: *Roth,* Insolvenzsteuerrecht).

Rüsken, Reinhart, Aufrechnung von Steuern im Insolvenzverfahren in der neueren Rechtsprechung des Bundesfinanzhofs, ZIP 2007, 2053-2060 (zit.: *Rüsken,* ZIP 2007, 2053).

ders., Die Rechtsprechung des VII. Senats des Bundesfinanzhofs zum steuerlichen Insolvenzverfahrensrecht und zur Aufrechnung im Insolvenzverfahren, NZI 2006, 330-334 (zit. *Rüsken,* NZI 2006, 330).

S

Sämisch, Henning, Neue fiskalische Begehrlichkeiten bei der Reform des Anfechtungsrechts, ZIP 2016, 2459-2462 (zit.: *Sämisch,* ZIP 2016, 2459).

Sax, Stefan/Ponseck, Joachim/Swierczok, Artur M., Ein vorinsolvenzliches Restrukturierungsverfahren für europäische Unternehmen, BB 2017, 323-329 (zit.: *Sax/Ponseck/Swierczok,* BB 2017, 323).

Schacht, Jenifer, Erneute Stärkung der Fiskusvorrechte im Insolvenzverfahren durch den BFH? – Anmerkung zu BFH, Urt. v. 9.12.2010 – V R 22/10, ZInsO 2011, 823, ZInsO 2011, 1787-1787 (zit.: *Schacht,* ZInsO 2011, 1787).

dies., Vorrechte öffentlicher und fiskalischer Forderungen im Insolvenzverfahren, ZInsO 2011, 1048-1054 (zit.: *Schacht,* ZInsO 2011, 1048).

Schallehn, Kurt, Umsatzsteuer in der Insolvenz – Gestaltungsmöglichkeiten für den Verwalter, ZIP 1998, 1993-1998 (zit.: *Schallehn,* ZIP 1998, 1993).

Schimansky, Herbert/Bunte, Hermann-Josef/Lwowski, Hans-Jürgen, (Hrsg.), Bankrechts-Handbuch, Bd. II, 5. Auflage, München 2017 (zit.: *Bearbeiter,* in *Schimansky u.a.*, Bankrechts-Handbuch).

Schmidt, Andreas, (Hrsg.), Hamburger Kommentar zum Insolvenzrecht, 5. Auflage, Köln 2015 (zit.: *Bearbeiter,* in *A. Schmidt,* InsO).

Schmidt, Arne, Die Geister, die der BFH rief: Unternehmensteile und die Berücksichtigung von Vorsteuerüberhängen bei § 55 IV InsO – Zugleich Anmerkung zu FG Münster, NZI 2017, 273, NZI 2017, 384-387 (zit.: *Schmidt*, NZI 2017, 384).

ders., Insolvenzrechtliches Aufrechnungsverbot bei USt-Erstattungsanspruch, DB 2015, 2724-2725 (zit.: *Schmidt*, DB 2015, 2724).

Schmidt, Karsten, (Hrsg.), Insolvenzordnung – Beck'sche Kurzkommentare, 19. Auflage, München 2016 (zit.: *Bearbeiter*, in *K. Schmidt*, InsO).

Schmittmann, Jens, Umsatzsteuerverbindlichkeiten und Vorsteuervergütungsansprüche im Insolvenzantragsverfahren, StuB 2020, 893-894 (zit.: *Schmittmann*, StuB 2020, 893).

ders., Anm. zu BFH, Urt. v. 6.6.2019, V R 51/17, ZRI 2020, 145-147 (zit.: *Schmittmann*, ZRI 2020, 145).

ders., Anm. zu BFH, Urt. v. 1.3.2016, XI R 21/14, EWiR 2016, 439-440 (zit.: *Schmittmann*, EWiR 2016, 439).

ders., Das Bundesfinanzministerium, der V. Senat des BFH und die Umsatzsteuer in der Insolvenz – Zugleich Anmerkung zu BFH v. 24.11.2011 – V R 13/11 ZIP 2011, 2481, und BMF-Schreiben v. 9.12.2011 – IV D 2 – S 7330/09/10001 :001, ZIP 2011, 2431, ZIP 2012, 249-252 (zit.: *Schmittmann*, ZIP 2012, 249).

ders., Umsatzsteuer aus Einzug von Altforderungen nach Insolvenzeröffnung – Zugleich Besprechung BFH v. 9.12.2010 – V R 22/10, ZIP 2011, 782, ZIP 2011, 1125-1131 (zit.: *Schmittmann*, ZIP 2011, 1125).

Schuster, Silvia, Die neuere BFH-Rechtsprechung zur Steuer in der Insolvenz – Fiskusprivileg versus Gläubigergleichbehandlung, DStR 2013, 1509-1512 (zit.: *Schuster*, DStR 2013, 1509).

Schwarz, Johannes, Umsatzsteuer in der Insolvenz – neue Facetten des Leistungsfähigkeitsprinzips, Diss., Frankfurt am Main 2012 (zit.: *Schwarz, J.*, Umsatzsteuer in der Insolvenz).

Schwarz, Holger, Anmerkung zu BFH, Urt. v. 09.12.2010, V R 22/10, NZI 2011, 613-615 (zit.: *Schwarz, H.*, NZI 2011, 613).

Seer, Roman, Abstimmungsprobleme zwischen Umsatzsteuer- und Insolvenzrecht, DStR 2016, 1289-1297 (zit.: *Seer*, DStR 2016, 1289).

ders., Abschlussbericht der Kommission zur Harmonisierung von Insolvenz- und Steuerrecht, DStR 2014, Beihefter zu Heft 42/2014, 117-136 (zit.: *Seer*, DStR 2014 (Beihefter), 117).

Sinz, Ralf/Oppermann, Stefan, § 55 Abs. 4 InsO und seine Anwendungsprobleme in der Praxis, DB 2011, 2185-2194 (zit.: *Sinz/Oppermann*, DB 2011, 2185).

Smid, Stefan, Handbuch Insolvenzrecht, 6. Auflage, Berlin/Boston 2012 (zit.: *Smid*, Handbuch Insolvenzrecht).

ders., Kurze kritische Anmerkungen zu den Änderungen der Insolvenzordnung durch Art. 3 und 4 Haushaltsbegleitgesetz 2011, DZWiR 2011, 133-136 (zit.: *Smid*, DZWiR 2011, 133).

ders., Große Reform oder Beseitigung der Insolvenzordnung durch ein neues Konkursverfahren? – Ein Beitrag zu Schatten und Licht gegenwärtiger Reformprojekte, DZWiR 2010, 397-408 (zit.: *Smid*, DZW2010, 397).

Sölch, Otto/Ringleb, Karl, (Hrsg.), Umsatzsteuergesetz, 87. Ergänzungslieferung, September 2019, München 2019 (zit.: *Bearbeiter*, in *Sölch/Ringleb*, UStG).

Stadie, Holger, EuGH zur Rechnungsberichtigung und deren Rückwirkung – Kritische Bemerkungen zu den beiden EuGH-Entscheidungen vom 15.9.2016, MwStR 2016, 934-942 (zit.: *Stadie*, MwStR 2016, 934).

ders., Umsatzsteuer und Insolvenz – Kritische Anmerkungen zu neueren BGH- und BFH-Entscheidungen –, UR 2013, 158-171 (zit.: *Stadie*, UR 2013, 158).

ders., In dubio pro fisco – BFH verneint Ist-Versteuerung für Freiberufler-GmbH – Kritische Anmerkungen zum Urteil des Bundesfinanzhofs vom 22.7.2010 – V R 4/09 –, UR 2011, 45-80 (zit.: *Stadie*, UR 2011, 45).

ders., Anmerkung zu BFH V B 70/06, UR 2007, 117-120 (zit.: *Stadie*, UR 2007, 117).

ders., Das unsinnige sog. Soll-Prinzip bei der Umsatzsteuer, UR 2004, 136-142 (zit.: *Stadie*, UR 2004, 136).

ders., (Hrsg.), Umsatzsteuergesetz – Kommentar, 3. Auflage, Köln 2015 (zit.: *Stadie*, UStG).

Steinberg, Peter, Insolvenzforderung oder Masseverbindlichkeit: die insolvenzrechtliche Einordnung von Steuern, Diss, Köln 2012, in: *Heinrich, Christian*, Schriftenreihe Insolvenzrecht in Forschung und Praxis, Bd. 68 (zit.: *Steinberg*, Insolvenzforderung).

Sterzinger, Christian, FG Niedersachsen: Uneinbringlichkeit iSd § 17 Abs. 2 Nr. 1 UStG, DStRK 2017, 213-213 (zit.: *Sterzinger*, DStRK 2017, 213).

ders., Umsatzsteuer im Insolvenzverfahren, NZI 2012, 63-67 (zit.: *Sterzinger*, NZI 2012, 63).

ders., Fiskusprivileg im Insolvenzverfahren, BB 2011, 1367-1372 (zit.: *Sterzinger*, BB 2011, 1367).

T

Tehler, Hermann-Josef, Die Umsatzsteuer als angewandte Verkehr- und/oder Verbrauchsteuer, Diss., Köln 1986 (zit.: *Tehler*, Umsatzsteuer).

Theile, Carsten, Wettbewerbsneutralität der harmonisierten Umsatzsteuer – Theoretischer Anspruch und praktische Umsetzung, Diss., Köln 1995 (zit.: *Theile*, Wettbewerbsneutralität der Umsatzsteuer).

ders., Die Belastungswirkung der Umsatzsteuer – Steuerrechtswissenschaftlicher Glaube, gesetzgeberischer Wille und ökonomische Wirklichkeit, StuW 1996, 154-164 (zit.: *Theile*, StuW 1996, 154).

Tipke, Klaus, Die Steuerrechtsordnung, Bd. I, 2. Auflage, Köln 2000 (zit.: *Tipke*, Steuerrechtsordnung, Bd. I).

Tipke, Klaus, Die Steuerrechtsordnung, Bd. II, 2. Auflage, Köln 2000 (zit.: *Tipke*, Steuerrechtsordnung; Bd. II).

Tipke, Klaus, Die Steuerrechtsordnung, Bd. III, 2. Auflage, Köln 2012 (zit.: *Tipke,* Steuerrechtsordnung, Bd. III).

ders., Umsatzsteuer – Verkehrsteuer und/oder Verbrauchsteuer, DStR 1983, 595-597 (zit.: *Tipke,* DStR 1983, 595).

ders., Über Umsatzsteuer-Gerechtigkeit, StuW 1992, 103-120 (zit.: *Tipke,* StuW 1992, 103).

ders./Lang, Joachim, (Hrsg.), Steuerrecht, 23. Auflage, Köln 2018 (zit.: *Bearbeiter*, in: *Tipke/Lang,* Steuerrecht).

U

Uhlenbruck, Wilhelm, Wiedereinführung der Vorrechte durch die Hintertür?, ZInsO 2005, 505-516 (zit.: *Uhlenbruck,* ZInsO 2005, 505).

ders./Hirte, Heribert/Valender, Heinz, (Hrsg.), Insolvenzordnung – Kommentar, Bd. 1, 15. Auflage, München 2019 (zit.: *Bearbeiter,* in *Uhlenbruck/Hirte/Vallender,* InsO).

Urban, Norbert, Insolvenzanfechtung von Steuern – Zur beabsichtigten Wiedereinführung des Fiskusvorrechts, NZI 2010, 888-892 (zit.: *Urban,* NZI 2010, 888).

V

Verband der Insolvenzverwalter Deutschlands/Gravenbrucher Kreis, Referentenentwurf zur Anpassung des Rechts der Insolvenzanfechtung: Stellungnahmen des VID und des Gravenbrucher Kreises, ZIP 2005, 1384-1388 (zit.: *VID,* ZIP 2005, 1384).

von Streit, Georg/Streit, Thomas, Entgelt oder Schadenersatz? Oder: Die Mehrwertsteuer auf dem Weg zur Verkehrssteuer?, UR 2020, 525-535 (zit.: *von Streit/Streit,* UR 2020, 525).

von Wilmowsky, Peter, Aufrechnung in der Insolvenz, NZG 1998, 481-489 (zit.: *Wilmowski,* NZG 1998, 481).

W

Wäger, Christoph, Umsatzsteuer in der Insolvenz – Istbesteuerung und Einschränkung von § 5 Abs. 4 InsO als Regelungsalternativen?, ZInsO 2014, 1121-1127 (zit.: *Wäger,* ZInsO 2014, 1121).

ders., Soll- und Istbesteuerung vor sowie in der Unternehmensinsolvenz, UR 2013, 673-683 (zit.: *Wäger,* UR 2013, 673).

ders., Rechtsprechungsauslese 2011, UR 2012, 125-142 (zit.: *Wäger,* UR 2012, 124).

ders., Vorsteuer- und Steuerberichtigung aufgrund Uneinbringlichkeit in der Insolvenz des Unternehmers, DB 2012, 1460-1468 (zit.: *Wäger,* DB 2012, 1460).

ders., Insolvenzforderung und Masseverbindlichkeit bei der Umsatzbesteuerung im Insolvenzfall, ZInsO 2012, 520-530 (zit.: *Wäger,* ZInsO 2012, 520).

ders., Insolvenz und Umsatzsteuer, DStR 2011, 1925-1935 (zit.: *Wäger,* DStR 2011, 1925).

ders., Neues aus Europa: Der Gleichbehandlungsgrundsatz und seine Bedeutung für die MwStSystRL, DStR 2017, 2017-2021 (zit.: *Wäger*, DStR 2017, 2017).

Wagner, Johann, Begründung von Masseverbindlichkeiten nach § 55 Abs. 4 InsO durch Entgeltvereinnahmung im Eröffnungsverfahren – BMF gewährt Übergangsregelung, ZInsO 2016, 83-84 (zit.: *Wagner*, ZInsO 2016, 83).

Waza, Thomas/Uhländer, Christoph/Schmittmann, Jens, Insolvenzen und Steuern, 11. Auflage, Herne 2015 (zit.: *Bearbeiter*, in *Waza/Uhländer/Schmittmann*, Insolvenzen).

Weber, Lutz Florian/Knaebel, Claudia Christina, Vorläufige Eigenverwaltung: Keine Begründung von Masseverbindlichkeiten durch den eigenverwaltenden Schuldner im Eröffnungsverfahren – Eigenverwaltung als lohnende Sanierungsalternative in der (Corona-)Krise?, DStR 2020, 2229-2233 (zit.: *Weber/Knaebel*, DStR 2020, 2229).

Weidmüller, Juliane, Die Rückschlagsperre als Instrument zur gemeinschaftlichen Haftungsverwirklichung: Eine Analyse im Spannungsfeld zwischen Einzel- und Gesamtvollstreckung, Diss., Baden-Baden 2012 (zit.: *Weidmüller*, Rückschlagsperre).

Weiland, Stefan, Par condicio creditorum – Der insolvenzrechtliche Gleichbehandlungsgrundsatz und seine Durchbrechungen zugunsten öffentlich-rechtlicher Gläubiger, Diss., Frankfurt a.M. 2010 (zit.: *Weiland*, Par condicio creditorium).

ders., Wi(e)der die Privilegierung der öffentlich-rechtlichen Gläubiger – Eine zusammenfassende Betrachtung jüngster insolvenzrechtlicher Gesetzgebungsvorhaben sowie höchstfinanzgerichtlicher Rechtsprechung und deren Auswirkungen auf den Grundsatz der Gläubigergleichbehandlung, DZWiR 2011, 224-233 (zit.: *Weiland*, DZWiR 2011, 224).

Weiss, Eberhard, Insolvenz und Steuern, Köln 1989 (zit.: *Weiss*, Insolvenz und Steuern).

ders., Zur Rechtsnatur des Vorsteuerabzuges im neuen Umsatzsteuerrecht und ihren Auswirkungen, BB 1968, 784-787 (zit.: *Weiss*, BB 1968, 784).

Welte, Thomas/Friedrich-Vache, Heidi, Umsatzsteuer und Insolvenz – Geänderte Rechtsprechung des BFH vom 9.12.2010 in Vereinbarkeit mit EU-Mehrwertsteuerrecht –, UR 2012, 740-750 (zit.: *Welte/Friedrich-Vache*, UR 2012, 740).

dies., Masseverbindlichkeit bei Entgeltvereinnahmung für vorinsolvenzlieh ausgeführte Leistungen: Chancen und Risiken der geänderten Rechtsprechung des BFH – Zugleich Besprechung BFH v. 9. 12. 2010-V R 22/10, ZIP 2011, 782, ZIP 2011, 1595-1604 (zit.: *Welte/Friedrich-Vache*, ZIP 2011, 1595).

Welzel, Peter, Die Umsatzsteuer als Masseverbindlichkeit: Ein Vergleich der Konkursordnung mit der ab 1.1.1999 geltenden Insolvenzordnung, Diss., Stuttgart 1997 (zit.: *Welzel*, Umsatzsteuer als Masseverbindlichkeit).

Weymüller, Rainer, (Hrsg.), Beck'scher Online-Kommentar Umsatzsteuergesetz, 26. Edition, Stand 5.10.2020, München 2020 (zit.: *Bearbeiter*, in BeckOK UStG).

Widmann, Werner, Anmerkung zu BFH v. 9.12.2010 – V R 22/10, UR 2011, 555-556 (zit.: *Widmann*, UR 2011, 555).

ders., Soll oder Ist – das ist jetzt nicht die Frage!, UR 2004, 177-180 (zit.: *Widmann*, UR 2004, 177).

Wimmer, Klaus, (Hrsg.), Frankfurter Kommentar zur Insolvenzordnung, 8. Auflage, Köln 2015 (zit.: *Bearbeiter*, in *Wimmer*, FK InsO).

Witfeld, Alexander, Das Umsatzsteuerverfahren und die Insolvenz, Diss., Bochum 2016 (zit.: *Witfeld*, Umsatzsteuerverfahren und Insolvenz).

ders., Die Behandlung der Umsatzsteuer in der (vorläufigen) Eigenverwaltung – Zugleich Besprechung des BFH-Beschlusses v. 7.5.2020 – V R 14/19, NWB 2020, 3243-3251 (zit.: *Witfeld*, NWB 2020, 3243).

Z

Zimmer, Frank Thomas, Haushaltsbegleitgesetz 2011 (§ 55 Abs. 4 n.F.) – erste Anwendungsprobleme, ZInsO 2010, 2299-2307 (zit.: *Zimmer*, ZInsO 2010, 2299).

Zimmermann, Horst, Versuch zur Klassifizierung der unternehmensbezogenen Steuern in finanzwissenschaftlicher Sicht, StuW 1993, 231-236 (zit.: *Zimmermann*, StuW 1993, 231).

Zimmert, Peter, Bekämpfung von Umsatzsteuerausfällen und Entbürokratisierung durch Übergang auf umfassende Ist-Versteuerung, DStR 2015, 921-926 (zit.: *Zimmert*, DStR 2015, 921).

Zirkl, Cornelia, Die Neutralität der Umsatzsteuer als europäisches Besteuerungsprinzip – Inhalt, Herleitung und Umgang mit Neutralitätsverletzungen, Diss., Frankfurt am Main 2015 (zit.: *Zirkl*, Neutralität der Umsatzsteuer).

Zorn, Nikolaus, Überlegungen zu gemeinschaftsrechtlichen Grundrechten, in *Achatz, Markus/Ehrke-Rabel, Tina/Heinrich, Johannes/Leitner, Roman/Taucher, Otto,* (Hrsg.), Steuerrecht – Verfassungsrecht – Europarecht: Festschrift für Hans Georg Ruppe, Wien 2007, 744-760 (zit.: *Zorn*, FS Ruppe, 744).

FSC
www.fsc.org
MIX
Papier | Fördert gute Waldnutzung
FSC® C083411

Kolibri 360 GmbH
Ferdinand-Jühlke-Straße 7
99095 Erfurt, Deutschland
produktsicherheit@kolibri360.de